D1527321

Volume Ten

American Tribal Religions

a monograph series,
published by the
University of Nebraska Press

Karl W. Luckert, General Editor

Department of Religious Studies
Southwest Missouri State University

American Tribal Religions

Volume 1. *Navajo Mountain and Rainbow Bridge Religion,* 1977.
Karl W. Luckert

Volume 2. *Love-Magic and Butterfly People: the Slim Curly Version of the Ajilee and Mothway Myths,* 1978.
Father Berard Haile, O.F.M.

Volume 3. *A Navajo Bringing-Home Ceremony: the Claus Chee Sonny Version of Deerway Ajilee,* 1978.
Karl W. Luckert

Volume 4. *Rainhouse and Ocean: Speeches for the Papago Year,* 1979.
Ruth M. Underhill, Donald M. Bahr, Baptisto Lopez, Jose Pancho, David Lopez

Volume 5. *Waterway: a Navajo Ceremonial Myth Told by Black Mustache Circle,* 1979.
Father Berard Haile, O.F.M.

Volume 6. *Women versus Men, a Conflict of Navajo Emergence—the Curly To Aheedlíinii Version,* 1981.
Father Berard Haile, O.F.M.

Volume 7. *The Upward Moving and Emergence Way—the Gishin Biye' Version,* 1981.
Father Berard Haile, O.F.M.

Volume 8. *Navajo Coyote Tales—the Curly To Aheedlíinii Version,* 1984. Father Berard Haile, O.F.M.
Introduction by Karl W. Luckert

Volume 9. *Hopi Coyote Tales—Istutuwutsi,* 1984.
Ekkehart Malotki, Michael Lomatuway'ma

Volume 10. *Stories of Maasaw—a Hopi God,* 1987.
Ekkehart Malotki, Michael Lomatuway'ma

Volume 11. *Maasaw—Profile of a Hopi God,* 1987.
Ekkehart Malotki, Michael Lomatuway'ma

Volume 12. *Children of Cottonwood: Piety and Ceremonialism in Hopi Indian Puppetry,* 1987.
Armin W. Geertz, Michael Lomatuway'ma

Published in Collaboration with Lufa-type
and the Museum of Northern Arizona

STORIES OF MAASAW, A HOPI GOD

Ekkehart Malotki
Michael Lomatuway'ma

Illustrations by
Petra Roeckerath

University of Nebraska Press

Lincoln and London

Manufactured in the United States of America

The paper in this book meets the minimum requirements of American National Standard of Information Sciences—Permanence of Paper for Printed Library Materials, ANSI z39.48–1984

Library of Congress Cataloging-in-Publication Data
Malotki, Ekkehart.
Stories of Maasaw.
(American tribal religions ; v. 10)
1. Hopi Indians—Religion and mythology. 2. Hopi Indians—Legends. 3. Indians of North America—Arizona—Religion and mythology. 4. Indians of North America—Arizona—Legends. I. Lomatuway'ma, Michael. II. Title. III. Series.
E99.H7M345 1987 398.2'08997 87–164
ISBN 0-8032-3117-2 (alk. paper)
ISBN 0-8032-8147-1 (pbk. : alk. paper)

Contents

Preface and Acknowledgments

for "American Tribal Religions"
Volumes Ten and Eleven

Maasaw is probably the most intriguing and multifaceted divine personage in Hopi mythology. As an omnipresent deity who embraces the whole spectrum of Hopi reality, from anthropogeny to apocalypse, he has left a deep imprint on the Hopi psyche. His pervasiveness is reflected in the multitude of folk beliefs associated with him as a god, as well as in the numerous tales in which he acts as the protagonist. The present volumes, *Stories of Maasaw—a Hopi God* and *Maasaw—Profile of a Hopi God,* though comprehensive in scope, can capture only part of the vast amount of lore that surrounds this god in Hopi oral tradition and religion.

While *Stories of Maasaw—a Hopi God* (Volume 10 in the American Tribal Religions [ATR] series) presents the god as a story character, the sequel, *Maasaw—Profile of a Hopi God* (ATR 11) rounds out the deity's image with ethnographic commentary. All of the Hopi stories and texts, with the exception of Stories 11 and 12, are published here for the first time. (The exceptions cited were published earlier in *Gullible Coyote/Una'ihu* and *Hopitutuwutsi/Hopi Tales.*) A special feature of these volumes is their bilingual presentation, on one hand to help preserve the Hopi language for posterity and to ensure, on the other hand, a maximum of cultural authenticity for the printed message. Nevertheless, a number of English passages had to be included to fill some of the gaps in the larger literary Maasaw mosaic.

All of the narratives, and the majority of texts, were collected by me in the field. During 1984 and 1985 this work was made possible with support from the Organized Research Committee at Northern Arizona University. I acknowledge this help with deep appreciation.

Michael Lomatuway'ma, my long-time Hopi consultant and co-worker, has greatly helped in the transcribing, translating, and editing of the recorded materials. He formulated many of the entries in the Glossary, and he told Stories 1, 9, and 11. For all his valuable contributions he is named, deservedly, as co-author of the two Maasaw volumes.

Stories 7, 14, and 16 were remembered by his wife Lorena. Her late brother, Sidney Namingha Junior, who was endowed just like his sister with a phenomenal memory, told stories 3, 6, 13, and 15. Story 4 was recorded from Franklin Suhu, and Story 12 from Herschel Talashoma. While all of the aforementioned narrators were affiliated with the Third Mesa village of Hotvela, the four remaining stories are of Second Mesa provenience. Thus, numbers 5 and 8 were given to me by the late Leslie Koyawena of Supawlavi. Stories 2 and 10 were shared by a man from Songoopavi who wishes to remain unnamed. To each and all of the above I am deeply indebted, not only for having given me permission to record their tales on tape, but also for endorsing my intention to commit them to print.

I am equally grateful to the many Hopi consultants who have volunteered their recollections concerning the traditions of Maasaw. In this regard I must mention once again the late Sidney Namingha Junior, an initiate of the Kwan society, for his highly reliable information. The same recognition applies to his sister Lorena and his mother Rebecca who always have shared their knowledge with great enthusiasm. Valuable insights also have come from the late Percy Lomaquahu who was affiliated with the Al society. I also thank Emory Sekaquaptewa, my Hopi colleague at the University of Arizona. All the remaining contributors, among them a member of the nearly extinct Maasaw clan, have preferred to remain anonymous. Their reason for requesting anonymity has generally been attributed to the sensitive nature of all matters related to Maasaw and the sphere of death.

Text materials that were collected outside the Third Mesa villages were adjusted phonologically to the standardized writing system used throughout these volumes. This system is based on the Hopi majority dialect that is spoken in the Third Mesa area. All Hopi words in passages quoted from the secondary literature, including village names, were adjusted to conform to the same standards of orthography.

Petra Roeckerath—"Meisterschüler" of a German academy of arts, and holding a M.Ed. in American Indian Education—has created the black and white illustrations. These reflect her fine empathy for indigenous cultures and Indian art styles of the Southwest. Her artistic talent has added much to both Maasaw volumes. I am forever grateful to her for her contributions. I also thank Henry Hooper, Associate Vice President for Academic Affairs, Research, and Graduate Studies—at NAU—for subsidising the illustrations for these volumes.

My colleague, Anna-Marie Aldaz, made some fine stylistic observations concerning *Maasaw—Profile of a Hopi God.* My friend Ken "Puhuyamtiwa" Gary, from San Diego, greatly improved the readability of the narratives in English, as well as the ethnographic passages. The staff of the NAU Ralph M. Bilby Research Center, under Evelyn Wong's supervision, eased the enormous task of typing and retyping the manuscript at various stages.

Paula Gussio, media specialist at NAU's "University News and Publications," helped develop and print my photographs. Dorothy House, Don Weaver, and Elaine Hughes from the Museum of Northern Arizona, as well as Mary Graham from the Heard Museum, were instrumental in the acquisition of additional photographs. Peter "Yaahanma" Pilles, a man with a keen archaeological eye, found the physical evidence which confirmed that, indeed, I had rediscovered Maasaw's cave in the Salt Canyon. Jerry "Masihonaw" West provided an "aerial high" which I will never forget—I thank him for having returned me safely to the realm of those who still walk on the surface of the earth. To each of the above goes a warm word of appreciation.

Finally, my special thanks go to Karl W. Luckert. His rounds of critical comments were truly helpful in putting my writings in a more balanced perspective. I am most grateful to him for incorporating my findings on Maasaw in his American Tribal Religions monograph series. His daughter Heidi, who did a great job typesetting the bilingual work, also deserves a big thank you.

A few portions of the Glossary appeared first in *Hopi Coyote Tales/Istutuwutsi* and *Gullible Coyote/Una'ihu*. I thank both the University of Nebraska Press and the University of Arizona Press for permission to reprint these passages. The same applies to the essay on the Hopi Alphabet which originally was published in *Hopi Coyote Tales/Istutuwutsi*.

Ekkehart Malotki

STORIES OF MAASAW, A HOPI GOD

Itamuy it tuutuwutsit u'niy'yungqamuy sulawtiqw
i' pay pangso piw tuuvoyni.

When we who remember these stories are gone,
then these stories will also disappear.

Maasaw Tutumayto

Aliksa'i. Yaw walpeq yeesiwa. Pu' yaw piw pay ang aqwhaqami kitsokinawit yeesiwa. Noq yaw pepeq walpeq ima hakim naawuutim kiy'ta. Pu' yaw puma piw mantiy'ta. Noq pay pi tuuwutsit ep pi pas sutsep lomamananingwuniqw yaw pam hak oovi antsa lomamana. Pu' yaw as tootim okiw aw tunglay'yungqe yaw oovi as sutsep mihikqw put aqw tutumaywisngwuniqw pay yaw pam pas qa hakiy naawakna.

Noq put walpiy aatavangqöyvehaqam yaw piw hak qatu. Niikyangw pay yaw pam hak naala pep kiy'ta. Noq pam hak yaw kur himu maasaw'u. Niiqe pu' pay yaw pam pangso kiimi walmi pay yaw aasakis mihikqw nakwse' pu' pangqe pumuy kiy'yungqamuy tuuwalangwu. Pam yaw pepeq walapsinmuy pan tuwat tumalay'ta. Niiqe pam yaw oovi

1

Maasaw Goes Courting

Aliksa'i. They say people were living at Walpi. But there were also other settlements all across the land. Here at Walpi resided a married couple who had a daughter. And because there is always a beautiful maiden in a story, she was indeed a very pretty girl. The boys sought her love, and night after night came to woo her, but, alas, she did not want any of them.

To the west of Walpi another person had made his home who lived all by himself. He was the god known as Maasaw. Each night he made it a habit of going to the village of Walpi to keep watch over the villagers. In this way Maasaw took care of the Walpi people. He usually went at

pangso aasakis mihikqw suutokihaqningwu. Nen pu' yaw pam pangqe' pootiy'numkyangw pu' yaw pay hisatniqw ahoy nimangwu.

Noq pu' yaw kur pam tuwat navota yaw pam hak pas lomamana pepeq kiy'taqw. Pu' pay kya pi pam maana pas sutsep ngumantangwuniqw yaw ima tootim angqw haqaqw poksöngaqw pangqw yaw puma put maanat aw yanyungngwu. Niiqe himuwa yaw as okiw aw hingqawngwuniqw pay yaw pam pas qa hisat hakiywat aw unangwtavi. Pay yaw pam pas qa hisat hakiywat aw uunati.

Noq yan yaw pam maasaw yorikngwu. Niiqe yaw pam maasaw suus kiy ep ahoy pituuqe yaw ep yankyangw wuuwanlawu, "Kur nu' tuwat awni," yan yaw pam wuuwa. "Pay oovi nu' qaavo suushaqam qa pas aasavo maqaptsiy'tat pay nu' iits awni. Pu' ason nu' pay angqw nimanikyangw pu' kur aw pootani. Pay nuy sakiqw pi inumiwat hingqawni, inumi su'patani," yaw yan pam wuuwa.

Noq pam pi pep waynume' pam yaw pas peep taalawnangwuniiqe oovi yaw taalö'sa tuwat puwngwu. Noq pu' yaw ep qavongvaqw mihikmi pu' yaw pam kwangwtoya kiiminiqe. Pas pi yaw pam lomamananiqw pam yan navotqe oovi pay yaw kwangwtoya put aw kuyvatoniqe. Pu' yaw oovi pam pay pas hihin mihikqw pu' yaw pam piw aw wuuvi, pangso walapkimi. Niiqe pu' yaw pam oovi haqe'ningwuniiqey pay piw ang ponilti. Pu' pam yaw hoopoq hanokimiq enang pootangwu. Pantsaki yaw pamniiqe pam yaw oovi pang walpiy aatatkyaqöyva tutumkye'niikyangw pu' aqw hoopoqnit pu' yaw pangqe hopkyaqe poniwmakyangw pu' paasat angqw ahoy.

Niiqe pu' yaw pam pangso ahoy walmi pitu. Noq antsa yaw pam maana kur piw ngumantaqw pay yaw paasat piw hak tiyo angqw aw yanta. Noq pay yaw pam put qa aw hingqawqw pay yaw pam okiwtiqe pu' yaw pay angqw ayo' waaya. Pu' yaw suukyawa as piiwu. Pu' yaw pay as puma tootim pep pantsatskyaqw pay yaw pam maana pas qa hakiywat aw unangwtapqw pu' yaw pay puma oovi kya pi okiwtotiqe pu' yaw pay nawus tokwisa.

Noq pam yaw mootinen pangso ahoy pituqw paasat pay yaw naat ima tootim pangsoq panyungqw pu' yaw pam oovi pay paasat qa awi'. Pay pi yaw pam piw sutsep naalös pep qöniltit pu' ahoy nimangwuniiqe pu' yaw pam oovi piw aapiyta. Niiqe pu' yaw pam pas aasakis angqe qöniltit pu' yaw piw ahoy awniqw pay yaw paasat qa hak haqam. Pay yaw kur soosoyam pangqw aapiyya. Noq naat yaw kur pam maana qa puwtoqe yaw oovi naat ephaqam ngumanta.

Noq pu' yaw pam awniiqe pay yaw paasat pas suhopiniikyangw pangso. Ispi yaw i' himu maasaw nuutsel'ewayningwuniqw son pi yaw pam pangso pankyangwni. Son pi yaw pam hin pas soniwqey put maanat aw pan naamataqtani. Pu' piw son pi yaw pam pankyangwnen put qa tsaawinani. Pu' yaw pam oovi antsa pan suhopiniikyangw pu' yaw put

midnight, and after checking around in his accustomed manner he would return home late.

Maasaw, too, had heard of the beautiful maiden living in Walpi. She always seemed to be grinding corn, and while she was engaged in this chore, the young men would hang around by the vent hole of the grinding chamber. Every single one tried to speak to her, but she never helped any of the young men in their quest. She remained steadfast and never gave in to anyone.

Maasaw noticed this repeatedly. Thus, one day when he headed back home, he mulled things over in his mind. "Why, I'll give it a try too," he thought to himself. "Tomorrow, for once, I won't wait so long at home and start out earlier on my rounds. I'll look in on the girl on my way back. If luck is on my side, she'll talk to me and will be friendly to me."

Whenever Maasaw journeyed around, he almost always stayed until daybreak and, for this reason, slept only during the daylight hours. The following morning he was already full of anticipation. He could hardly wait until evening to go over to the village. Since he had seen with his own eyes how beautiful the maiden was, he was anxiously looking forward to calling on her. It was quite late into the night when Maasaw went up to the village of Walpi. He circled the area on his usual route, which included patrolling the village of Hano to the east. He then skirted Walpi along its south side, following the mesa edge, until he arrived at his easternmost destination. There he turned around and headed back.

Maasaw returned to the village of Walpi. Sure enough the girl was grinding corn again and, as usual, some young man was standing by the vent. However, when the girl did not speak to him, he became discouraged and left. Next another youth took a chance. All the young men were trying to get her to speak, but the girl did not yield to any one of them. So feeling rejected they had no option but to go home to bed.

When after his first return to the girl's house these young men were still present, he did not approach the place. And since it was his practise to encircle the village four times prior to heading home, he continued on. When he had completed the four rounds he went back to the same spot, and this time no one was around anymore. From all appearances, everybody had left. But the young girl, evidently, had not yet retired for her grinding could be heard within the house.

Now Maasaw was able to approach her. He did so in the guise of a human. The god Maasaw is, of course, such a hideous being that he could not have risked calling on the maiden in his true shape. Had he shown himself as he really was he would surely have frightened her. This was why he proceeded to the girl's home as a human. Since Maasaw is a

maanat kiiyat aw nakwsu. Noq pay pi pam himu maasaw a'ni himuningwuniiqe pay yaw oovi hakiy aw pas naap pituninik pantingwu.

Niiqe pu' yaw pam angqw haqaqw poksöngaqw yaw aqw qatuptut pu' yaw pay pangqw mooti aw tayta. Pay tiimayi put ngumantaqat. Noq piw yaw kur pam maana navota pam pepniqw pu' yaw pam oovi yan hihin kwuupukqw yaw antsa hak angqw poksöngaqw aqw qatu. Noq pas yaw piw hak suhimutiyo. Pas pi yaw hak suhimuniqw pu' yaw pam pay ngumantaqe suuqe'ti. Nit pay yaw pam naap mooti put aw yu-'a'ayku. "Is uni, ya um hak piw angqaqö?" yaw pam put aw kita.

"Owiy," yaw pam aw kita.

"Is uti, ya um haqaqw tuwatniqw oovi nu' qa hisat uumi yep kiive yori? Pay um sumataq pas haqaqö. Sen pi um hak kiyavaqvi. Niikyangw pay qa hak as hisat kiyavaqkingaqw piw inumi poota," yaw pam maana put aw kitaqw pay yaw pam put qa aa'awna.

Pu' yaw pam put qa aa'awnaqw pay yaw pam piw qa pas put tuuvinglawu. Pay yaw puma paasat pep naami yu'a'alawu. Noq pu' yaw pay kya pi pas mihikqw pu' yaw oovi put maanat yu'at wangwayqe pu' aw pangqawu yaw puwtoniqat. "Pay mihi," yaw aw kita. "Pay um sonqa puwtoni."

being endowed with superhuman powers, he generally changes his appearance when he intends to meet a mortal.

Maasaw now sat down outside the vent opening and at first just looked at the maiden and observed her grinding corn. Surprisingly enough, she sensed his presence, and when she raised her head a bit, she did, indeed, see someone sitting there. Whoever he was, he was a most handsome youth. In fact, he was such an attractive young man that the girl immediately stopped grinding. And it was she who spoke first. "How nice, stranger! Have you come to visit me?" she exclaimed.

"Yes," Maasaw replied.

"How odd! Where is it that you are from for I have never seen you here in the village? You must be from some place I don't know, maybe from another village. But no man from another village ever came to see me." This is what the girl said, but Maasaw did not respond.

When her caller failed to give her any answers, she didn't pursue the subject further. Eventually the two struck up a conversation, and just talked to each other until it got so late that the girl's mother summoned her to go to bed. "It's night time," she called, "you'll have to go to bed."

Noq pu' yaw pam oovi puwtonikyangw pu' yaw pam put tiyot aw pangqawu, "Nu' pay puwtoni. Ason pi um piw qaavo angqwninik piw angqwni," yaw aw pay naap kita.

Pu' yaw pam maana oovi pay puwtoq pu' yaw pay pam tiyo pangqw ahoy kiy aw'i. Pu' yaw pam kiy ep pituuqe yaw tsuya pam maana put aw naap yu'a'aykuqw. Niiqe pay yaw pam oovi paapiy pangso put maanat aw pan sasqativaqw pay yaw kur mimawat tootim nanaptaqe pay yaw puma oovi paapu qa awyangwuniqw pay yaw pam pas sunala awningwu. Niikyangw pay yaw pam pas put qa aa'awna haqaqwniiqey. Pay yaw pam as pi'ep put tuuvingtangwuniqw pay yaw pam pas put qa aa'awna.

Pu' yaw oovi aapiy pantaqw pu' yaw pam hisat piw kiy epeqniiqe pu' yaw pan wuuwanta, "Pay pi nu' naala yep qatu. Pay nu' as son hakiy tuwat qa qöö'ayay'taniy," yaw pam yan wuuwa. Niiqe pu' yaw pam oovi put ang wuuwanta hin as yaw pam put pangso kiy aw pitsinaniqey put aw wuuwanta. Niiqe pam yaw oovi ep qa iits puuwi. Pas yaw pam töngvami pu' yaw puwva. Pu' yaw pam ep qavongvaqw mihikqw pu' yaw piw awi'. Yaw awniiqe pu' yaw piw angqe pan kiinawit naalös nakwsukyangw pu' yaw piw ahoy pangsoq walmiqniikyangw pu' paasat yaw piw pan ahoy suhopiniwti. Paasat pu' yaw pam piw put maanat kiiyat awi'. Noq pu' yaw pam ep piw pituqw pay yaw pam maana antsa piw ngumanta.

Pu' yaw pam aw pituuqe pu' yaw pam pangqw poksöngaqw piw aqw qatuptuqe pu' yaw aqw taytaqw pay yaw kur pam maana piw navotqe pay yaw piw aw haalayti. Pu' yaw pam oovi ngumantaqw pu' yaw puma piw naami yu'a'ata. Noq pu' yaw pam put maanat tuuvingta, "Ya um pay pas qa hiita tawkyangw ngumantangwu? Pi as mamant suupan sutsep tawkyaakyangw ngumangtotangwu."

Yaw aw kitaqw pay yaw pam qa hiita taawiy'taqey yaw aw pangqawu. "Noq sen pi um hiita taawiy'ta," yaw pam maana kita. "Sen pi um inumi tawlawqw nu' ngumantaniy," yaw aw kita.

"Pay nu' suupan suukwhaqam hiita taawiy'tay," yaw pam tumaya kita. "Pay pi nu' antsa uumi tawlawqw um ngumantaniy," yaw pam kitaaqe pay yaw sunakwhaqe pu' yaw oovi tawkuyna. Niiqe pam yaw yanhaqam taawiy'ta:

> Öqananmoo'oo'oo'o
> Pekyenanmoo'oo'oo'o.
> Öqananmoo'oo'oo'o
> Pekyenanmoo'oo'oo'o.

Yan yaw pam put aw tawlawt pu' yaw pam pay panis taawiy so'tapnat pu' yaw pay put aw, "Yap pahaha!" a'ni yan töqtiqw pay yaw kur pam maana okiw tsawnaqe pas qa atsat mooki. Noq pam yaw kur naatawsoma. Maasaw pi yaw pantangwu, öqananmoy'kyangw pu' piw pekyenanmoy'tangwu.

At this the maiden turned to the young man and said, "I'm going to bed now," and then added spontaneously, "If you want to, you can come again tomorrow evening."

Thereupon the maiden retired while the youth returned to his home. Naturally, Maasaw was elated that the girl had spoken to him without his prompting her. From that time on he started calling on her quite regularly. When the other young men got wind of this, they ceased going there. Now Maasaw was the only one ever to visit her. But at no time did he confide in her where he was from. The girl asked him repeatedly, but to no avail. He simply would not reveal it to her.

Time went on. One day, as Maasaw was at his home again, it occurred to him, "I live here all by myself. I too should have a firekeeper." He pondered and pondered the matter, and began scheming by what means he could best bring the girl to his home. For this reason he went to bed very late that day. It was near midmorning when he finally fell asleep. The following night Maasaw once more went over to Walpi. As on all previous occasions he made his four rounds along the outskirts of the village, and as he approached Walpi on his way back he changed his form and proceeded as a human towards the girl's house. Sure enough, arriving there he found the girl grinding corn again.

Just as before, Maasaw sat down by the vent and peeped in at the girl. She noticed him right away and once again welcomed him. Then she resumed her grinding and the two fell to talking. Maasaw asked of the young girl, "Don't you ever sing a grinding song? I thought girls were always singing while doing grinding chores."

The girl replied that she didn't know any song. "But maybe you do. Perhaps you can sing for me while I work," she suggested.

"I believe I know a song or two," the wooer declared. "Sure, I'll sing as you grind." Maasaw readily agreed to the proposition and started singing. This is how his song went:

> Bony shins, ins, ins,
> Festering shins, ins, ins.
> Bony shins, ins, ins,
> Festering shins, ins, ins.

The minute Maasaw ended his song he yelled, "Yap pahaha," at the girl with all his might. The poor thing, evidently, got so scared by the scream that she literally died of fright. The words in the little ditty had actually referred to Maasaw himself. The god is said to have these features, bony and decayed shins.

Noq pu' yaw pam oovi pay panis yantit pu' yaw pam pay pangqw nima. Noq pu' yaw kur put maanat yu'at navota hak kiiyamuy aakwayngyaphaqam töqtiqw pu' yaw pam oovi put maanay aqw pootatokyangw pay yaw okiw put pantaqat mokput tuwa. Pas pi yaw pam qa haalaytiqe yaw oovi okiw naavakhuruutat pu' yaw nayat wangwayi. Pu' yaw pam na'at oovi angqw awi'. Pu' yaw puma pep naami pakmumuya. Noq pu' yaw oovi pay ep mihikqw yaw ima hakim put maanat taahamat nayat amum put amwisqe pay yaw pangsoq walpiy taavangqöymiq pumaya. Pangsoq yaw kur puma tuwat pumuy oo'oyaya. Pangsoq yaw puma oovi put maanat taviwisa.

Noq pu' yaw aapiy pantaqw pay yaw aapiy naalös taala. Noq pu' yaw ep mihikqw pu' yaw pam piw maasaw ahoy pangqw kiy angqw yamakqe pu' yaw pam pumuy walpituy hin tumalay'tangwuniiqey pay piw yaw anti. Niiqe pam yaw oovi pangsoq hoopoq hanokimiq mootiniikyangw pangqe pu' yaw pam poniwmakyangw pu' pay angqw ahoy sitsom'oviy kwiningqöyvaqe aqw teevenge. Pay yaw pam oovi tumkyaqe qaqlavaqe hintsakmakyangw pu' yaw paasat pay qa walminit pu' yaw pay yuumosa tuutu'amit aqwa'. Pepeq pu' yaw pam put tuutu'amit aw pitu.

Noq ep nalöstaqat ep himuwa pan mookye' pam pi ep ahoy yamakye' pu' haqami maskimiqningwu. Noq oovi su'aw yaw kur pam maana yamakqw yaw pam maasaw pangso pitu. Niiqe pu' yaw pam put aw pangqawu, "Ta'ay, pay um qa haqaminit pay inumumni. Pay nu' hapi pas ungniqe oovi ung naap pan tsaawinay. Noq pay oovi um qa hin naawaknat pay inumum nimaniy," yaw pam put aw kita.

Noq pay yaw kur pam maana put tiyot sumamatsqe pay yaw oovi qa hin naawaknat pay yaw amum kiiyat awi'. Yanhaqam yaw pam maasaw tuwat nöömata. Naat kya pam oovi pephaqam put amum qatu. Pay yuk pölö.

No sooner had Maasaw accomplished his scheme than he headed home. The girl's mother had apparently heard a shout somewhere in the rear of the house, so she went back to check on her daughter and found the poor thing like that, dead. Struck with anguish, she burst into tears, then called the girl's father. He came out to her and then they wept there together. That same night, still, the girl's maternal uncles, along with her father, went to bury her. They took her to a place on the west side of Walpi where the villagers buried their dead, and there laid her to rest.

Meanwhile, it was the fourth day since the girl had passed on. That same night Maasaw emerged from his abode again, and in the usual way that he served the Walpi people, fulfilled his guardian role. As always, he first set out east to the village of Hano and after circling that place headed back westward, traversing on his route the north side of Sitsom'ovi. Following the rim of the mesa and picking his way along the edge of the village, he bypassed Walpi and went straight to the burial ground. There he came upon the graves.

On this fourth day, now, the dead emerge from their grave again and make their way to Maski, the "Home of the Dead". At the exact moment when the girl made her exit, Maasaw happened upon the graveyard and said to her, "All right now, don't go away but come along with me. I really wanted you, that's why I deliberately scared you the way I did. Please, don't be reluctant to come with me."

Apparently, the girl recognized the youth at once and without hesitating a bit accompanied Maasaw home. This was how the god aquired a wife. He may still be living there somewhere with her. And here the story ends.

Maasaw Tsaakwhoyat Komoktutuwna

Aliksa'i. Yaw kur ituwutsi. Noq pay yaw naat yepeq hisatsongoopaveq yeesiwa. Noq pepeq yaw hakim naatim pay sunala qatu, pam tiyooyaniqw pu' yu'at. Noq yaw suus pay kya pi iyoho'iwmaqw yaw pumuy ko'am sulaw'iwmaqw puma yaw kur hintini. Pay yaw as himuwa pumuy ephaqam ookwatuwe' pay pumuy amungem nanap'unangway komokvangwu. Noq pu' yaw pay pas qa hak panti. Noq nuwu pay yaw taltimi pas iyoho'tingwuniqw pu' yaw pam wuuti kur hintiniqe pu' yaw pam nawus put tiyooyat komok'ayata. "Tiyooyaa!" yaw aw kita.

"Ya himu'u?" yaw kita.

"Um as nawus itamungem komoktoni. Itam hapi son nawus kohot qa na'sastani, taq pay hapi iyoho'iwma," yaw aw kita yu'at.

2

How Maasaw Instructed a Young Wood Gatherer

Aliksa'i. This is my story. It took place at a time when the ancient village of Songoopavi was still inhabited. A little boy and his mother lived together there. Once, at a time when the season was turning cold, their supply of firewood was dwindling and the two did not know what to do. In the past someone had usually taken pity on them and collected wood for them without being asked, but this time no one volunteered. By now the nights had already become very chilly toward dawn, so the woman had no choice but to bid her son go in search of firewood. "My son!" she shouted.

"What is it?" he asked.

"You must go gather some firewood for us. We really have to stock up with wood, for the days are getting colder," she explained.

"Ta'ay," yaw kita, "niikyangw pi haqami hak komoktongwuniqw nu' qa navotiy'tay. Pu' nu' okiw piw qa tuwiy'tay," yaw aw kita, pam ti'at.

"Pay um yuk taavangqöyminiy," yaw aw kita. "Pay aye' taavangqöyva sikyanawit a'ni tepqölö. Pay ima yangqw taataqt pangso pantsatskyay." Pu' yaw yu'at piw aw pangqawu, "Put hapi teevet lakput umniniqw pam pay sumatshintangwu. Put um pay su'aw yangsavathaqam tutkite' pu' itakw um put tootone' pay um sonqa akw kwangwa'ikwiwmaniy," yaw yu'at kita. "Niikyangw oovi um it yawmaniy," yaw aw kitaaqe pu' yaw pam put aw piqösat tavi. Putakw hapi yaw pam komokiy somni.

Put yaw pam aw taviqw pu' yaw pam tiyooya pangqw nakwsu. Pu' yaw pam oovi pangso taavangqöymihaqami. Noq yaw pam antsa ep pituqw pang yaw pam koho a'niniikyangw pay yaw antsa sumatshin-yungwa. Noq pu' yaw pam pan wuuwa, "Pay kya i'i." Yan yaw pam wuuwaqe pu' yaw pam oovi pay paasat it ang hongqat pas paas laakiw-yungqat tsaaqantinumkyangw pu' yaw haqami oo'oya. Niikyangw yaw pam kur soq put teevet pay pas naanap hinyungqat a'ni sotslay'yungqat haqami suvo'o'oya. Paasat pu' yaw pam hisatniqw wuuhaqtaqe pu' yaw oovi piqösay akw put peehut soma. Somq pay yaw pam kur pas wuuhaq kootaqe yaw oovi qa hin soosokniqw naat yaw ep wuuhaq akwsingwa. Pu' yaw pam oovi piw put komokiy ahoy ngaaqe pu' yaw piw tuwanta. Pu' yaw pam pep pantsaklawu. Noq nuwu hapi pay yaw hisatniqwti. Noq naat yaw pam put pas hintaniqat qa aw antsanqw pay yaw taawana-sapruupa. Pu' pay yaw pam pan pas qa a'aniwnaqe pu' yaw pay okiw paklawu. Niiqe pam yaw pephaqam pakmumuyqw yaw hak kur put aw pitu. Noq pam yaw as mootiniqw qa navota. Noq yaw put hakiy kii-siwni'at put tiyooyat atpip maatsiltiqw pu' yaw pam kwuupukqw piw yaw hak aw wunuwta.

Hak yaw wupataqaniikyangw pay yaw piw hihin suqömtaqa. Nii-kyangw piw yaw yalaakwilawta. Noq pay paw pam tiyooya put hakiy qa maamatsi. Pu' yaw pam taaqa put tuuvingta, "Ya um hintiqw okiw yep pakmumuyay? Nu' put navotqe oovi angqw pootatoy. Hak pi hintiqw yep pakmumuyay."

"Hep owiy, pay nuy itangu pew komok'ayataqw nu' qa hisat komok-toq nuwu pay hapi yaasattiqw nu' naat qa hiita komokyaatay. Pas nu' okiwhintsakiy," yaw aw kita.

"Noq um haqaqöy?" yaw kita, pam hak taaqa.

"Pay nu' yangqw songoopangaqöy," yaw aw kita. "Pay itam pep inguy amum nalqatqw kur himu itamungem komoktoniqw oovi nu' angqw komoktoy," yaw kita. "Niiqe it inumi tavi. Nu' yaw itakw ikomo-kiy some' pay yaw son hin qa kimaniqat inumi kitay. Noq oovi nu' angqw pewiy. Noq pay as pi inumi tutaptaqw pay pi nu' qa hisat yanhaqam komoktoqe oovi pay nu' pas okiwhintsakiy. Pu' sen pi nu' pay suuput yep tsovalay," pam put hakiy aw yaw kita.

"All right," he replied, "but I don't know where to look and I don't have any experience."

"Go to the west side of the village," his mother instructed him. "There, in the valley, is a large stand of greasewood. That's where our men get their wood. The kind of greasewood you want is dry and easily recognizable. You need only cut it into pieces about this long, then tie it all together and I'm sure you'll carry the load with no effort. So take this along." With that she handed him a strap made from hide with which he was to lash the firewood together.

The youth set out and proceeded toward the west side of the mesa. Arriving at his destination, he did indeed find an area with lots of firewood, and therefore easily discernible. He thought to himself, "I guess this must be the place." Then he set to work chopping down those trunks standing there which were thoroughly dried out. He set them aside in a pile but, unwittingly, he had singled out wood which was gnarled and still had many of its branches left. Before long he had accumulated a good amount and set to bundling the wood with his rawhide strap. Lashing the pieces together he soon realized that he had gathered such a large quantity that quite a lot of wood was left over, so he unlaced his load and tried once more. This he kept doing over and over. Meanwhile, a long time had elapsed and still he did not succeed in binding the wood the way he wanted it. It was already past noon, and when his repeated attempts all met with failure the poor boy burst into tears. As he sat crying someone came up to him. Not noticing at first, the boy looked up when a shadow was suddenly cast over him and much to his surprise found a figure standing before him.

It was a man tall of stature and somewhat dark in complexion. Running down across each cheek, from the bridge of his nose, his face was decorated with streaks of hematite dust. The boy had no idea who the stranger was. The man asked, "Why are there tears in your eyes, poor fellow? I heard sobbing, so I came to investigate. I wondered why someone was crying here."

"Yes, indeed, my mother sent me here to collect wood, but since I have never done it before, I haven't been able to tie up a bundle. Much time has gone by and I'm still doing very poorly," he confessed.

"Where are you from?" the strange man queried.

"I'm from Songoopavi," the little boy replied. "My mother and I live together there, and because there is no one to bring wood for us, I have had to come here myself. My mother gave me this strap to tie up my load to make it easier to carry. And, although she showed me how to do the job properly, I've made a mess of it for I have never been to gather wood before. I'm not even sure that I've collected the right kind of wood here."

Pu' yaw pam taaqa aw pangqawu, "Owiy, pay put um oovi angqöy," yaw kita. "Pay put puma pew oovi komokwisngwuy," yaw kita. "Niikyangw hak oovi it yantingwuy," yaw kitat pu' yaw sukw put kohot kwusu.

Noq piw yaw pam hiita kur yawnuma. Pay yaw himu wukomurikho'eway. Noq yaw pam tiyooya put kootaqe put ang qa papsiqw naat yaw pam a'ni sotslay'yungqa pang oyi. Paniqw yaw kur pam naat qa wuuhaq namisomtaqw pay yaw piw piqösa'at suutsaaptingwu. Pu' yaw pam hak taaqa put sukw ang kwusuuqe pu' yaw put pep wunuptsina. Wunuptsinat pu' yaw put aw wunuwkyangw pu' yaw hiita tawkuyna. Niiqe yaw yan tawlawu:

Ang kang kavinaa
Yoowiy'a
Hee'e'e.

Kitat pu' yaw ayo' tuuvaqw pay yaw ang pam sotsla'at paas soosoy ayo'ningwu. "Yante' hak it suyukungwuy," yaw aw kita. "Kur um tuwatniy," yaw aw kitaqw pu' yaw pam oovi tuwat sukw kohot ang kwusu. Pu' yaw pam put murikhoyat kwusuuqe pu' yaw putakw tuwat ang tsatsvi, niikyangw yaw put hiita tawkyangw:

Ang kang kavinaa
Yoowiy'a
Hee'e'e.

Yaw pam put taawit so'tapnaqw pay yaw naat qa hiniwtiqw pay yaw pam tuwat suyuku.

"Nooqa', um suyuku?" yaw aw kita.

"Hep owiy, kur antsaa'," yaw kitaaqe pu' yaw pam put tawkyangw pantsaki.

Pantsakkyangw pay yaw pam wuuhaq suyuku. Noq pu' yaw puma pep naama pantsakqe yaw suwuhaqta. Pu' yaw pam hak taaqa pangqawu, "Hak oovi yan hapi it piw somngwuy," yaw aw kitaaqe pu' yaw pam put piqösat natpik tavi. Nit pu' yaw soma. Nit pu' yaw engem aw ngat'atoyna. Pu' yaw pam tiyooya put ang tuwantaqw pay yaw pam su'an qalkyaqe kwangwahinti. Pay yaw kur sonqa kwangwa'ikwiltani. "Ta'ay," yaw aw kita, "pay pi itam ungem yukuy. Pay um sonqa payniy," yaw aw kita. "Pay um tapkinay," yaw aw kita. Paasat pu' yaw pam oovi put tiyooyat komokiyat iikwiltoynat pu' yaw aw pangqawu, "Um hapi it qa haqam tavini. Um it haqam tave' pay um son ahoy kyaatiniy," yaw aw kita.

"Yes," answered the stranger, "that is the right kind. That's the wood people come here for. Now, this is the way to gather it," he said, whereupon he picked up a dead trunk.

The man carried something around with him that resembled a large stick. When the little boy had hewn the wood, he failed to prune it, so it lay there with many branches still sticking out. For this reason the boy had succeeded in bundling only a few pieces before he ran out of strapping. The stranger now stood the trunk upright and, standing by it, started to sing a little song. This is how it went:

Ang kang kavinaa
Yoowiy'a
Hee'e'e.

Upon finishing the ditty he flung the tree aside and, amazingly, all its branches fell off. "This is the way to do it," the stranger explained. "Then one is done in no time. You give it a try now." The boy picked out a tree, took hold of the man's big stick and, in turn, started trimming off the branches as he sang the little song:

Ang kang kavinaa
Yoowiy'a
Hee'e'e.

The boy finished the tune. With no effort, and in a jiffy, the task was completed.

"See, you're through at once," the stranger said.

"Yes, indeed!" the boy exclaimed, and chanting the ditty he continued hacking off branches.

In no time at all he had finished a large amount. By working together the two made short shrift of the large pile. "Now, this is the proper way to fasten your sticks," said the stranger. With that he laid out the strap in front of him and then tied up a bundle. He also fashioned a tumpline for the boy. When the youth tried the tumpline, it fit perfectly on his forehead. He felt confident that he would be able to lift his bundle with ease. "All right," the man said to him, "we've finished with everything. You can go home now. It is already late in the evening." Then the man loaded the stack of wood on the boy's back and declared, "Don't set this down anywhere. If you do, it will be too heavy for you to pick up again."

Yaw aw kitat pu' yaw pam put iikwiltoynaqw pu' yaw pam oovi pangqw nakwsu. Niikyangw pay yaw pam as qa iits pitu. Niikyangw pay yaw pam qa hin maanguy't yaw hisatniqw ahoy pitu. Noq pas hapi yaw yu'at haalayti. "Is askwali," yaw kita. "Is uni pay um hin komokyaata," yaw aw kita.

"Owiy," yaw kita, "pay nu' komokyaata. Pay niikyangw nu' qa iits yukuy," yaw aw kita.

"Hep owi, pay pi um naat pu'niiqe'e. Noq um hin yuku?" yaw kita.

"Pay nu' naat pu' ep pituuqe nu' antsa okiw okiwhintsaki. Pay nu' as suupan uututavoyniiqe pay mootiniiqe su'annit pay nu' haqaapiy qa aa'antsakqe oovi qa wuuhaq komokyaataqw pay pam piqösa pas put angqe qa nanaptungwu. Pu' nuwu pay hapi hisatniqwtiqw nu' qa yukiy'maqe pu' nu' pay naa'okwatuwqe pu' nu' pay paklawu. Noq naat nuy pep pakmumuyqw piw hakiy kisvuutsi'at inutpip maatsiltiqw nu' aw yan yorikqw piw hak inumi wunuwtay," yaw pam kita. "Hak wupataqa, pay hak suuqömvi taaqaniikyangw yang yaqay atsva aqw nan'ivoq atkyamiq hiita akw peeniy'tay," yaw kita.

"Pam hapi yalahay," yaw yu'at kita. Pay yaw kur pam put hakiy yu'a'ataqw pay yaw pam wuuti maamatsi.

"Ya um put hakiy taaqat tuwiy'ta?" yaw aw kita.

"Owi, pay put yu'a'atotangwu. Noq pam yep ayam taavangqöyve ura ep wukokoroniqw pep yaw pam pangqw kiy'ta," yaw aw kita.

"Noq pam hak inumi pituuqe piw nuy ookwatuwqe oovi inumi unangwtavi. Niiqe pam oovi hak hinte' suukomokyaatangwuqat pam nuy put tutuwnaqw oovi nu' pantsakqe suyuku," yaw aw kita.

"Kur antsa'a," yaw kita. "Askwal pi pam uumi pituqw oovi um kur pay iits yuku," yaw kita. "Pay oovi um nöst pu' pay naasungwnani. Noq pay hapi son naat yaasa'ni. Um oovi ason qaavo piw awni," yaw aw kita. "Taq pay tömö'iwmaqw iyoho'miq suptungwu. Um put sonqa wuuhaq na'sastaqw itam tömölnawit ang akw ayo' yamakni," yaw aw kita pam yu'at.

"Kur antsa'ay," yaw pam tiyooya kitaaqe pay yaw sunakwha.

Pu' yaw puma oovi nöst pu' yaw puma pay iits puuwi. Qavongvaqw pu' yaw pam tsayhoya kwangwtapnaqe pay yaw iits sunöst pu' pangqawu, "Nu' payni. Pay sen pi piw inumi pituniy," yaw kita.

"Ta'a, pay um antsa pay hoytani," yaw put yu'at aw kitat pu' yaw pam muupit pay yaw hihin wuuhaq nitkyatoyna. Pam tiyooya yaw ep tavoknen pay yaw panis naalöqmuy piikit kima. Niiqe yaw pam put taaqat sukw angqw maqaqw pas yaw pam tsuya. Noq yaw pam tiyooya yan put yuy aw lalvayqw pu' yaw pam oovi ep pay hihin wuuhaq put engem mokyaata.

Niiqe pu' yaw pam oovi piw ep pitu. Yaw ep pituuqe pu' yaw oovi piw kootiva. Niiqe pam yaw kolawqe yaw piw put tawkyangoy:

After these instructions, and with the wood secured on his back, the boy set out. By the time he arrived home it was late in the day, yet he was not at all exhausted. His mother was elated. "Thanks," she exclaimed, "you did somehow manage to gather wood!"

"Yes," the boy replied, "I was able to do it, but it took me quite a time."

"I'm sure it did. After all, this was your first time. How did you do it?" she questioned.

"When I first got there, I really did rather badly. I thought I was following your instructions and going about it the right way. But then at some point I must have gone wrong because I could not bundle much wood before I ran out of strapping. After a long time, still not getting it right, I felt sorry for myself and started crying. While I was crying my eyes out, a shadow fell on me, and when I looked up I was surprised to find a stranger in front of me," he related to his mother. "It was a huge man with a dark skin, whose face was marked with something running from the bridge of his nose to both sides."

"That stuff is called hematite," his mother explained. Apparently the woman had recognized her son's description.

"Do you know the man?" the little boy asked.

"Yes, people speak of him. He comes from the west side. Do you remember the large hole in the side of the cliff? That's where he lives."

"Well, he came up to me and pitied me and then gave me a hand. He showed me what to do to get all the wood together. That's how I finished right away," the boy said.

"I see," his mother said. "I'm grateful he helped you get through so fast. Now eat and then rest, because I'm afraid you'll have to go get more wood tomorrow. You know, when winter approaches, the cold weather comes quickly. You'll have to gather a large enough amount to see us safely through the winter."

"Yes, of course," the lad replied, readily agreeing.

With that, the two ate supper and retired early for the night. The following morning the boy looked forward to going out a second time on his errand. He gulped down his breakfast and then said, "I'm leaving now. The stranger may come and help me again."

"All right, get going," his mother replied, whereupon she handed him food for the journey, including a few extra piiki rolls. On the previous day the youth had only taken along four pieces, one of which he had shared with the delighted stranger. The young lad had told his mother of this, so this time she packed more into his food bundle.

Upon reaching the greasewood stand, the boy once again started to gather wood, all the time humming the little ditty he had learned:

Ang kang kavinaa
Yoowiy'a
Hee'e'e.

It yaw pam tawkyangwniiqe pay yaw antsa suyukiy'ma.

Noq naat yaw pam pantsakqw pay yaw hak aw tayati. Noq yaw kur pam piw aw pitu, pam taaqa. "Ya um pay pas kur taawiy'vay?" yaw aw kita.

"Owiy, pas hapi pay kwangwa'eway," yaw kita.

Paasat pu' yaw puma piw naama pep pantsaki. Pu' yaw puma piw put engem koota. Pay yaw puma piw suyuku. Noq pu' yaw puma oovi tuumoytaniqw yaw pam tiyooya put taaqat aw pangqawu, "Ta'ay, itam tuumoytaniy," yaw kita. "Nu' tooki put inguy aw pangqawu um yep inumi pituuqe nuy pa'angwaqw oovi itam inungem suukomokyaatay. Oovi pam it yaasa' itamungem mokyaatay," yaw aw kitaaqe pu' yaw put peehut muupit aw oya.

Pas yaw pam tsuya. "Is kwakwhay," yaw kita, "it nu' pas tsöngmokiwkyangw kur nu' hin haqam itniniqw su'an piw pam ungem it wuuhaq mokyaatay," yaw kita.

"Hep owiy," yaw aw kita. Pu' yaw pam tiyooya put tuuvingta, "Ya um haqam kiy'tay?" yaw aw kita.

Pu' yaw pam taaqa aw pangqawu, "Yuk um kwiniwi tuyqami yorikni. Noq put tuyqat yangqw taavangqöyngaqw wukokoro, pep hapi nu' kiy'tay," yaw pam aw kita, pam taaqa.

"Haw owi?" yaw kita.

"Owiy," yaw kita. "Noq pay yangqe' hapi suumihikngwuy. Qa taalawvaqw hapi uukiy awhaqami naamahin pönawit uruhu'tingwuy. Oovi um sonqa pay ahoy hoytaniy. Noq pay tsangaw piw ungu wuuhaq ung nitkyamokyaatoynaqw oovi nu' umutsviy kwangwanösay," yaw pam put aw kitat pu' yaw piw pangqawu, "Nu' ung hiita tuuvingtaniy," yaw pam hak taaqa aw kita.

"Ya hiita'ay?" yaw pam tiyooya kita.

"Ya unguy qa hisat angqw qötsvi kuyvay?" yaw aw kita.

"Qötsvi?"

"Owiy," yaw kita.

"Piiyiy," kita yaw pam tsay. "Ason pi nu' pite' kur inguy tuuvingtani," yaw pam kita.

Ep pu' yaw pam oovi piw pangqw wukokomokkyangw nima. Niiqe pay yaw pam paasat pas iits pituqw yaw yu'at haalayti. Yaw tsuyakqe pu' yaw pam put komokiyat paas kiiyamuy iikyaqe tutukmolta. Paasat pu' yaw puma ep piw tapkiqw tuumoyta. Noq pu' yaw pumuy tuumoytaqw yaw pam tiyooya hiita u'naqe pu' yuy aw pangqawu, "Pam taaqa pep wukopsöve kiy'taqa, ya pam hakiy?" yaw aw kita, put yuy awi'.

Ang kang kavinaa
Yoowiy'a
Hee'e'e.

And, indeed, while singing this song his work progressed quickly.

He was still occupied in his task when he heard a snickering voice. Evidently the stranger had returned to him. "You really do have the song memorized, don't you?" he said.

"Yes, this is fun," the boy replied.

Together they continued the work and, once more, collected wood. As before, they were done in no time. When lunchtime came, the boy said to the man, "All right, let's eat. Last evening I told my mother about your coming here and helping me prepare the wood so quickly, so she wrapped up all this food for us." With that he handed the man some of his rolled piiki.

The man was elated. "Thank you very much," he cried. "I've been hungering for this kind of food but have never been able to get any. How fortunate your mother packed so much for you."

"Yes, indeed," the boy agreed, whereupon he asked, "Where do you live?"

The man replied, "Do you see that promontory to the north? On its west side is a large cave; that is where I live."

"Is that a fact?"

"Yes," the man affirmed. "But at this time of the year night falls quickly and it is dangerous to travel home in the dark even on the trail. So I suggest you start to head back. I'm really grateful your mother provided you with a large amount of food for your journey. Thanks to both of you, I had a very good meal. But let me ask you something," the man added.

"What is it?" the boy asked.

"Do any ashes ever show up from your mother?" he inquired.

"Ashes?" the boy asked, wondering what he meant.

"Yes," the man said.

"I don't know," said the youngster. "But when I get home I'll ask her."

And so once more the little boy set out for home with a large bundle of wood. This time he arrived quite early in the day, and his mother was pleased. In a happy mood she stacked the wood outside their house. Later, while the two ate their evening meal, the little boy suddenly remembered something and inquired of his mother, "Who is the man that lives in that big cave?"

"Pam hapi maasaw'u," yaw kita. "Pam hapi it yep tutskwat himuy'ta. Noq pam hapi pep kiy'ta," yaw aw kita. "Pam pay sutsep yang pannuma. Niikyangw ephaqam hak hiita akw okiwhintaqw pam hakiy pa'angwangwu. Pam oovi pay qa nukpana. Noq pam oovi ung pa'angwaqw oovi um itamungem komokva," yaw pam tiy aw kita.

"Ya pam hak pami'?" yaw kita.

"Owi," yaw kita.

"Niikyangw nuy piw hiita tuuvingtay," yaw pam tiyooya kita.

"Ya hiita'a?"

"Pi nuy tuuvingta, 'Ya qa hisat unguy angqw qötsvi'at kuyva?' It nuy pam tuuvingta. Noq pay nu' qa navotiy'taqey aw pangqawuy. Ason nu' ung tuuvingtaniqey aw pangqawu. Noq nu' put aw wuuwanta hintiqw piw um qötsviy'taniqö'. Pay pi hak haqam qööhiy'taqw pangqw qotsviningwuniqw sen pi um put hintsakngwuniqw pam haqaqw uungaqw kuyvangwuy?" yaw kita.

Yaw yu'at tayatit pu' yaw aw pangqawu, "Pam pi pay tuwat kur naap hiita wuuwantaqe oovi ung put tuuvinglawu," yaw kita. "Ason um piw ahoy aw pite' um tuuvingtani hiita pam pangqawqe oovi iqotsviy tuuvinglawu," yaw pam yu'at aw kita. Yaw pam taya'iwlawu, yu'at. Pu' yaw puma ep oovi piw puuwi.

Qavongvaqw pu' yaw put yu'at kur engem somivikta. Pu' yaw pam put nitkyay'ma. Pu' yaw pam pep koqlöve pituqw pay yaw pam put pep nuutayta. Pu' yaw puma piw put engem kolawqe pay yaw piw suyuku. Noq pu' yaw puma tuumoytaniqw pu' yaw pam tiyooya put nitkyamokiy puruknaqw piw yaw pep somiviki mookiwtaqw pam taaqa tuwaaqe pas pi yaw pam tsuya. Paasat pu' yaw puma oovi piw naama tuumoyvaqw pavan yaw maasaw pas qa atsat kwangwatumoytaqe yaw oovi pavan pas piqatsngwingwitikyangw.

Noq pu' yaw pumuy tuumoytaqw pu' yaw pam pangqawu, tiyooya, "Nu' as inguy tooki tuuvingta sen put angqw qötsvi qa kuyvangwu. Ura pi um nuy put tuuvinglawqw oovi nu' put tuuvingtaqw pam pay panis inumi tayati. Noq ason yaw nu' ung tuuvingtani hiita um pangqawqe oovi nuy put tuuvinglawuy," yaw pam tiiyooya aw kita.

Pep pu' yaw pam maasaw tuwat tayati. Tayatit pu' yaw aw pangqawu, "Pay hapi ura wuuti haqam hintsakye' po'oltiqw ura qaasi'at angqw maatsiltingwuniqw pam hapi put qötsvi'atningwuy," yaw pam put aw kita.

"Haw pam pamningwuy? Kur nu' oovi hiita wuuway," yaw kita.

Yaw maasaw put aw taya'iwlawu. "Pay nu' put pangqawqe oovi antsa put ung tuuvinglawuy," yaw aw kita. "Noq pas qöötsat qötsviy'ta?" yaw aw kita.

"Piiyiy, pay hin pi pas hinta. Pay pi nu' naat tsayniiqe put qa hin pas aw wuuwantangwuy," yaw kita, pam tiyooya.

"He is the one called Maasaw," his mother replied. "He is the owner of this land. That is the man living there. He is constantly roaming this land, and when someone is in need, he helps him just as he helped you. So he is not a fiend. For this reason he also showed you how to haul wood for us."

"Is that who he is?" he asked.

"Yes," she confirmed.

"But there was a question he asked me," the lad said.

"And what was that?"

"He said, 'Is there ever a time when your mother's ashes appear on her?' I told him that I didn't know but that I would find out from you. I've been puzzled about you having ashes on you. I know, of course, ashes come from a fire, so maybe ashes get on you after you make a fire."

The boy's mother chuckled and said, "He must have some strange idea in his head to pose such a question for you. When you meet him again, find out what he meant by asking about my ashes," she laughed. Then the two retired for the night.

The next morning the boy's mother made somiviki which the boy took along for his journey. As he arrived at the greasewood stand, Maasaw was already waiting for him. Again the two gathered wood, and as on the two previous occasions they were finished in no time. Then they sat down to eat. The boy unwrapped his bundle of food and when Maasaw discovered the somiviki he was overjoyed. Once again the two fell to eating. Maasaw ate with such gusto that he smacked his lips as he put away the somiviki.

In the middle of the meal the little boy said, "Yesterday evening I asked my mother if ashes appeared on her—remember, you asked about this, but she only laughed at me. Then she told me to ask you what exactly you meant by the question."

At this Maasaw, too, could not help but burst into laughter. And guffawing, he enlightened the boy, "Well, when a woman bends over in her work and her thighs show, then those are her ashes."

"So that's what ashes are? No wonder I didn't know what to make of that expression," said the boy.

Maasaw was roaring with laughter. "That's what I had in mind when I asked you about it," he explained. "By the way, are her ashes very white?" Maasaw queried.

"I don't really know how they are. I'm only a child and don't pay attention to that kind of thing," the little boy admitted.

Pu' yaw puma piw aapiy kolawqe yukuqw pu' yaw pam piw pangqw nima. Pituuqe pu' yaw pam piw yuy amum tuumoytaqw pu' yaw tiyooya put piw u'naqe pu' yaw yuy aw pangqawu, "Itanguy," yaw kita.

"Ya himu'u?"

"Ura um inumi pangqawu kur pi nu' put maasawuy tuuvingtani himu qötsviniqw'öy. Noq nu' put tuuvingtaqw pay pam inumi tayati," yaw aw kita. "Pam tayatiqe pu' inumi pangqawu sen yaw um pop'oltinumqw sen yaw uuqaasiy qa angqw kuyvangwuy. Noq pam yaw qötsviningwuy," yaw aw kita.

Noq pu' yaw pam yu'at tayatit put yaw aw pangqawu, "Is uti, ya pay kur pam hak piw nuvötaqa?" Pay yaw pam panis kitat pay yaw qa piw aapiyta.

Yanhaqam yaw pam tiyooya piw put yuy aw tuu'awva. Noq pu' yaw pam tiyooya piw pangqawu, "Noq nu' yaw piw qaavo awniqat inumi tutaptay. Noq sen yaw hisat as angqw inumumniqey piw kita. Oovi yaw nu' uumi maqaptsitaniqat inumi kita."

Noq pu' yaw pam yu'at pangqawu, "Pay nu' son put naawaknaniy," yaw kita. "Pay pam a'ni himuniqw son itam put yuuyuynaniqw oovi pay um aw pangqawni," yaw kita. "Pay pam a'ni itamuy hiita ep pa'angwantaqw son itam put yuuyuynaniqat nu' kitaaqat ason um aw pangqawni," yaw pam put tiyooyat aw kita.

Qavongvaqw pu' yaw pam oovi piw awi'. Noq yaw pam ep pituqw pay yaw pam maasaw kur mooti ep pituuqe pay yaw oovi paas engem kohot tsovalniy'ta. Pu' yaw puma naama put ang piw pasita. Yukut pu' yaw piw tuumoyta. Ep pu' yaw kur yu'at tsukuvikta. Pu' yaw pam tiyooya ep pay panis put suukw angqw sowat pu' yaw pay put maasawuy aw soosok oya. Noq pu' yaw maasaw put tiyooyat tuuvingta, "Ya um unguy qötsviyat tuuvingtaqw hingqawu?" yaw aw kita.

"Pay pam panis tayatit pu' inumi pangqawu yaw kur um hak nuvötaqay. Inumi kitat pu' taya'iwlawu," yaw pam kita.

"Noq um unguy aw pangqawu nu' hisat as umum aw kuyvatoniqat'ay?"

"Owiy, pay nu' as pan aw maqaptsitaqw pay inumi pangqawu, pay yaw pam son nakwhaniqey inumi kita. Yaw um nu'okwaniqw oovi yaw itam son ung yuuyuynani. Um yaw itamungem a'ni hiita hinti. Yaw um a'ni itamungem koota. Noq oovi pay yaw son pantani," inumi kita.

"Kur antsa'ay. Niikyangw nu' uumi pangqawni. Kur um hisat piw komoktonik pay um angqw pewniy. Nu' pay sonqa uumi tunatyawtamantani. Pay ung angqw pewniqw pay nu' sonqa angqwnen piw ung pa'angwamantaniy," yaw pam maasaw put tiyooyat aw kita. "Pay uma sonqa putakw tömölnawit ang ayo' yamakniy," yaw kita. "Niikyangw nu' uumi tutaptani. Um pay it kohot naalökye'sa qöqhitamantani. Nen pu' uma tapkiqw tuumoytaniqw pu' um put sukw qöpqömiq panamantani. Pam

After lunch the two continued collecting wood, and when they had finished the boy headed back home. Upon his arrival he had supper with his mother, and while they were eating, he recalled the conversation with Maasaw. "Mother," he cried.

"What is it?"

"Do you remember you asked me to question Maasaw about ashes? When I asked, he just laughed at me. He wanted to know if your bare thighs show when you go about bending over. That's what the ashes refer to," he explained to his mother.

Now the boy's mother giggled. "Dear me, he must be a dirty old man!" This was her only comment. No more did she say on this topic.

Having related this much to his mother, the boy added, "Maasaw asked me to go back tomorrow. He also wondered if he could come back here with me sometime and asked me to get your permission."

To this his mother replied, "That I will not allow. Tell him we cannot afford to annoy him because he is such a powerful being. He has been such a great help to us that we will not antagonize him, but he is not to come here. Let him know that these are my words," she instructed her son.

Next morning the little boy went back to the same place. He found that Maasaw was already there and had readied the wood for him. Once again the two of them trimmed the branches from the trees, and afterward they settled down to lunch, for which the boy's mother had prepared tsukuviki. This time the boy ate only one piece and let Maasaw have the remainder. Maasaw now inquired of the boy: "When you asked your mother about her ashes, what was her response?"

"She just burst out laughing and then remarked that you must be a bit of a flirt. She giggled all the time she said this."

"Did you tell her that I'd like to go with you someday and call on her?"

"Yes, I did try to get her permission, but she said she would never agree. After all, you have taken pity on us, so we wouldn't play any games with you. According to her you did a great deal for us by helping me collect a large amount of wood, though, to go along with your wish is out of the question. She wanted me to tell you this."

"I understand," Maasaw replied, "but if you ever need to gather more wood, I would like you to come to this location. I promise I'll be looking out for you. Whenever you come you can count on me being here to lend a hand. With the wood you have now, both of you will surely get through the winter," Maasaw said. "Now I have a few additional words of advice for you. Cut each stick of wood into just four pieces. When you're about to have supper, put one into the fireplace. It will burn and keep your

pay su'aw umuy puwniniqw paasavo uwiwitamantani, yongiy'tamantani. Pu' uma puwnikyangw pu' piw sukwatmantani. Pu' taltimi angqw töövusaniqw pay uma panis aqw qöriknat pu' aqw piw sukwat panaqw pam pay taawanasapruupakqw paasavo piw umuy sonqa mukiniy'tamantani. Pu' put imuy nuutungkniiqat akw pay ason i' ungu umungem aw noovatamantaniy," yaw pam maasaw aw kita.

Noq pu' yaw pam maasaw piw pangqawu, "Kur uma nuy u'ne' nuy ookwatuwe' uma nuy nopnanik, uma put hiita umuunösiwqay angqw hiisakw sokotkut pu' uma pay yuk naakwayngyavo tavimantani. Pantiqw pu' pay nu' son put tuwat qa nösmantaniy," yaw pam put tiyooyat yanhaqam aw tutapta. Paasat pu' yaw pam put tiyooyat komokiyat iikwiltoynaqw pangqw pu' pam tiyooya piw nakwsu.

Pu' yaw pam pituuqe yanhaqam yaw yuy aw lalvaya. Pu' yaw aapiy oovi puma pan hintsakkyangw qatu. Noq antsa yaw puma naamahin put hiisa'hoyat kohot na'sastat pay yaw puma put akw tömölnawit ayoqwat tal'angwmiq yama. Tal'angwmiq pituqw pu' yaw pam haqam kolawngwuniiqey pam yaw pangqe' piw maqnuma. Nit pay yaw pam piw put maasawuy aw pitu. Noq pu' yaw pam tiyooya aw pituuqe pu' yaw aw pangqawu, "Ya um hintsaki?" yaw aw kita.

"Nu' sooyat yuykuy," yaw kita. "Hak hin uyngwuniqw nu' put ung tutuwnaniy," yaw pam aw kita, maasaw.

"Haw owi? Kur antsa'ay," yaw aw kitaaqe pu' yaw pam put maasawuy aw taytaqw pam pephaqam put engem sooyalawu. Pu' yaw pam yukuuqe pu' yaw aw pangqawu, "Ta'ay, pay yantaniy. Pu' um inumumniy," yaw aw kitat pangqw pu' yaw pam put haqami wiiki.

Noq pangqe' yaw piw pöövaniikyangw pay yaw pas lomavutsi. "Itam ungem paasat yukuniy. Noq yan hapi hak it pöva'uutaqw pu' pam paasat hapi tsivokvasay'vangwuy," yaw aw kita. Pu' yaw pam put kokhot pang naanahoy letata. Nit pu' yaw pam tuusaqat siisikwtaqe pu' put kohot aatsatsava höötsit ang put opomna. Pantit pu' yaw owat atsmi takumna. "Ta'ay, yantaniy," yaw maasaw kita. "Um hapi qaavo pay piw angqwni. Noq pu' mihikqw hapi yokvaniy. Pu' um angqwniqw i' pay sonqa yep paas paasa'iwtani," yaw pam tiyooyat aw kita.

Paasat pu' yaw pam maasaw yukuqw pu' yaw puma ang maqnuma. Pu' yaw puma sukw taavot warikna. Noq yaw pam maasaw kur piw put hiita yaasavat murikhoy'numa. Pu' yaw pam put taavot angk tuuvakyangw piw yaw kwangwawungva. Pas hapi yaw pam kur mapsiniiqe yaw put taavot kwangwawungvaqw paysoq yaw pam taavo ayoq mumamayku. Pu' yaw pam maasaw put tuunit ep kwusuuqe pu' yaw put tiyooyat aw pangqawu, "Ta'ay, um it yawmaniy," yaw aw kita. "Um it yawkyangw nimaqw ason uma it unguy amum tapkiqw nösniy," yaw aw kita.

Pu' yaw pam tsayhoya tsuyakqe yaw qa söövunit pay yaw pangqw ahoy a'ni wari. Pu' yaw pam kiy ahoy ep pitukyangw piw yaw tuni'ikwiw-

house warm until you're ready to go to sleep. Then, when you are ready for bed, throw in the second one. Toward dawn when nothing but the glowing embers are left you only need rake them and add another log to be warm until early afternoon. Finally, your mother can use the last piece to cook supper."

Once more Maasaw spoke. "If ever you and your mother should remember me and out of pity care to feed me, take a pinch of any food you happen to be eating and put it down behind you. I will be sure to eat from it." With that Maasaw helped the boy shoulder his burden whereupon the youngster set off on the trek home.

Back home he related everything to his mother. And from that day forward the two lived according to Maasaw's bidding. Sure enough, the small amount of wood they had stockpiled lasted them through the winter. When warmer weather came, the youth returned to the wood gathering site to hunt in the area. Once more he encountered Maasaw. He walked up to the god and asked, "What are you doing here?"

"I'm making a planting stick," Maasaw replied. "I am going to teach you how to plant."

"Really? Very well," the boy exclaimed and then watched Maasaw as he whittled the stick for him. Upon finishing Maasaw remarked, "All right, that's good. Now come with me." With that he led the boy away.

It so happened that there was a broad wash in the area. "Together we're going to make a field for you. First you dam up a wash so that silt is deposited behind the dam to make topsoil," Maasaw explained while placing branches across the wash. Next he uprooted some grass and filled the spaces between the branches. On top of everything he laid some flat stones. "See, this is the way it should be," declared Maasaw. "Tomorrow you should come back again. I am sure it's going to rain tonight, so when you return, this place will be a plot ready for planting," he assured the boy.

When Maasaw had completed his work, the two went off together to hunt. They soon flushed out a cottontail. Maasaw carried a large stick with him which he flung after the fleeing rabbit. It was right on target. He obviously had a perfect aim to accomplish this feat, for the cottontail just rolled to the ground. Maasaw picked up his prey and, as he handed it to the youth, said, "Now, take this home with you so that you and your mother can sup on it tonight."

The little boy was so delighted that he wasted no time and dashed home. His mother was surprised when he arrived with game, yet, she

va. Pavan yaw yu'at tsuya. "Askwali, kur itam utsviy pu' yephaqam sikwit nösni," yaw aw kitaaqe yaw haalaylawu. "Ya um it piw haqam su'awniiqe oovi it niina?" yaw aw kita. Noq pay yaw piw pam maasaw put put engem niinaqat yan yaw pam yuy aa'awnaqw pu' yaw put yu'at piw putwat aqw haalayti. Pu' yaw pam oovi put aw tuupeqw pu' yaw puma put ep tapkiqw kwangwanösa.

Noq pu' yaw pam maasaw put aw hin tutaptaqw pam yaw put yuy piw aa'awna, "Nu' yaw qaavo piw awni. Pam yaw pepeq inungem paasat yukuniqe oovi pepeq pöva'uuta. Pu' hak uuyiy'tanik hak hintingwuniqw pam yaw nuy put tutuwnaniy. Noq pu' mihikqw hapi yaw yokvaniy," yaw pam kita. "Noq pu' yaw nu' qaavo aqwniqw pu' yaw pantaqa paasa hin soniwngwuniqw nu' yaw put tuwiy'vani. Yan pam inumi lavaytiy," yaw pam yuy aw kita.

"Haw owi? Askwali, kur antsa'a. Antsa pam ungem pantiqw um put tuwiy'vaqw itam yaapiy paapu nuutum hiita tuumoytani," yaw put yu'at kitaaqe yaw tsuya. "Pay pi qa hak hisat itamungem panhaqam hiita uuyiy'taqw yanhaqam i' hiihiimu natwani aniwtiqw nu' okiw nuutumi put kwangway'tuswangwu," yaw pam kitaaqe yaw oovi put tiy engem haalayti.

Qavongvaqw pu' yaw pam tiyooya put u'niy'kyangw taatayi. Noq yaw kur antsa ep mihikqw yokvaqw yaw oovi iikye' wukova'iwyungwa. Pu' yaw pam kwangwtoykyangw taatayqe pu' yaw pam pay paasat yuy taataynaqe pu' yaw aw pangqawu, "Itanguy, itam as pay iits nösqw nu' pay ahoy pövamiqniy," yaw kita.

Pu' yaw put yu'at oovi paasat qatuptuqe pu' yaw pay paasat aw noovativaqe pu' yaw pam yukuqw pu' yaw puma piw noosa. Noq pu' yaw pam tiyooya kwangwtoykyangw pu' yaw put murikhoy yawkyangw pu' yaw piw pangso taavangqöymi. Pu' yaw pam ep pituqw pay yaw pam maswuutaqa ang hintsaknuma. Noq yaw pam pep put pöövat uutaqw yaw kur pangsoq pas wuuyaq tsivookya'iwta. Pas pi yaw oovi pep piw lomatsivookyavasati. "Yan hapi i' soniwngwu hak it pöva'uutaqw'öy," yaw pam maasaw aw kita. "Yep hapi um yaapiy paasay'tani. Yang it ang um uylawmantaniy," yaw kitaaqe pu' yaw put aw hiita yaasakw mookiwtaqat tavi.

Pu' yaw pam put hiita mookiwtaqat aqw puruknakyangw aqw yorikqw piw yaw angqw soosoy hinyungqa poshumi tangawta. Soosok yaw hiita hopit nöösiwqayat poshumi'at yaw angqw tangawta. Pu' yaw pam maasaw aw pangqawu, "Ta'ay, it hapi nu' ura ungem taavok yuku. I' hapi sooyaningwu. Itakw hapi um uylawmantani. Niikyangw um hapi inun uyni. Yantingwu hak'iy," yaw kitat pu' yaw nakwsu. Pay yaw pam oovi löös kwilakit nakwsut pu' yaw pam pep huruutit pu' yaw put sooyay akw pephaqam hangwa. Pu' yaw aqw hötsiiti. Pu' yaw pam pay panis naalöqmuy humitat pangsoq qölömiq tangata. Pantit pu' yaw pam pay

was overjoyed. "Thanks so much. Thanks to you we'll eat meat today!" she kept praising her son. "Where did you chance on this creature that you managed to kill it?" she inquired. When the youth told his mother how Maasaw had killed the rabbit for him, she in turn thanked the god. Then she roasted the meat and both mother and son had a very enjoyable supper.

The son now related to his mother the instructions given him by Maasaw. "I'm supposed to go to see him again tomorrow. He said he'd make a field for me by the wash, so he built a dam across it. He'll show me what to do to plant crops. He expects it to rain tonight. When I go back tomorrow I'll find out what kind of field he has in mind for me. Those were his words to me," he said to his mother.

"Is that so? Well, thanks, indeed! Yes, let him do this for you, because once you learn to plant we'll be able to eat like the rest of the people here." His mother was jubilant. "No one has ever grown anything like that for us. Whenever the various crops ripen and mature, I envy the others," the mother said and was very happy for her son.

The following morning the boy woke up remembering this. Sure enough, it had rained that night, which was evident by the large pools of water outdoors. Thus, rising with great anticipation, he woke his mother straight away. "Mother, let's eat early so I can return to the wash," he shouted.

His mother got out of bed to prepare breakfast. When they had finished the meal the boy set out, full of enthusiasm, to the west side, taking along his hunting stick. When he arrived at his destination, old man Maasaw was already there going about his business. Upstream from the dam was now a large area of newly deposited alluvium. A perfect field of silt had come into existence. "This is what happens when one dams up a wash," Maasaw explained. "From now on this field will be yours. Here you will be planting in the future." With that he handed the boy something in a pouch.

The boy opened the sack and looked inside, and was amazed to find seeds of all the plants a Hopi grows for his sustenance. Maasaw then said to the boy, "Now, you recall that I made this planting stick for you yesterday. I want you to follow my method of using it. This is how it is done," whereupon he started off. He took two paces, halted and then began digging with his stick until there was a hole. Into this hole he dropped just four kernels of corn. Then he loosely filled in the hole with soil he had just dug out. "This is the way it's supposed to be," he said.

paasat hihin aqw ahoy ootsokna. "Yantingwuy," yaw kita. Pay yaw panis naalöphaqam pantit pu' yaw paasat kawayvatngatwat. Pantit pu' angk yaw meloonitnit pu' yaw morivosit. "Yantaniy," yaw kita. "Niikyangw yaapiy um angqw pew kuyvatomantani. Pu' pay nu' sonqa yepmantaniy," yaw pam put aw kita.

Pu' yaw pam oovi put pan tutuwna, tiyooyat. Noq pu' yaw pam tiyooya tapkiqw piw pituuqe pu' yaw yuy paas aa'awna hin puma hintiqw. Noq yaw pam yu'at haalayti. "Niikyangw yaw nu' aw kuyvatomantaniqat inumi kitalawu. Pu' yaw pam pay sonqa naato epmantaniqey inumi kitay," yaw pam yuy aw kita.

Pu' yaw pam pangso pantsakngwuniqw pay yaw kur uuyi'at ang kuukuyva. Niiqe pay yaw a'ni wungwiwta. Noq pu' yaw pam maasaw piw sukw hiita pay yaasa' puutsit poyot antaqat kur piw engem yuku. Put yaw pam akw tuusut ang paslawmantani. Pu' yaw pam put aw tavikyangw pu' put aw piw yanwat tutapta, "Itakw hapi um yantsakmantani. Hak hapi it uuyiy ang paas qeniy'taqw i' wungwiwmangwu. Hak it qa ang pantsakqw i' tuusaqa tutskwat paalayat naala soosokniqw pam pay qa wungngwuy," yaw put tiyooyat aw kita.

Pu' yaw pam oovi pangsoningwuniiqe pu' yaw put akw paslawngwu. Pu' yaw pam paapiy qa öönakyangw put tumalay'tangwu. Pantsakkyangw pu' yaw uuyi'at pay talaakuyva, pu' yaw kaway'uyi'at a'ni hotamti. Pu' melooni'at pu' piw mori'uyi'at, papu'uyi'at, pam yaw siy'vaya. Panmakyangw pay yaw aapiy qa pas wuuyavotiqw pu' yaw uuyi'at tukwsi.

Pu' yaw pam hisat piw suus ep pituqw yaw pam maasaw epniiqe yaw aw pangqawu, "Yan hapi hak it aw pootangwuy," yaw kitaaqe pu' yaw pam sukw samit angqw aakikna. "Yantangwuy. Meh, yante' hapi i' taytangwuy," yaw kita.

Paasat pu' yaw puma put engem ang samiitinuma. "Pay um panis yaasa' samiitani. Pu' um pay sukw kawayvatngatnit pu' piw meloonit tukuni. Pu' paaput um pay panis naalöqmuy mawni. Pu' um pite' um unguy aw pangqawni it aapamiq tangataniqat. Pam pangsoq it tangataqw pu' uma ovawyat akw aw naakwapnat pu' uma wuuhaqtiniqat aw naawaknani. Pu' uma pay pantaqat maatapt pu' uma puwni. Pu' ason qaavo talavay taawat yamakqw pu' uma awnen pu' uma put naakwapniyat ayo' taviqw maataq pi uma hintaqat aw yorikniy," yaw pam put tiyooyat aw kita.

Pu' yaw pam oovi piw put tutavoyatniiqe pu' yaw pam pangqw pituuqe pu' yaw pam put yuy aw pan tutaptaqw pu' yaw puma put aapamiqhaqami tangata. Pay yaw puma oovi naat qa hiita angqw nöösa. Pantit pu' yaw puma put aniwniyat ovawyat akw naakwapnat pu' yaw aw wuuhaqtiniqat naawakna.

Pu' yaw pam tiyooya ep mihikqw qa puuwi tookyep put wuuwantaqe. Tookyep yaw pam namtötölawu. Pay yaw pam as pas aqw kuyvaniqey

Maasaw repeated this in four more places and then switched to watermelon seeds. Next, he planted muskmelon seeds, and finally beans. "That should do it," he said. "But from now on you will have to come out here every day. I'll make sure I'm always here too," he explained to the boy.

In this fashion Maasaw instructed the youth in the art of planting. When the boy returned home again that evening, he related all that had happened that day to his mother. How overjoyed she was. "But he insisted I go and check my field every day. He also assured me that he would always be there himself," the boy said.

Faithfully, the little boy kept returning to his field. Eventually his crops began to sprout. Already the plants had grown considerably. Meanwhile, Maasaw had fashioned another tool for the youth somewhat resembling a knife. This he was to use to weed his field. As Maasaw handed it to the boy, he explained, "This tool is for hoeing weeds. When a field is kept clear of weeds, the plants continue to grow. If you fail to cut back the weeds they soak up all the moisture in the ground and the plants will wither."

So the little boy trotted to his field every day to hoe the weeds. He worked with great energy. As time passed, the corn began to develop its pistils, the watermelon vines started spreading, and the muskmelons, bean plants, and string beans grew blossoms. It was not long afterward that the entire crop ripened.

One day, when the little boy arrived at his field, Maasaw was already there. He said, "This is the way you check your corn." With that he broke off an ear of corn from the stalk. "This is how the kernels should be. Look at the appearance they take on when they have grown ripe."

Together the two of them went around picking a few green cobs. "Don't take any more now," Maasaw advised. "You can cut one watermelon and one muskmelon off the vine. Pick just four of the string beans. When you get home tell your mother to carry everything into the back room. There cover the fruit and vegetables with a small wedding robe and pray that they increase. Then leave everything as it is and go to bed. Next morning, after sunrise, go back and pull off the robe and see what you find."

The little boy did as bidden by Maasaw. Arriving home he related Maasaw's instructions to his mother, and the two of them took all the crops into the back room, not even taking a single bean to eat. Then they covered the food with a small wedding robe and prayed for its increase.

That night the youth did not close an eye, for his mind was preoccupied. He tossed and turned all night, and every so often he felt the urge to go to the back room and check on the crops. But then he recalled Maasaw's words and controlled his impatience. He still had not slept a

pan unangwti. Pu' yaw pam put maasawuy tutavoyat u'naqe pu' yaw pay oovi qa piw aqw ö'qala. Niiqe pam yaw oovi naat qa puwvaqw pay yaw talhahayingwa. Pu' yaw pam pay oovi aapay ep qatuwkyangw yaw yuy aw maqaptsiy'ta.

Nawis'ewtiqw pu' yaw kur put tiyooyat yu'at taatayqe yaw tuwat aapay ep qatuwlawu. Noq pu' yaw taawat pay panis angqaqw kuyvaqw pu' yaw puma aqw aapamiqniiqe pu' yaw puma aqw paki. Noq piw yaw put oovat atpipaqw yaw sumataq himu wukomokiwtaqw pu' yaw puma oovi pangsoniiqe pu' yaw puma put ovawyat ayo' hölöknaqw piw yaw ep kawayvatnga wukovangawta, pu' melooni, pu' sami, pu' paapu. Yaw kur pam aw wuuhaqti. Panhaqam yaw puma put wuuhaqta.

Noq pu' yaw pam maasaw piw put aw tutapta, "Ason hapi uma pep hiisa' hiita tuwaqw um hapi ason unguy ayatani, pam hapi put aw noovataqw pu' uma soosokmuy sinmuy tuutsamni. Uma soosokmuy nopnani. Yante' pu' uma ayoqwat yasmiq pituqw pay um son hiita piw qa a'ni aniwnani. Pu' uma hapi qa nuutumi put kyaakyawnaniy," yaw pam put tiyooyat aw kita.

Noq pu' yaw puma oovi put natwanit pangqaqw ipwanta. Noq yaw kur pam pepehaq niitilti. Pu' yaw puma put pangqw soosok ipwaqw pu' yaw put tiyooyat yu'at pay pisoq aw noovalawu. Pu' yaw pam yu'at novayukuqw pu' yaw pam tsayhoya ang kiinawit tuutsamtinuma. Yaw kiiyamuy angqw kwangwahovaqtu tu'tsi, pu' melooni, kawayvatnga. Pu' yaw pam put aniwniy pan oo'oylawngwuniiqe yaw sinmuy tuunop-niy'tangwu. Noq pu' yaw pay piw peetu taataqt qa naaniya pam tsay-hoyaniikyangw put a'ni a'aniwnaqw. Puma yaw hiitu kwitavit.

Noq pu' ep tamöngvaqw pam tiyooya yaw put maasawuy amum put tiyooyat engem it sipaltsokit piw qa suup paasayat qalavaqe kwiipa. Noq pay yaw pam sipaltsotski tal'angwnawit pay a'ni wungwiwmaqe pay yaw oovi naat pu' tal'angwnasami pituqw pay yaw pam siy'vaya, niiqe pay yaw oovi pam sipalatsa himuy'vaniqesa peeti. Pas yaw kur pam hak maasaw a'ni himuniqw paniqw yaw oovi put atsviy i' hiihiimu natwani a'ni wungwiwmakyangw pay yaw piw iits tukwsi. Noq pu' yaw oovi pay naat pu' tuho'ostiqw pay yaw sipala'at kwangwtiqw pu' yaw pam piw putwat oo'oya. Noq pu' yaw pam maasaw piw put aw paas tutapta yaw pam put sipalat kwangwtiqw pu' pam put oyaqw pu' yaw puma yuy amum put kwanamnat pu' put mööyat pu' pan laknamantani. Nen pu' yaw puma tömölnawit put piw tuumoytamantani. Pu' pay kya pi puma kwitavit piw qa naaniya.

Noq pu' yaw tamöngvaqw pu' yaw pam piw pephaqam pöva'uuta. Niiqe pu' yaw pam put piw aw puuhuta. Pan yaw pam maasaw put aw tutapta. Pay haqe' sakwitiqw yaw put aw yukumantaniqat yaw put aw maasaw kita. Noq pu' yaw oovi ep tamöngvaqw pu' yaw pam awniiqe pu' yaw oovi paas piw put ahoy aw puuhuta. Noq hisat pay yaw pas sonqa

wink when twilight came. He just sat on his bedroll waiting for his mother to get up.

At long last she awoke and she, too, remained sitting on her bedroll. As soon as the sun peeked over the horizon, however, both mother and son rushed into the back room. Judging by appearances there was a large heap bulging beneath the wedding robe. Pulling back the garment, they found to their amazement a huge pile of watermelon, muskmelon, unhusked fresh corn and green beans. By merely placing the various fruits and vegetables under the wedding robe they had caused their produce to multiply.

There had been still more instructions from Maasaw to the youth: "Charge your mother to cook whatever you find beneath the robe and then send out invitations to all the people of the village to come and eat at your house. Feed everyone. Thereby you will insure the growth of an abundant crop next year. Be sure not to withhold your food from anyone."

Mother and son now began to carry the crops from the back room. There was a tremendous bounty. When everything had been removed, the boy's mother made haste to prepare a meal. When she had finally finished cooking, the boy went about the village inviting everyone to come and feast at his home. Drifting from their house came the sweet smell of corn roasted over an open fire along with the enticing smell of muskmelon and watermelon. In this fashion now he kept bringing his various produce home and provided the people with food. However, there were several men who were jealous that a youngster like him should be producing all these things. These men were a group of sorcerers, vulgarly referred to as the "turds."

Also, that spring, Maasaw and the boy had planted several peach trees along the edge of his field. All through the warm season the trees grew at a rapid pace and blossomed by mid-summer. All they needed to do now was to bear fruit. And, indeed, due to the influence of Maasaw, who is a powerful god, all these crops developed with incredible speed and ripened before their time. Just when the fall season arrived, the peaches were ripe, so the little boy kept hauling them back home. Maasaw had also left detailed instructions with the boy, that once the peaches were ripe and harvested he and his mother should split them in half and set them out to dry in the sun. In this way they would be able to eat peaches throughout the winter months. This, too, enraged those turds.

The ensuing spring the youth again built a barricade across the wash, or rather, he renewed it. This he did according to the teaching of Maasaw, who had advised him to mend the dam where it had eroded. Therefore, when warmer weather set in, he headed out to his field and

yokvangwuniiqe pu' yaw oovi piw yokvaqw pam yaw kwangwtoyniy'-kyangw paasay aqw'a.

Pu' yaw kur puma kwitavit qa naaniyaqe pu' yaw kur put soosok pöva'uutsiyat sakwitota. Niiqe pay yaw kur as oovi pang munvakyangw pay yaw muunangw kur yuumosa. Qa hiita yaw pam aw huruutiqe oovi yaw qa ep lomavasaniwti. Yaw kur muunangw put nu'an hintsana. Okiw yaw pam ep aw taynuma. Pas pi yaw a'ni yokvaqw yaw kur oovi pas wuuyoqa muunangw pangniiqe yaw okiw put tiyooyat paasayat wukotutkita. Yan yaw pam yorikqe pas yaw naa'okwatuwa. Pu' yaw pam naavakhuruutaqe pu' yaw pephaqam pakmumuya.

Naat yaw oovi pam pep pakmumuykyangw yaw pam piw hakiy kisvuutsiyat tuwa. Noq yaw kur pam maasaw paasat pu' piw aw pituuqe yaw aw pangqawu, "Pay nu' yan wuuwanta. Naato puma son piw it ep naaniyani. Noq pay pi'iy," yaw aw kita. "Pay kya pi pantaniqw oovi puma ung yanhaqam okiwsasna. Pay hapi as puma piw utsviy a'ni nöönösakyangw piw yanhaqam ung hintsatsnay. Noq pay pi pas tuwi'amniqw oovi'oy," yaw pam kita. "Noq pay um ookye' qa hin wuuwantaniy. Pay naat son ungem piw hin qa pasiwtani. Noq yep ikiy aqw teevenge tuyqaniqw put kwiningqöyngaqw pepeq piw lomahintay," yaw pam kita. "Pepeq ason itam piw ungem pastani. Pepeq put pay son iits tutwaniy," yaw pam put tiyooyat aw kita.

Ep pu' yaw pam tsayhoya oovi pay put pepeq pövaveq qa uuya. Pay yaw pam ep oovi qa hiita aniwna. Noq pu' yaw ep tömö' ima sinom as oovi pangso put tiyooyat aqw hiita nöönösaniqey hepmanta. Noq pu' yaw pam tiyooya pay nawus hakiy pan aa'awnangwu yaw qa hiita aniwnaqe oovi pay yaw kur pam hiita hakiy maqamantani. Noq pu' yaw pam tiyooyat yu'at pangqawu, "Pay pi kya ima sinom qa itamutsviy noonovaniqw oovi puma hakim pepeq put uuvasay sakwitota. Noq pay pi oovi yaasavo ima utsviy noonovani," yaw pam yu'at kita.

Noq yanhaqam yaw puma put hintsatsnaqw oovi yaw paapiy ima songoopavit pas hiisavo qa hiita a'aniwnaya. Pu' yaw pay as kur puma kwitavit sonqa put tsaakwhoyat aw enang tatqa'nangwyanikyangw atsviy noonovanikyangw put tiyooyat pantsatsna. Pu'sa yaw puma hakim taataqt aw ökiwta, aw tunöshepmanta. Puma yaw put tiyooyat pantsatsnaqe yaw soosokmuy songoopavituy amumi qa antoti.

Pu' yaw aapiy pantaqw pu' yaw ayoqwat yasmiq pu' yaw pam tiyooya pepeqwat puhuvasta. Puhuvastaqe pu' yaw piw pangsoqwat sasqalawngwu. Pu' yaw pam suus piw pangsoqniikyangw pay yaw ep mihikqw qa pitu. Noq pu' yaw yu'at wuuwanta. "Ya sen pam hintiqw pas qa pitu? Pay pi as pam se'elhaq pitungwu. Sen pi himu haqam hintiqw oovi pas pam naat qa ahoy pitu," yan yaw pam wuuwaqe pu' yaw pam oovi tiy hepto.

did as told. In the past it had always rained. Thus, when the rains finally materialized, he looked forward to seeing his field with great anticipation.

Apparently, however, the band of turds had resented the boy's success and destroyed the entire dam. Consequently, when water flooded down the wash it ran right through, unimpeded, and as a result no silt was deposited to create a suitable field. In fact, the flood had washed away the field completely. The poor boy could only stand there looking about in disbelief. It had evidently rained so hard that a violent flash flood had raged through his field leaving it full of gullies. Upon seeing the extent of the destruction the little boy felt sorry for himself. He broke into tears and cried and cried.

Tears were still pouring down his cheeks when he became aware of a shadow cast over him. It was Maasaw who had come back. He consoled the boy: "I thought as much. Those sorcerers just couldn't bear this. But it cannot be helped now. I suppose this is the way it had to be. Those wretches have wronged you greatly. It was through your efforts that they were fed, and yet they had to do this to you. But that's their way of doing things. Stop crying now and don't think about it anymore. Everything will still turn out well for you. Near my home there is a spur jutting out to the west and on its north side is a place suitable for making another field. Those turds won't be able to spot that place so quickly," Maasaw assured the little boy.

So that year the little boy did not plant the plot at the wash. Consequently, he did not reap any crops. During the ensuing winter people came to the boy's home in search of food. However, he could only tell them that there was nothing to hand out because he had not planted any crops. His mother remarked, "These people cannot expect to receive any nourishment from us, for those men ruined your field. No longer will there be food for them resulting from your labor."

The aftermath of this treatment of the boy was that the people of Songoopavi were not able to produce any crops for a length of time. For, although the turds realized that they might have to depend on the youth for their sustenance, they had still wronged him. Now those very men began coming to him in search of provisions. In wronging the boy they had actually harmed all the Songoopavi villagers.

Thus time went by until, in the following year, the boy made a new field at the location assigned him by Maasaw. When the field was established he made frequent trips to it. On one occasion, however, he failed to return home at night. His mother was worried. "I wonder why he's not back yet. He's usually home much earlier. Maybe something has gone wrong." With these forebodings she set out to look for him.

Niiqe pay yaw kur pam pu' haqam paasay'taqw put yaw pam tuwa. Noq pay yaw as kur paasay ep waynumkyangw yaw kur hakiy amum pep hintsaknuma. Noq pam yaw hak suukyawa amumniiqa pas yaw hak wupakuukuy'ta. Noq pangqw yaw pumuy kuk'am ahoy ayoq maasawuy kiiyat aqwa'. Noq pu' yaw pam pay pan wuuwa, pay kya yaw pam put tiyooyat wiiki. Yanhaqam yaw pam oovi tiyo qa ahoy yuy aw pitu. Noq pu' yaw pam yu'at tiy as sölmokkyangw pay yaw kur hintini. Pay kya yaw as pam ti'at hisat ahoy pituni. Pu' yaw pam yu'at pay as nöösiwqat qa akw okiwniikyangw pay yaw pam panis put tiy paas sölmoki. Pay hapi yaw pam putsa aw yantaqe oovi.

Noq aapiy yaw naalös yaasangwvaqw pu' yaw mimawat songoopavit yaw kur pas hiita nöönösani. Puma hapi yaw okiw tsöngso'iwta. Puma yaw tsöngösiwuy aw öki. Pay as yaw ima kwitavit put tiyooyat qa pantsatsnaqw son yaw as puma songoopavit tsöngösiwuy aw ökini.

Noq pu' yaw pam tiyooya naalöq yaasangwuy ang qa ahoy pitukyangw pu' yaw piw ahoy pitu. Pu' yaw pam ep pituqw pas hapi yaw yu'at haalaytiqe yaw put aw pakmumuylawu. Noq pu' yaw pam tiyooya pay paapu tiyo'iwkyangw ahoy pitu. Pu' yaw pam yuy aw hin hiniwtapnaqey put lalvaya: "Antsa nu' pangsoq ivasay aqwniqw i' maasaw piw ep pituuqe pu' inumi pangqawu, 'Ta'ay, nu' ung angqw wiktoy. Pay hapi ima nuunukpant umuukiy ep it uuvasay piw tutwe' pay puma naat piw ung antsatsnaniy. Noq puma hapi pay as utsviy enang yeskyaakyangw puma put qa tuway'yungway. Noq nu' hapi ung wikqw um qa hiita yaapiy a'aniwnaqw pay puma songoopavit paasat sonqa nanaptani puma utsviy noonovaqe'ey. Pu' ungu pay hapi as son ung qa sölmokniy. Niikyangw pay ung hisat ahoy pituniqat pam pay aqwhaqami son naat hintiniy. Pu' pam pay naat piw a'ni tunösmaskyay'tay. Noq imuy nuunukpantuy hapi itam naamaniikyangw amumi naa'oyniy. Nuy hapi ung wikqw aapiy pay paapu qa himu natwani aniwtimantani. Pay nam puma tsöngösiwuy aw ökini. Pu' paasat pay ima peetu son ang qa so'iwmakyangw puma hapi pay nuunukpantsa sulawtini. Ason pumuy sulawtiqw pu' um paasat piw ahoynen paapu qa pumuy e'nang wuuwankyangw piw ahoy pumuy uusinmuy amungem hiita oo'oyniy.' Yan pam inumi lavaytiqe oovi nuy wikniniqw nu' qa ung mooti aa'awnat pay amumniqe sunakwhay." Yan yaw pam yuy aw lalvaya.

"Pay pi kur um antsa qa paysoq put amuma. Noq pay nu' as antsa söölangwuy akw maanguy'kyangw pay nu' ung ahoy pitsinaqe pay pu' yan unangwti," yaw pam tiy aw kita. "Noq pay antsa mimawat as yep kyaananapta. Pay antsa ima peetu so'a. Noq pay pi kur puma nuunukpantniqw pay ima sinom pan nanapte' pay son pas pumuy kyaakyawnani. Noq pay nu' naat uunatwaniy wuukovetiy'ta. Nu' put pas wuuhaq atkye' tutskwava amtaqe oovi nu' put naat nuutungaqw tupkiy'ta. Noq pay pi um pu' ahoy pituuqe son yasmiq qa piw hiita aniwnaniqw oovi itam

It so happened that she knew the location of his field. From all appearances her son had been at the field in the company of another person. The latter had huge feet, as could be inferred from the size of his tracks. Their trail led back to the residence of Maasaw. It occurred to the mother that Maasaw had taken her son home with him. For that reason the youth had not returned to her. The mother longed to see her son but there was nothing she could do. She could only hope that some day he would come back. It was not that she was lacking in food, she was simply very lonely for the boy. After all, he was the only one she had to lean on.

Four years later the rest of the Songoopavi people had depleted all of their food supplies. Now they were starving. A famine was upon them. If the band of turds had not committed their crime against the youth, this situation would never have arisen.

After the boy had been gone four years he returned. Upon his arrival back home, his mother cried from sheer joy. The lad had grown up to be a young man. He related to his mother how he had fared. "As you remember I went to my field, and when I got there Maasaw approached me and said, 'I came to get you. Those evil men in your village will destroy your field again once they discover it. You are their source of food but they are unaware of it. If I take you with me you won't grow any more crops, and the people of Songoopavi will come to realize that it was because of you that they had plenty to eat. Of course, your mother will miss you, but she will endure until the day of your return. Also, she still has a good cache of food. But on those evil ones we will both wreak our revenge. From the moment I take you with me no more crops will be grown. Let the people experience a famine. Some will perish, but those who do will just be the sorcerers. Once they have vanished you can return home and, without troubling your mind over them, you can begin anew providing for the people.' This is what Maasaw said to me. Therefore when he asked me to go along with him I did not let you know before I consented to his wishes." All these things the boy related to his mother.

"Well, I guess you were away for a good reason," his mother replied. "My longing for you really wore me out, but now that I have you back my spirits are high again. Yes, it is true, people of the village suffered tremendously. And some actually died. But since they were from the evil clique, the survivors won't feel any loss when they find out the truth. I still have a good part of your crops remaining. I have kept this store secret from the other villagers by burying it on the plain below the mesa. But now that you are back you are bound to grow things again next year. Therefore let us go to the plain below, unearth the buried food and

awnen put ang yaahate' pew ahoy put oye' pu' itam imuy sinmuy put amuupa oyani. Pay pi pu' kur qa hak nukpana peeti."

Yaw pam put aw kitaqw pu' yaw puma oovi pangso haqaminiiqe pu' yaw put aniwniyat piw ahoy kiimi kima. Paasat pu' yaw puma put sinmuy amuupa oyaqw pas pi yaw puma haalaytoti. Pu' yaw pam ahoy piw pituqw put ep yaw puma piw haalaytoti. Paapiy pu' yaw puma piw kwangwayese. Yantaqat akw yaw ima peetu songoopavit qa tsöngso'qe oovi naat puma pep yeese. Pay yuk pölö.

share it among the people here. After all, the evil ones have all been wiped out."

With that, mother and son went down to the site below the mesa and returned to the village with the store of crops. They distributed them among the people, and so gave rise to much happiness. Everybody rejoiced that the boy had returned. From that time on the people once more lived a good life. Thus the Songoopavis did not perish from hunger and today still inhabit their village. And here the story ends.

Maasaw Orayeptaqat Tsaawina

Aliksa'i. Yaw walpeq yeesiwa. Pu' yaw pay piw aqwhaqami kitsokinawit sinom yeese. Noq pu' yaw i' himu maasaw pay kya pi pas soosovik kiy'taqe yaw oovi piw pepeq walpiy taavangqöyvehaq qatu.

Noq yaw pepeq walpeq ima momoyam tuwat pay it marawuy yungtiwisqe puma yaw oovi piw hisat it marawuy aw öki. Niiqe pu' yaw puma oovi yungya. Pu' yaw puma astotokyay aapiy nöönönganlalwangwu totokyay aqw ökiwiskyangw. Niiqe pu' yaw puma pas tiikivey aqw ökiiqe paasat pu' yaw puma oovi pivitkunyani.

Noq pu' yaw pay kur angqe' kitsokinawit ima kiyavaqtaataqt it nanaptaqe yaw oovi aqw qastimaywisniqey nanawinya. Pu' yaw ima

3

How Maasaw Scared an Orayvi Man

Aliksa'i. They say people were living at Walpi and in other villages across the land. The god Maasaw, who is reputed to live everywhere, at one time also resided at a place on the western side of Walpi.

The women of Walpi regularly performed their Maraw ceremony. Thus, when the time came to carry out their ritual again, they retreated into their kiva to hold the usual rites. From Astotokya on, the night when the secrets of their society are revealed to novices, the women continually emerged from their kiva to stage various dances. And so they reached Totokya and finally Tiikive, the last day of the entire ceremony. On that occasion the Maraw participants dance with exposed thighs.

As the news of the dance spread to the men in the remoter Hopi communities, they made plans to attend the performance in order to

taataqt aqw pumuy tiimaywisniqe yaw kwangwtotoya. Noq pu' yaw i' hak orayngaqw taaqa pay yaw pas aqw tiimaytoniqey su'qawta.

Noq pu' yaw oovi ep pumuy mamrawtuy tiikiveyamuy aw pituqw pu' yaw pam orayngaqw taaqa pangqw pay su'its naat taawa qa yamakqw pay yaw pangqw kiy angqw nakwsu. Niiqe pay yaw pam oovi su'aw töngvami pangqw taavangqöyngaqw aw walmi pituto. Noq pangqw yaw piw aqw oomiq naapvöniqw pang yaw pam oovi aqw oomiq wupto. Niiqe pay yaw pam naat qa pas soosok aqw oomiq wupqw piw yaw hak pep haqam tuwiwyay'taqat ep qatuqw yaw pam put hakiy aw pitu. Noq pu' yaw pam put aw pituuqe pay yaw pam aw huruuti. Noq pu' yaw pam hak pep qatuuqa pay yaw aw suuyu'a'ayku, "Ya um hak piw waynumay?" yaw pam hak aw kita.

"Owiy," yaw pam put aw kita, "pi nuy navotq piw yaw yepehaq tiikiveniqw oovi nu' antsa angqöy. Noq um piw sööwu yepehaq yantay. Pi as pas umuukiy ep tiikiveniqw um kyan'ew qa tiimayi," yaw pam put aw kita.

Pu' yaw pam hak taaqa put aw tayatit pu' yaw aw pangqawu, "Hep owiy, pay nu' se'elhaq tiimaymay. Noq pay pi imuy momoymuy qaasi'am, löwa'am sunyungqw pu' nu' pay piw sutsep pumuy amumi yortaqe oovi pay nu' put qa pas hiitay'tay. Niiqe paniqw pay nu' oovi panis suus tiimayt pu' nu' pay angqw peqw'ay. Pay nu' oovi piw qa pas pas pumuy amumi pephaqam yukiy'tat pay nu' angqw ayo'niiqe pay nu' qa piw aw'iy," yan yaw pam put aw lavayti.

"Kur antsa'ay, pay pi itam qa sun taataqtniqw kur kya pi um tuwat panwat'ay. Noq nu' pi tuwat angqw qastimaytoqe oovi pay aw hoytaniy," yaw pam put aw kita.

"Ta'ay, pay pi um tuwat awnen ephaqam kwangwatimayniy. Pi antsa ephaqam tiikivey'yungway," yaw pam put aw kitaqw pu' yaw pam oovi pang aqle' oomi nakwsu.

Niiqe naat yaw pam pu' put aqle' nakwsuniqw pay yaw pam hak pepeq qatuuqa yaw a'ni naa'alöngtaqe pavan yaw hin soniwa. Pas pi yaw pam paasat naa'alöngtaqe pas pi yaw pam pavan nuutsel'ewayti. Pavan yaw pam wukoqtöy'kyangw pu' yaw piw ungwvukuwta. Pankyangw pu' yaw pam piw qötöva u'yay'takyangw pay yaw pas okiw susukwhömiy'ta. Is uti, pas pi yaw pam hak qa soniwa. Pu' piw yaw pam hak susmataq peekyewtaqe yaw oovi piw a'ni hovaqtu. Pu' yaw piw put namo'at susmataq angqw kuytaqw pavan yaw pam pang u'yay'taqw put yaw angqw i' peekye mumuna. Yan yaw pam orayeptaqa yorikqe pavan yaw pam naatsawinaqe pay yaw pam pep mashuruuti.

Pas yaw hisatniqw pu' yaw pam yan unangwtiqe pu' yaw pam paasat aqw oomiq qa naatusita. Pavan yaw pam pang aqw tutuvengay'taqat ang aqw sutskikiyku. Noq suupaasat yaw haqawa kur piw pangqw walapkingaqw hawtoqe yaw put orayeptaqat aw pituuqe pu' yaw put

feast their eyes on the girls' naked thighs. They really looked forward to witnessing the event. Among them was a man from the village of Orayvi who was determined to attend the public spectacle.

When the day of the Maraw dance was at hand, the Orayvi man sauntered from his home early in the morning before the sun had come over the horizon. It was just mid-morning by the time he reached Walpi from the west. Since there was a footpath leading up to the mesa from that direction, he used it to ascend. He had not climbed all the way to the top when, much to his surprise, he encountered a stranger seated on a small ledge. He approached the man and stopped by his side. The person squatting there greeted him at once. "Are you also traveling about, stranger?" he inquired.

"Yes," the Orayvi man replied, "I heard there was a dance here, so I came to see it. You, however, seem to be idling away your time here while there's a dance going on at your village. Too bad you're passing up the chance to see it."

The man laughed back at him and said, "How true, but I already took in the dance quite a while ago. But you know, thighs and vulvas of women are all the same, and since I get to see these parts all the time, I couldn't care less. So I just watched one dance and then came down here. I really did not want to give them all my attention, so I left and did not bother to go back."

"I see," the visitor from Orayvi acknowledged. "We men certainly aren't all the same. I suppose you're different. I, for one, am keen on seeing a bare thigh, so I guess I'll be heading on," he exclaimed.

"All right, you go ahead and enjoy the performance. For a dance is certainly going on."

After these words from the stranger the Orayvi man started to head up the trail. He was about to step past the stranger, when the man all at once changed his appearance so drastically that he now looked most repulsive. By making the transformation he had turned himself into a grotesque figure. His head was of colossal size and his face was covered with blood. Sores infested his head, from which sprouted only a sparse covering of hair. Ugh, he presented such an ugly sight! His body was clearly in a state of putrefaction, so offensive was the stench he emitted. His shins were clearly visible, spotted with boils from which dripped pus. When the Orayvi man caught sight of this monster, he became so frightened that he froze in his tracks.

Somewhat later, recovering from the initial shock, he hurriedly dashed up the trail. He hardly touched the steps so quickly did he hasten along. That very moment a Walpi villager was making his descent, and

huruutapna. Pu' yaw pam put aw pituuqe pu' yaw aw pangqawu, "Haakiy, pay um qa pas panhaqamnit um paas wuptoniy, taq pi pay yang aqw kiimiq uruhu'uy. Hal ya um hintiqw pas oovi haqami pisoq'iwmay? Pay pi naat tapkimiqhaqami puma mamrawt pep tiikivey'yungwniy," yaw pam put aw kita.

"Hep owiy, asaa'. Noq pi nu' se'elhaq yangqw atkyangaqw wuptoqe hakiy taaqat aw pituuqe okiw nu' as aw kwangwayu'a'atat pu' nu' aapiyniqe aqle'niqw pay pam naa'alöngtaqe pas himu nuutsel'ewayti. Noq pay as pam mootiniiqe qa hinkyangwniiqe inumi piw kwangwayu'a'ata. Pu' pay pi yaw pam qa suus pumuy tiimayqe yaw oovi qa hin timay'unangway'ta. Pay pi yaw piw qaasi sunyungway. Pu' yaw pay piw imuy momoymuy löwa'am piw sunyungqw pay yaw pam oovi pumuy qa pas hiitay'tay. Yan pi inumi hingqawlawqw pu' nu' oovi pay paasat qa pas aw nakwhaniy'tat pu' nu' oovi pay paasat angqw tiimaytoniqe angqw nakwsuqw pay pam pantiqe pas nuy qa atsat tsaawinay," yan yaw pam put aw pep tu'awiy'ta.

"Is ohiy, antsaa'," yaw pam hak wuutaqa paasat pangsoq hawtoqa kita. Noq pam yaw hak kur maswungwa. "Pam hapi maasaw'u. Pay pam soq antsa ephaqam hiitawat pantsanngwuy, tis oovi hiitawat kiyavaqvitay. Pay pam okiw pas naat tsaakw an wuwniy'taqe pay soq hiitawat

when he met the man from Orayvi he stopped him. "Slow down, slow down! Don't be in such a rush but go up carefully. The trail leading up to the village is dangerous. Or rather, tell me why are you in such a hurry? The Maraw women will still be dancing until late evening."

"Why yes, indeed. But as I came from down below a while ago, I came upon a man with whom I had a very pleasant talk. However, as I continued on and passed him by, he transformed himself and turned into a most repellent monster. At first he had been quite normal, chatting nicely with me. He told me that he had seen this dance on more than one occasion and for that reason was not keen on watching it again. He said all women's thighs were the same. Nor did he find one vulva to differ from another. Therefore he did not care for the women. He shared thoughts of this kind with me, so I didn't spend too much time with him. Instead, I headed on up to see the dance. But the instant I walked by him, he underwent this change and scared me out of my wits."

"I'm sorry, indeed," the old man coming down the trail exclaimed. It so happened that he was a member of the Maasaw clan. "Why, that was Maasaw! I know he does that to a person once in a while, especially to one from a distant village. The poor thing still has the mind of a

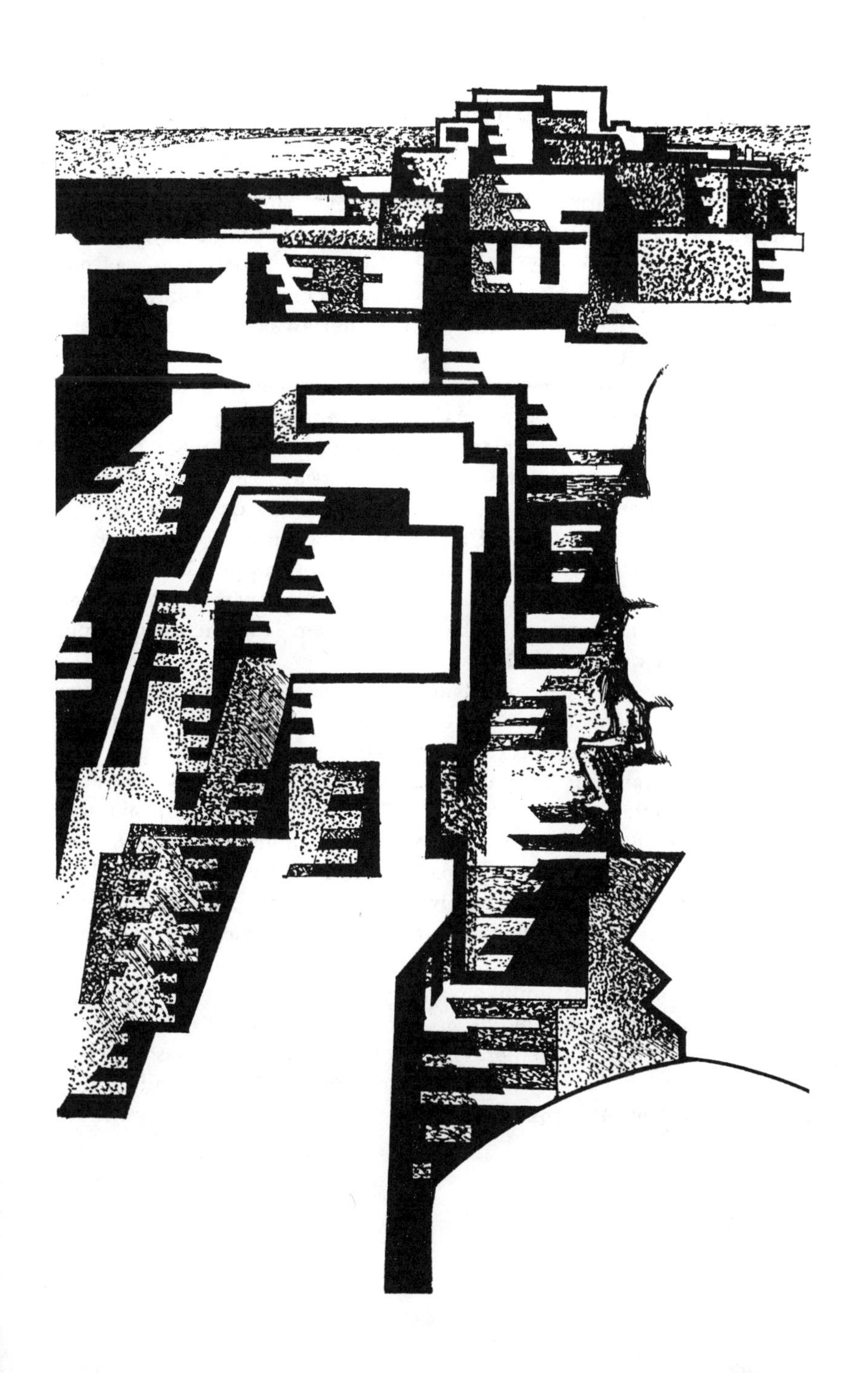

pantsanngwuy. Noq pam hapi tuwat itaawu'yay. Pay antsa pam as mootinen pan suhimuniikyangw hakiy aw namtaknangwuy. Pu' pam antsa hakiy pay pas yuuyuynanik pu' pan naa'alöngtangwuy. Niikyangw pay as pam hakiy qa hintsanngwuy. Pam pay hakiy pas yuuyuynanik antsa hakiy pantsanngwuniiqe pay sampi panwat qa lomahintay. Noq pay nu' aqwnen son aw qa hingqawniy," yaw pam put aw kita. "Noq pay um oovi qa put aw hin wuuwankyangw awhaqami tiimaytoniy. Tsangaw um hak waynumay. Niikyangw ason um ahoy nimanikyangw um ikiy awnen um mooti pep nösniy. Pu' ason nuy mooti ung naavootsiwnaqw pu' um ason nimaniy. Nuy pantiqw um qa tsawintuyat akw uukiy epehaq kyaananvotniy," yan yaw pam put aw lavaytit pu' yaw pam aqwhaqami hawtoq pu' yaw pam orayeptaqa tuwat wupto.

Nit pay yaw pam orayngaqw taaqa qa pas wuuyavo nakwsut pu' yaw pam pay pephaqam qa susmataqpuve wunuptuqe pu' yaw tuqayvasta. Noq pu' yaw pam walaptaqa put wu'yay aw pituuqe pu' yaw paasat pephaqam put hakiy susmataq qööqöylawu. "Ya um hintiqw piw okiw put panhaqam tsatsawinay, pay kya as pam ung qa yuuyuynaqöö'? Ura um paapu qa pantaniy. Haqawa ung qa hintsaatsanqw um qa okiw put aw panhaqam naamamataqnamantaniy. Taq pi i' himu tsawintuya qa lolmay. Pay pi um pas nu'an tsakowuwniy'taqe oovi tuwat yepehaq tuuvantsaatsanaa." Yanhaqam yaw pam hak put qööqöyt pu' yaw paasat pangqw ahoy wuuvi.

Noq pu' yaw antsa pam orayngaqw taaqa ep tapkiqw ahoy nimaniqe pu' yaw pam put hakiy taaqat kiiyat aw nöstoqe pu' yaw ep pitu. Pu' yaw pam antsa nösqw paasat pu' yaw pam taaqa pep kiy'taqa yaw put naavootsiwnat pu' yaw put aw pangqawu pay yaw pam pumuy wu'ya'am soq ephaqam hiitawat pantingwu. "Pu' pam soq pay ephaqam hiitawat wuutit piw ngu'angwuniiqe antsa pi oovi pumuy amumi navotiy'tay. Noq pay nu' pu' ung naavootsiwnaqw pay um son yaapiy put qa suutokye' pay sonqa kwangwavuvuwmantaniy. Pay um son put peqwhaqami piptsantamantaniy," yan yaw pam put aw lavaytiqw paasat pu' yaw pam oovi pangqaqw ahoy nimaaqe pay yaw pam oovi paasat qa hin nalmamqast pay yaw pam paasat mihikpuva ahoy oraymiq.

Niiqe pu' yaw pam ahoy kiy epeq pituuqe pu' yaw it yan yu'a'ata. Noq pay yaw haqawat pepeq orayvit navotiy'yungwa pam maasaw pepeq tuuvantsaatsanqw. Yan pay yaw puma oovi tuutuptsiwa pam put pumuy amumi yu'a'ataqw. Pay yuk pölö.

child, and so he does these odd things. Still, he is our clan ancestor. Usually he is a handsome man when he reveals himself to a mortal. But if he's bent on teasing someone, he will undergo this change. At least he doesn't harm anyone. He only does this to pester a person and in that respect he is wicked. I'll go down to him right this minute and give him a piece of my mind. Don't take what you saw too much to heart. Go and see the dance. It's good to see you here, stranger. And before you leave for home, drop in at my place for a bite to eat. I will also purify you, and then you can return home. You won't be plagued then by the jitters back home." Thus the Walpi man spoke, whereupon he went on down while the Orayvi man resumed his climb to the top.

The latter, however, had advanced but a few steps when he waited where he could not be seen and listened. When the Walpi man reached his clan ancestor, he could be clearly heard chastising him. "Why did you scare that poor man so? I'm not so sure he bothered you. Try not to do that any more. If no one pesters you, you have no business showing yourself in that terrible shape. You know, after all, that the illness resulting from fright is a very bad thing. It's because you have the brain of a child that you keep doing this to people." Thus did he scold his clan ancestor, whereupon he came back up the trail.

And, indeed, that same evening when the man from Orayvi was about to return home, he stopped in at the Walpi man's house to have supper. After the meal the resident discharmed him and then explained that their ancestor had the bad habit of playing tricks of this sort on people. "At times he actually grabs hold of a woman. That's why he is so familiar with the womenfolk. Anyway, now that I have purified you, you are bound to forget this event. You can sleep peacefully from now on. You won't be picturing what took place here in your mind any more," he assured him. With that the man from Orayvi set out for home. He was not in the least afraid even though he had to travel through the darkness.

Back home he related the entire experience. As it turned out, some of the Orayvis were aware that Maasaw played this sort of trick on people at Walpi. So they believed every word of the man's encounter with Maasaw. And here the story ends.

Hak Tiyo Maasawniwti

Aliksa'i. Yaw orayve yeesiwa. Pu' yaw piw yep huk'ove yeesiwkyangw pu' yaw pay piw aqwhaqami kitsokinawit yeesiwa. Noq pu' yaw yep orayve pumuy kikmongwi'am it hakiy tiyotiy'ta. Noq pu' yaw pam tiyo piw hakiy huk'ongaqw tiyot pay piw kikmongwit nay'taqat kwaatsiy'ta. Niiqe puma yaw oovi pay sutsep naama hiita hintsakngwu. Pu' yaw puma pay piw sutsep hiita akw naava'angwanta. Niiqe himuwa pasminiqw pu' mi'wa navote' pu' pay amumningwu. Pu' puma naama paslawngwu, pu' piw uylawngwu. Pu' yaw himuwa maqtoniqey unangwte' pu' yaw pam pay paasat mitwat sungway wiktoq pu' yaw puma paasat naamaningwu. Pu' yaw puma piw pas naami unangway'ta. Pas yaw puma naatupkomniiqey pan naami unangway'ta.

4

The Youth Who Turned into a Maasaw

Aliksa'i. It is said that there was a settlement at Orayvi. Huk'ovi, too, was inhabited as were various other villages throughout the land. The village headman in Orayvi had a son. He, in turn, had befriended a boy from the village of Huk'ovi whose father also happened to be the village leader. For this reason the two youths were always together and forever doing each other good turns. Whenever one of them headed out to his field and the other became aware of this, he would accompany him. Then they would share their work of hoeing weeds and planting crops. Also, when one had the desire to go hunting, he would go over to his friend to take him along. Thereupon they hunted jointly. They were very fond of one another and loved each other as though they were brothers.

Niiqe pu' yaw puma pay nuvosayömtiqe pay yaw puma piw naama angqe' tutumaytinumngwu. Niikyangw pay yaw puma qa sutsep naama tutumaytongwu. Pay yaw ephaqam i' huk'ongaqw tiyo qa orayminen pam yaw pay pep naap kiy ep tutumaytongwu. Pam yaw pay as qa haqamwat kitsokive nöömataniqe oovi.

Panmakyangw pay yaw kur i' orayeptiyo mooti mantuwtaqe pam yaw oovi put hakiy kwusuni. Niiqe pu' yaw pam kwaatsi'at yan navotqe yaw pam put kwaatsiy engem haalayti. Noq pu' yaw put orayve tiyot mantuwa'at kur hisat na'sastaqe pu' yaw pam oovi put siwatway kiiyat aqw lööqö. Noq pu' yaw pam tiyo oovi pep kwusiy'ta.

Noq pu' yaw pam maana ep lööqökqey aapiy naalös talqw pu' yaw pam put siwatway amum aasi. Paapiy pu' yaw puma oovi pep mö'wiy'yungwa. Noq pu' yaw pumuy asqat aapiy pu' yaw puma put mö'wiy engem hiita yuwsinayaniqey put yuykuyani. Niiqe pu' yaw puma oovi put tiyot kivayat epeq sööqanlalwangwu, pu' piw tontotangwu.

Noq pu' yaw i' huk'ongaqw tiyo aasakis mihikqw pu' yaw pam orayminen pu' yaw pam pep nuutum pay hiita hintsakngwu. Noq pay yaw puma pep pantsatskye' pay yaw puma pep haalayyangwu. Noq pu' yaw i' huk'optiyo pay yaw piw qa ngutsuwyaniiqe pay yaw pam pumuy amumum pep hiihiita yu'a'alawngwu.

Noq suus yaw pam piw pangqw huk'ongaqw pangso orayminiqe pu' yaw pam oovi pep kiy angqw yamakt pu' yaw pam pay pang kiy aqw hoopoq nakwsukyangw pu' yaw pam pay yuumosa pang tumpoqwat. Pu' yaw pam aqw tumpoq pituuqe pu' yaw pam pangqe wayma haqe' hapi hawiway'taqw put heptimakyangw. Noq pay yaw pam naat put qa tuwat pay yaw pam hiita navotqe pu' yaw pam huruutit pu' pephaqam tuqayvaasiy'ta. Noq pu' yaw pam pas suyan navotq yaw put haqam wunuwtaqw put yaw su'atpip hakim hingqaqwa. Noq piw yaw pangqaqw kootala.

Noq pu' yaw pam oovi pangqw pangsoq hawqe pu' yaw pam pangqe' haqe' tuuwik pangso pumuy hakimuy amumiq. Niiqe pu' yaw pam pep pumuy amutsve huurutiqe pu' yaw pam pangqw oongaqw pumuy amumiq taytaqw piw yaw hakim himusinom pepeqya. Niikyangw piw yaw i' hak suukya hopi pumuy amumum pepeq. Noq pay yaw puma hakim piw hopiyu'a'ataqw oovi pay yaw pam paasat nanvota puma hingqawlawqw.

Noq pam yaw hak hopiniiqa yaw pumuy kur wayaknaqw oovi yaw puma pepeq put aw tsovawta. Niikyangw yaw puma kur ima payotsimya. Noq pay yaw kur pumuy amungaqw haqawa piw hopiituqaytaqe oovi pam yaw mimuywatuy amungem tuqay'ay'iwta. Noq yaw i' hak hopi pumuy amumi pan naawakna yaw puma as qaavo pangso oraymiye' puma yaw as pep pumuy amumi taawanasave kiipokye' pu' yaw puma as it tiyot kwusiy'taqat niinayani. Noq pam yaw hak pumuy amumi pan

The two had reached the age where they were interested in girls, so they usually teamed up when they stalked around at night trying to meet girls. However, they were not always together on these amorous pursuits. At times the lad from Huk'ovi failed to come to Orayvi, because he would go courting in his own village. This he did because he did not want to marry outside Huk'ovi.

As time passed the youth from Orayvi was the first to find a sweetheart whom he planned to marry. His friend at Huk'ovi was elated for him upon receiving the news. And as soon as the Orayvi youth's girlfriend had completed her wedding preparations, she went to her fiancé's home to go through the wedding ceremony. So the young man now had his wife-to-be at his home.

Four days after the young lady had arrived at the boy's home she went through the hair washing ritual with her boyfriend, which sealed the marriage. Hence the family of the headman now had a daughter-in-law staying with them. They knew that after the hair cleansing it would be their obligation to work on the wedding outfit for their in-law. And so they carded the wool and spun yarn at the young man's kiva.

Each night the lad from Huk'ovi made it a habit to go to Orayvi and work at something in the kiva along with the others. While busy with their work the men usually had a good time. The boy from Huk'ovi, too, was not bashful and would join the others talking about all sorts of things.

One time, as he was planning to go from Huk'ovi over to Orayvi again, he left his home and headed east on a straight path toward the edge of the mesa. Reaching the rim he skirted it seeking the place of descent. He had not yet found the proper place when, suddenly, he heard a noise. He stopped in his tracks and listened. From directly below where he stood he could clearly hear voices. Much to his surprise he also made out the glow from a fire.

Carefully, the youth descended from the rim and advanced along a ledge toward the unfamiliar voices. He stopped just above them and spied down. To his amazement he discovered a band from another tribe with a Hopi in their midst. Two of the men were speaking Hopi at the time, so he understood what they were talking about.

Apparently, the Hopi had hired the strangers, for they were huddled around him. From all indications they were Paiutes. Surprisingly enough, one of them had a command of the Hopi language and was translating for the others. It was the Hopi's wish that the Paiutes go over to Orayvi the following day, raid the village, and slay the youth who had his bride at his house. Evidently the Hopi asking them to do this had wanted the

naawaknaqa yaw kur put orayeptiyot mantuwayat aw as tunglay'taqw pay yaw pam qa putwatniqw put yaw kur pam ep qa naaniqe yaw oovi put maanat tuyqawvaqat engem pan qa lomanawakna.

Noq pu' yaw pam pay panis yan navot pu' yaw pam pay qa oraymi kwaatsiy awnit pay yaw pam pep ahoy namtökt pu' yaw pam pay pangqw kiy awi'. Paasat pu' yaw pam pep kiy ep pituuqe pu' yaw pam yan pumuy yumuy amumi it yu'a'ata. Niiqe pu' yaw pam pumuy amumi pangqawu, "Pas hapi nu' yan it navotqe pas hapi nu' qa haalayti. Noq oovi nu' hapi pay pu' awnen nu' hapi pay itunipiy kimaniy. Pay pi pas ikwatsiniqw pay nu' pas put amum hin hiniwtiniqey naawaknay. Noq pay sen nuy qa ahoy pituniqw pay uma hapi qa pas inuukwayngyap putakw naamaqsoniy'taniy," yaw pam kitat pu' yaw pam paasat hotngay torikt pu' piw paasat awtay kwusut pu' yaw pam piw pangqw oraymi nakwsu.

Niiqe pay yaw ima hakim tuwqam naat pepeq tsovawtaqw pam yaw piw ahoy pangsoq pitukyangw pay yaw pam haqe' yaakye' amuqlavaqe poniwma, puma hapi put qa tutwaniqat oovi. Panmakyangw pu' yaw pam hisatniqw pep orayve pituuqe pu' yaw pam pay yuumosa pangso kivami. Pu' yaw pam epeq pakiqw pay yaw puma piw paas put taviya. Noq pu' yaw put kwaatsi'atniqa piw aw haalayti pam ep pituqw.

Noq pu' yaw puma pay piw pepeq hiihingqaqwaqe pay yaw piw tsutsuytikyangw tumalay'yungwa. Noq pay yaw pam huk'optiyo paasat qa amun unangway'ta. Suyan pi yaw pam it hiita qa lomanavotiy'taqe oovi. Noq pay pi yaw pam qa hisat pantaqw oovi pay yaw kur put kwaatsi'at aw suumamatsi pam hiita ep qa haalayqw. Niiqe pu' yaw pam oovi put as tuuvingtaqw pay yaw pam put panis aw pangqawu, "Pay pi uma naat yu'a'atotaqw oovi nu' antsa qa hingqawlawuy," pay yaw pam panis put aw yan lavayti. Noq pay hapi yaw pam pas suyan hiita ep qa haalayqw pu' yaw pam piw put aw pangqawu, "Pay hapi pas um suyan hiita ep qa haalayiy. Pay hapi sumataq um hiita pas a'ni wuuwantay," yaw pam put kwaatsiy aw kita.

Paasat pu' yaw pam pay nawus nakwhaqe pu' yaw pam pumuy pepeq kivaapeq tangawtaqamuy amumi put yu'a'ata, hin pam pep huk'ove yorikqey. Yan pi yaw mimawat nanaptaqe pu' yaw pumawat tuwat qa haalaytoti. "Noq pay nu' hapi pas it ikwatsiy amum yep hin hiniwtiniqey naawaknaqe oovi nu' pay itunipiy paas enang kivaaqe pay nu' put yep oove it nguutat angqe' tsuruknay," yaw pam pumuy amumi kita.

Noq pu' yaw it orayeptiyot kwusiy'taqat taaha'at pangqawu, "Is ohiy, antsaa'. Pay itam tur nawus itaatumalay haak maatatve' pu' itam hiita akw pumuy amumi ahoy naanaywaniqey put yaapiy na'saslalwaniy. Noq oovi uma tootim yuk palatsmot aqlavoye' pep uma hoongapyaniy. Itam son nawus qa wuuhaq yukuutotaniy. Noq pu' itam son piw itaa'awtay aw qa puuhutotaniy," yaw pam pumuy amumi kitaqw pu' yaw puma peetu

Orayvi lad's girl for himself; however, since she had not chosen him, he felt offended and in revenge wished evil on the girl's husband.

As soon as the youth from Huk'ovi learned of this plan, rather than proceeding to his friend in Orayvi, he turned around and headed back home where he related everything to his parents. He said to them, "When I found out about this, I was troubled indeed. So when I go to Orayvi now I'll be taking along my weapons. He is such a close friend that I want to share his fate. And if by mischance I am destined not to return alive, I don't want you to burden yourselves over my death." With these words he slung his quiver over his shoulder, picked up his bow, and again set out for Orayvi.

He found the plotters still assembled where he had first encountered them, but this time he gave them a wide berth to guard against being spotted by them. Finally, as he made it to Orayvi, he rushed straight to the kiva. Upon entering he was welcomed very cordially. His companion, too, was glad he had come.

Again the men's conversation touched on all sorts of things, and there was quite a bit of laughter during work. The boy from Huk'ovi, however, did not share the joyful mood, for he knew of the terrible fate in store for his friend. Since he had never acted that way before, his friend assumed that he was upset about something. When questioned about the reason, he merely replied, "You were talking and I simply did not want to butt in." That is all he muttered. But he was obviously despairing over some matter, so his friend continued, "You appear depressed. Something enormous must be troubling your mind."

This time the Huk'ovi lad had no choice but to admit the truth, and so he related everything he had seen to the men in the kiva. When the others learned the news, they too became saddened. "And because I wish to share the fate that my friend here will meet, I brought along my weapons and stuck them into the hatch covering on top of the roof."

Now the uncle of the newly married Orayvi boy spoke. "How truly sad this is. We will have to let go our work for the time being and prepare whatever is needed to fight our enemies. So you, young men, head over to the area near Palatsmo and there collect the proper wood to fashion arrows. We will have to make many. We will also have to renew our bows." At once several men emerged from the kiva and started out toward their destination to gather the necessary materials. Those remain-

nöngakmaqe pu' yaw oovi pangso hoongapwisa. Noq pu' yaw mimawat pep akwsingqam yaw tuwat homastsiitsiklalwa.

Pu' yaw ep qavongvaqw pay yaw taawanasami ima hoongapwisqam ahoy ökiqw pu' yaw puma peetu put hoongavit, it mongpuwvit ang siipantota. Noq pu' yaw mimawat pas hootuwiy'yungqam paasat pay yaw pas putsa tumalay'yungwa. Pu' yaw puma pay ep mihikqw pas qa tokqe puma yaw oovi taltimi pay pas wuuhaq yukuya. Hoohut yaw puma niitiya.

Noq pu' yaw pam orayeptiyot taaha'at put huk'ongaqw tiyot pas tuuvingta, "Ya um pay pas suutaq'ewa yep itamum hin hiniwtiniqey?" pam yaw put aw kita.

"Owiy, pay pi pas ikwatsiniqw oovi'oy," pam yaw put aw kita.

Noq pu' yaw pam put pas naalös tuuvingtaqw pay yaw pam aasakis put aw pansa lavaytingwu, pay yaw put kwaatsiy pa'angwaniqey. Paasat pu' yaw pam tuptsiwa pam pas qa atsalawqw. Noq pu' yaw pam taaqa paasat pangqawu, "Ta'ay, pay uma yuuyuwsiyaniy! Pay hapi aqw hayingwtiy," yaw pam pumuy amumi kita. Noq pu' yaw puma oovi yuuyahiwta.

Noq pu' yaw i' orayeptiyo yamakma, yaw hiita nasimoktoqey pangqawkyangw. Noq pam hapi yaw pas kur yukiq tuutu'amit aqw put hiita oovi. Pu' yaw pam oovi pangqe' nakwsukyangw pu' yaw pam ahoy pitukyangw pam yaw kur lööqmuy kanelsakwit pepeq kwusuma. Pu' yaw pam piw it qa suukw sowiipukyat enang kiva. Noq pam hapi yaw kur it huk'ongaqw tiyot engem enang put hiita kiva. Noq yaw i' orayngaqw tiyo yaw kur kookopwungwaniiqe yaw pam it wu'yay an yuwsit pu' piw put kwaatsiy it wu'yay maasawuy an yuwsinani. Noq pu' yaw puma oovi it kookopwungwtiyot kiiyat awi'. Noq pep pu' yaw puma it sowiipukyat angqw put engem tuvikut yukuni. Niiqe pu' yaw puma oovi put namitu'iha. Pu' yaw puma put yukuuqe pu' yaw puma put poshöta. Pu' yaw puma piw put tuvikut aasonmiqwat pöhöy'taqat yuku. Yan yaw puma pep put engem yewasmaskyatat paasat pu' yaw puma yuuyuwsi. Pu' yaw mimawat kivaape tuwat yuuyahiwta. Hisatniqw pu' yaw puma soosoyam yuuyaha.

Noq pu' yaw put tiyot taaha'at pumuy amumi pangqawu, "Ta'ay, uma hapi yangqw yamakye' uma hapi yukiq kwiniwiqniy. Pepeq hapi tuwqam tsovawtaniy. Noq umuy hapi su'anniqw pay hapi son hak umuy tuwaniy. Noq pu' uma hapi pumuy amumi haykyale' pu' uma hapi pay pep naahoyniy. Nen pu' uma pante' uma hapi pumuy angqe qöniltiniy. Itiw'ayay, um yukiqwat teevengeniy. Pu' i' uukwatsi ason hoopoqwatni. Pu' ason uma pumuy pas soosok qöniltikyangw paasat pu' uma piw angqe ahoyniikyangw pu' ason uma haqam naami pite' pep pu' uma hapi pay ason qatuptuniy," yan yaw pam pumuy amumi tutaptat pu' paasat pay yamakma.

ing began, in turn, splitting the feathers which were to be used to fletch the arrows.

By noon of the following day the men who had gone to collect the branches for the arrows returned. Immediately, several of them started to peel the bark off the Apache plume sticks. Others, who were experts at fashioning arrows, concentrated on only this task. That night nobody slept, so by daybreak the men had produced a large number of arrows.

The Orayvi boy's uncle now turned to the friend from Huk'ovi and asked him in earnest, "Are you willing to meet the same fate as we here?"

"Oh yes, for he is my true friend," he answered.

Four times the uncle asked the young man and each time he responded in exactly the same way: he was determined to assist his friend. Only then was the uncle convinced that the boy was not lying. The man now said, "All right, start preparing yourselves. The time has drawn near." Everyone now began preparing for the fight.

At this point the Orayvi lad left the kiva, indicating only that he needed to borrow something. As it turned out, he headed over to the burial grounds to secure whatever he was after. He walked about the graveyard and when he returned it was evident that he had been there to pick up two old, tattered woman's dresses. He also brought with him a number of jackrabbit pelts. Apparently, these things were meant for him and the boy from Huk'ovi. The young man from Orayvi, who was a member of the Kookop clan, dressed in the fashion of his clan ancestor. Next, it was his intention to garb his friend, too, in the manner of Maasaw, his clan ancestor. For this reason the two headed over to the house of the Kookop boy. First a mask would be created for him from the jackrabbit pelts. For this purpose the skins were sewed together. That done, the boys cut two openings into it for the eyes. The inside of the mask was lined with fur. This outfit they prepared for the Huk'ovi youth and then the two dressed. When that was accomplished, the rest of the men costumed themselves in the kiva according to their fancy. Finally, they were all ready.

The boy's uncle said to them, "I want the two of you to leave now and proceed northward. There the hostile band is gathered. If you do it right no one will discover you. As you draw nearer the enemies, split up in two directions and encircle them. My nephew, you go to the west, and you, his friend, go to the east. After you have made a complete loop around them, continue your circuit until you meet a second time. There I want you to sit down." Thus he instructed the youths and then he left.

Paasat pu' yaw puma naakwatsim pay pep hiisavo yantat pu' yaw puma put taahay angk yama. Niiqe pu' yaw puma oovi ang kiinawit aqw kwiniwiq yamakto. Noq pay yaw pumuy pas qa suusa himu pooko amumi warikqw yaw puma aqw kwiniwiqwat yama. Pangqw pu' yaw puma antsa panmakyangw pu' yaw puma imuy tuwqamuy amumiq haykyala. Noq antsa yaw puma pepehaq wukoqöhiy'yungwa. Pu' yaw puma pumuy amumiq haykyalaqe pu' yaw puma pay pephaqam naahoy laasi. Noq pay yaw antsa pumuy tuwqamuy amungaqw qa haqawa pumuy tuwa. Niiqe pu' yaw puma put tiyot taahayat tutavoyatniiqe pu' yaw puma oovi pumuy angqe qöniltikyangw pu' yaw piwniikyangw pu' yaw puma paasat pep haqam qatuptu hisatniqw naami pituuqe.

Paasat pu' yaw puma oovi naat pep naami qatuqw pu' yaw hisatniqw mimawat orayeptaataqt angqaqw kuukuyvaqe pu' yaw pumuy amumiq hoyta. Paasat pu' yaw puma tuwat imuy tuwqamuy amumiq haqaqw kuukuyvaqe pu' yaw pay pep huruutoti. Noq pu' yaw pam kikmongwi paasat pumuy amumumniiqe pu' yaw pam pumuy amumi pangqawu, "Ta'ay, ason itam pumuy amumi yuutukye' itam hapi a'ni töqwisniy. Noq pay hapi son haqawa itamungaqw hintiniy. Pay hapi puma naakwatsim itamupyeve pumuy amumiqniiqe pay pumuy amumi ngahuy pavoyay. Noq oovi pay uma tatam qa tuutusyat pay ep pumuy amumum neengaltiniy. Ta'ay, itam pay oovi awyaniy," yaw pam pumuy amumi kitaqw pu' yaw puma oovi a'ni töqkyaakyangw pumuy amumi yuutu.

Paasat pu' yaw puma pumuy amumi ökiiqe pu' yaw puma pumuy mumu'tivaya. Noq pu' yaw puma tuwqam paasat nanaptaqe pu' yaw tuwat tunipiy ömaatota. Paasat pu' yaw puma tuwat pumuy amumi as naanaywanikyangw piw yaw puma hin hak awtat akw pookyangwuniqw suupan yaw qa tuwiy'yungqat antsatskya. Niiqe yaw oovi himuwa soq naamiqwat hoy tsukuyat anwat awtay aw tsokyangwu. Pante' pay yaw pam okiw naamu'angwu. Pu' yaw himuwa ephaqam naap haqami mavaste' tuwat yaw soq okiw naap sinoysa mu'angwu. Panmakyangw pay yaw hiisavoniqw pay yaw puma hikiyom peeti.

Pu' yaw puma himusinom kur nanaptaqe pu' yaw paasat naa'awin tota. Paasat pu' yaw puma soosoyam nanaptaqe pu' yaw puma pay teevengewat watqa. Pangqw pu' yaw ima orayeptaataqt pumuy ngöö-ngöya. Panwiskyaakyangw pu' yaw puma tuwqam pangsoq taavang-qöymiq haani. Paapiy pu' yaw puma pumuy amumum naayawtiwis-kyangw hisatniqw pu' yaw puma put hakiy suukw peetota. Noq pu' yaw pam kikmongwi pumuy amumi pangqawu, "Ta'ay, pay itam ahoyyaniy. Pay itam ngas'ew it suukw qa niinayaniy," yaw pam pumuy amumi kitaqw pu' yaw puma oovi pay put hakiy ewawtaqat pep maatatveqw pu' yaw pam pay oovi naala aqwhaqami.

Pangqw pu' yaw puma taataqt ahoyyaqw pavan yaw pang pönawit ima tuwqam so'pum pootangw'iwta. Pu' yaw piw aqwhaqaami ungwqö-

The two friends stood there for a while and then followed the uncle out. Upon leaving the kiva they headed northward along the line of houses. Not once did any dog come upon them as they walked to the north end of the village. From there they continued on until they neared the enemy. And, indeed, there at the same place they had a big fire going. When the two young men were close to the enemy, they split off from one another. And, quite certainly, not one of the enemy spotted them. So heeding the uncle's instructions they completed their first circuit around them, and then embarked on a second round. When they encountered each other once more they sqatted down.

They were sitting side by side when some time later the other Orayvi men could be seen moving stealthily toward them. At the place where the men reached the enemy they halted. Evidently the Orayvi village headman had joined their forces for his voice could be heard to say, "All right, when we rush the enemy let us yell loud and fierce. No one from our side will be hurt. The two friends who went on ahead of us sprayed by mouth their medicine on the foe. There's no need for you to be cautious. Charge right ahead and mix in with them. All right, let's go!" This he said, whereupon the Orayvi men rushed the enemy shouting at the top of their voices.

The minute they came upon the hostile band, they started shooting their arrows. When the latter became aware of the attack, they reached for their weapons. They tried to fight back, but, to everybody's surprise, they behaved as if they did not know how to use a bow. Thus, a man would place his arrow on his bow with the tip pointed at himself. Consequently, the poor man would hit himself. Then, again, another man would aim his arrow in just any direction and thereby shoot his own tribesman. It thus took just a short time for only a handful of the enemy to remain.

The Paiutes, finally realizing what was happening to them, started to flee to the west. The men from Orayvi gave chase. Eventually the enemies scrambled down the west side of the mesa. The Orayvi men continued battling them until there was just one Paiute left. At this point the village leader commanded his men, "Now let us return. Let us spare at least this one man." So they left that one wounded man alone to make off all by himself.

On their way back the men came across slain enemies all along the trail. Everywhere the ground was covered with blood. This is how the

löwta. Yanhaqam yaw puma hintotit pu' yaw ahoy kiimi ökiqw pay yaw antsa qa haqawa pumuy amungaqw hintit ahoy pituqw puma yaw tsutsyakya.

Noq pu' yaw ima naakwatsim pay yaw tuwat panis yaniwtiqw pu' yaw puma orayviy aatavanghaqam pu' tuwat qööqe pu' yaw puma pepeq napwatani. Noq pu' yaw oovi i' orayeptiyo mooti napwataqe pay yaw oovi qa hintit pay put hiita yuwsiqey put oya. Paasat pu' yaw pam as it sungway powataniniqw pay yaw pam okiw qa powalti. Pu' yaw puma put kwaatsit ang pananaqw pam yaw pay kur put kwangwa'i. Pay yaw pam pas kur put aw huur sikwitiqe yaw ang yamakniqe qa naawakna. Pay yaw pam as qa suus tuwantat pay yaw pam put pas naapa qa tsoopa. Yuk pay yaw puma okiw nawusta.

Noq i' huk'ongaqw tiyo yaw kur qa kookopwungwaniiqe son yaw as pam oovi put hiita yuwsini. Paniqw yaw pam oovi qa ahoy powalti. Noq put sungwayat pay yaw i' engem qa hintaqw it pay yaw puma qa navotiy'ta. Noq paniqw yaw oovi put orayeptiyot taaha'at put tiw'ayay sungwayat paas tuuvingta sen pam pas antsa suutaq'ewa put sungway amum hin pam hintiqw pantiniqey. Niikyangw pay yaw as pam navotiy'ta son pam qa yantiniqat. Noq it pay yaw pam put tiyot qa aa'awna.

Orayvis fared, and when they got back to the village, it turned out that, indeed, not one of their number had been hurt. For this they were elated.

When the fight was over, the two friends built a fire somewhere west of Orayvi where they intended to discharm themselves. The youth from Orayvi discharmed himself first and with no problems got out of the costume he had donned. But when he tried to discharm his friend it had no effect. The mask they had put on him held fast to his face. Evidently it had fused to his skin and would not budge. The boy made several attempts to remove the mask, but failed. The poor lads had to let it be.

The boy from Huk'ovi was evidently not of the Kookop clan and had no right to wear the Maasaw costume. Consequently he could not be discharmed. For his friend, however it had been quite legitimate to wear the mask, but the two had not been aware of this difference. It was for this reason the Orayvi lad's uncle had asked the Huk'ovi boy if he was really willing to do exactly as his friend, knowing full well what the outcome would be. This one thing he had not revealed to the young man.

Paasat pu' yaw pam oovi pay nawus put pay pantaqat mimuywatuy haqam tsovawtaqw pangsoq wiiki. Niiqe pu' yaw pam pepeq put pantaqat wikvaqe pu' yaw pumuy as amumi tuwiheva. Noq pay yaw puma kur son piw put powatotaniqe yaw okiw put tiyot engem qa haalayya. Noq pay yaw puma son piw put pantaqat kiimi wikyaniqe pu' yaw puma pep put aw wuuwantota. Hisatniqw pu' yaw puma pangqaqwaqe pay yaw puma son nawus put pepeq qa pantaqat maatatveni. Niikyangw pay yaw puma son put angqw qa nopnawismantani. Paasat pu' yaw puma oovi put tiyot engem pepeq tukwngöyaknaya. Pantotit pu' yaw puma pay nawus pepeq put pantaqat maatatve. Noq pam hapi yaw pay kur put tukwngöyaknit angqw kiy'tani. Pu' yaw puma aapiyyanikyangw pu' yaw puma put aw piw pangqaqwa, "Pay itam soyalangwuy ep ungem it paahot yukuye' pay itam son yukiq ungem put qa kiwismantani." Yanhaqam yaw puma put aw yukuyat pu' pay pangqaqw ninma.

Yantaqat akw pu' yaw pam pay nawus pepehaq qatungwu. Niiqe oovi yaw pam pepeq mihikqw qööhiy'taqw pangqw yaw susmataq kootalngwu. Pam hapi yaw pas qa atsat maasaw pepeq qatu. Noq pu' haqaapiy pay yaw pam hintaqat akw pay pangqw haqaminiiqe pay yaw oovi qa pepeq qatungwuniqw oovi pay yaw pangqw paapu qa kootalngwu. Naat kya pam oovi haqamwat qatu. Pay yuk pölö.

The Orayvi lad now had no choice but to lead his friend just as he was to the place where the others had gathered. When he arrived there with his friend in this condition, he asked for their advice. Yet they, too, knew of no way to discharm him and felt very unhappy for the young man. Under no circumstances could he be allowed into the village in such a state, so they pondered what to do. Finally the men agreed that they would just have to leave him there. But they assured the youth that they would return to feed him. Thereupon they erected a circular wall of stone, and when they had finished, had no choice but to leave him there. Apparently, the young man was expected to live in that stone enclosure. Upon parting they said to him, "At the time of the Soyal ceremony we will be sure to make you a paaho and bring it to you." With this promise the men returned home.

Because of these circumstances the young man from Huk'ovi had no alternative but to remain there. At nights when he had a fire going its glow could be seen clearly. He lived there now as a real Maasaw. Later, for some reason, he went off to a place unknown, so light could no longer be seen from his fire. He may still be existing somewhere else. And here the story ends.

Maasaw Lomamanat Amum Puuwi

Aliksa'i. Yaw musangnuve yeesiwa. Noq yaw piw musangnuviy hopqöyvehaq yaw hakim naamöm kiy'ta, pam so'wuutiniqw pu' put mööyi'at. Lomamanat yaw mööyiy'ta.

Noq yaw kur ko'am sulawti. Ko'am sulawtiqw yaw pam so'wuuti oovi musangnuviy taavangqöymiq atkyamiq komoktoni. Pang teeve yaw a'niniqw oovi pangsoq yaw pam komoktoni. Pu' yaw pam so'wuuti nanatöngpiy kwusut pu' yaw piw wikpangway enang. Hiita akw koy somniqey puta'. Pu' yaw pam pangso torivat kwiningqöymi hawqe pu' yaw pang pöövat aqle' kootinuma.

5

How Maasaw Slept with a Beautiful Maiden

Aliksa'i. It is said that Musangnuvi was settled. There, on the east side of the village, lived an old grandmother with her granddaughter, a most beautiful girl.

It so happened that their supply of fuel had been exhausted, so the old woman made plans to collect wood down on the plain to the west of Musangnuvi, where greasewood bushes were plentiful. She picked up her walking cane, along with a rope to bind the wood together, and descended to the area north of Toriva. There, along the bank of a wash, she shuffled about, picking up dry sticks.

Pu' yaw pam naat pay qa pas wuuhaq somq pay yaw himu put aw pituuqe pay yaw wuvaata. Pay yaw put so'wuutit okiw himu sunina. Kur hapi yaw pam i' himu maasawu. Pay yaw kur pam put haqaqw piw tuwaaqe pu' put pan niinat pu' yaw put tukpusiskwa. Pantit pu' yaw pam put so'wuutit puukyayat yaw ang pakiiqe pas pay yaw pam pamniwti. Pantit pu' yaw pam put nanatöngpiyat kwusut pu' yaw komokiyat iikwilta. Pangqw pu' yaw pam hihin hoyta. Hin yaw pam so'wuuti haqaqw hinmangwuniqw paas yaw kur pam haqaqw put aw taytangwuniiqe pam yaw oovi put su'anhaqam hinma.

Pu' yaw pam tuyqat angqe yanmakyangw pu' yaw pam put so'wuutit kiiyat aw pituuqe pu' yaw nanatöngpiy akw saaqat wuviviykina. Noq yaw pam so'wuuti aasakis haqaqw komokve' yaw sonqa saaqat pan wuviviykinangwu. Antsa yaw pam pantiqw pu' yaw maana angqaqw suyma. "Askwali! Ya um pay pitu?" yaw aw kita.

"Owi," yaw kita, "pay nu' pitu," yaw maasaw yu'a'ata, hopiyu'a'ata.

Pu' yaw pam maana put komokiyat angqw langaknaqw pu' yaw so'wuuti angqw aw wupqe pu' yaw komokiy ngaat pu' yaw ang tumkye' kotqata haqe' kotqatangwuniiqey. Pu' yaw puma naama aapami paki. Pay yaw paasat tapki, pay yaw mihikto. Noq yaw kur pam maana aw öngavay'ta. Pu' yaw piw kur somiviktaqw pu' yaw puma put nöösa. Nösqw pu' yaw so'wuuti pangqawu, "Pas hapi nu' pay puwmoki. Pas hapi nu' maanguy'qe pas nu' puwmokiwta. Pay oovi itam puwni," yaw pam mööyiy aw kita.

"Antsa'ay, pay pi um antsa sonqa maangu'i, pi um atkyangahaqaqw komokvaqe'e," yaw pam soy aw kita.

Pu' yaw puma haqe' puwngwuniqw pang yaw pam oovi aapataqw pu' yaw puma naama wa'ö. Pu' yaw puma pang wa'ökqw pay yaw aapiy pas lomawuyavotiqw pu' yaw pam so'at put maanat aqwwat namtökqe pu' yaw mööyiy mavokta. Mavoktat pu' yaw pay atsmi wungwuvi. "Is uti, ya um hintiqw hintsakniy?" yaw pam soy aw kita.

"Hep owi, pi pay hak kur yan wuyoote' kwasiy'vangwu," yaw pam kita. "Nu' pantiqe oovi utsmi hapi wupni," yaw kita.

Okiw yaw as mööyi'at qa naawakna. Noq pay yaw maasaw atsmi wupqe pu' yaw pay paasat put tsoptiva. Is, a'ni yaw pam put lomamanat tsopta. Pu' yaw pam yukuuqe pu' yaw aw pangqawu, "Yantani," yaw kita, "pay kur hak yan wuyoote' kya pi yantingwu. Pay um naat wuyoote' son tuwat qa kwasiy'vani," yaw pam mööyiy aw kita.

Pantiqw pu' yaw puma puwva. Qavongvaqw talavay pu' yaw so'wuuti pangqawu, "Ta'a, nu' piw komoktoni," yaw pam mööyiy aw kitaaqe pu'

She had not even gathered a large bundle when someone strode up and struck her a blow which, immediately, knocked her unconscious. The one responsible for this deed was Maasaw. He had evidently been spying on the old woman and now, after stunning her, he started to flay her. That accomplished, he slipped into the old woman's skin, transforming himself into her very likeness. Then he picked up her walking stick, shouldered the bundle of wood and trudged slowly off, imitating her every movement. Maasaw had evidently been studying the old woman's gait as she approached the area.

When he finally turned the corner of the mesa, he came upon the old woman's home and rapped on the ladder with her stick. Each time the old woman returned from hauling wood, she was wont to strike the ladder in just that way. And indeed, no sooner had he struck the ladder than the young girl came out onto the roof. "Thanks!" she shouted to her grandmother. "You are home already?"

"Yes, I have arrived," Maasaw replied, speaking Hopi.

The young girl hoisted the bundle of wood up to the rooftop, whereupon the old woman clambered up, untied the load and stacked the sticks along the edge of the house where the wood was usually piled up. Then both went indoors. By that time it was evening and getting dark. The girl had already prepared bean soup and somiviki, and these the two had for supper. After they had eaten, the old lady said, "I'm already sleepy. I got so weary that I'm quite drowsy. I think we'll go to bed," she suggested to her grandchild.

"By all means. Surely you must be worn out," the girl replied. "After all, you hauled the wood a long way."

And so the girl spread out the bedding where the two usually slept and both of them lay down. Quite some time later the old woman suddenly turned over to face her granddaughter and embraced the girl. And then, while grasping her with both arms she little by little worked her way on top. "Dear me!" screamed the girl. "Why on earth are you doing such a thing?"

"Why, my granddaughter, it seems to be a fact that when a woman gets as old as I, she grows a penis," the old grandmother explained. "That's exactly what happened to me. I've grown a penis, and that's why I'm climbing on top of you," she declared.

The poor grandchild had no wish to suffer such an act, but Maasaw mounted her all the same and started to copulate with her. Oh, how he rammed into the maiden. After he had finished he muttered, "There, let it be thus. Apparently this happens when you grow as old as me. Wait till you reach old age. You'll most likely grow a penis, too."

Following Maasaw's intercourse the two fell asleep. Next morning the old woman announced, "Well, I'm going after fuel again." With these

yaw piw yamakt pu' yaw piw komokto, pam maasaw so'wuutit puukyayat ang pakiwkyangw. Pu' yaw pam pangso piw ahoy pituqw naat yaw so'wuuti ngasta puukyay'kyangw angqe' wa'ökiwta. Okiw yaw suupalangpu. Pu' yaw pam put aw pituuqe pu' yaw pam put so'wuutit puukyayat naapa tsoopat pu' pölölat pu' yaw so'wuutit aqw taatuvaqw piw yaw put so'wuutit puukya'at ang ahoy anti. Pu' yaw pay pam put ahoy taatayna. Niikyangw yaw pam mooti put engem ang koota. Niiqe pay yaw piw taavokniiqat aasa'haqam soma.

Noq pu' yaw pam maasaw aapiy nimaqw pu' yaw pam so'wuuti taatayqe pu' pep put iikwiltat pangqw pu' yaw tuwat ahoy komokkyangw nima. Pu' yaw pitu. Niiqe pu' yaw saaqay antsa piw wuviviykina. Pu' yaw maana piw angqaqw suyma. "Askwali! Ya um pitu?" yaw kita.

"Owi, nu' pitu," yaw kita.

"Ta'a, wuuvii'," pu' yaw pam maana put aw kitat pu' komokiyat angqw langakna. Pu' yaw so'wuuti angqw wupqe pu' yaw kohoy ngaat pu' yaw ang kotqata. Pu' yaw pam maana kur pay aasavo piw noovay'taqw pu' yaw puma tapkiqw piw nöösa. Nösqw pu' yaw pay pam so'wuuti

words Maasaw left and shuffled off to gather more wood. He was, of course, still garbed in the old woman's skin. When Maasaw arrived at the same place as the day before, he saw the old woman still lying there stripped of her skin. The wretched creature was nothing but a lump of red flesh. Maasaw now sloughed off the woman's skin, rolled it into a ball, and flung it at her. Lo and behold, the skin stretched back on the woman just as before. Next, Maasaw revived her, however, not before he had gathered some wood for her. He bundled up about the same amount as she had collected herself, and then left.

The old woman soon came back to life, slung the sticks on her back, and trudged homeward with her wood. Arriving at her house, she banged on the ladder several times in rapid succession. Once more the girl quickly emerged and shouted, "Thanks! You have come back?"

"Yes, I've come home," said the grandmother.

"All right, come on up." With that the young girl pulled up the fuel wood. Then the old woman climbed up, untied the sticks and stacked them in a pile. As before, the girl had already prepared a meal ahead of time, so the two ate supper. When they were done with their meal, the

paasat qa hin puwmokiwta. Pay yaw qa hin puwmokiwtaqw oovi puma yaw pay qatuwlawqw pu' yaw mihi. Pu' yaw puma puwniniqw pu' yaw pam maana piw ang aapata. Pu' yaw puma ang naama wa'ökqw pay yaw pam so'wuuti qa hin put maanat aw hintsakniqey unangway'ta.

Noq pu' yaw pam maana qa kwangwahintaqe pu' yaw pay put soy aw pangqawu, "Ya um hintiqw tooki nuy tsova?" yaw pam put aw kita.

"Is uti, son pini, pi nu' ngasta kwasiy'ta," yaw aw kita.

"As hapi, pi um tooki nuy tsoova," yaw pam aw kita. "Pay yaw hak wuyoote' kwasiy'vangwuqat um inumi kita," yaw pam aw kita.

"Pi nu' as qa suusa ung tsoova," yaw so'wuuti kitaaqe qa nakwha.

Pu' yaw pam maana yanta. "Okiwa imöyhoya, pay son kur qa pam nukpantaqa piw ung pantsana," yaw so'wuuti kita. "Pay sumataq pam epeq inumi pituuqe nuy niinat pu' angqw komokta," yaw pam kita. Yaw maasawuy pam paasat pangqawu. "Pay sonqa pami'. Pam himu nu'an nukpantaqaniiqe son oovi pan qa atsay'kyangw ung tsoova," yaw pam mööyiy aw kita. "Noq nu' pi ngasta kwasiy'ta," yaw pam so'at kitalawu. "Pam maasaw pi taaqaniiqe pay suyan kwasiy'taqe oovi pam ung tsoova. Okiw himu imöyhoya," yaw pam mööyiy aw kitaaqe yaw put ookwatuwiy'ta.

Yan yaw pam maasaw piw pay put sukw nöömatay. Yuk i' yaasava.

old woman showed no sign of sleepiness. She was not the least bit tired, so grandmother and granddaughter sat around until night fell. When the two were ready to go to bed, the girl once more spread their bedrolls out. But as they lay down together, the old woman showed no intention of touching the girl.

The girl was restless. Finally she turned to her grandmother and asked, "Why did you copulate with me last night, Grandmother?"

"Oh dear, that can't be so, for I have no penis," the old woman exclaimed.

"But, you certainly did make love to me last night," the girl retorted. "According to you a woman grows a penis when she reaches old age."

"Never in my life did I have intercourse with you," the old woman replied, vehemently denying the accusation.

The young girl just lay there. "Oh my poor grandchild, it must have been that evil old man who had the gall to do that to you. He came up to me, knocked me out, and then carried my bundle of wood here." The old woman was referring to Maasaw. "It could only have been him. He's such a nasty one that he made up that story as an excuse to make love to you. I certainly don't have a penis," her grandmother insisted. "But Maasaw is a man and thus surely possesses one. That's why he copulated with you. Oh my poor, poor grandchild!" the old woman kept muttering out of sympathy for her granddaughter.

This was how Maasaw came to sleep with another female. And here this short story ends.

Maasaw Orayvituy Amungem Tuwqamuy Qenita

Aliksa'i. Yaw orayve yeesiwa. Noq yaw hisat pep wukoyesiwngwu. Pu' yaw pay aqwhaqami piw kitsokinawit yeesiwa, songoopave pu' musangnuve, qöngöp'ove, supawlave pu' walpeqa'. Niikyangw orayvit yaw imuy waawakastuy, kanelmuy piw a'ni pokmuy'yungngwu. Niiqe yaw puma imuy waawakastuy yangqe hotvelpaqe laynumyangwu, pu' piw apooniviy anga'. Paavangqe' yaw puma pumuy laynumyangwu. Pu' yaw puma imuy kanelmuy yukiqwat tiposqötsviy aqw pumuy laalayyangwu. Paavang yaw puma pumuy amumum yesngwu. Niiqe yaw puma pang siwukvat tupkye' pay hingsakw kiy'yungwa.

6

How Maasaw Destroyed Enemies for the Orayvi People

Aliksa'i. They say people were living at Orayvi. In days past, many people inhabited that settlement. And all about the land other people were settled in villages, such as Songoopavi, Musangnuvi, Qöngöp'ovi, Supawlavi, and Walpi. The people of Orayvi owned large numbers of sheep and cattle. They herded the cattle in the vicinity of Hotvela and Apoonivi, while they drove their sheep to graze in the area of Tiposqötsvi. In these places they camped in order to watch over their animals, and for this reason they had built small sheds along the base of Siwukva.

Noq pay naat yaw qa soosoyam sinom pangso oraymi ökiqw yaw i' yaniwti. Niiqe suupangqe' yaw oovi ima hakim kookopngyam piw yaw pangso tuwat öki. Noq yaw ima kookopngyam piw a'ni hiitu, a'ni taataqt. Noq pu' yaw puma pangso oraymi ökiiqe pu' yaw puma it kikmongwit aw maqaptsitota yaw puma as pep pumuy amumum yesni. Maqaptsitotaqw pay yaw pam pumuy qa nakwhanaqw pu' yaw puma oovi pangqw ahoy haqamiwatya. Niiqe yaw puma ayo' orayviy tatkyaqöymiyaqe pep hopor'ove yaw oovi puma hiisavo piw yesva. Niikyangw puma yaw kwiningyaqw pangso oraymi öki.

Nit paapiy pu' yaw puma pi'ep as pangso tuuvingtotangwu. Noq pay yaw aasakis puma aw tuuvingtotaqw pay yaw pam pep pumuy orayvituy mongwi'am pumuy qa nakwhanangwu. Pay yaw pam pumuy amumi navotiy'taqw yaw puma a'ni unangway'yungqw itakw pay yaw pam pumuy pangso qa tangata.

Noq pay oovi puma hopor'ove yaw as yeese. Niiqe pu' yaw puma hisat piw pumuy orayvituy kikmongwiyamuy awya. Niiqe pu' yaw puma kookopngyam put kikmongwit aw pangqaqwa, kur yaw sen hisat haqaqw ima hiitu tuwqam pumuy amumi kiipokniniqw pay yaw puma son pumuy amumi qa unangwtatveni. Pu' yaw puma piw pangqaqwa, puma yaw it hiita maasawuy wu'yay'yungqe puma yaw oovi put aw taqa'nangwtote' pay yaw puma pas hiituywatuy sonqa angwutotangwu. Pay yaw puma haqaqw hoytaqey pay paavantsakwiskyangw put maasawuy atsviy qa hintotit peqwhaqami naat yaw aasa'yakyangw pangsoq öki. Noq pay yaw as naamahin puma put aw yan lavaytotiqw pay yaw pam pas qa nakwha. Yaw a'ni unangwayamuy akw pam pumuy pangso qa tangataqw paapiy pu' yaw puma piw yeese.

Noq pu' yaw pantaqw pu' yaw yangqw hopqöyngahaqaqw ima tasavum pangsoq oraymiq imuy waawakastuy, kanelmuy u'uyingwmanta. Pu' yaw puma pangqaqw yan mihikqw pu' tuwat ökingwu. Angqe' imuy orayvituy tokvaqw pu' yaw puma pangqaqw nankwusangwu. Pu' yaw puma imuy orayvituy wakasvokmuyatuy hiisa'haqam toonavituy tsamkyaakyangw yaw aqw ahoyyangwu. Noq pay yaw puma qa suus yantotiqw pu' yaw pay oovi haqawat pangqe' pumuy wakasvokmuy amumum pay tootoktinumyangwu. Pu' yaw puma hiituywatuy nu'ansasne' pu' yaw puma naa'awtangwu. Pay piw yaw tuwqam ökiqw pu' yaw puma orayvit pay haqaqw imuy tasapmuy wakasvokmuy oovi pumuy amumum naayawtiwisngwu.

Noq yep haqam hopor'ove yaw ima kookopngyam pay naat yeesiwa. Niiqe puma yaw oovi imuy orayvituy amuuhayp yeese. Noq pu' yaw pay aapiy pantaqw pu' yaw ima orayvit piw imuy tuwqamuy ökinaya. Talavay pay taawat naat qa yamakiwtaqw paasatniqwhaqam yaw puma pumuy ökinaya, tasapmuy. Pas pi yaw is tathihi, tasavum kikwningye' yaw taalawvaqw wukonamuruwta.

Not all the clans had yet gathered at Orayvi when the events narrated in this story took place. Just about that time the Kookop clan arrived there. This clan was reputed to possess great powers, and its followers were said to be very courageous. On coming to Orayvi they petitioned the village leader to let them join the settlement. But he refused to grant them permission, which forced them to move on to another place. They chose Hopor'ovi, a location south of Orayvi and stayed there for a while. When first approaching Orayvi they had come from the north.

Henceforward the Kookop people repeatedly sought permission to establish their homes in Orayvi, but each time they asked the headman rejected their plea. He had heard that the members of this clan were considered very aggressive, and for this reason he did not grant them access to the village.

So they dwelt at Hopor'ovi. One day they paid a visit to the leader of the Orayvis again. At that occasion the Kookop clan people told the village leader that in case of an enemy raid the Orayvi people could depend on their support. They also revealed to him that Maasaw was their clan ancestor on whom they relied in times of trouble and with whose help they were always able to rout any foe. This they had done, they claimed, ever since they had started out on their migration. Because of Maasaw no harm had befallen them, and it was thanks to him that so many of their people had arrived at Orayvi. But all their reasoning was to no avail. Even though they put forward all these arguments to the chief, he remained steadfast and would not relent. It was due to their aggressive reputation that he refused to allow them in his community. And so they lived on as before.

As time went by, Navajos came again and again to Orayvi from the east to pilfer sheep and cattle. As a rule, they approached under cover of night when the villagers were asleep. Each time they took several herds of cattle with them as they stole away. For protection, some of the Orayvi men made a point of camping with their livestock. Each time they caught Navajos in the act they spread the word among themselves. Thus whenever the Navajos showed up again, the Orayvis would do battle with their enemy so as to keep their herds.

Meanwhile the Kookop group was still settled at Hopor'ovi, a place not far from Orayvi. Time passed and once more the villagers were facing their enemy. Once again Navajos had arrived one morning before sunrise. They were in large numbers, filling the ridge north of Orayvi.

Pu' yaw ima orayvit as qa nanapta. Pas yaw taalawvaqw pu' yaw haqawa navotqe pu' pep pumuy sinmuy aa'awnaqw pu' puma tunipiy ömaatotat pu' pangso kwiniwi tsovalti. Noq yaw ima tasavum as orayvituy kiiqötotani wakasvokmuyatuy oovi. Pu' pay hiihiita himuy'tiwqat, nöösiwqayamuy yaw puma oovi pumuy amumi naanaywaniqe paniqw yaw puma pangso pumuy amumi öki. Noq antsa yaw kur puma tuwqam wuko'ökiiqe pavan yaw puma pep qa'an'ewakw wukotsovawkyangw yaw tunipiy aw puuhulalwa. Peetu yaw it hoy tsukutotoynayakyangw pu' piw put tsiikwantota. Pu' yaw peetu awatvostiwngwuy aw huurlalwa. Pu' yaw ima peetu pumuy tuutuwalaqam pavan yaw puma pang haqe' wukonamuruwta. Noq son pi yaw kur puma orayvit paasa'hooyamniikyangw pumuy angwuy'yungwni.

Noq pu' yaw puma oovi pay paasat pumuy amumi wungkumaniniqw pu' yaw i' orayvituy kikmongwi'am pay haakta. "Kur haakiy," yaw pam kita. "Pay haak itam qa amumi hintsatskyaniy," yaw pam sinomuy amumi kita. "Pay ura yep taavangqöyve hopor'ove ima hakim kookopngyam yeese. Kur um pangso pumuy mongwiyamuy aw pumuy hongvi'ayayamuy, maasawuy, oovi tuuvingtatoniy," yaw pam tiw'ayay aw kitaaqe pu' yaw pam oovi put pangso hoona.

Noq pu' yaw pam ep pituuqe pu' yaw pumuy mongwiyamuy ep hepqe pu' yaw pam put tuwaqw pu' yaw pam aw pangqawu, "Qatu'uy," yaw kita. "Um hak waynuma. Naat hapi taawa pu' yamakiwta. Ta'ay, son pi um hak qa pas hintsaknumqe oovi naat yaasatniqwhaqam pay waynumay," yaw kita awi'.

"Owiy," yaw pam aw kitat paasat pu' yaw pam hiita ooviniiqey put aw lalvaya. "Yep oove orayve itamumi tuwqam ökiiqe itamuy hapi pas sonqa kiiqötotaniy. Noq sen um son itamuy ookwatuwni? Umuuhongvi'ayay oovi i' itaha nuy angqw pew hoonay," yaw pam put aw yan lavayti. "Noq yaw uma itamuy ookwatutwaqw'ö, kur yaw umuuhongvi'aya pep itamungem pumuy tuwqamuy amungwutaqw pay yaw uma ason paasat itamumi yayvaniy," yaw pam aw kita. "Niiqe nu' hapi oovi umuuhongvi'ayay oovi angqöy. Pu' yaw kur pam itamungem pumuy amungwutaqw, itam suupyakyangw pumuy amungwutotaqw pu' yaw uma itamumi yayvaniqat yanhaqam itaataha tutaptat nuy angqw hoonay," yaw aw kita. "Noq nu' oovi as iits hin uungaqw navote' pay ahoy aw suutu'awmaniy," yaw kita.

Pu' yaw pam kookopngyamuy mongwi'am ephaqam yanta. "Pay haakiy," yaw kita. "Kur nu' mooti itiw'ayay aqwniy," pay yaw pam panis kitat pu' yaw pay paasat wunuptut pu' yaw yamakma. Noq pay yaw naat qa nawutstiqw pay yaw pam antsa hakiy ep wikkiyangw pitu. "Ta'ay, i' yangqw orayngaqw ung hapi oovi pitu. Noq um pi hin lavaytini," yaw pam put tiw'ayay aw kita.

"Ta'ay, ya hintiqw'öy?" yaw aw kita.

The people of Orayvi were unaware of their presence. It was not until after sunrise that someone spotted the enemy. He immediately alerted the people, whereupon they took up their weapons and gathered at a place north of the village. The Navajos had come with the intention of leveling the community in order to steal all the cattle. In addition, they were bent on fighting the villagers to rob them of their material possessions and provisions. From all appearances the enemy had arrived in great force. A host of men had congregated at one spot, preparing their weapons. Some were sharpening the points of their arrows or straightening the shafts while others were fastening strings to their bows. A large contingent of lookouts could be seen. No doubt, the small number of Orayvi men would be unable to fend off this many enemies.

The Orayvi people were about to commence battle when the leader decided to postpone the fight. "Wait! Let us not attack them just yet," he ordered his band. "As you recall, west of here at Hopor'ovi live the people of the Kookop clan. Go to them and ask their chief for their strongman Maasaw," he bade his nephew and dispatched him to Hopor'ovi.

Arriving at the Kookop camp, he sought out their headman, who said, "Sit down, stranger. The sun has barely risen, yet already you are about. You must be here for a very good reason to be out so early in the morning."

"Yes," the messenger acknowledged and then explained the motive for his early call. "Enemies have arrived at Orayvi who will certainly make ruins of our village. Will you not have pity on us? My uncle sent me here to fetch your strongman. He said that if you show compassion on us and let your powerful helper destroy our foe he will grant you permission to join our village. Therefore it is your mighty one that I have come for. If he, indeed, can rout the enemy for us—or rather, if all of us together can overpower them—you can move up to our mesa to live among us. This is the message I was sent to deliver. I would like your answer as soon as possible so that I may relay it back to my uncle at once."

The leader of the Kookop clan sat for a while. Finally he spoke. "Wait," he said, "let me see my nephew first." These were the only words he uttered. Whereupon he stood up and left. It was not long before he re-entered, bringing someone with him. "Well, this is the man who came from Orayvi to seek you. But you'll have to speak for yourself," the chief advised his nephew.

"All right, but for what reason?" he asked.

"Yaw imuy amuupe ima tuwqam ökiqw yaw ima son nanaltyakyangw pephaqam pumuy amungwutotaniqw oovi ima itamuy angqw pew tutwa. Noq oovi um pi hin lavaytini. Pay pi nu' ungsa hongvi'ayay'ta. Noq ung pi hin lavaytiqw pu' nu' ung yuwsinaniy," yaw put taaha'at aw kita.

Pay yaw pam tiyo mooti ayamhaqam yantat pu' yaw aw pangqawu, "Pay pi kur pi paniqw'öy. Noq pay pi nu' kur tuwantaniy," yaw pam kita. "Kur antsa'ay," yaw kita, "pay hapi itam kur pumuy amungwutote' itam hapi pay löötokhaqam umumi yayvaniqat yan um umuumongwiy aw tutaptani. Niikyangw nu' hapi aqwniikyangw mooti iqöqay aw usimniyat tuuvingtaniy," yaw pam tiyo kita.

"Ta'ay, kur antsa'ay, kwakwhay," yaw pam pangqwwat orayngaqw tiyo kita.

"Noq oovi um pay ahoy awniqw ason uma it nuutayyungwni. Niikyangw ason i' itaahongvi'aya ep wuuve' pu' hin umumi tutaptaqw paasat pu' uma hapi panyani. Noq nu' hapi yep umuusavo su'an yukiltiniqat put oovi naawakinlawniy," yaw put tiyot taaha'at put orayeptiyot aw kita.

"Kur antsa'ay, kwakwhay," yaw kita. Yanhaqam yaw pam nukwangwnavot pangqw pu' yaw pam ahoy oraymi taahay awi'. Pu' yaw pam put kiiyat epeq pituqw pu' yaw pam tiw'ayay tuuvingta, "Ta'ay, ya um hin navotay?" yaw aw kita.

"Owiy, pas hapi nu' pay nukwangwnavota. Pay yaw itam haak pangqw pumuy hongvi'ayayamuy nuutayyungwni. Ason pay yaw pam pite' pu' itamumi hin tutaptaqw panhaqam yaw itamyaniy," yaw pam taahay aw kita.

"Kur antsa'ay," yaw pam kitaqw pu' yaw puma pangqw piw yamakqe pu' yaw puma angqw haqam pumuy sinomat tsovawtaqw pangso yaw puma'a. Pu' yaw puma pep pituqw pu' yaw pam orayvituy kikmongwi'am pumuy amumi pangqawu, "Ason yaw itam hakiy nuutayyungqey pitsinayaqw pu' ason pam itamumi hin tutaptaqw paasat pu' yaw itam hapi panyaniy," yaw pam amumi kita.

"Kur antsa'ay," yaw puma kitotaqe pu' yaw pay oovi naat maqaptsiy'yungwa.

Noq pu' yaw pam imuy kookopngyamuy hongvi'aya'am pangso orayminikyangw pu' yaw pam pay mooti taahay kiiyat ep paas hintaniqey pan yuwsi. Niikyangw suukw yaw pam it usimnit pep pay qa taviy'taqe pu' yaw pam oovi put pay haqami nasimoktoni. Niiqe pu' yaw pam oovi pay pas pangqw qa haqe' naatupkiy'kyangw yamakt pu' yaw imuy orayvituy tu'amqölöyamuy awi'. Pep pu' yaw pam huruutiqw pu' yaw pep hak wuuti aamiwtaqw put pu' yaw pam aw pangqawu, "Iqöqay, nu' angqw uu'usimniy oovi'oy. Nuy yep orayve ima uunatkom tutaplalwaqw pay nu' son ngas'ew qa hiita akw naatupkiy'kyangw amumi pituniy," yaw

"He says that enemies are confronting his people and they doubt that alone they will be able to beat them back. Thus they have come to seek aid from us. The response is up to you, for you are my only strongman. Tell me what you think and then I'll make preparations for you," he told his sister's son.

The youth at first stood there, pensively. Then he said, "If that's the reason, I'll give it a try. Very well, if we're triumphant, we will be ascending to your village in two days. Convey this message to your uncle. But first I need to go to my older sister to borrow her dress," the youth added.

"All right, very well. Thanks," the young man from Orayvi answered.

"And now, you are to go back to Orayvi and tell your people to wait for our mighty one. When he gets there and gives you instructions, follow them. In the meantime I will pray that events turn out right for all of you," the young man's uncle said to the youth from Orayvi.

"Very well, thank you," the messenger replied. With this favorable response he returned to his uncle in Orayvi. Upon entering his home the chief inquired of his nephew, "Well, what did you find out?"

"I bring good news, indeed. We are to await their mighty one. When he comes he will command us and we are to carry out his orders."

"All right," replied the chief, whereupon both he and his nephew left the house and proceeded to the place where their warriors were assembled. There the Orayvi leader informed them, "When the one we are waiting for arrives, he will give us instructions that we are expected to execute."

"All right," they replied in agreement, awaiting the arrival of the Kookop helper.

Before the strongman of the Kookop people was ready to set out to Orayvi he prepared his clothing at his uncle's house. But he lacked one thing for his costume: a woman's shawl. He knew he would have to borrow one, so he set off quite naked, making straight for the Orayvi graveyard. There he stopped by the grave site of a girl and said, "My elder sister, I came to borrow your wrap. Here at Orayvi your descendants are asking for me, so I need at least something to cover my nakedness as I approach them." With these words he tugged at her shawl and

pam put hakiy aw kitat pu' yaw put usimniyat langaknaqw pay yaw pam hak put qa kyaakyawnat pu' yaw pay put aw suuno'a. Yan pay yaw pam qa pas kwasiwlalatikyangw pu' angqw oraymi.

Noq pay yaw naat antsa qa nawutstiqw pay yaw pam hak pitu, kookopngyamuy hongvi'aya'am. Niikyangw yaw hak suhimutiyo ep pitu. Pu' yaw pam angaapuyawkyangw, mooqötösomkyangw pu' yaw piw yalaakwilawta. Niikyangw piw yaw pam pay pas hin'ewakw usimnit torikiwkyangw piw yaw pas hinwat. "Ya um pitu? yaw aw kita, pam orayepkikmongwi.

"Owiy," yaw kita.

"Nu' imuy ihongvi'aymuy pay hihin peevewinti. Son itam yaasa'hooyamniikyangw imuy amungwuy'yungwniniqw oovi nu' pangsohaqami umuy tuway," yaw pam kikmongwi put tiyot aw kita.

Noq paasat pay yaw puma orayeptaataqt haqam pay na'uypikyay'taqat ep tsovawtaqw oovi yaw ima tuwqam pumuy qa tuway'yungwa. Noq pu' yaw pam it kikmongwit awniiqe pu' yaw put aw pangqawu, "Pay uma su'an naat qa amumi naamataqtotay. Pi kur antsa puma kyaysiwqe son as qa pay umuy enang yuutukniy. Noq pay naat nu' mooti amumi nakwsuniy. Pay puma hapi son nuy tutwaniy. Noq nu' pumuy amumi nakwse' pu' nu' paasat pumuy naalös qöniltini. Niikyangw nu' angqe' paayis qöniwmakyangw nu' hapi it qötsvit ang siwuwutoyniy'mani. Nen pu' nu' suus piw angqenikyangw paasat pu' nu' it ihikwsiy amumi maataptimani. Pu' nu' paasat haqaqw amumi pituuqey pep wunuptut pu' nu' paasat it iqöötsaptangay amuusonmi tuuvaqw pu' pam hapi a'ni umukni. Noq pas ason uma put nanaptakyangw pu' nuy, 'Taa'," kitaqw paasat pu' hapi pay uma qa tuutusyakyangw pumuy amumi yuutukniy."

"Kur antsa'ay," yaw pam kikmongwi kitaqw paasat pu' yaw pam tiyo pangqw nakwsuqe pu' paasat yaw yangqw tatkyaqwwat pumuy tuwqamuy amuminiqw pay yaw puma antsa put qa tuway'yungwa.

Pu' yaw pam pumuy pas as amutpip huruutiqw pay yaw puma put pas qa tutwa. Paasat pu' yaw pam put kuywikoroy aqw maakwutsqe pu' yaw put angqw put peehut qötsvit matsvongtat paasat pu' yaw teevengewat nakwsu. Nit pay yaw pam qa pas suwipnit pay yaw pam pumuy haqe'yaqw pay pumuy qalavaqe qöniwma. Niikyangw pu' yaw pam pumuy paayis qöniltikyangw aasakis yaw pam pangqe qöniwme' pam yaw put qötsvit pang haqe'niiqey pang yaw pam put siwuwutoyniy'mangwu. Pam hapi yaw kur putakw pumuy pangso uuta. Paasat pu' yaw pam naalösniy'makyangw pu' yaw paasat pay qa put qötsvit angqe siwuwutoyniy'mat pam yaw paasat pumuy amumi hiikwisma. Pantit pu' yaw pam haqaqw pumuy amumi pituuqey pangso ahoy pitut paasat pu' yaw pam put kuywikoroy pas pantaqat pumuy amuusonmi tuuvaqw antsa yaw pam yeevakyangw yaw a'ni umu. Is ana, pavan yaw tutskwa paysoq tayamti. Noq pu' yaw pam yeevaqw pu' yaw put kuywi-

without hesitation she surrendered it to him. Now he would not have to go to the village with his penis exposed.

Indeed, only a short time had passed when the mighty one of the Kookop clan appeared. He came as a handsome young man. His long hair fell in tresses down his back, strands of yucca were tied around his head and streaks of hematite were painted on his face, running from the bridge of his nose downward toward his cheeks. Adorned like this, however, he wore a hideous woman's wrap, slung across the left shoulder rather than the right. "You have come, then," the Orayvi leader said.

"Yes," the Kookop strongman replied.

"I've lost confidence in my warriors. With this small group we cannot possibly overcome the enemy. For that reason I sought you out," the headman of Orayvi explained to the Kookop youth.

At that moment the Orayvi men were gathered in a hidden place, out of sight of the enemy. Now the Kookop youth approached the Orayvi leader and said to him, "You did well not to show yourselves. There are truly so many foes that they would overrun you. Let me advance to their position first. They won't be able to spot me. Approaching them I will circle them four times. On three of my rounds I will sprinkle these ashes as I go. When I make my fourth circuit I will release my breath on them. Finally, I will stop at the place where I first came upon them and hurl my container of ashes upon them, creating a huge explosion. Not until the boom, when you hear me shout "Now!" should you rush them with no concern for yourselves."

"All right," the village leader agreed, whereupon the youth set out, approaching the enemy from the south. And it was true, they did not see him.

The Kookop strongman now halted right in front of them, but still they did not catch sight of him. Then he reached into his water canteen, took a fistful of ashes and headed west. However, instead of advancing in a direct line he moved in a circle, skirting the edges where the enemy was camped. Three circuits he made around them, each time scattering the ashes along the path he took. This he did to restrict their movement to this area. On his fourth time around he did not sprinkle the ashes; instead, he breathed on them, after which he returned to where he had first set eyes on them and tossed his ash-filled canteen into their midst. Indeed, a deafening explosion resulted when the canteen struck the ground. The earth shook mightily. No sooner had the ash container hit the ground than dust rose up and fell back on the enemy. When the earth quaked the Navajos jumped up to flee. However, there was no

korot aasonngaqw i' qötsvi tangawtaqa put yaw qö'angw'at pu' yaw pep wunuptukyangw pu' yaw ahoy pumuy tuwqamuy amumi siwuwuyku. Noq paasat yaw pam tutskwa tayamtiqw pay yaw puma tasavum nanaptaqe pu' yaw as pay watqaniqe pu' yaw oovi hongva. Niikyangw pay yaw puma kur hin pangqw nöngakni. Pu' yaw puma pep okiw naanahoy yuyuttinumya. Pavan yaw paasat hin unangwa. Pu' yaw pam qötsvi pumuy amumi siwuwuykuqw pay yaw puma paasat putakw hin unangway'wisa. Pay yaw puma paasat putakw okiw kur hintotiqe pay yaw suytsepngwat qa hongvi'iwwisa. Yanhaqam yaw pam maasaw pumuy pep hintsant paasat pu' yaw pam imuy orayvituy amumi'i.

Paasat pu' yaw pam ep pituuqe pu' yaw pam pumuy amumi pangqawu, "Ta'ay," yaw kita, "huvam amumiya'ay," yaw kita.

Paasat pu' yaw puma pumuy amumi yuutu. Pu' yaw i' qöötsapqö'angw pumuy tuwqamuy amuusala. "Uma hapi pas nahongvitotaniy," yaw pam maasaw, kookopngyamuy hongvi'aya'am, yan pumuy öqala.

Paasat pu' yaw puma pumuy amumum naanaywa. Pu' yaw as puma tasavum pumuy hopiituy amumi poklalwa. Mumrikho yaw as tsalalatakyangw yaw qa orayvituy amumi pitungwu. Pangqw pu' puma pumuy amumum naayawtiwisa. Peetu yaw kuywanvamiqwat nankwusaqw pu' yaw peetu ayoq hoopoqwat waalat aqwwatya. Pangsoq yaw puma pumuy

means of escaping the confines of the circle laid down by the Kookop strongman. The poor fellows scurried back and forth in a mad confusion. The minute the dust from the ashes settled on them it began to have a strange effect. It was apparent that something had happened to the Navajos, for they gradually grew weaker and weaker. Thus did Maasaw deal with the enemy before returning to the Orayvi people.

Upon arrival he shouted, "Now, go at them!"

Immediately they rushed into battle. By now, dust from the ashes had filled the lungs of the enemy. "Give it all your strength," shouted Maasaw, the all-powerful helper of the Kookop people, to encourage the Orayvis.

Both sides began to do battle. The Navajos tried to shoot arrows at the Hopis, but to no avail. Sticks were being thrown by them, but not one landed on the Hopis. So they started to withdraw from their camp, fighting all the while. Driven by the Orayvi warriors, and slain as they went, some headed in the direction of Kuywanva while the others ran

amumum pantsakwisa, tasapmuy qöyanwisa. Pu' yaw puma kuywanvat aqwyaqam yaw paavatnit kwiningqöyvaya. Pang pu' yaw puma kutsiwlay ang aqw atkyamiqya. Pu' yaw ima yukiq hoopoqyaqam pu' yaw pepeq atkyaq mimuywatuy amumi öki. Paapiy pu' yaw puma soosoyam paaqavit aqwwat pay pumuy amungwuy'wiskyaakyangw laywisa.

"Uma hapi pas nahongvitotaniy," yaw kookopngyamuy hongvi'aya'am amungk kitima. "Pay uma tatam pumuy wuukomaspayaniy," yaw amumi kita.

Paapiy pu' yaw pam pumuy amungk panma. Pu' yaw puma pangqw paaqavit tatkyaqöyngaqw aqw oomiq pumuy yayvanaya. Kwaakukuy aqw pu' yaw peetu piwya. Pangqe' yaw puma pumuy amumum naayawtiwiskyangw pu' yaw aqw hoopoq hoytiwisa. Pangsoq pay yaw ima tuwqam pakwtniiqamhaqam peeti. Su'aw yaw puma tutuwu'waqay aqw ökiqw paasat pay yaw puma panis naalöyömhaqam tasavum peeti. Pas yaw orayvit put hakiy hongvi'ayay'wisqe a'ni wuktota. Paaqaviy hopqöymi pay yaw pumuy tasapmuy amungaqw lööyöm peeti. Paasat pu' yaw pam tiyo masyuwsiy'taqa pangqawu, "Hapiy," yaw kita, "hapi. Pay nam panta'ay," yaw kita. "Pay sonqa suukyahaqam tuu'awmangwu. Pay oovi yukhaqami paasavoni. Kwakwhay," yaw kita, "kwakwhay, itam amungwutotay," yaw kita.

Pangso pu' yaw puma pumuy maatatveqw pu' yaw puma put tasavut aqwhaqami hoopoq. Son pi yaw puma qa sinomuy amumi it tuu'awvani. Pep pu' yaw puma tootim, taataqt tsovalti. Noq pu' yaw pam tiyo, kookopngyamuy hongvi'aya'am, yaw amumi pangqawu, "Ta'ay," yaw kita, "uma yep inungem kiihepyani. Nu' hapi son haqam qa qatukyangw umuy tuuwalani. Angqaqw tuwqatniqw pay nu' naala yepniikyangw put ituhisay akw aw hintsanmantaniy," yaw pam kitat pu' yaw pam pep pang pikyaqlova kukuy akw tuuwuha. Tuuwuut pu' yaw pam aw yupqöymiwat yama. "Yephaqam kya nu'niy," yaw kita.

Pep pu' yaw puma orayvit ang yannumyakyangw haqam owatpelpe lomahintaqat pu' yaw tutwa. "Noq yep hintaniy?" yaw puma kitota.

Pu' yaw pam angqw amuminiiqe pu' yaw pep haqam ngömaptsokiniqw pu' yaw pam put hopqöymiqwatniiqe pu' yaw pangqawu, "Pay kya yephaqamniy," yaw kita. "Aqw uma inungem tukwngöyaknayaqw pay nu' pangqw qatukyangw umuy tuuwalani. Niikyangw ason yuk soyalangwuy aw pituqw pep pu' uma hapi inungem tunösmaskyatotat, paahot tumaltotat pu' angqw nuy nopnawismantani. Pu' nu' umutsviy put yep tuumoykyangw tuwat qatuni." Pu' yaw pan put tungwa. "Yep hapi i' tutuwu'waqa yan maatsiwqat ep nu' qatuniy," yaw kita. "Noq oovi haqawa inungem it paahot yukye' pu' pangqawmantani, 'Yuk nu' hoopo oomi tutuwu'waqay ep qatuuqat itamuy tuwalanqatqat engem nu' it yuku.' Yan lavaytit tavimantani," yaw kita.

east towards Waala. One group headed towards Kuywanva along the north side of Paavatni and from there proceeded past Kutsiwla to a point below it. There the group that had headed east rejoined their fellow men. From there the entire Orayvi force pushed towards Paaqavi, propelling the Navajos onward while they held the upper hand.

"Fight with all your might!" the powerful warrior of the Kookop clan kept inspiring the men. "You've killed many of them already," he informed them.

From that point on Maasaw followed the warring groups. From the south side of Paaqavi the Orayvis now herded their enemies upwards. Another band went to Kwaakuku near which they fought the enemy while moving eastward. By the time they reached this location only ten of the emeny remained, and just as they arrived at Tutuwu'waqa only four Navajos were left. The Orayvi men with the Kookop strongman on their side really excelled. At a point east of Paaqavi only two Navajos survived. At this stage the youth in the guise of Maasaw exclaimed, "Now, let all be ended. One foe at least must carry back the news to his people. Therefore let the battle cease here. Let us give thanks that we have overcome our enemy."

Here then the Orayvis gave up pursuit of the enemy and the two remaining Navajos fled eastward, most likely to carry the bad tidings to their people. The Hopi men and boys reassembled, whereupon the mighty warrior of the Kookop clan addressed them. "Well, now," he said, "seek out a place for me to live here. I need a place from where I can watch over you. If an enemy approaches I will be here all by myself using my powers to fend him off." Thus he spoke. Then he drew a line with his foot on the rocky terrain common to this area. Having marked the line, he stepped over the far side of it. "I'll stay hereabouts, I guess," he said.

The Orayvi men now surveyed the area and discovered an ideal spot at the foot of a cliff. "Does this place suit you?" they inquired.

The Kookop warrior walked over to a spot on the east side, where a cedar tree stood, and said, "This will be a suitable place." Then he commanded them, "Build a circular wall for me. I will live inside it and watch over you. But at the time of Soyalangw I want you to supply me with food and prayer feathers. In that way will I be nourished as I live here." Thereupon Maasaw named the location. "This place, where I intend to stay, shall be known as Tutuwu'waqa," he declared. "Anyone therefore who prepares a paaho for me in the kiva shall say, 'For the one residing east from here on top of the mesa called Tutuwu'waqa, for the one who guards us I have made this.' Speak these words and then offer the paaho."

"Kur antsa'ay," yaw pam paasat pumuy orayvituy amumi mong'iwtaqa kita. "Noq pay um qa itamum ahoy kiiminiy?" yaw aw kita.

"Qa'e, pay yan inumi ima itaawukw'a'yam tutaptotaqw oovi nu' son pumuy itahamuy tutavoyamuy qe'niy," yaw aw kita. "Tsangaw uma itamuy qa peevewnayaqe oovi pangsoqhaqami itamuy tutwaqw oovi nu' hapi yangqw pu' umuy tuuwalaniy," yaw kita.

"Kur antsa'ay," yaw kitota. "Ta'ay, kwakwhay," yaw puma aw kitota.

"Niikyangw hakim ephaqam qatsiy ö'qalyangwuy," yaw pam tiyo amumi kita.

"Kur antsa'ay, pay um tuwat yephaqam uuqatsiy ö'qalniy," yaw aw kitota. "Pay itam tsangaw utsviy qa pas itaasinmuy wuukomaspayay," yaw kitota. "Pay niikyangw suukyahaqam qatsiy kwahiy," yaw kitota awi'.

"Haw owi? Is ohi antsa'ay." Paasat pu' yaw pam tiyo piw pumuy amumi pangqawu, "Uma hapi yangqw ahoy kiimiyaqw pu' i' haqawa qatsiy kuyvaqa pam hapi umuy haqawatuy sonqa kwangway'ni. Noq pu' uma putakw qa lomahintote' uma pangso itaakikmongwiy awyamantani. Pam hakiy powatangwu. Pam hakiy ayo' tavimantani. Yantani hapiy," yaw pam pumuy amumi kita.

"Kur antsa'ay," yaw puma kitota.

Yanhaqam yaw pam pumuy amumi tutaptaqw pangqw pu' yaw puma ahoy nankwusa. Pangqw pu' yaw puma antsa pumuy qalay'yungqamuy tunipiyamuy ömaatiwiskyaakyangwya. Noq kur yaw puma piw hisat ökiniqw paasat pu' yaw puma putakw amumi ahoy rohomtotiniqey paniqw yaw puma pumuy tunipiyamuy ömaatiwisa. Noq antsa yaw puma pep orayve ahoy ökiiqe pu' yaw puma piw pep tsovalti. Pu' yaw pam kikmongwit tiw'aya'at taahay aw pitu.

"Uma öki?" yaw aw kita.

"Owiy," yaw kita.

"Kwakwhay," yaw kita, "uma ökiy. Ta'ay, ya hin uma nanaptay?" yaw kita.

"Owiy," yaw pam aw kita. Paasat pu' yaw pam maasaw pumuy amumi hin lavaytiqw pu' puma piw hin hiniwtapnayaqw put yaw pam soosok aw yu'a'ata.

"Kur antsa'ay," yaw kita, "kwakwhay."

"Noq oovi pay yaw nu' aw tuu'awmaqw yaw pay qaavo puma angqw yayvaniqat yanhaqam piw tutaptay," yaw kita. 'Pay pi nuwupi itam umuy pö'aya,' kita itamumi'iy," yaw kita.

"Ta'ay, pay pantaniy. Pay antsa um aw hawniy," yaw put taaha'at aw kita.

Paasat pu' yaw pam piw aw'i, hopor'ominiiqe pu' yaw pam pumuy mongwiyamuy piw kiiyat pakiqw pu' yaw pam mongwi'am put tuuvingta,

"We understand," the man in charge of the Orayvis replied. "Will you not return to the village with us?" he inquired.

"No, these were the instructions issued to me by the Kookop elders. Therefore I must heed their wishes. I'm glad you had faith in our people to seek out our help. For this reason I will watch over you from now on," he declared.

"All right," they answered. "Well, then, thank you," they all said to him.

"May you strive for a strong life," he bid his farewell to them.

"You, too, strive for a good and long life. Thanks to you our losses were not so great. Only a few have lost their lives," they informed him.

"Is that so?" At this point the youth instructed the Orayvi people once more. "After you return to your village it may be that one or the other of our men who perished in the fight will afflict some of those surviving with a disease. In that case those of you who should happen to become ill should go and call on our Kookop headman. He will purify the afflicted man and save his life. Thus it will be," he said to them.

"Good enough," the Orayvi people replied.

Having received these instructions they started out for home, on the way gathering up the weapons of the Navajos. Should the Navajos ever return, their own weapons would be used against them. Back at Orayvi the men once more assembled, whereupon the nephew of the village leader stepped up to his uncle.

"So, you have arrived?" the uncle asked.

"Yes," the nephew replied.

"Thanks, that you are back. Well, how did you fare?"

The nephew related to his uncle the instructions Maasaw had left with them and also everything they had experienced.

"Very good," the village leader said. "Thank you."

"On account of this," the nephew continued, "Maasaw asked me to relay a message to Hopor'ovi. The residents there are to come up to our village tomorrow. His exact words to me were, 'We met your challenge and carried out our end of the bargain.' "

"Very well, let it be so. Go down to their camp," his uncle told him.

Thus the chief's nephew descended to Hopor'ovi for a second time. On arriving he entered the Kookop leader's home, whereupon the latter

"Ta'ay," yaw kita, "pay um son hintiqw qa piw waynumay. Ta'ay, ya hin uma nanaptay?" yaw kita.

"Owiy," yaw kita, "pas hapi itam haalaytoti. Pay itam panis lööqmuy tuwqamuy amungaqw peetotay. Noq pangso yuk paaqaviy hoopo oomi pam umuuhongvi'aya itamuy meeway," yaw kita. "Naat as itam pas pumuy soosokmuy qöqyaniqey pan tunatyawwisqw pay pangso pam itamuy meewaqe pangqawu, 'Hapiy,' kita, 'hapi. Pay kya paasa'haqamni. Pay sonqa ngas'ew suukya lööyömhaqam sinomuy ahoy amumi tuu'awmangwu. Noq pay oovi pantaniy,' kitaqw oovi itam pangso paasavo amumum naayawtiwisay," yaw aw kita.

"Kur antsa'ay, kwakwhay," yaw kita.

"Noq oovi itam umuy hapi yayvanayaniy," yaw aw kita. "Noq oovi uma qaavo talavay nöönösat pu' uma pangso itaamongwiy awyaqw pu' pam haqe' umuy yesniqat put pam umuy maqaniy. Pangso haqami umuy aa'awnaqw pang uma tuwat yesvaniy. Pu' haqe' uma it natwanit tuwat hintsatskyaniqat put piw son umuy qa aa'awnaniy. Pay oovi uma qa nanahinkinayakyangw aw itamumiyaniy. Yanhaqam pamwa itaataha inumi tutaptaqw oovi nu' angqöy," yaw aw kita. "Noq oovi um hakiy uutsa'akmongwiy aa'awnaqw pam yep uusinmuy tuwat aa'awnaniy," yaw aw kita. "Qaavo pay hak hiita nukngwat himuy'te' put hinaniqey pay yawmamantani. Hiita uma noonovaniqey, nitkyay'wisniqey put uma enang na'sastotat pu' yangqw aw itamuy yayvawisniy," yaw kita. "Pu' kur pay naat qa haqe' umungem qeniniqw ason pay itam son umuy qa oyiy'yungwni. Pu' ason piw kur uma qa wuuhaq nitkyamaskyatotaqw pay ason son haqawat wuuhaq tunösmaskyay'yungqam qa umuy angqw maqayaniy. Ason pas itam haqe' umungem kiitotaqw pang pu' hapi uma yesvaniy," yaw kita.

"Kur antsa'ay," yaw kita, "kwakwhay. Pantani hapiy. Pay nu' antsa itsa'akmongwiy aw tuu'awmaqw pam ang tunvotnaniy," yaw kita.

"Uma oovi haalaykyaakyangw talöngniy'wisniy," yaw pam put aw kitat pangqw pu' yaw pam ahoy oraymi.

Niiqe pu' yaw pam ep ahoy pituuqe pu' pangso taahay aw tuu'awma. "Ya hin um navotay?" yaw aw kita.

"Pay haalaytotiy," yaw kita. "Noq pay oovi qaavohaqam pay töngvaniwtaqwhaqam yaw sonqa ökini."

"Kur antsa'ay," yaw taaha'at kita. "Um tur pay haqe'yaniqat angwu pay amungem heeviy'taniy," yaw pam tiw'ayay aw kita.

Yantaqat akw pu' yaw puma pumuy yayvanayani. Noq ep mihikqw yaw oovi puma nan'ip pan pumuy sinmuy aa'awnaya yaw pangqw hopor'ongaqw yaw puma pangso oraymi yayvawisni. Noq pu' yaw pep hopor'ove yaw pam tsa'akmongwi pan tsa'lawu. Yaw puma ep qavongvaqw taalawvaqw yaw puma nöönösat angqe' himuy hiita nunukwngway, himuy'tiwngwuqat mokyaatotat yaw pangso put mongwiy aw soosoyam

turned to the youth and said, "All right, there must be a reason for you being back. Now, how did you make out?" he inquired.

"Yes," the chief's nephew replied, "we are overjoyed. Only two of the enemy were left when east of Paaqavi your mighty one bade us quit. We were determined to wipe out all of them, but he commanded that this be enough. 'Now,' he said, 'I think this will do. There should remain at least one or two to take word back to their people. So let the battle end here.' We obeyed and ceased fighting them."

"I see. Thanks!" exclaimed the Kookop leader.

"Thus we're going to grant you permission to come up to our village," the chief's messenger continued. "Tomorrow morning, after you have eaten breakfast, come to our village leader and he will allot you the sites where you are to live. There you can build your homes. He will also tell you where you will do your farming. Come to us without any qualms. These were the words my uncle gave me. I came to deliver them," he informed him. "So tell your helper now to pass on the following news to your people: Whatever prized possessions someone may care to take along he shall carry with him. Prepare food and provisions, too, and haul everything up to our village. If there is no vacant place available yet for you to reside, we will put you up in our own homes. And if you do not have enough food for your journey, those of us with sufficient provisions in storage will certainly share them with you. As soon as we have built some houses for you, you can live there."

"Very well," the Kookop leader acknowledged. "Thank you. That's the way it's going to be. I will, indeed, go to our town crier and he will broadcast the news to my people."

"With happiness may you strive toward morning." With these words of cheer to the Kookop chief the messenger returned to Orayvi.

Back at the village he went to report to his uncle. "What did you learn?" the latter asked.

"They were overjoyed," his nephew informed him. "They will probably be arriving tomorrow around midmorning."

"All right," his uncle replied. "Now quickly seek out the places where they can live," he instructed his nephew.

In this manner the Orayvis made plans to admit the Kookop group into their village. That same evening the residents at both communities were informed that the people of Hopor'ovi were to join Orayvi. Over at Hopor'ovi the town crier made an announcement to this effect: The following morning at daybreak the people were to breakfast, gather

tsovaltiqw pu' yaw nankwusaniqat, yanhaqam yaw pam tsa'akmongwi tsa'lawu.

Pu' orayvewat yaw tuwat tsa'lawqa yaw pangqawu yaw puma kookopngyamuy yayvanayani. Pu' yaw wuuyaq qenit kiy'yungqam pang yaw haak pumuy sinmuy tangatotani. Pu' yaw kur qa soosoyam nitkyay'yungqw pu' yaw haqawat wuuwuhaq nitkyay'yungqam pay yaw haak pumuy angqw maqayani. Ason yaw pumuy amungem haqe' kiitutwaqw paasat pu' yaw puma tuwat pangwat yesvani. Pu' ason yaw puma piw tutskwamakiwyakyangw pu' pas naap hiita akw nayesniy'yungwniqey put aniwnayaqw ngas'ew yaw puma pangso paasavo pumuy oyiy'yungwni. Yanhaqam yaw orayvewat tsa'akmongwi tsa'lawu.

Yanhaqam yaw puma hopor'ovit nanaptaqe pu' yaw puma oovi nöönösat pu' yaw na'saslalwa. Qavongvaqw pu' yaw puma angqe' piw nöönösat pu' hiihiita himuy mokyaatotat pu' pangso kikmongwiy aw tsovalti. Pangqaqw pu' yaw puma pangso oraymi nankwusa. Niiqe pu' yaw puma pangso oraymi yayvaqe pu' pangso kikmongwiyamuy aw ökiqw pu' yaw pumuy mongwi'am pangqawu, "Itam öki. Yep nu' itimuy tsamvay," yaw kita.

"Kur antsa'ay. Ta'ay, itiw'ayay, um imuy sinmuy tsamkyangw angqe' itaasinmuy amuupa kiihepni amungem'iy."

Paasat pu' yaw pam oovi pumuy tsamkyangw ang kiinawit nakwsuqw pay yaw antsa puma pumuy paastotiqe pay yaw pumuy tangatota. Yan yaw puma pumuy tangatotaqe pu' yaw pumuy aapiy oyiy'yungwa. Paapiy pu' yaw puma pumuy amungem kiitivayaqe yukuyaqw pu' yaw puma pang put kiikihut ang yesva. Niiqe paapiy pu' yaw puma' kookopngyam oovi pumuy amumum orayve yeese. Niiqe yaw puma orayvit pumuy akw enang wuuhaqti.

Yan pu' yaw pam tiyo, pumuy kookopngyamuy hongvi'aya'am, pephaqam tutuwu'waqay ep qatuptu. Yukhaqami paasavo.

around their leader with whatever precious belongings they had and then set off together. This had been the message of the town crier.

At Orayvi the announcer proclaimed that the people of the Kookop clan would be arriving on top of the mesa. Those owning homes with plenty of room should harbor the newcomers. And since not everybody would possess sufficient food, those with abundant supplies should give up some. Once they had located a site where the Kookop people could live, the newcomers would be on their own. And until the time they were assigned plots to cultivate, and were able to produce crops for their sustenance, the villagers were to provide for the Kookop members. This was his message to his people.

When the news spread among the villagers of Hopor'ovi they first ate supper, and then began making their preparations. The ensuing morning, after breakfast, they picked up their bundled-up possessions and congregated at their leader's place. From there they commenced the trek towards Orayvi. Arriving at the village they approached the Orayvi headman and the Kookop leader announced, "We have arrived. I have brought my children along."

"Very well. All right, my nephew, take these people along and find a place for them among our people."

The nephew did as bidden. He took the group and led it through the village. Sure enough, the Orayvi people made them feel welcome and gave them shelter. This was how they accepted the Kookop clan into their village and how they took care of them. Soon they built homes for their guests who straight away took up residence. From this time on the Kookop clan lived together at Orayvi with the residents of the village. With this group the population of Orayvi increased to a large number.

This was how the all-powerful helper of the Kookop clan established himself at the site known as Tutuwu'waqa. And here the story ends.

Masawhoya

Aliksa'i. Yaw orayve yeesiwa. Pu' pay yaw piw aqwhaqami kitsokinawit sinom yeese. Noq pu' yaw yep orayviy akwningya yaw piw ima naatupkom pöqangwhoyaniqw pu' i' palöngawhoya soy amum kiy'ta. Noq i' pöqangwhoyawa yaw wuuyoqa. Noq pay pi sinom pan haqam yesqw pay pi pep puma son hiita qa tsaakoy'yungngwu. Noq yaw oovi pep orayve sinom wukoyesqe yaw oovi a'ni timuy'yungwa. Noq pu' yaw yep mastupatsve yaw piw ima hakim naawuutim kiy'kyangw puma yaw kur ima hakim maasawt. Niiqe pay yaw puma piw imuy sinmuy su'amun piw sukw tsaakw taviy'taqw pam yaw masawhoya tiyooya.

Noq pu' yaw ima pöqangwwawarpingaqw naatupkom pay yaw pas sutsep angqe' waynumngwuniiqe pay yaw puma oovi piw pangso oraymi

7

Little Maasaw

Aliksa'i. They say that people were living in Orayvi, and all across the land there were inhabited villages. North of Orayvi the brothers Pöqangwhoya and Palöngawhoya had made their home with their grandmother. Pöqangwhoya was the older of the two. Wherever people live, of course, children are sure to be present, so there were many children in Orayvi, which was a heavily populated village. Finally, at a place called Mastupatsa, lived a husband with his wife who were both known as Maasaw. Just like the Orayvi people, the couple had one child who happened to be a little boy.

The two brothers residing at Pöqangwwarpi were forever roaming about. No wonder then that they kept coming back to Orayvi. On every

piptu. Pu' yaw puma ephaqam pangsonen pu' yaw puma pay pep pumuy tsaatsakwmuy pas sonqa amumum hohonaqngwu. Noq pay pi yaw puma pep orayve tsaatsayom kyaastaqe pay yaw puma oovi qa soosoyam naatuwiy'yungwa. Niiqe pay yaw puma naatupkom pumuy amumum pan hohonaqw pay yaw puma pumuy amumi qa pas hin wuuwantotangwu, pay pi yaw puma pumuy su'amunhaqam soniwqw oovi. Pay yaw puma piw tuwat peetuy amun okiw nukushoyat. Pay yaw puma pumuy peetuy tsaatsakwmuy su'amun mots'inkyangw pu' pay piw hiita saskwit yuwsiy'tangwu. Pu' yaw puma pay piw pumuy su'amun sutsep atölkuytangwu. Yaniqw oovi pay yaw puma pas pumuy amumi hayawta.

Noq pu' yaw puma tsaatsayom yangqe' taala' pay pas kwangqatniqw puma yaw pay pas sutsep panis nöönösat pu' pay yaw piw nöngakye' pu' yaw pay piw angqe' hohonaqtinumyangwu. Pay yaw puma ephaqam naahepnumyangwu. Niiqe pay yaw puma pan hiita hintsatskye' pay yaw puma ephaqam pas mihikqw pu' kiikiy ang ahoy tangaltingwunen pu' paasat tokvangwu. Niiqe pu' yaw ima naatupkom pumuy amumum pepnen pay yaw puma piw panhaqam pas mihikqw pu' puwtongwu. Niikyangw puma yaw pumuy amuupeniiqe pas qa iits ahoy kiy ep pitungwu. Pay yaw puma pangqw nime' pay yaw puma piw pas sonqa hiihintsaktimangwu, hohonaqtimakyangw pu' paasat ahoy pituqw pu' yaw pumuy so'am piw qööqöylawngwu. Okiw yaw pam as pumuy amuusavo paas hiita aw hintsanqw pas yaw puma tapkiqw nopsattiqw qa pitungwu. Pay pi yaw puma as piw qa nalmaaqatniiqe oovi pas mihikiwtaqw pu' haqaqw pitungwu. Pay yaw pumawat tuwat sutsep yaayan hintsaki. Noq pay yaw kur pam so'am haktonsa pumuy meewantangwu pay paapu qa mimhikpuva ahoy pitumantaniqatniqw pay yaw pam pumuy pas qa angwuy'ta. A'ni yaw hiitu kur puma unangway'ta. Pas pi yaw puma son put aw ahoy hinwat qa kolikngwu. Pu' yaw pam so'am piw as pumuy hiihin tsatsawinangwuniqw pay yaw puma qa hiita mamqasqey yansaningwu.

Noq pay yaw puma wuuyavo pangso pantsakqw pu' yaw kur i' masawhoya tuwat pangso pumuy tsaatsakwmuy tuwa. Pay pi yaw pam himu maasaw mihikqw pu' tuwat waynumngwuniiqe oovi suus yaw pam piw kiy angqw yamakkyangw pu' yaw ep taatöqniqey yaw yan wuuwa. Pam pi yaw naat qa hisat pangsoqwatniiqe yaw oovi pangsoqhaqami tuwitatoniqey yaw yan wuuwa. Noq pam mastupatsa pay it pöqangwwawarpiy aatavanghaqamniqw pu' yaw pam oovi pay pangso oomi wupt pu' yaw pam aqw oraymiq pay tuutumkye' hintsaktimakyangw aqw taatöq. Niiqe pu' yaw pam aw orayviy aatavangqöymi pitu. Noq pep pi pam tuukwi pan maatsiwa, orayvi. Noq pangso yaw pam pitukyangw piw yaw pam hiita navota. Niiqe pu' yaw pam oovi pep huruutiqe pu' yaw pam pep tuqayvaasiy'kyangw wunuwta. Noq pay yaw pas kur antsa hakim haqam hingqaqwakyangw pay yaw hihin put aahoop.

such occasion they never failed to play with the children. Since the village was teeming with children they did not all know one another. Thus, when the two Pööqangw brothers played with them, they never gave it much thought for the brothers were more or less like other kids. These two were just as homely as the other tots. Their hair was equally disheveled, they were dressed in tattered clothing, and their noses were always running with thick mucus like the others. For these reasons the two brothers were almost indistinguishable from the village children.

During summer, when it was very warm outdoors, all the children loved to be out romping about as soon as they had gulped down their supper. Once in a while they amused themselves by playing a game of hide and seek, and on such occasions they often got home rather late at night. For the same reason the two brothers never returned home early to sleep whenever they had been at Orayvi. Compared to the other kids they arrived home much later, anyway. On their way back they generally played some game or other so that, when they finally arrived, their grandmother had to scold them. The poor woman never failed to have some food ready, but the two brats never showed up on time for supper. One reason they came in so late was that they were not afraid of being alone in the darkness. Almost always they followed this routine. It was to no avail that the old grandmother forbade them to come back so late; she had absolutely no control over the two youngsters. They were quite aggressive and mean minded, and generally talked back with sarcastic replies. Their grandmother even tried to frighten them in various ways. However, they replied that there was nothing they were afraid of.

Pöqangwhoya and Palöngawhoya had already been going over to Orayvi for quite some time when the Little Maasaw also discovered the children there. As is well known, it is the habit of Maasaw to be about at night; thus one night, as he emerged from his house, he decided to head south. As he had never ventured that way before, he thought he would familiarize himself with the area. Mastupatsa was located just west of Pöqangwwarpi. Thus he usually climbed up to this place first before proceding southward to Orayvi along the edge of the mesa. By now he had reached a point just west of Orayvi. At that place is a rock pillar called Orayvi. As Little Maasaw neared the rock he suddenly heard a noise, so he halted and stood listening. There were definitely voices to the east of him.

Noq suupaasat yaw kur puma orayeptsatsayom piw pep naat paasatniqwhaqam hohonaqyaqe yaw a'ni töötöqtikyangwya. Pu' yaw ep ima pöqangwhoyat pay piw pumuy amumum pep hintsaki. Noq pu' yaw pam masawhoya pay pas hin navotniqe pu' yaw pam oovi angqw pangsoqwat nakwsu. Pu' yaw pam pumuy amumi pituuqe pay yaw qa pas amuminit pay yaw pam haqaqw tuyqangaqw amumi tayta. Pay kya pi yaw i' himu maasaw tuwat pangsa hintsaknumngwu. Niiqe pam yaw oovi pangqw pankyangw yaw pumuy amumi tunatyawtaqw pas hapi yaw puma pep kwanonotikyaakyangw yaw sumataq kwangwa'ewlalwa. Niiqe pay yaw pam oovi pangqw pumuy amumi wuuyavo taytat pay yaw pam pumuy qa amuminit pay yaw pam paasat ahoy nima. Pay yaw pam hihin nalmamqasi pumuy amumi nakwsuniqe.

Niiqe pay yaw pam oovi qa pumuy amumi ö'qalt pu' yaw pam pay paasat pangqw ahoy nima. Niikyangw pay yaw pam aapiy pumuy pangso wuuwantangwuniiqe pay yaw pam oovi piw pangso pas sasqalawngwu. Niikyangw pay yaw pam qa hisat naat pumuy amumi nakwsu. Pay yaw pam piw pangqwsa haqaqw tuyqangaqw pumuy amumi taytangwuniqw pay yaw oovi puma tsaatsayom qa nanvotya pam pumuy tiimayngwuniqw.

At this very moment, late in the night, the Orayvi children were still frolicking about, shouting at the top of their voices. On this occasion the two Pööqangw brothers were again there romping around with them. Little Maasaw was curious to find out what was going on and approached the place. He did not dare come too close, but instead watched the children from the corner of a house. To hang around a place like this is typical of Maasaw. So the little fellow stood there watching the other youngsters. From all the shouting and laughter they appeared to be having great fun. He stood there for a long time watching the kids but made no attempt to approach them. Finally, he decided to head back home. He was a little bit scared of getting too close to the children.

Thus, having resisted his urge to join the group he now returned home. But from that time on the youngsters were constantly on his mind, and he found himself frequenting the place. They played on a regular basis but he had not yet dared to approach them. He just watched them from afar, so all this time the children were unaware that he was spying on them.

Yan yaw pam hintsakmakyangw pu' yaw pay kur pam pumuy amumi kwangway'tuswa yaw puma pep kwangwa'ewlalwangwuniqw. Niiqe pu' yaw pam suus oovi pangqw ahoy pitukyangw pu' yaw pam yan pumuy yumuy amumi it lalvaya. Yaw puma pep hintsatskyangwuniqw pas yaw pam pumuy amumi taytangwuniiqe yaw amumi kwangway'tuswangwu. Yaw as pam pumuy amuminen pu' yaw as pumuy amumum tuwat pep haalayni. Pay pi yaw pam qa hakiy naasakw sungway'taqe yaw as oovi pay pumuy amumum hohonaqmantani. Tsangaw pi yaw puma naat paasatniqwhaqam pep hohonaqyangwu. Pu' yaw pam piw pumuy yumuy aa'awna. Hikis pi yaw ima hakim naatupkom pep pumuy amumum hohonaqe mimhikpuva nimangwuniqw pay yaw pam ason pumuy amumum angqw ahoymantani. Pay pi yaw puma pumuy amutsve tuuwive pay hihin hoop kiy'taqam qa iits pangqw ahoy nimangwu. Yan yaw kur pam masawhoya tunatyawkyangw yaw pumuy amumi yan kwangwalalvaya.

Noq pu' yaw put yumat pay qa nakwhaqe pu' yaw put oovi meewa, "Pay tis um qa panhaqam hintsakni, taq pi pay puma son ung qa mamqasyani. Hal pay qa ungsaa'. Pay puma itamuy piw enang mamqasya. Pu' pay hikis ima naatupkom pumuy um yu'a'ataqw pay puma son piw ung qa mamqasni. Naamahin pi pay as puma piw a'ni hiitunii-kyangw pu' piw a'ni unangway'kyangw pay puma son piw qa tsawnani uumi yorikyee'. Pay pi um hin naa'alöngtaniqey naat put qa tuwiy'ta. Itam hapi pumuyniqw pay nuutsel'ewakw pitsangway'yungqe oovi itam pay qa hisat yaasatniqwhaqam pumuy amumi pas hinyungqey pan amumi naamataqtota. Ason hak itamungaqwwat pas naa'alöngtat pu' paasat pumuy amungaqw hakiywat aw nakwsungwu, niikyangw pay qa paysoq hinoq piiw. Pu' itam qa pumuy piw tsatsawinayaniqey naanawakna. Pi puma songyawnen itaatim. Pu' itam piw pumuy tuutuwalangwuniqw oovi i' yep unaniqa qa öönat aasakis mihikqw suutokihaq pumuy amuupa tuwalannakwsungwu. Pu' itam son piw pumuy yuuyuynayani. Pay itam piw pumuy amutsviy yep noonovakyangw pu' piw it pahotumalayamuy amungaqw ömalalwa. Noq oovi pay um hin wuuwantaqey qa panhaqam hintsakt pay um nawus haak naala pi pay angqe' hintsaknumni. Pay um ason son hisat haqam qa sungwaatuwani. Pay pi as itaasinom angqe' yeese," yan yaw puma put aw hingqawlawu.

Noq pay yaw pam masawhoya pumuy qa pas amunguukye' ö'qalniqe pu' yaw pay pumuy amumi qa pas hingqawlawu. Niiqe pay yaw pam oovi aapiy pay as qa piw pangso sasqalawkyangw pay yaw pam aasakis haqaqw pite' pay yaw pas sonqa pumuy tsaatsakwmuy pep orayve kwangwa'ewlalwaqamuy piptsantangwu. Noq antsa pi yaw pam hin naa'alöngtaniqey put qa tuwiy'taqe pay yaw pam oovi as nawusta.

Niikyangw pay yaw aapiy panmaqw pay yaw pam pas sutsep putsa wuuwantangwuniiqe pay yaw pam pas yumuy qa aa'awnat pay yaw pam

As the days passed, Little Maasaw became envious that the children were having such a good time. Once, when he returned from Orayvi, he told his parents of his feelings. He told them how he had looked on while they were enjoying themselves and how he wanted to join in. If he could be friends with them he would be happy just like them. After all, he did not have a friend his age and therefore wanted to join in their games. This was an opportunity for him, since they played late at night. The Pöökangw brothers, too, went home late at night after playing with the children. He could easily tag along with them on his way home. As it was, those two lived at a ledge above their place slightly to the east and never came home early from Orayvi. Thoughts of this kind were on Little Maasaw's mind, and he conveyed them to his parents in an appealing way.

However his parents objected to his idea and forbade their son outright to undertake anything of the kind. "Don't even think of doing such a thing, for the humans will be afraid of you. And not only of you. They dread us. Even the two brothers you mentioned are fearful of you. They may be superhuman and very aggressive, but still they will get frightened when they see your face. As yet, you do not know how to alter your facial features. In their eyes we have ghastly faces and, consequently, we never reveal ourselves to others in this manner late at night. Not before we have changed our appearance do we approach a mortal, and only then for a good reason. We surely don't want to scare them. The humans are like our children. We keep watch over their well-being. That's why your father, without complaining, goes out night after night and stands guard among them. We can't afford to play games with them. Thanks to them we are being fed and are given prayer feathers. So whatever may be on your mind, don't do it. You'll just have to amuse yourself alone. Some day you're bound to find a friend. We do have relatives living about, in case you didn't know." Thus spoke the Maasaw couple to their son.

Young Maasaw did not wish to press his parents any further and dropped the subject. From this time on he ceased frequenting Orayvi, yet each time he returned home he pictured the Orayvi children having a grand time. Obviously, Little Maasaw had not yet mastered the technique of transformation and therefore resigned himself to his fate.

As time went on, however, he became obsessed with the idea of joining the Orayvi children at play. And so, one night, without telling

suus hisat mihikqw pay yaw hin atsay'kyangw pu' yaw pay pangqw kiy angqw yama. Paasat pu' yaw pam pay ep pas yuumosa pangso oraymiiniqe pay yaw pam haqe'ningwuniiqey pay qa pangnit pay yaw pam kiy angqw pas suutatöq nakwsuqe pu' yaw pam orayviy taavangqöymi pituuqe pang pu' yaw pam naapvöt anawit aqw oomiq wuuvi. Niiqe pu' yaw pam aqw oomiq wuptoqe pu' yaw pam haqam huruutit pu' yaw paasat tuqayvasta. Noq pay yaw antsa ima tsaatsayom piw pep hingqaqwaqw pu' yaw pam oovi piw pangso kiimi nakwsuqe pu' yaw pay piw pangqw haqaqw tuyqangaqw amumi tunatyawta. Noq pay yaw puma tsaatsayom kur naat piw qa tokwisqe yaw oovi naat pep hohonaqya. Niiqe puma yaw kur paasat naatutslalwaqe yaw oovi pep paasat naangöynumya. Niiqe pas pi yaw puma kwangwa'ewlalwaqe yaw qa unangwtalya. Noq paasat pay yaw ima naatupkom poqangwhoyat piw pumuy amumum pep pantsaki.

Niiqe pay yaw pam oovi pas as qa amuminiqey yan wuuwat pay yaw pam pumuy amumi pas kwangway'tuswa puma kwangwa'ewlalwaqw. Pu' yaw pam pay paasat pas kya pi hin unangwtiqe pay yaw naasuutoki. Niiqe pay yaw pam oovi qa pas wuuyavo pangqw pantat pay yaw pam pumuy amumi nakwsuqw pay yaw puma tsaatsayom pas qa nanapta.

Pu' yaw pam oovi naat pep nuutum pumuy amumum naangöynumqw pay yaw kur haqawa navota yaw pam himu pep pumuy amumumniqw. Niiqe pu' yaw pam oovi yan navotqe yaw a'ni töqti. "Utii, taq pi maasaw itamuy ngöynuma!" yaw pam hak kitaqw pay yaw mimawat qa aw tuuqayyungwt naat yaw puma qa unangwtalawvaya. Pas yaw qa suukya hak pangqawqw pas yaw paasat pu' mimawat tuwat nanaptaqe pu' yaw puma tuwat put aw yoyrikyaqw kur yaw antsa pam himu pep pumuy amumi pituqw yaw puma qa nanapta. Paasat pu' yaw puma tuwat pep mimuywatuy amumum put masawhoyat aangaqw waytiwnumya. Niiqe yaw oovi himuwa pas hin hintsakkyangw pu' yaw pangqw kiisonngaqw yamakye' pu' yaw paasat kiy aw waayangwu.

Noq yaw i' masawhoya kur qa navotiy'ta pam himuniiqey. Hin put tuwiy'yungqw it yaw kur pam qa navotiy'taqe yaw oovi nuutum a'ni pep pangqawkyangw yaw naahoy wawartinuma. "Utii, angqw uumi maasaw!" kitikyangw yaw pam pep nuutum hiita angqw a'ni waytiwnuma. Naat yaw pam oovi pep pantsakqw pay yaw kur mima tsaatsayom soosoyam pangqw haqamiya. Paasat pay yaw pas pamsaniqw pu' ima naatupkom pöqangwhoyatsa pep akwsingwa. Niiqe pay yaw antsa puma tiyooyat piw kur put mamqasqe yaw oovi put aangaqw waytiwnuma. Noq puma tsaatsayom pi yaw kur kiisonve hohonaqyaqw pu' yaw puma oovi hin hintsakkyangw pu' yaw pangqw kwiniwiqwat yamakqe pu' yaw puma oovi pangqw kikwniwiqwat qa naatusiy'kyangw warikiwta.

Paasat pu' yaw pam masawhoya pay tuwat tsawnaqe pu' yaw pay paasat oovi pumuy naatupkomuy amungkniqw pay yaw kur puma put

his parents, he sneaked out of the house under some false pretext. This time Little Maasaw made straight for Orayvi. Without bothering to take the usual route, he set out due south, and after reaching the west side of Orayvi followed a footpath up to the top of the mesa. On the way up he halted at the usual place and listened for voices. Sure enough, the youngsters could be heard shouting. As before, he entered the village and, once again, spied on the children from the corner of a house. Evidently, they were not thinking of going to bed yet. This evening they were playing tag, chasing each other all over the place. They were having so much fun that they got completely carried away. And once more, the Pööqangw brothers were there playing with the group.

Little Maasaw tried to put out of his mind the thought of approaching the kids. Still his wish to join them was hard to resist, for they were having such a merry time. Eventually, the desire to join the children became so overpowering that he forgot himself. He stood there a few minutes longer but then he walked up to the children who, as yet, were not aware of his presence.

So there Little Maasaw was now romping about with the others. Suddenly one of the youngsters noticed the figure in their midst. No sooner did he discover this than he yelled, "Oh horror, there's Maasaw chasing us!" But the other children paid no attention to him, so engrossed were they in their play. It was only after shouts from several children that the others became aware of Maasaw's presence. They, too, caught sight of the figure in their midst for the first time. They began scurrying in all directions to escape Little Maasaw. Somehow all of them managed to get out of the plaza and run home.

Little Maasaw, evidently, was unaware what sort of being he really was. What name the children knew him by he did not know, so along with the rest he dashed back and forth hollering, "How awful, there is Maasaw approaching you!" Again and again he cried out as he fled in panic like the others from whatever it was that was threatening them. Meanwhile, the other children had somehow disappeared and only Little Maasaw and the Pööqangw brothers stayed behind. As it turned out the two brothers were terrified by him as well and were also trying to get away from him. Somehow or other the two managed to make their escape from the plaza, where the children had been playing, and hurried north at full speed.

Little Maasaw, too, was so horror-struck by now that he bounded after the brothers. When Pöqangwhoya and Palöngawhoya saw him they

tuwaaqe paasat pu' yaw puma oovi pas qa sööwunit pay yaw puma paasat kiy aqw yuumosa waaya. Noq pu' yaw pam masawhoya tuwat tsawiniwkyangw pangqw pumuy amungk kiiyamuy aqwa'. Niiqe pam yaw qa hin yumuy tutavoyamuy u'niy'ta. Kur yaw puma antsa put mamqasqe yaw oovi put aangaqw pas qa atsat a'ni waaya. Panmakyangw pu' yaw puma naatupkom kiy aw pitukyangw pay yaw puma paasat qa sööwunit pay yaw puma yuumosa pangsoq kiy aqw supkito. Niiqe pu' yaw puma panis epeq pakikyangw pu' yaw pay puma soy aw pangqawu, "Itaàsoy, taq hapi sumataq itamuy maasaw angqw ngöytay," yaw puma pavan hin hiikwiskyangw put aw kitalawu.

Noq pu' yaw pumuy so'am naat pu' amumi hingqawniqe naat qa yamaknaqw pay yaw pam masawhoya pumuy amungk supkito. Paasat pu' yaw puma naatupkom it soy sunglaknat pu' paasat put pepeq nguy'kyangw yaw naanahoy wawartinuma. Okiw yaw pumuy so'am pay qa pumuy amun hongviniiqe yaw okiw pumuy amungk wipkyawnuma. Niikyangw naat yaw puma piw a'ni pangqawkyangw, "Utii, angqw maasaw! Utii, angqw itamungk maasaw!" kitikyangw yaw puma put soy wipkyalniy'numa.

Pu' paasat yaw i' masawhoya tuwat pumuy amungk waytiwnumkyangw yaw pay piw pumuy su'amun hingqawnuma. Pavan yaw pam ahoywatsa taatataytikyangw pumuy amungk wawartinuma. Pas pi yaw pam masawhoya tsawiniwkyangw pepeq pannuma. Son pi yaw himu qa nuutsel'eway pumuy ngöynumqw oovi puma utititikyangw waytiwnuma. Niiqe naat yaw puma oovi pepeq pantsaknumyaqw pu' yaw pumuy tiyooyatuy so'am as amumi hingqawlawqw pay yaw puma put pas qa aw tuqayvasta. Pu' yaw puma hin hintsakkyangw pu' yaw put soy wikkyangw yamakma.

Pas yaw paasat pu' i' masawhoya pepeq sun yukuuqe pu' yaw pep haqam tuuwip qatuptu. Pay yaw pam oovi pep qatuwkyangw pu' yaw paasat naahoy yortinumkyangw yaw navota pay yaw as kur qa himu pumuy ngöytaqw pas piw yaw puma tiyooyat a'ni waytiwnuma. Niiqe pay yaw pam oovi pepeq qatuwlawqe nawutsnat pu' yaw pay paasat yaavatiqe pu' yaw pam oovi pay pangqw yamakt pu' yaw pay paasat ahoy nima. Niiqe pay yaw pam pas oovi ep talhahayingqw pu' yaw kiy ep ahoy pituqw pu' yaw paasat put yu'at pay hihin aw itsivuti pam qa iits ahoy pituqw. Niiqe pu' yaw pam put oovi tuuvingta, "Ya um hintiqw yaasatniqwhaqam pu' pitu, taq hapi itam tokniniqöö'?" Pay umuna se'elhaq pituqw um söövu haqe' hintsaknuma."

Paasat pu' yaw pam put aa'awna pam it hiita maasawuy aangaqw waytiwnumqey. Pu' pam haqami waayaqey yaw put soosok aw tu'awiy'ta. Noq pu' yaw put yu'at paasat aw as pay mooti tayatit pu' yaw pay aw itsivuti, "Is uti um himuniiqe. Pi puma kur uungaqw watkita. Pi itam pi maamast. Pay pi ura itam as ung meewanta um qa pumuy amumi-

sprinted home. In his panic Little Maasaw followed them to their house, totally oblivious of his parents' warning. The brothers were scared stiff and ran away from him as fast as their legs would carry them. Finally the Pöqangwhoyas arrived at their home and, without wasting a second, dashed inside. Immediately, they cried out to their grandmother, "Grandma, Maasaw is after us!" Both were panting hard as they told her this.

The old woman was about to say something in reply but had not yet uttered a word before Little Maasaw came rushing in after the boys. The brothers quickly grabbed their grandmother and, holding on to her, darted back and forth. Alas, the old granny, who was not as strong as they, was dragged around after them. And still they kept screaming, "How scary, Maasaw is coming! How awful, Maasaw is after us!" Again and again they shouted these words as they swung their grandmother along between them.

Little Maasaw, in turn, bolted after the three of them, yelling the same thing and constantly looking back. The little guy was sick with fear. Some grotesque being must be pursuing them for him to be uttering such cries of terror. All the while the boys' grandmother wanted to say something, but the brothers paid no attention to her. Eventually, they managed to get out of the house, carrying their grandmother along with them.

Now, at long last, Little Maasaw calmed down and sat on a stone bench inside the house. As he sat there looking from side to side, he realized that nothing was after them even though the little boys were still dashing about wildly. He sat there for quite a while until he finally became so bored that he left the house and ran home. Dawn was approaching by the time he arrived home. His mother was a little cross with him for returning at such a late hour. She asked him, "Why are you so late? We're ready to go to bed. Your father has been home for some time and you are wasting time being out and about."

Little Maasaw then told his mother how he had been trying to escape Maasaw. He explained in detail what had happened. His mother at first burst into laughter but then became angry with her son. "Why, you dummy. They were running away from you. We are the Maasaws, of course. We expressly ordered you not to go near the village children.

niqatniqw pay piw kur um qa tuuqayqe oovi pumuy amumi nakwsuqe son pi oovi pumuy qa tsaawina. Pay um hapi yaasavo pangso sasqani, nukusmaasaw," kita yaw pam put awniiqe pay yaw oovi put hihin qööqöya.

Niiqe yan yaw pam navota yaw kur pam himu maasawniikyangw put qa navotiy'ta. Paapiy pu' yaw pam pay oovi antsa qa hisat paapu pangso oraymihaqami. Pay yaw pam paapiy angqe' nalahinnumngwu. Naat kya pam oovi haqam ngasta sungway'kyangw angqe' waynuma. Pay yuk pölö.

Yet, you would not listen and probably frightened them out of their senses. Don't ever go there again, you rascal." Thus was Little Maasaw admonished by his mother.

In this fashion Little Maasaw discovered that he was a Maasaw. From that time on he never again ventured toward Orayvi. He always went around by himself. He's probably still walking about without a playmate. And here the story ends.

Maasaw Sikwihuuya

Aliksa'i. Yaw angqe' sinom yeese. Niiqe yaw oovi yep musangnuve yeesiwa. Pu' yaw piw ima tasavum angqe' yeese. Noq pu' yaw puma tasavum pay ephaqam pangso musangnumi sikwiy huuyawisngwu. Pay yaw puma tuwat ii'it hiita hopihiita ooviyangwu. Piikit, ngumnit, pölavikit, pay puuvut yaw puma sikwiy akw tuutuy'ya. Pay yaw puma put hopinovat angqw yukuyaqe pay yaw puma aapiy kur put pas suus kwangway'vaya. Noq pay yaw himuwa aw huuyatoqa naat pu' kwiningyaqw maatsiltiqw pay yaw puma musangnupmomoyam nanapte' pu' yaw musangnuviy hopqöymiq noovay kiwiskyaakyangw yuyutyangwu. Nen pu' yaw puma pepeq haqam put nuutayyungngwu. Noq naat yaw pam

8

Maasaw as Meat Trader

Aliksa'i. It is said that people were settled in many places, and one place where they lived was here at Musangnuvi. The Navajos, too, inhabited various sites in the area. They had made it a custom to come now and again to Musangnuvi, and to offer their meat for trade. This they did to acquire various Hopi goods in return. They bartered their meat for piiki, flour, bread, and items of that nature. They had sampled the food of the Hopi and apparently had acquired a taste for it. As a rule, a Navajo trader had only to appear north of Musangnuvi for the women to learn of it and rush down from the east side of the village, taking their foodstuffs along. Lying in wait for him, they would ambush

pu' amumi pituqw pay yaw puma put aw homikme' pu' put sikwiyat oovi naanaywangwu. Pu' pam put sikwit iikwiwvaqw pu' yaw pay puma momoyam put sikwimokvaqat enang nahoylangtoyniy'numyangwu. Noq pay yaw puma momoyam pas sutsep put sikwimokvaqat enang pantotingwu.

Noq pu' yaw suus i' maasaw kur pumuy amumi yori puma pantsatskyaqw. Niiqe yaw pam yorikqw naat yaw puma momoyam sikwit oovi naanaywaqw pay yaw pam tasavu hiitawat aqw maakwutsngwu. Pu' yaw piw ephaqam pam hiitawat kuriyat sen siipoq palalaykinangwu. Noq pay pi yaw puma momoyam put sikwit oovi hin unangway'kyaakyangw naanaywangwuniiqe yaw qa nanaptangwu pam pumuy pantsakqw.

Niiqe pu' yaw pam maasaw put tasaptaqat aw kwangway'tuswa puma momoyam put aw homtaqw, pu' yaw pam piw pumuy pantsakqw. Niiqe pu' yaw pam tuwatniqey wuuwa. Niikyangw hin as yaw pam naa'alöngte' yaw pumuy momoymuy qa tsaawinani. Niiqe pu' yaw pam oovi ang wuuwanlawt pu' yaw pam pan wuuwa, "Pay pi nu' tasapkiminen pep hakiy puukyayat nawkye' pu' put ang pakiwkyangw ahoy angqw peqw sikwihuuyatoni," yan yaw pam wuuwaqe pu' yaw pam oovi paasat hoopoqwat nakwsu.

Pangsoqwat yaw pamniiqe pu' yaw pam hisatniqw haqam homokit aw pitu. Pu' yaw pam angqw hötsiwngaqw aw wunuptuqw pay yaw pang panis i' pösaalasa pangso uutsiy'ta. Pu' yaw pam pay qa awhaqami hingqawt pay yaw pas yuumosa aw pakito. Pu' yaw pam ep pakiqw pay yaw hak taaqasa ep pakiwkyangw yaw pam it kanel'aapat ang kwangwawa'ökiwkyangw kwangwavuwi. Noq pu' yaw pam put awniiqe pu' yaw pam put waawaya. Noq pu' yaw pam tasaptaqa taatayqe pu' yaw put aw yorikqw pas hapi yaw pam hak himu nuutsel'eway put taatayna. Noq pu' yaw pam pay panis yan yorikt pu' yaw pam pay pangqe' pas qa atsat tsawinmoki. Pantsana yaw pam putnit pu' yaw pam put taaqat puukyat aapa hin piw kwangwatsoopa. Pantit pu' yaw pam put puukyayat paas mupipiykinat pu' put yawkyangw pangqw yama.

Noq okiw yaw put homokit aasonve put tsaptaqat toko'at ngasta puukyay'taqe qa soniwkyangw wa'ökiwta, paalavölangwpuniiqe. Paasat pu' yaw pam maasaw pangqw put taaqat kanelkiyat awi'. Pu' yaw pam aw pituqw okiw yaw ima kaneelom naanahoy yuyuttinumya pam himu nuutsel'eway amumi pituqw. Pu' yaw pam pumuy amumi pakiiqe pu' yaw pam pep pumuy amungk yotinuma. Noq pam maasaw pi yaw a'ni hovaqtungwuniqw oovi yaw pam himuwa kaneelo put hovalangwuyat akw hin unangwte' pay yaw paasat okiw angqe' wa'ökmangwu. Pu' yaw himuwa pay pas tsawinmokngwu. Niiqe panhaqam yaw pam qa suukw pep kaneelot niinat pu' yaw pam pumuy pephaqam siskwa. Pu' yaw pam pay piw kur paas hiita maskyay'numqe yaw oovi put aw sikwit mokyalawu.

the trader, swarming all over him while at the same time fighting among themselves for his meat. Since the Navajo toted the meat on his back, he became involved in their tug-of-war. Every time a meat vendor arrived the women would behave in this way.

One day Maasaw apparently witnessed such a melee. He noticed in particular that while the womenfolk were still squabbling for the meat, the Navajo would reach under the skirt of one of the women. At other times he would pat one on the buttocks or stroke her between the thighs. The women, however, were so preoccupied with the battle for the man's meat that they were not aware of his surreptitious doings.

Maasaw was so envious of the Navajo's ability to get away with this, while the women were all over him, that he decided to copy the man. However, he would need a way of concealing his identity so as not to frighten the women. He tossed the idea around in his head for some time before he came up with a scheme. "Why, I'll just head over to Navajoland and there I'll rob someone of his skin. Wearing the skin I'll come back here to trade some meat." With this plan Maasaw started out eastward.

While heading in that direction, he soon chanced upon a Navajo hogan. He positioned himself in the doorway, where only a rug covered the opening, and then, without so much as a word of warning, entered the dwelling. Once inside he noted that only one man was present, comfortably stretched out and sound asleep on his sheepskin. Maasaw walked up to the man and shook him. The Navajo woke up and to his horror beheld a grotesque-looking figure. However, at the instant he set eyes on the monster he died of fright. This is how Maasaw's terrible appearance affected the man. With some skill Maasaw managed to remove the man's skin. Then, ever so carefully, he rolled up the skin, tucked it under his arm and left the hogan.

The skinless body of the Navajo man remained inside, a mere red lump, and horrid to look at. Next, Maasaw strode over to the man's sheep pen. The poor sheep scurried to and fro as the hideous monster came upon them. Maasaw entered the corral and strode about, grabbing at the sheep. As it turned out, he exuded such a foul odor that whenever a sheep was overcome by his stench, it keeled over right on the spot. Other sheep literally died of fright. In this fashion Maasaw slew quite a few animals. He flayed them right there and then and bagged the meat.

Pu' yaw pam pas paas yukuuqe pu' yaw pam put sikwimokit iikwiltat pu' pangqw musangnumiq nakwsu. Pu' pam pi himu pay yaw a'ni hoytimangwuniiqe pay yaw oovi pangsoq suupituto. Niikyangw yaw pam kwangwtapniy'ma. Pu' yaw pam pangso haykyalaqe pu' yaw pay pephaqam naat huruutit pu' yaw sikwimokiy tavi. Paasat pu' yaw pam put tasaptaqat puukyayat mupingaaqe pu' yaw pam put ang paki. Noq yaw pam maasaw pay kur qa put tasavut an wukotaqaniiqe yaw oovi pam put ang pakiqw yaw pam maasawuy okiw aapa wilalata. Pu' yaw pam pep put aw wuuwanlawu, "Hin sen nu' naami yukuqw i' qa pas inuupa yan wilalatani?" yaw pam yan wuuwankyangw naami taynuma.

Nit pu' yaw pam pay put ahoy taviiqe pu' yaw angqe' hiita hepnuma. Noq pangqe' yaw piw i' hotski a'niniqw pu' yaw pam oovi put ang lapusingyannuma. Pu' yaw pam pay put pas hihin wuuhaqtaqe pu' yaw pam put paas sisngiqw paas yaw pam oovi suphingputi. Paasat pu' yaw pam piw put taaqat puukyayat ang ahoy pakiiqe pu' yaw pam put laaput paas sisngyiwtaqat aqw enang tangalawu. Panti yaw pamniqw pu' yaw pay paapu pam put taasavut puukya'at qa ang wilalata.

Completing his work, Maasaw slung his sack of meat on his back and set out from the hogan toward the village of Musangnuvi. And because he is reputed to move at an extremely swift pace, he soon approached his destination. Maasaw was already full of anticipation. Nearing the village, he halted and set down the bag of meat. He unfurled the Navajo man's skin and slipped into it himself. But evidently Maasaw was not of the same broad build as the Navajo for, when he donned the man's skin, it hung loosely on his body. There he stood now, wondering what to do. "How can I make it so that this skin doesn't flap and flutter on me like this?" Pondering the problem, Maasaw looked himself over.

He peeled off the skin and went about looking for something. And since there was an abundance of juniper in the vicinity he went from tree to tree stripping off bark. As soon as he had gathered a good amount, he thoroughly kneaded the bark to make it supple and fluffy. Then he slipped into the man's skin once more, this time stuffing the soft mashed bark inside. This done, the Navajo's skin no longer hung so baggily on him.

Paasat pu' yaw pam it sikwimokiy piw iikwiltat pu' yaw pangqw piw nakwsu. Pavan yaw pam pangqw kwangwawuwanma hin pam pumuy musangnupmomoymuy hintsanniqey. Panmakyangw pu' yaw pam musangnuviy kwiningyaqw aqw kuyvaqe pu' yaw pam pang haqe' aqw atkyamiq haawi. Niiqe pu' yaw pam aw hawqe naat yaw musangnuviy hopqöymi qa pituqw pay yaw kur ima musangnupmomoyam nanaptaqe pu' yaw piw naa'awtivaya. "Angqw piw hak tsasvu sikwimokta. Niikyangw pu' pas sumataq wuuhaq sikwimokta," yan yaw puma naa'awinkyaakyangw pu' yaw noovay mokyalalwa.

Pantotikyangw pu' yaw puma piw pangsoq yuyutya. Naat yaw pam oovi pu' pumuy momoymuy amumi pituqw pay yaw puma put aw yuutukqe pay yaw piw sikwiyat oovi naanaywa. Pu' hapi yaw puma put sikwiyat oovi naanaqasyaqe pay yaw qa namitunatyawyungqw pu' yaw pam maasaw tuwat pep pumuy amuupa mamakwutstinumkyangw pu' piw pumuy mapritinuma. Pavan yaw pam pep pumuy kwangwa'ewlawqw tuwat yaw ima momoyam aqle' put sikwiyat oovi naayawtinumya.

Naat yaw puma oovi pantsatskyakyangw pay yaw puma pas put maasawuy enangyaqw pay yaw hisatniqw kur haqawa put puukyayat tsöqööqe pay yaw pam okiw put hiita akw naatupkiy'taqw put aapa tsiikya. Naat yaw oovi puma momoyam pantsatskyaqw pay yaw kur haqawa put aw yorikqe pay yaw okiw angqe' wa'ökma. Pu' yaw himuwa tuwat navote' pu' yaw piw tuwatningwu. Pu' yaw puma naanangk pep pantsatskya.

Hisatniqw pu' yaw maasaw nuvö'iwtaqe yan unangwtiqw piw yaw put aqle' momoyam naanaqle' pangawta. Pu' yaw pam hiisavo pumuy amuupa taynumt pu' yaw pan wuuwa, "Han kur pay'u, taq pi ima sonqa inutsviy yantoti. Pi kur hak pay ivukyay inuupa tsiikya," yaw pam yan wuuwaqe pu' yaw as pay paasat aapiyninit pu' yaw pay hinwatti. Niiqe pu' yaw pam paasat pep pumuy noovayamuy tsovalannumkyangw pu' put mokyalawu. Pu' yaw pam put soosok mokyaataqe pu' paasat pangqawu, "Nu' it kime' paapu hiisavo qa öngavatsa tuumoytani."

Yanhaqam yaw pam hintiqe yaw oovi pangqw a'ni nitkyay'kyangw nima. Pu' yanhaqam yaw pam piw pumuy musangnupmomoymuy amumi tongo. Pay yaw pam oovi pep pumuy amumi sikwit no'a. Pay yuk pölö.

Maasaw shouldered his sackful of meat again, and continued on his way. Already wild thoughts of what he would do to the Musangnuvi women were buzzing through his mind. Eventually he came in sight of the village and arriving from the north, he made his descent. He had not reached the east side of Musangnuvi when the women noticed him coming and began to tell one another, "There is a Navajo with a load of meat again. This time he seems to be lugging quite a bit." Thus they informed one another and began to bag their foodstuffs.

Soon the women came scurrying down the mesa. As Maasaw approached, they rushed at him and started to compete for his meat. So keen were they on vying for the meat that they paid no attention to themselves. Maasaw thrust his hands underneath their dresses and fondled them. What a marvelous time he had while the women alongside him were contending for his meat.

As the melee grew more confused, Maasaw got in the midst of things, so much so that at one point one of the women grabbed him by the skin. As a result she ripped open the cover in which the god was hiding himself. The women were still concentrating on their endeavor when one of them caught a glimpse of Maasaw's face and immediately collapsed. Another soon followed suit. Eventually one after another passed out and fell to the ground.

Some time later, when Maasaw's lust had subsided, he found, much to his amazement, that the women were strewn all over the ground. He stared at them for a while and then thought, "I had better go. I guess it's my fault they lie there like this. Someone must have ripped the Navajo's skin from me." These were Maasaw's thoughts. He was about ready to leave when, suddenly, he changed his mind and began to gather the women's food, stuffing everything into a sack. When the entire stock was bagged he said, "I'm taking this home with me. Then, for a while, I'll have something other than bean soup to eat."

This is how Maasaw fared there. He ended up carrying home a good quantity of Hopi rations. Moreover, in this manner he succeeded in touching the women of Musangnuvi. In return, however, he surrendered the meat to them. And here the story ends.

Si'otiyo Maasawuy Tuwiy'va

Aliksa'i. Yaw orayve yeesiwa. Pu' yaw pay piw aqwhaqami kitsokinawit yeesiwa. Niiqe yaw oovi ayam si'ookive yaw piw wukoyesiwa. Noq pep yaw i' hak tiyo kiy'ta. Niikyangw pam yaw pay naat yuy'kyangw pu' piw nay'ta. Noq pu' yaw puma pay piw imuy hopisinmuy amun hiihiituy tiilalwangwu, imuy tsetsletuy pu' pay piw imuy katsinmuy. Noq yaw pam tiyo pep kiy'taqa pas yaw hiita ningwu. Niiqe oovi yaw puma hiita pep hintsatskyaniqw pam yaw sutsep kwangwtoyngwu. Niikyangw pay yaw pam tuwat okiw pay hakiy qa pas kyaahakit nay'taqe yaw oovi panhaqamniqw pay yaw pam nuutumninik pay yaw pam ephaqam kyaanavot hiita yewastuwngwu. Pu' yaw oovi panhaqamniqw pam yaw oovi

9

The Zuni Boy Who Got to Know Maasaw

Aliksa'i. They say Orayvi was inhabited and that, throughout the land, people were living in villages. Far away at the Pueblo of Zuni a large number of people had settled, too. It was there that a boy lived. His mother was still alive, as was his father. The Zunis, just like the Hopis, used to perform all kinds of dances, both social and kachina dances. The boy was a very enthusiastic participant and very much looked forward to these events when they were to be held. Unfortunately, however, his father was not at all a wealthy man, so, whenever the boy wanted to take part in a dance, he had a hard time finding the required items for his ceremonial costume. At times like these he had no choice

nawus pan kiinawit nakwse' pu' angqe' hiita qa himuy'taqey put oovi nasimokyaatinumngwu.

Noq pay yaw angqe' pantsaknumqw pay yaw putniqw haman'eway. Pu' yaw pam oovi mihikqw wa'ökye' pu' yaw pam put ang wuuwantangwu. Hinte' as yaw pam naap puuvut hiita neengem yewastsovalani. Pay yaw pam aasakis pan wa'ökye' okiw yaw pam putsa wuuwankyangw pu' yaw hisatniqw puwvangwu.

Niikyangw pay yaw pam piw qa na'önaniiqe pay yaw pam pep imuy sinmuy amungem hiita hinte' pay yaw pam pan hiita as aasatangwu. Niikyangw pay yaw pam naat qa soosok hiita naa'aptsina.

Panmakyangw pu' yaw puma piw hiituy pep hintsatskyani. Noq ima yaw hiitu it qalahayit pu' pay puuvut hiita yangqw paatuwaqatsit angqwniiqat a'ni enang yuwsiy'yungwa. Noq pay yaw pam as piw nuutumniqe yaw as kwangwtoykyangw pam yaw put hiita ngasta. Pu' yaw oovi naat pay pumuy totokyayamuy qa pas aqw pituqw pay yaw pam piw ang kiinawit put oovi nakwsu. Pu' yaw pam okiw angqe' okiwhingqawnuma. Noq pay yaw pas qa haqawa haqam put himuy aw no'a. Pay yaw pam qa wuuhaqniqw yaw oovi ima put himuy'yungqam yaw pay put naap yuwsiyaniqey yansaya. Paasat pay yaw pam pas okiw unangwmokiwkyangw nima, qa haqamwat lomanavotqe.

Paasat pu' yaw pam ep mihikqw piw wa'ökqe pu' yaw pam pay piw put wuuwanva. Pay yaw as pam nuutumnikyangw pay yaw pam put hiita qa tuwaaqe pay yaw as oovi qe'ti. Nit pu' yaw pam piw ang ahoy wuuwaqe pu' yaw pay pan wuuwa, "Naat pi pay itaatotokyay aqw yaavo peeti. Han kur pangsoq tuuwaqatsit aqwhaqami naap nakwse' pangqw puuvut hiita naap kima. Pay nu' pante' pay nu' son hin qa naayuwsinani itaatotokyay aqw pituqw'ö." Yan yaw pam neengem yukuuqe pay yaw pam ason pas qavongvaqw pu' yumuy yan aa'awnani. Paasat pu' yaw pam oovi pay qavomi hihin kwangwtoykyangw puwva.

Qavongvaqw pu' yaw pumuy noonovaqw pu' yaw pam yan pumuy yumuy amumi tu'awiy'ta. Noq pu' yaw put na'at aw pangqawu, "Haw owi? Ya um panhaqam tuwat tunatyawtay? Pam pi pay uupe'ey. Noq nu' hapi pay pu' yaasaytiqe pay kya nu' son umum pangsoqhaqaminiy. Pi pangsoq haq'ur'ay. Son um nawus qa pas hiisakistat pu' pangsoq pituniy. Pu' um son paysoq pangsoq qa hiita hinkyangw nakwsuniy. Noq oovi nu' yaapiy naalös taalat ang ungem um hiita paahot hinmaniqat put yuykuniy. Ason nalöstalqat ep mihikqw itam put aw tsootsongkt pu' piw aw naawaknani. Noq pu' i'wa ungu pu' tuwat ungem hiita um nitkyay'maniqat put itamuusavo tumalay'tani. Noq oovi itam qaavo su'its pay aw pitsinayaniy." Yan yaw pam lavaytiqe pay yaw put qa meewantat pay yaw put ngas'ew pan pa'angwaniqey yan yaw aw lavayti.

but to go from house to house to borrow the things he did not possess.

In his eyes, going around and borrowing things was very embarrassing. Thus, when he lay down for the night, he would constantly be brooding about this matter. What on earth could he possibly do to acquire all the dance paraphernalia? Each night when he bedded down he was preoccupied by these thoughts, while he fell asleep.

The boy was certainly not the idle type. He regularly did things for the people of the village and, in this way, earned one item or another for his costume. But, as it was, he had not yet gotten together everything he needed.

Some time later, the people of Zuni were preparing to hold a ceremony once more. The participants of the scheduled performance required costumes made of shells and various other items that came from the ocean. Once again the boy was looking forward to taking part, but, as always, he was lacking the necessary accoutrements. It was still a long time until Totokya, the day before the dance event, yet, he was already going from house to house in search of the things he needed. He went about pleading, but no one would lend him anything of their own. Since shells were scarce, those who owned any just told him that they would use them themselves. Thus, the poor boy returned home, downhearted, that he had been unsuccessful in his undertaking.

That night, as he lay down again, he pondered his situation. He had so much wanted to participate in the ceremony, but since he had failed to collect anything for his costume, he decided to give up the idea. As he mulled all of this over he came up with an idea: "It's still a long time until Totokya, the day before our ceremony. Why don't I set out for the sea on my own and bring back the decorations I need? Then I can surely dress in the proper manner on the day of the ceremony." This was the plan he laid out for himself. He would wait until tomorrow to inform his parents of it. Now that he had reached a decision, he fell asleep looking forward to the next day.

The following morning, at breakfast, he shared his thoughts with his parents. His father responded, "Really? Is that your intention? Well, it is certainly up to you. Only, since I am getting on in years, I don't think I can accompany you to such a distant place. The ocean is far away. It will take you several days to reach your goal. But you can't just go there empty-handed. During the next four days I will prepare paaho for you to take along. On the eve of the fourth day we will smoke over the paaho and also pray to them. In the meantime your mother can get food for your journey ready. So, beginning tomorrow very early we will start the preparations." Thus spoke his father to him. The old man did not try to deter his son from his undertakings. Instead he said that this was the least he could do to be of assistance.

Qavongvaqw pu' yaw puma pay pas su'its yesvaqe pu' yaw pay panis nöönösat pu' yaw puma pay hiita hintsatskyaniqey put aw pitsinaya. Pu' yaw put tiyot yu'at put engem novavisoq'iwta. Noq pu' yaw pam tiyo pay nay amum pep kiy ep qöpqömi qatuwkyangw pu' tuwat it paahot tumalay'ta. Noq pu' yaw puma pep pantsakqw pu' yaw put tiyot na'at put aw tutaplawu hin pam hintiniqat. Niiqe pam yaw put aw pangqawu, "Um hapi yangqw nakwse' um hapi pay yuumosa teevengewat hoytani. Pay um it taawat aw tunatyawmaqw pay pam haqami papkiqw pay um pangsoq mamavise' pay um sonqa su'aqw nakwsuniy. Noq pu' itam yang aqwhaqami tuutuskyay'yungway. Noq oovi um pang it peehut itaatumalay oo'oytimaniy. Pu' haqaapiy pay ima hopiit piw tuwat tuutuskyay'yungway. Noq pay um pang enang piw it oo'oytimaniy. Pu' pay haaqe' itam pay piw put suuvo himuy'yungway. Pang um oovi piw peehut oo'oytimaniy. Noq pu' ason um pas epeq pite' paasat pu' um pay ason hiisa' it angqw akwsingwnaqey put um mooti aw naawaknat pu' um pay paasat pephaqam paaso'ngwave oyaniy. Paasat pu' um hiita ooviniiqey pu' piw hiisa'niqey put mongvastit paasat pi pay um angqw ahoyniy," yan yaw pam put aw tutapta.

Paasat pu' yaw puma oovi naaqavo put naama aw tumalay'ta. Pay yaw puma oovi pantsakye' pay yaw puma pas mihikqw pu' qe'te' pu' paasat put aw tsootsongkt pu' paasat puwtongwu. Pay yaw puma piw pas nösniniksa piw hiisavo qe'tit pu' piw aapiytangwu. Pay yaw puma pas yansa yuykuqw pu' yaw put tiyot nalöstalayat aqw pitu. Pu' yaw puma ep mihikqw pay qa pas mihiknat pay yaw puma put pahotmalay aw tsootsongkt pay yaw puwtoni. Pam tiyo hapi pay qavongvaqw iits nakwsuniqw oovi. Niiqe pay yaw puma naatim put tiyot engem paas soosok hiita na'sasta. Pu' yaw put yu'at piw pay ep tapkimi paas put engem hiita nitkyay'maniqat put tangata. Niiqe pay yaw puma oovi paas hiihiita yukiy'kyaakyangw pu' tokwisa.

Qavongvaqw pu' yaw puma pay soosoyam su'its taayungwa. Noq pu' yaw pam tiyo pay panis nöst pu' yaw pam pay pumuy morovookoyamuy yuwsinat pu' put nitkyay iikwiltoyna. Paasat pu' yaw pam oovi naat pu' qöyangwnuptuqw yaw pangqw si'ookingaqw nakwsukyangw pay yaw pam suutevengewat put morovookoy laykyangw. Noq pu' yaw taawanasaptiqw pay yaw pam qa huruutiniqey wuuwaqe pu' yaw pay oovi pam panis it sikwilakvutnit pu' löögmuy piikit horoknat pu' pay put tuumoykyangw put mooroy angk wayma.

Hisatniqw pu' yaw pam haqami tuskyay'taqat aw pituuqe pu' yaw pam oovi pep huruuti. Paasat pu' yaw pam put pahomokiy tsawiknaqe pu' yaw pam pep put sukw tavi. Pantit pu' yaw pam pep put aw naawaknat pu' piw aapiyta.

Niiqe pay pam oovi panhaqam aqw hoytima. Antsa yaw pam haqam tuutuskyat aw pite' pu' yaw pam piw pep put paahoy tavingwu. Pu' pam

The next day the family rose at daybreak and, immediately after breakfast, they commenced their projects. The boy's mother was busy preparing food, while the youth and his father sat by the fireplace working on the prayer feathers and prayer sticks. As the two sat there, busy with their work, the father counseled his son as to what he should do. These were his instructions: "When you start out from here head due west. Pay attention to where the sun sets. If you aim in that direction, you're bound to go the right way. Along the way there are many Zuni shrines. I want you to deposit some of the paaho we have fashioned at each of them. At some places on your way the Hopi, too, have shrines. You should also include these as you go along, depositing your prayer sticks. Some shrines we own together. When you finally reach the sea, pray over the paaho which remain and then deposit them on the shore. Then you may collect what you went there for. When you've collected all you need, start your journey home." These were the father's instructions to his son.

Day after day they worked together on the paaho. Each night, at the conclusion of their work, they ritually smoked over them and then retired for the night. Only for their meals did they allow a short break and then they continued. The two adhered to this routine until the fourth day, the boy's deadline. That evening they were not planning to labor into the night. Instead, they intended to go to bed after smoking over the completed prayer feathers. After all, the boy was going to get an early start the next day. Father and son had made all the preparations for the journey with great care. The boy's mother, too, had meticulously packed the food he was to take along. Thus they had readied everything before they went to bed.

The next morning all of them were up at the crack of dawn. As soon as the boy had eaten, he harnessed the family's burro and loaded his packed lunch on the animal's back. Gray dawn had just appeared in the sky as he started out from Zuni village. He headed directly west prodding his burro along. When noon came, he decided not to stop. Instead, he took out a piece of jerky and two rolls of piiki and, munching on them, followed his burro.

When sometime later he reached a place where there was a shrine, he halted, unwrapped his bundle of prayer feathers and deposited one in a little niche in the cairn. Then he uttered a prayer over the paaho and continued on his way.

In this manner the boy traveled along. Wherever he came upon a shrine, he deposited his paaho there. And because he was not familiar

pi yaw pay pangsoq tutskwat qa tuwiy'taqe pay yaw pam oovi pas haqam puwt pu' piw aapiytangwu. Niiqe pay yaw pam oovi pas taawat maatsiwtaqw pu' yaw pam piwningwuniiqe pay yaw pam oovi su'aqwhaqami hoyta. Panmakyangw pay yaw put nöösiwqa'at haqami sulawti. Paapiy pu' yaw pam nawus pas haqam hiita tuwe' pu' paasat nösngwu. Niikyangw pay yaw pam qa suusa pas kyaanavot hiita tunöstuwa. Pay yaw kur pangsoq ima taatapt, sowiit kyaastaqw pu' yaw pam pay piw maakyaniiqe pay yaw oovi pas son hiita qa niinangwu. Pu' hapi yaw pam pangniqw pavan yaw pang utuhu'niqw pay yaw pam haqaapiy paapu suusus hoytimaqe paas kohalmoki. Panmakyangw pay yaw pam kur kuuyiy piw soosok hiiko. Paasat pu' yaw pam piw naat maqsoniy aw hoyokna. Pas pi yaw pam suupan son aqw pituni.

Nawis'ewtiqw pu' yaw kur pam pangsoq paatuwaqatsit aqw pitu. Pu' yaw pam aqw pituuqe pavan yaw pam pangqe' kyaataynuma. Is uti pas pi yaw paahu qa haqami so'ta. Pu' yaw pam pas awniiqe pu' yaw pam pep paasot ep wunuwkyangw yaw aqw tayta. Naat yaw pam pangsoq kyapkuwtaqw pay yaw pangqw put aqw paahu mupipitimakyangw pay yaw put aqw a'ni halayvit pituuqe pay yaw put okiw pangqe' a'ni tuuva. Pas hapi yaw kur pam himu a'ni hongvi.

Paasat pu' yaw pam put pahomokiy u'naqe pu' yaw pam put pep tsawiknat pu' yaw pam put pephaqam aw naawaknat pu' put pep oya. Noq paasat pam yaw kur tsöngmokiwtaqe pu' yaw pam oovi neengem haqami hiita tunösheptoni. Niiqe pu' yaw pam oovi pang naanahoy as waynumkyangw pay yaw pam pas qa hiita pan'ewakw tuwa. Pu' yaw pam oovi pay hiisavo pephaqam qatuwlawt pu' yaw pan wuuwa, "Ura pi yangqe paavaqe ima hiitu piw yeese. Pay kya nu' as pangsoq paamiq pakye' pay kya nu' as hiitawat ngu'e' pay kya nu' as put nösni," yan yaw pam wuuwaqe pu' yaw pam oovi yuwsiy soosok oyat pu' yaw pam pangsoq paamiq paki. Pu' yaw pam oovi pay pas hihin yuumo pakit pu' yaw pam pangqe put paahut aatöqe may'numa. Niiqe piw yaw pam sakinaqe pay yaw pam oovi naat qa pas wuuyavo pangqe pantsaknumt pay yaw pam paykomuy ngu'aataqe pay yaw paasa'ni. Pangqw pu' yaw pam oovi pumuy kimakyangw yamakt pu' yaw pam haqam qööqe pu' yaw pam pangso pumuy tutpe. Yanhaqam pay yaw pam kwangwanösa.

Qavongvaqw pu' yaw pam hiita oovi pangsoqniiqey pu' yaw pam put oovi ang hepnuma. Niiqe pay yaw pam puuvut hiihiita a'ni tuway'numa. Pay yaw pam oovi tapkimi hiisa' naami aptsiwput paasa' tsovala. Nit pu' yaw pam pay haak pepeq puwniqey yantiqe pu' yaw pam pay oovi piw pepeq talöngna. Niiqe pam yaw kur imuy kwatsmuy sinomuy wuuwankyangw yaw piw peehut tsovalani. Niikyangw pu' yaw pam pay mooti piw pakiwhuhuwkyangw pu' piw peetuy ngu'aataqe pu' yaw pay piw pumuy nöösa. Paasat pu' yaw pam ep pas teevepniiqe pam yaw oovi tapkimi pas soosok hinyungqat niiti. Nit pay yaw pam ason piw pas puwt

with the land he was traversing, he simply bedded down for the night whenever he felt sleepy and then went on. He only journeyed on when the sun was visible, and in this manner he knew that he was heading in the right direction. Then, one day, his food supply gave out. From now on he could eat only when he came across some source of food, but at no time did he go hungry. Cottontails and jackrabbits were in great abundance in this area and since he was an adept hunter, he never failed to make a kill. The area he was now crossing was very hot so that he could only progress very slowly, as he suffered from the intense heat. As time went on, he also drank up his entire reserve of water. This added to his hardships. It seemed as though he would never reach his destination.

At long last, however, he did reach the sea. Now that he had arrived he looked about in awe. What a sight it was! There was no end to this body of water! Approaching closer he stood on the shore and stared at the ocean. Standing there in wonderment, a wave hit him with such force that it knocked the poor boy to the ground.

It was then that the boy remembered his bundle of paaho. So he unwrapped the feathers, prayed over them and then placed them on the beach. He now realized how hungry he was and decided to go to look for something to eat. He walked back and forth along the beach but could not find anything edible, so he just sat down for a while. Suddenly a thought occurred to him, "If I recall correctly, some creatures inhabit the sea. If I go into the water I may be able to catch one of them; then I will have something to eat." With this thought he shed his clothing and stepped into the water. He chose a place that was not too shallow and there waded around groping with his hands beneath the surface. Surprisingly he was fortunate enough to catch three fish in only a short while, and these he thought sufficient. He carried them ashore, built a fire and roasted them. In this fashion he was able to treat himself to an enjoyable meal.

Next morning he roamed the beach, seeking what he had come for. The various items he was interested in he found in great numbers. By evening he had gathered enough for himself. He decided to spend the night at the beach. Next day, he thought of collecting more shells and other things for his friends and relatives. But first he went fishing again. He caught a few and made a meal from his catch. This time he spent the entire day beachcombing until, by evening, he had amassed a large amount of all kinds of shells. He planned to spend one more night there

pu' paasat ason su'its pay ahoy nakwsuni. Niiqe pay yaw pam oovi piw paavakiwtuy nöst pu' pay puwva.

Qavongvaqw pu' yaw pam pay oovi su'its pangqw nakwsu mooti put morovookoy hiita himuy iikwiltoynat. Pu' yaw pam ang panmakyangw pu' yaw pam haqam pangsoq paatuwaqatasit aqw mumunqat aw pituuqe pu' yaw pam pangqw neengem kuywikyaata. Pam pi angqw naat pangsoq hoytaqe kuuyiy pay se'elhaq soosok. Pantit pu' yaw pam paasat yukiqwat taawat angqw yamtaqat aqwwat hoyta. Niiqe pay yaw pam piw angqwniiqey su'an huruutaptimakyangw pu' piw puwtaptima. Haqaapiy pay yaw put kuuyi'at sulawtiqw pu' yaw pam pay piw pangqe' paaheptimakyangwniiqe putakw pay yaw pam piw qa pas a'ni hoyta. Pay yaw pam oovi aqwniiqey pay yaw piw an angqw kyanavothoyta. Panmakyangw piw yaw pam nuvatukya'oviy suutavangqw peqwwat kuyvaqe yaw pan wuuwa, "Pay kur nu' haykyala. Noq pay nu' haak orayminen ikwatsiy mooti pootat pu' piw aapiytani." Yan yaw pam wuuwaqe pu' yaw pam oovi yang nuvatukya'oviy aqle'niikyangw pu' pay hovi'itstuyqat tatkyaqöyva aqw hoopoq. Noq paasat pay yaw naat qa pas tapkiqw pu' yaw pam pay yuumosa orayminiqey yan wuuwa. Ason pi yaw pam pay pep puuwe' pu' yaw pam pay ason pas ep qavongvaqw pu' pas kiy aw nimaniqey yan wuuwaqe pu' yaw pam oovi pay pas pangso öqalti.

Noq pu' yaw pam oovi pangso hoytakyangw pay yaw pam piw neengem hiita tunösheptima. Pam hapi yaw pay pas talavayngahaqaqw qa hiita nösqe yaw oovi pay pas tsöngmokiwma. Niikyangw pay yaw pam okiw pas qa hiita tuwa. Pu' yaw pam oovi pay okiw qa nöösay'kyangw aqw oraymiq hoyta. Pu' yaw pam pay piw qa yep löqöqlöve puwniqey naawakna. Pam hapi yaw pay iyoho't hihin mamqasqe oovi. Pu' yaw pam oovi pay nawus pankyangw aqwhaqami suusus wayma.

Naat yaw pam oovi pangqw panmaqw pay yaw taawa pakiqw pu' yaw pay qa taalawva. Paasat pu' yaw pam kur pay hintiniqe pu' yaw pam pay nawus pas oraymi öqalti. Pay yaw pam as oovi qa nalmamqasi. Noq naat yaw pam pang panmakyangw piw yaw pam hakiy uuyiyat aw pitu. Pu' yaw pam pep put paasat qalave huruutiqe pu' yaw ang taynuma. Noq pay pi yaw paasat qa taalaniqw son pi yaw hak paasat pang hintsaknumniniqw pu' yaw pam oovi pay paasat qa hakiy hepnuma. Niikyangw pam yaw ang taynumqw piw yaw suupan pangqw uysonngaqw kootala. Noq pay pi yaw as pangqw oraymi naat yaavoniqw oovi yaw pam kur hin put aw wuuwa. Niikyangw pay pi yaw pam awni. Pay kya yaw as hak pep qatuuqa su'pate' pay sen yaw put nopnani, pu' yaw pay sen piw puwnani. Yan yaw pam wuuwaqe pu' yaw pam oovi pangso nakwsu.

Pu' yaw pam aw pituqw pay yaw pas antsa pep kiva. Noq pu' yaw pam aw kivats'omi wupqe pu' yaw pam aqw kuyvaqw pay yaw hak epeq

and to begin his journey home early the next day. Once again he ate fish for supper, and retired for the night.

The ensuing morning he set off very early, having first loaded the burro with his belongings. As he strode along, he came upon a stream that was emptying into the ocean, and from it he helped himself to drinking water, replenishing his exhausted supply. He continued on, this time heading in the direction of the rising sun. Exactly as he had done on his outward journey, he traveled and rested at intervals, making his camp at night. At some point his water supply again became depleted, forcing him to search for water along the way. As a result he made little headway. He was forced to suffer anew the hardships he had already endured on his way to the ocean. Then, as he approached Nuvatukya'ovi directly from the west, an idea occurred to him. "Evidently I'm getting close to home. I think I might as well head over to Orayvi to look in on my friend and then I'll continue on." Having thus made up his mind, he bypassed Nuvatukya'ovi on the south side of Hovi'itstuyqa and trekked on eastward. Since evening had not yet come, he decided to cut straight across to the village of Orayvi. He would spend the night there, he thought, and then journey on home in the morning. He was determined to get to the village that night.

Along the way he searched for something edible, for he had not eaten since early morning and was plagued by hunger. But the poor boy could not find a thing. Without a morsel in his stomach he plodded on toward his destination. He had no desire to spend the night in the forest, for he was a little afraid of the cold. So he was compelled to move on.

He was still trudging along when the sun set and darkness fell. He was at a loss as to what to do, but felt compelled to try and make it to Orayvi. He was certainly not afraid of being alone. All of a sudden he chanced upon a plot of cultivated land. He stopped at the edge of the field and looked it over. Because it was already dark, no one would be about and so he did not bother to look out for anyone. But as his eyes scanned the area, there appeared to be the glow of a fire among the plants. Since it was still quite a way from Orayvi, he was not sure what to make of it. Finally, he decided to seek out the fire. Perhaps the person living there would be kind enough to feed him and let him spend the night. With these thoughts the young man proceeded toward the firelight.

Sure enough, there was a kiva at that site. The boy climbed up to the roof, and as he peered down through the hatch he spotted someone

qatukyangw yaw hak qöpqömi qatu. Niikyangw yaw hak pangsoq yooko'taqw oovi yaw pam hak hin soniwqw pam yaw pay put qa yori. Pu' yaw pam paasat aqw pangqawu, "Haw! Ya qa hak qatu?" yaw pam aqwhaqami kita.

Noq pay yaw pam hak pepeq qatuuqa kur sunvotqe yaw oovi angqaqw pangqawu, "As'ay, pay nu' qatuy, peqw pakii'. Um hak piw yaasatniqwhaqam waynumay," yaw pam angqaqw kitaqw pu' yaw pam si'otiyo aqw paki. Noq pay yaw as epeq qöpqömiq qööhiwkyangw pay yaw epeq qa pas suyan taala. Noq pu' yaw pam epeq pakiiqe pu' yaw pam saaqat ahoop wunuptu. Noq pu' yaw pam hak pepeq kiy'taqa pu' yaw put pangso atkyami aa'awna.

Noq pas yaw pam paasat pangso hawqw pu' yaw pam hak aw kwuupukkyangw pay yaw pam hak naat qa pas wuuyoqa. Pay yaw hak sumataq naat tiyo. Pu' yaw pam pepeq pakiqw piw yaw pam hak put aw haalaytiqe yaw oovi put paas tavi. Pay yaw pam panis pantit pu' yaw pam put qöpqöy kwiniwi atsvewtoynat pu' yaw pay kwiniwiqhaqami pakima. Nit pay yaw pam qa wuuyavo pepeq pakiwtat pay yaw piw ahoy angqaqw yamakkyangw piw yaw hiita angqaqw hinma. Niiqe pu' yaw pam put aw pituuqe pu' yaw pam put atpipo put hiita oya. Noq yaw kur pam put engem it öngapkwivit oyiy'va. Noq pam öngapkwivi yaw pay

sitting there facing the fireplace. The person happened to be sitting with his head bent down, however, so that the boy could not make out his facial features. So he announced his presence. "Haw!" he shouted inside, "Is anyone home?"

The person, whoever he was, apparently heard him right away for he replied, "Yes, I'm at home. Come on in! Who are you walking about this late at night?" Thereupon the Zuni boy entered. There was a fire ablaze in the fireplace but, even so, the light in the kiva was not very good. After entering, the boy remained standing east of the entrance ladder. Now the owner of the house bade him come down to the lower floor of the kiva.

When the boy had done so the person raised his head. The man the boy was looking at did not strike him as very old. He appeared to be unmarried yet. Now that he had entered, the man by the fire greeted him quite cordially and gave him a warm welcome. And no sooner had he done so than he made for his guest a place to sit, at the north end of the firepit; then he disappeared into a room at the north. Before very long he returned carrying something. He stepped up to the youth and placed an object in front of him. It turned out to be a bowl of boiled beans. The bowl looked hideous, but the boy didn't mind. The

okiw pas paas hin'ewakw tsaqaptat angqw iniwta. Noq pay yaw pam put qa aw hin wuuwanta. Pu' yaw pam it piikit piw enang put engem pangso oya. Pantit pu' yaw pam put tunös'a'awna. "Ta'ay, yep nöösa'ay. Pay um sonqa tsöngmokiwtay," yaw pam put aw kitaqw pu' yaw pam oovi pep tuumoyvaqe pas yaw pam oovi paas öyt pu' yaw put aw kwakwhata.

Noq pam tiyo yaw kur antsa tsöngmokiwtaqe yaw pisoq tuumoytaqe pay yaw put pepeq qatuuqat pay qa pas aw tunatyawta. Pas yaw pam kiy'taqa put tunösvongyat ayo' oo'oyqw pu' yaw pam pas hin pitsangway'taqw put yori. Noq pas hapi piw yaw pam hak kur suhimutiyo pepeq kiy'ta. Noq pu' yaw pam paasat piw ahoy pangsoq kwiniwiq put hiita kimaqw paasat pu' yaw pam put kiiyat pas paas yori. Noq pang yaw tuupelaq i' qa suukya tuletaniqw pang yaw hiihiimu nunukngwa haayiwyungwa. Pas pi yaw pam hak sumataq qa hiita qa himuy'ta. Ii'i' mötsapngönkwewa, atö'ö, pu' piw kanelmötsapu, piivitkuna, paavam yaw pang panyungwa. Pas pi yaw soosoy hinyungqa katsinyuyuwsi pang kwimim'iwta. Pu' yaw i' tuutukwavi, votontoriki, paavam hiihiimu yaw piw pang haayiwyungwa. Hikis pi yaw pam kur it kwaatupatsat enang himuy'ta. Noq pam pi yaw okiw puuvut hiita ngastaniiqe yaw okiw put ang kwangway'tuswa.

Pas yaw pam put aw ahoy piw pakiqw pu' yaw puma paasat naami yu'a'ativa. Niiqe yaw pam oovi put tuuvinglawu hintiqw pam pan pas mihikqw pangqe' waynumqat, pu' piw haqaqw pam hakniiqat. Pu' yaw pam oovi pep put aw naatu'awiy'ta haqaqw pam pitutoqey, pu' piw pam pangso oraymi as hoytaqeynit pay pam pas pangso pasiwtiqey.

"Haw owi? Pi kur um antsa wuukonakwsuy. Noq pay nu' pii'oyti um angqaqw pewniqw'öy. Pay nuy pas qa hisat hak okiw pootay. Pay as peetu navotiy'yungwa nuy yep qatuqw'öy. Noq pay um hapi sonqa mangu'iwnumqw pay pi oovi itam puwniy. Noq nu' pi pay tuwat yepeq aapaveq puwngwuy. Noq ason pi um pay yepwat qöpqöt aqle' puuwe' pay um son tuusungwtiniy. Noq nu' pi piw as pangso orayminiy. Niikyangw nu' naat pay pas löötok pu' tuwat awniy. Noq um pi pay qaavo sonqa iitsniqey naawaknaniy. Noq nu' pay tuwat pas qa iits taataytngwuniqw oovi um pay qa inumi maqaptsiy'tat pay um naap hiita aw hinte' ason um pas nöst pu' awniy," yan yaw pam put aw tutaptat pu' yaw pay aapamiqhaqami pakima. Noq pu' yaw pam si'otiyo wa'ökqe pay yaw naat oovi qa wuuyavo wa'ökiwtat pay yaw kur pam manguy'vuwva.

Niikyangw pay yaw pam ep qavongvaqw iits taatayqe pu' yaw pay as qatuptuqw pay yaw antsa naat mi'wa tiyo qa ep hintsaknumqw pu' yaw pam pay put lavayiyat u'naqe pu' yaw pay oovi qa put aw maqaptsiy'ta. Pu' yaw pam pay antsa pep hiita tuwaaqe pu' yaw oovi pep put nöst pu' yaw pay paasat pangqw yamakt pu' yaw pay aapiy oraymi. Niiqe pay yaw pam oovi naat pu' taawanasap'iwmaqw yaw pam aw pas kiimi wuuvi. Niiqe pay yaw haqam put kwaatsi'at kiy'taqw pay yaw pam navotiy'taqe pay yaw pam oovi yuumosa pangso.

man also placed some piiki in front of him and then bade him to sup. "Now, eat. You must surely be hungry!" he said to him, whereupon the youth fell to eating. When he was satiated he thanked his host.

As a matter of fact, the boy had been so starved that he had not payed much attention to his host. The moment the latter removed the food, however, the boy caught a first glimpse of the man's countenance. From all appearances he was a very handsome young man. He now returned to the north side of the kiva, taking with him what he had set down before his visitor. Meanwhile the Zuni boy carefully studied the interior of his home. Along the walls were several horizontal poles over which were draped various items of great value. The man did not seem to lack anything. There were hanging things such as brocaded sashes, women's capes, and ceremonial kilts. All sorts of kachina costumes, too, were folded over the beams. Among the items hanging there were also strands of turquoise beads, purses with silver bandoliers and the like. The man even owned a feathered war bonnet. The poor Zuni boy, who possessed none of these things, wished he had them all.

It was not until the man reentered the room that the two struck up a conversation. The owner of the kiva asked why the boy was about so late at night. He also wanted to know all about him. The Zuni lad complied and told him about himself and where he was from. He also mentioned that he was bound for Orayvi and that he had already become very weary.

"Is that a fact? For sure, you have ventured far. I'm delighted that you ended up here with me for, alas, no one ever drops in on me, although some people know that I live here. But you must be exhausted, so let's retire for the night. As for me, I usually sleep here in the back room. You can bed down by the firepit; that way you won't get cold. I, too, am supposed to go to Orayvi, but I won't be leaving until the day after tomorrow. You will probably want to go first thing tomorrow morning. As for me, I'm generally not awake that early, so don't wait for me but fix your own breakfast. Once you have eaten you can be on your way." After these instructions the kiva owner disappeared into the back room. The young Zuni lad, in turn, lay down and soon fell asleep from fatigue.

The following morning the boy awoke early, and indeed, when he got up, his host was not yet about. Remembering his words he did not wait, but prepared breakfast. Then he left and set out towards Orayvi. It was just nearing noon as he climbed the mesa to the village. And since he knew where his friend lived, he headed straight there.

Niiqe pu' yaw pam ep pituuqe pu' yaw aw pakiqw pay yaw kur put kwaatsi'at qatu. Niiqe pas yaw pam put aw haalayti, pam hapi yaw wuuyavo put qa aw yorikqe oovi. Niiqe pu' yaw pam oovi put paas taviqw pu' yaw put hopitiyotwat yu'at pu' put paas nopna. Noq pu' yaw pam pay pas oovi öyqw pu' yaw puma tuwat naami yu'a'ativa. Noq yaw pam orayeptiyo put tuuvingta sen pi pam naat pu' pangqw si'ookingaqw pitutoqat. "Qa'e," yaw pam put aw kitat pu' yaw pam put aw tu'awiy'ta pam pangqe paatuwaqatsit angqe waynumqe naat pas pu' pangqw pitutoqey. Pu' yaw pam piw pepeq hin hiniwtapnaqey put yaw soosok aw tu'awiy'ta. Pu' yaw pam ep mihikqw pay as pas pangso oraymi pitutokyangw pay yaw pam put pangso hakiy kiiyat aw pas pasiwti. Niiqe pu' yaw pam oovi pay pangsoniqw piw yaw pam pep kiy'taqa yaw put aw su'pataqe yaw oovi pay pep put puwnaqw oovi yaw pam naat pu' pangqaqw pituto. Niiqe pay yaw pam ason pas pep orayve hihin naasungwnat pu' ason aapiytaniqey yaw put aw kita.

Noq pu' pay yaw put kwaatsi'at qa nakwhana. "Pay tis um haak qe'nen pay um haak piw yep puwniy. Itam hapi qaavo yep tuwat nevenwehekniniqw um kya qa hisat put hiita yoriy," yaw pam put aw kita. "Pam piw pas kwangwa'ewtingwuy," yaw pam put aw kita.

Noq pay yaw pam put qa pas hiita tuuvinglawt pay yaw pam piw hintiqw sunakwha. Pu' yaw puma oovi pay pep paapiy tapkimi naami hin qatsiy'taqey pay yaw puuvut yu'a'ataqw pay yaw tapki. Noq pu' yaw puma oovi nöönösaqw pu' yaw puma pay pumuy tupatsayamuy aqw wupqe pu' yaw pay piw pepeqwat hiisavo naami yu'a'atat pu' pay yaw kur hisatniqw naama puwva.

Noq pu' yaw puma ep qavongvaqw talavay soosoyam noonovaqw pu' yaw pam si'otiyo put hiita nevenwehekiwuy qa tuwiy'taqe pu' yaw pam oovi pumuy tuuvinglawu hin puma tuwat put ep hintotingwuniqw. Noq pu' yaw puma oovi put kwaatsiy pep put aw tu'awiy'yungwa hin puma put yuykuyaqey. Niiqe yaw puma put aw yan tu'awiy'yungwa: "Ima tootimniqw pu' mamant yuk leenangwvami lomayuwsiy'kyaakyangw soosoyam nöönganṭangwu. Pu' ima mamant imuy katsinmamantuy amun yuwsiy'wisngwu. Puma kanelkwasaatotat pu' put atsva it atö'öt usiitotat pu' paasat wukototskyaakyangw pu' piw wukovoli'inyungngwu. Pu' paasat ima tootimwat tuwat sakwanavankyaakyangw pu' it sowiy'ngwat angqw yukiwput hovinavankyaakyangw pu' lomasawkototswisngwu. Pu' puma piw kwavöönakway'wisngwu. Noq pu' ima mamant it oovat angqw tukputote' pu' puma put ang somivikiy pangso mookiy'wisngwu. Noq pu' ima tootimwat pu' tuwat pay hiita angqw tukput yukuye' pu' puma put ang it nepnit pu' pay piw heesolit put aqw tangay'wisngwu. Noq ima tootim pi pay naat ayangqw put qa aw pituqw pay puma put neevennumye' puma put wuuhaqtotangwu. Noq pu' ason hisatniqw aw pituniqw pu' paasat i' tsa'akmongwi tsa'lawqw pu' puma soosoyam pangsoyangwu."

When the Zuni boy arrived he entered and found his friend at home. The latter greeted him warmly, for he had not seen him for ages. Having been welcomed into the home, the guest was fed by the Hopi youth's mother. When he had eaten his fill, the two friends fell to chatting with each other. The lad from Orayvi inquired of his friend whether he had just arrived from Zuni. "No," the other replied and related his journey to the ocean and his adventures along the shore. Then he explained that he had just now returned. He mentioned how, the night before on his way to Orayvi, he had come across a field and how, exhausted, he arrived at the kiva. He added that the resident had been very cordial toward him. As a matter of fact, he had been encouraged to spend the night and was just at that moment arriving from there. He said he intended to rest just a little while in Orayvi and then continue his journey home.

His Hopi friend would not hear of this, however. "Don't leave just yet. Rather spend another night here. Tomorrow we celebrate a Nevenwehekiw ceremony, the like of which you may never have seen before. It gets to be a lot of fun."

The Zuni boy raised few objections and for some reason readily agreed to stay. So they whiled away the time until evening, telling each other of their lives and other such matters. After the entire household had supped, the two friends climbed up to the second story of the house where they continued their conversation until both fell asleep.

Next day, when all were gathered for their morning meal, the Zuni boy, who was unfamiliar with the Nevenwehekiw ritual, began inquiring of the people around him about the ceremony. So they explained to their friend how they conducted the rite. This is what they had to say: "The participants are boys and girls, all of whom go down to Leenangw Spring in their beautiful costumes. The girls are dressed just like katsinmamant or kachina girls. They don black wool dresses over which they drape maidens' shawls. They wear big buckskin boots and their hair is fashioned in large whorls that resemble the wings of butterflies. The boys, in turn, are clad in indigo-hued shirts and buckskin pants. In addition, they wear beautiful brown moccasins. The tops of their heads are adorned with soft down feathers from eagles' breasts. The girls carry their somiviki in bags made from white wedding robes. The boys, in contrast, fashion their bags from whatever material they have at hand. They stuff wild edible greens into them, along with green pods from the cottonwood tree. Usually the boys gather these items well in advance so as to have a large amount. When, eventually, the event is about to get underway, the town crier makes an announcement from a rooftop and everybody heads

Yan yaw puma put aw tu'awiy'yungwa. Pu' yaw puma put piw aa'awnaya yaw naat puma pangqw ahoy ökiqw yaw ima maswikkatsinam piw pep ökini. Noq yaw pam pan navota ima hiitu katsinam ökininiqw paasat pu' yaw pam pay huruutiniqey pan unangwti.

Noq pu' yaw panmakyangw yaw taawanasap'iwmaqw pu' yaw kur paasat aw pituniqw yaw oovi pam hak antsa tsa'lawu. Noq pu' yaw i' hopitiyo put si'okwatsiy ngeeminta yaw amumniqatniqw pay yaw pam tiyo qa hin naawaknat pay yaw amumniqey pangqawu. Niiqe pu' yaw puma oovi nuutum orayviy taavangqöymiq hawtoq pas hapi yaw kyaysiwqam pangso leenangwvami hoyta. Hisatniqw pu' yaw puma kur pep soosoyam tsovalti. Noq pu' yaw puma soosoyam pep tsovaltiqw pu' yaw pam tsa'akmongwi pumuy tootimuy amumi pangqawu, "Ta'ay, tootimuy, uma umuunepniy ang imuy mamantuy huytotaniy!" yaw pam kitaqw pu' yaw puma tootim pumuy mamantuy amuupa nankwusaqe pu' yaw put nepniy angqw pumuy huylalwa.

Noq pu' yaw himuwa hiitawat nepniy angqw maqaqw pu' yaw pam maana tuwat put hakiy tiyot somivikiywat maqangwu. Yantoti yaw puma pepnit pu' yaw puma piw sutsvowatyani. Pangqw pu' yaw puma nankwusakyangw pu' yaw piw haqamwat huruutoti. Pu' yaw puma pepwat pay piw antoti. Niiqe pu' yaw puma naalös yantotit pu' yaw puma kiimi yayva. Niiqe puma yaw taavangqöyngaqwwat pangso yayvaqe pep pu' yaw puma pas put nepniy, heesoliy pumuy mamantuy amumi soosok o'ya.

Noq paasat pu' yaw puma nevenwehekqam pay naat qa soosoyam kiikiy angyaqw pay yaw kur ima maswikkatsinam ökiiqe yaw oovi pay paasat kiinawit tipkyatinumya. Noq paasat pay yaw pam si'otiyo kwaatsiy amum pumuy tiimayi.

Noq naat yaw puma haqam tiivaqw piw yaw i' himu pumuy amumi pitu. Noq yaw puma maswikkatsinam hiita taawit akwyaqey naat pu' oomiyaqw yaw pam himu it kukuynaqatnit pu' angkniiqat sukyaktsimi matyawt pu' yaw a'ni hin töqti. Pu' piw yaw wiisila. Noq pam yaw put hiita aw yorikqw pas pi yaw pam himu qa soniwa. Pas pi yaw himu nuutsel'eway. Pam yaw himu wukoqtö. Niikyangw piw yaw himu ungwawsatsa qötöy'ta. Pankyangw pu' yaw pam pay hiita kanelsakwit pitkunkyangw pu' yaw pay piw put torikiwta. Niikyangw yaw pam put tuwat putvoqwat torikiwtaqw oovi yaw pangqwwat put sukyaktsi'at maataqa. Pankyangw pas hapi yaw pam piw susmataq a'ni hovaqtu. Yaw himu peekye' pan hovaqtungwuniqw pan yaw pam hovaqtu.

Noq pu' yaw pam pep pumuy amumi pan töqtit pu' yaw pam angqw pay aapiyniqw pu' yaw mimawat maswikkatsinam pay paasat kur piw tuwat ninmani. Yan yaw pam it yorikqe pas yaw tuwat imuy hopiituy tuwiyamuy aw kyaatayta.

down to the spring." This was what they related to him. In addition, they did not fail to mention that after everyone had returned from the spring a group of Maswik kachinas would make their appearance. When the boy learned of the coming of the Maswik kachinas he decided to stay.

Meanwhile, midday was approaching and evidently it was time for the Nevenwehekiw ritual to begin. Sure enough, the town crier made the announcement. The Hopi youth invited his Zuni friend to accompany him and, without deliberating the latter, agreed to go along. As they and others went down the west side of Orayvi, a multitude of people was already heading for Leenangw Spring. Eventually everybody found his way there. When they were all congregated, the crier chief offered some advice: "Now young men, share your greens among the girls!" With these instructions the boys went over to the young ladies and distributed their greens among them.

Each time a boy handed out some of his greens, the girl repayed him with some of her somiviki. Then the group walked to another location and repeated the exchange. Again they moved on only to stop elsewhere. There they went through the same procedure. Four times they exchanged greens for somiviki, and then everybody returned to the village where the young men handed over their entire collection of greens and cottonwood pods to the girls.

By now the Maswik kachinas had arrived and, although not all the participants in the Nevenwehekiw ceremony had gotten back to their homes, the kachinas were already performing their dance in the village. The Zuni youth witnessed all this at the side of his Hopi companion.

The kachinas were still performing when a strange figure approached the dancers. The kachinas were about to sing the third verse of their song when the figure placed its hands on the shoulders of the dancer in the middle of the line and the person immediately behind him. At this moment it uttered a strange sound which was prolonged into a howl. The Zuni lad found the figure hideous in appearance. Indeed, it was monstrous, with a large head covered with blood. Its kilt consisted of a ragged woman's dress and an equally torn dress was slung about one shoulder and under the other arm. Contrary to the established Hopi fashion, however, it was slung over the left shoulder so that the right shoulder was exposed. This was the figure's appearance. At the same time it gave off a stench like that of a dead body.

After letting out its howl, the creature departed, whereupon the Maswik kachinas also got ready to leave. The Zuni youth who witnessed all this looked with awe upon this ceremony of the Hopi.

Pangqw pu' yaw puma pay put hopitiyot kiiyat awniqw pu' yaw puma naat pay pep hiisavoniqw pay yaw haqam sinom sa'takyangw pu' piw kwanonota. Noq pu' yaw pam tiyo put sungway aw pangqawu yaw puma kiisonminiqat. Noq pu' yaw puma oovi naama pangsoniqw yaw puma haqaqwwat kits'ongaqw aqw wupqw pay yaw piw pam himu pep peetuy tootimuy, taataqtuy ngöynuma.

Niiqe yaw pam piw it maawikit yawnumqe yaw pam hiitawat ngöyve' pu' wiikye' pu' yaw pam putakw hotpeq puusuknaqw pay yaw okiw himuwa angqe' sumokqat an wa'ökmangwu. Noq pu' puma pep tootim taataqt pi yaw hiihin lomayuwsiy'kyaakyangw pan put aangaqw waytiwnumya, pu' piw aw kwekwetstiwya. Pu' yaw pam hiitawat pan niine' pu' yaw pam awnen pu' yaw pam hiita yuwsiy'taqw pam yaw hiitawat put oyane' put yaw pam put ang tuwat pakingwu. Niikyangw yaw pam put hiita himuyat ang pakye' pam yaw tuwat put ang ahoyvakingwu. Pantit pu' yaw pam piw mimuywatuy piw ngöynumngwu. Pu' yaw puma hintote' pu' yaw puma tuwat put niinaye' pu' yaw puma put tuwat awye' pu' yaw puma put tuwat himuy ang poswayangwu. Niiqe yaw puma pay pas wuuyavo pep put aw kwekwetstiwyakyangw pu' yaw puma hisatniqw put yaw kur pas suus niinayaqe pu' yaw puma soosoyam put teevengehaqami sikwitsösöpya. Yanhaqam yaw puma put hiita amum pep hintsatskya.

Noq pu' yaw kur paasat yukiltiqw pu' yaw puma paasat pay naama pangqw put hopitiyot kiiyat aw ahoy. Noq pu' yaw pam si'otiyo pep put kwaatsiy tuvingiy'ta pam himu pep pituuqat. Pu' pam himu piw haqam kiy'taqw. Pu' yaw pam oovi put aw pangqawu pam yaw himu maasawniiqat. Pu' pam yep susmooti qatuqw ima hopiit yep put aw ökiiqat. Noq pam pep pu' pituuqa yaw it pas maasawuy tu'awiy'ta. Noq yaw i' pas maasawniiqa yaw pan qa soniwa. Pay yaw ima hakim susmooti put aw yoyrikyaqam pay yaw pan put tuu'awvayaqw oovi yaw pam pan put yùwsingwu. Niikyangw pu' yaw ima hakim put susmooti aw ökiiqam yaw pangqaqwa yaw pam pumuy amumi pas naamataqtaniqe pam yaw a'ni alöngti. Paasat pu' yaw pam pas hak suhimuniikyangw yaw pumuy amumi yu'a'ayku. Noq pam yaw pumuy hu'wanaqw pu' yaw puma sinom naat pu' pew tuuwaqatsit aw nöngakqam yaw yep yesva. Niiqe pam yaw pas hin soniwqey son hisat hakiy aw pan naamataqtani. Hak yaw put pantaqat aw yorikye' pay yaw hak pas sonqa sulawtingwu.

Niikyangw pu' yaw pam piw pumuy amumi pangqawu, yaw puma put an hiita ang maqsontiwiskyaakyangw yep yesniqey suutaq'ewye' pay pi yaw puma yep yesvani. "Noq oovi itam yang utuhu'puva nawus qa öö'önakyangw yang tutskwava hiita noonovaniqey put a'aniwnaya. Pay pam piw tuwat pan qatu. Niikyangw pam itamuupeniiqe pas pavan a'ni hiita aniwnangwu."

The two now returned to the Hopi boy's home. However, they had been there for only a short while, when somewhere people could be heard shouting and roaring with laughter. Right away the Hopi boy indicated to his companion that they should go to the village plaza. They went there together and climbed up on one of the rooftops. Much to the Zuni's surprise, the same being as before was at the dance court chasing the men, young and old alike.

The being was holding an object shaped like a drumstick, which each time it caught up with one of the men, it used to strike him on the back. The person struck fell sprawling as if he had suddenly died. The boys and men fleeing the figure were attractively costumed in all sorts of ways. Still, they kept up their teasing and taunting. Whenever the figure succeeded in slaying a man, it stripped the victim and put on his costume, but always back to front. Then it resumed its pursuit of the others. Somehow or other the boys and men eventually managed to knock the figure unconscious, whereupon they gathered around it and took back what belonged to them. After they had carried on with their taunting for a good length of time they, apparently, killed the being and hauled it off to the west side of the village. This is what the Hopis did with it.

Evidently the spectacle was now over, so the two friends returned to the Hopi boy's home. The Zuni boy, naturally, was curious about the figure that had appeared there, so he asked his friend what it symbolized and where it lived. The Hopi boy then revealed that this being was known as Maasaw, the very first to inhabit the earth when the Hopi people met him. The creature who had appeared at the plaza represented the real Maasaw who, truly, had just as horrible an appearance. Those who first encountered him spoke of him thus, so this is how he is now depicted. The Hopi who first saw him, though, claim that before he showed himself to them, Maasaw changed his appearance considerably. For when Maasaw first held conference with them, he was very handsome. It was he who gave them permission to inhabit this earth when they first emerged from the underworld. Maasaw would never appear to anyone in his real guise, because, should any mortal see him like that, it would surely mean his demise.

Maasaw, in addition, told those first people that if they were willing to live a life of hardship just as he did, they could settle here. "For this reason we Hopi must suffer through hot weather and by toiling hard raise the crops in the fields. He, too, lives his life in this manner, but he raises many more crops than we do."

Noq pu' yaw pam put aw naat yan lalvayqw yaw pam si'otiyo kur put kwaatsiy yuyat tuwa pam iipoq yamaktokyangw yaw it öngavat pay okiw pas hin'ewakw tsaqaptat akw oyiy'maqw. Noq pu' yaw pam piw put tuuvingta pam haqami put kimaaqat. Pu' yaw pam piw put aa'awna yaw puma put maasawuy hiita nopnawise' puma yaw pay sutsep pan hiita sakwitsaqaptat akw put panwisngwu.

Yanhaqam yaw pam put aw tu'awiy'ta. Noq pu' yaw pam put ang wuuwaqe pu' yaw put kwaatsiy aw tu'awiyta hin pam ep hukyaltok yorikqey. Noq pay yaw put kwaatsi'at piw put su'an wuuwakyangw pay yaw pam put okiw qa hin ookwatuwt pay yaw okiw paysoq aw tayatit pu' yaw aw pangqawu, "Pi pay kur um pas put kiiyat ep puuwiy. Pay antsa lavaytangwuniqw pay yaw pam piw pep taavanghaqam kiy'taqw pay um sonqa pep talöngnay," yaw pam put aw kitaaqe yaw aw tayati.

Yanhaqam yaw pam put angqw navotqe pu' yaw paasat tsawna naamahin pay aapiy löös talöngvaqw. Nit pay yaw pam naatsuya pay pam himu put qa hintsanqw.

Yanhaqam yaw pam it hiita maasawuy tuwiy'vakyangw pu' piw pas naap put taytaqat aw pitu. Qavongvaqw pu' yaw pam pay paasat pas kiy aw nima. Niikyangw pay yaw pam mooti piw put kwaatsiy angqw it peehut sotsavat maqat puu'. Yanhaqam yaw pam hiniwtapnaqe son pi pam oovi si'ookive ahoy pituuqe it qa kyaatu'awva sinomuy amumi'. Pay yuk pölö.

The Hopi was still talking about these matters when the Zuni boy noticed his friend's mother leaving the house with a bowl of boiled beans. The bowl itself was quite ugly. So he asked where she was taking it. His friend explained to him that when the Hopis go to feed Maasaw they always use a worn out bowl.

Now that the entire legend of Maasaw had been revealed to the Zuni boy he pondered everything and then told his friend what exactly he had experienced the night before last. The Hopi boy also recognized the connection between the two events but was not sympathetic. He merely laughed at his friend and said, "You must have slept the night at Maasaw's place. For it's true, people tell of him living someplace in the west. I'm quite convinced that you woke up in his house." And once again he snickered.

When the Zuni boy heard this he became frightened, even though two days had already gone by since the event. But he was glad for himself that the being had not molested him.

This was how the Zuni youth personally got to know the being the Hopi call Maasaw. He actually encountered the living god. Next day he returned to his real home, but before departing he gave his friend some of the shells from the ocean. After his return to Zuni he most likely had quite a story to narrate to his people. And here the story ends.

Pöqangwhoyat Maasawuy Niina

Aliksa'i. Yaw yangqe hopiikivaqe yeesiwa. Pu' yaw pay piw aqwhaqami kitsokinawit yeesiwa. Noq pu' yaw yep songoopaviy kwiningya piw yaw ima pöqangwhoyat pay panis soy'kyangw kiy'ta. Noq pu' yaw puma pay naaqavo angqe' pay waynumngwu. Pu' yaw puma aasakis waynumte' puma yaw tatatstinumngwu. Pas yaw puma qa hisat qa pantsakkyangw angqe' waynuma.

Niiqe suus yaw puma songoopaviy kwiningqöyvahaqe' waynumkyangw yaw puma haqam tukyaakimi pitu. Noq yaw pam tukya naat kur pu' kiy aqw pakiiqe naat yaw oovi pas aqw puhukuukuy'ta. Noq pu' yaw puma yan yorikqe pu' yaw puma oovi put angk yaahe' put horokne'

10

How the Pööqangw Brothers Knocked out Maasaw

Aliksa'i. They say people were living here in Hopi country. There were settlements all across the land. North of the village of Songoopavi the two warrior brothers, Pöqangwhoya and Palöngawhoya, had their home. They lived alone with their grandmother. Day after day they were out roaming the area, and each time the two left on an outing they played a game of shinny ball. There was never an occasion that they did not engage in this sport as they traveled about.

One day as they were strolling along, north of Songoopavi, they came upon a prarie dog burrow. The animal had evidently just entered its hole, for fresh tracks could be seen leading into it. Realizing this, the

niinaniqey yaw yan naawini. Yaw puma put niine' pu' yaw puma put soy engem sikwimoktaniqey yan puma wuuwankyangw pu' yaw puma oovi pangso tukyaakimi qatuptu. Paasat pu' yaw puma oovi put tukyat angk hangwantiva.

Niiqe yaw puma oovi put angk hangwantaqe yaw naat pisoq'iwtaqw yaw hak pumuy amumi pituqw yaw puma qa navota. Pas yaw haqawa put kiisiwniyat tuwaaqe pu' yaw mitwat aa'awna. Noq pas pi yaw put hakiy kiisiwni'at wukoqötöy'ta. Pu' yaw puma sunaasaq aw kwuupu. Naat yaw puma oovi pu' aw kwuupukt pay yaw puma naama angqe' wa'ökma. Noq pu' yaw pam hak pep pumuy amumi as wuuyavo wunuwtaqw pay yaw puma pas qa taatayi. Noq pu' yaw pam pumuy kukuy akw wayayaykinaqw pu' yaw puma angqe' qaqtuptu. Noq pu' yaw puma put hakiy aw paas yorikqw pas yaw hak nuutsel'ewakw pitsangway'ta. Pu' yaw hak piw wupasuqömtaqa. Niiqe yaw pam pumuy amumi pangqawu, "Is ohi, kur uma hakim qa taaqat'uy," yaw pam amumi kita.

Noq pay yaw kur puma put hakiy tuwiy'ta. Noq pam yaw hak kur himu maasaw'u. Noq pu' yaw puma put aw pangqawu, "Pay as itam qa hiita mamqasiy. Noq pay pi um pas nuutsel'ewayniqw son pi uumi yorikye' qa tsawna. Um suyan pantaqey navotiy'taqe oovi qa hisat hakiy hopit aw yan naamataqtay. Ason um pas naa'alöngtat pu' hiitawat aw pitungwu," yaw puma put aw pay hihin itsivu'iwkyangw kita.

Noq pu' yaw pam pumuy tuuvingta puma hintiqw pephaqam yaahantaqat. Noq pu' yaw puma put aa'awna puma soy engem put tukyat angk yaahantaqey.

"Haw owi? Pay pi nu' haak yep umumumnen umungem taytani. Naap hisat pi pay navote' naap haqam pokwaymakni uma put angk hangwantaqw'öy. Uma pi pisoq hangwantaniqe pantiqw son navotniy. Ason pi pantiqw pay itam soosoyam ngööngöye' sonqa wiikiyaniy," yaw pam pumuy amumi kitaqw pu' yaw pay puma oovi sunakwha.

Pu' yaw puma oovi put tukyat angk piw hangwantiva. Noq naat yaw antsa puma pantsakqw pay yaw pam tukya haqam pokwaymaqw piw yaw kur maasaw tuwaaqe pu' yaw pangqawu, "Puye'em pi yantiniy, pay hapi yamay. Huvam inumum ngöyvaa'," yaw pam kitaqw pu' yaw puma soosoyam put ngööngöya.

Noq pam pi yaw maasaw put mooti tuwaaqe yaw oovi mootiy'maqw pu' yaw puma pöqangwhoyat angk. Pu' hapi yaw pam maasaw wupataqaniiqe pavan yaw wupakwiltimaqw yaw ima naatupkom put qa wiikiy'ma. Noq pu' hapi yaw pay nuwu pam tukya yaap'iwmaqw pu' yaw oovi pam maasaw tukyat angk maawikiy tuuva. Tuuvakyangw pay yaw

brothers decided to dig out the prairie dog from its burrow, and kill it. Having slain the animal, they planned to take the meat home to their grandmother.

Immediately they sat down by the burrow and began to dig after the creature. So absorbed were the two brothers in their excavation that they were quite unaware that a stranger had stepped up to them. When one of them caught sight of the approaching shadow he alerted his brother. The shadow's head, whoever it belonged to, was gigantic. Together the brothers raised their heads but the instant their eyes fell on the newcomer they both slumped to the ground. For some time the newcomer stood over them but the two brothers did not come to. Eventually he nudged them with his foot, whereupon they slowly started getting up. Sizing up the stranger, Pöqangwhoya and Palöngawhoya found themselves staring at a hideous face. They also noticed that he was a man of black complexion and extremely tall stature. At last the man spoke to them. "Too bad," he said, "you two are obviously not man enough to face me."

Evidently Pöqangwhoya and Palöngawhoya were acquainted with the man. They knew that he was Maasaw, so they replied, "We are really not afraid of anybody or anything. Still, you're so horrible that it is frightening just to look at you. You're well aware that you have this effect on others, so you never reveal yourself to a mortal. Usually you disguise your appearance when you confront someone." The voices of the two boys sounded somewhat angry as they spoke.

Maasaw now asked their reason for tearing up the ground. The brothers explained that they were trying to dig out a prairie dog from its lair.

"Is that a fact?" replied Maasaw. "Well, in that case I'll stay around for a while and keep a lookout for you. That critter might just catch on that you're after him and escape from one of his burrow's many tunnels. You'll be so busy digging that you won't notice. If he does escape, we can all chase him, and I'm sure we'll catch him." This is what Maasaw suggested to the boys.

The Pööqangw brothers readily agreed and again took up their tunneling operation. Sure enough, they were still toiling away when all at once the prairie dog surfaced. Of course, Maasaw spotted the animal first and shouted, "He's come out of his hole! I knew this was bound to happen. Help me catch him!" No sooner had he spoken than all three of them set off in pursuit of the little creature.

Since Maasaw had spotted the animal first, he led the chase, while the two warrior brothers came up behind. Maasaw, of course, was a giant of a man who took such large strides that the brothers could not keep up with him. The prairie dog was gaining ground, so Maasaw hurled his club at the animal, but he missed. The prairie dog appeared to be

qa taatuva. Noq pu' hapi pay yaw tukya sumataq haqami pakiniqe yaw naanahoy yortikyangw yaw waytiwnuma. Noq pu' yaw puma naatupkom put tukyat qa kwayniqe pu' yaw puma sunaasaq put angk makmurikhoy tuuvakyangw pay yaw okiw maasawuysa a'ni tsönkyaqe wungva. Pay yaw maasaw okiw paasat angqe' wa'ökma.

Noq pu' yaw puma tiyooyat aw pituuqe pu' yaw ep makmurikhoy kwusut pu' yaw put aw pangqawu, "Sööwu um pangqe' pantay, taq pi pay haqamiwat sumataq pakinii. Son pi pas um as hintikyaangw," yaw puma put aw kitaaqe yaw aw itsivuti.

Paasat pu' yaw puma pay put tukyat naala ngöyva. Noq antsa yaw naat puma pu' piw put ngöyvaqw pay yaw pam haqami pakima. Pu' yaw puma pep put kukwuwannumkyangw haqaminiqw qa tuwaaqe yaw itsivu'iwta. Noq paasat hapi pay yaw pas hihin tapkiwmaqe pay yaw oovi qa pas taalaniqw pay yaw puma put pas qa tuwaaqe pu' yaw pay puma nawus put qa pas angk öqalti.

Paasat pu' yaw puma oovi ahoyniiqe pu' yaw piw maasawuy aw pituqw naat yaw pam okiw angqe' sumokpu wa'ökiwta. Niiqe pu' yaw puma naama piw aw a'ni itsivuti. "Qa sööwu pangqe' pantat yupa nima'ay. Itam utsviy son itaasoy engem hiita sikwimoktaniy. Naapas um itamutpik hintsakmaqw oovi itam ungsa wungvaqe akw söwti," yaw puma put aw kita.

Nit pu' yaw puma tuwat put as kukuy akw wayayaykinaqw pay yaw pam pas qa ahoy taatayi. Noq pu' yaw puma pay put pang pantaqat maatapniqe pu' naama aw pangqawu, "Pay pi um yangqe' yantani. Itam pay son sööwu ung taatataynat pay nimani taq itamuy haq itaaso sonqa nuutayta."

Yanhaqam yaw puma put aw lavayti. Yanhaqam puma yaw pep put maasawuy niina. Pu' yaw puma pay kur hin put maasawuy soy aw yawmani, pi yaw himu wupataqaniiqe son pi yaw qa a'ni putu. Pu' yaw piw sumasvölangwpuniiqe yaw son kwangwat sikwiy'tani'eway. Niiqe pu' yaw puma oovi mooti pep put peena. Puma yaw put maasawuy kukyatnit pu' piw qötöyat pep peena. Yanti yaw pumanit pu' pangqw nima. Noq haqam puma put peenaqw pam yaw naat pep panta. Pu' yaw puma haqam piw hangwantaqw pam yaw piw naat ang namuruwta. Pay yuk pölö.

searching for a hole to dive into, for he kept looking round and about as he fled from his pursuers. Pöqangwhoya and Palöngawhoya were so anxious not to lose the animal that they threw their hunting sticks at it. But alas, instead of striking the prairie dog, they hit poor Maasaw across his nape with full force. Such was the might of the blow that the god, poor thing, collapsed on the spot.

When the two little boys reached Maasaw, they picked up their hunting sticks and shouted, "Don't waste your time lying there! It looks as if that critter is about to run down a hole. You can't be hurt too badly." They were quite upset.

The boys continued to run after the prairie dog on their own, but hardly had they taken up the chase again than the animal disappeared somewhere underground. They tried to track the animal down but, failing to find it, they became mad with rage. By now it was late evening, so there was no longer very much light. When they could not find the prairie dog, they had no choice but to give up.

Retracing their steps, they once again came across Maasaw, who was still lying unconscious on the ground. And again they chided him harshly. "Don't lie there, stupid! Be off and go home! Because of you we won't have any meat for our grandmother. Why did you have to run in front of us and get in our way? By knocking you down we were slowed down in our chase." Thus did they let out their anger.

Then the two brothers nudged Maasaw with their feet, but he did not regain consciousness. Therefore, both of them agreed to leave him there the way he was. "All right, stay as you are. We're not going to waste any more time waking you up. Our granny must be waiting for us to come home."

This was all the brothers had to say to the god whom they had knocked unconscious. He was, of course, so huge and heavy that the two brothers had no way of carrying him home to their grandmother. He was a gray man and his flesh didn't look appetizing. So, before setting off home, they drew pictures of Maasaw's feet and head on the rocky surface where he lay. The place at which he is depicted still exists. And where the two brothers dug up the ground a ridge is even now visible. Here the story ends.

Iisawniqw Maasaw

Aliksa'i. Yaw orayve yeesiwa. Noq pu' yaw ismo'walpe piw iisaw kiy'ta. Noq pay pi tuuwutsit ep iisaw pas songqe kwaatsiy'tangwuniiqe yaw kur piw maasawuy kwaatsiy'ta. Noq pay pi puma naakwatsimniiqe pay yaw sutsep naami kiikinumtongwu. Pay ephaqam naatutsamtangwu piw hiita awi'. Pu' pay pan naatutsamte' pu' nööse' pu' yaw pay puma pep pi hintsakngwu songqe.

Noq suus yaw piw puma naatutsamtaqe pay yaw oovi puma öyqe pay yaw puma ep qatuwlawu. Pay yaw naami hiita yu'a'ata. Noq yaw iisaw pangqawu, "Pas itam wuuyavo qa hiita hintsaki. Pas as oovi itam sen qaavohaqam hiita hintsakni," yaw pam put kwaatsiy aw kita.

11

Coyote and Maasaw

Aliksa'i. They say people were living at Orayvi. At Ismo'wala Coyote had made his home. In stories told of him, as everyone knows, Coyote generally has a friend. This time, surprisingly enough, he had made friends with Maasaw, the god of death. The two were close buddies, always visiting each other. Once in a while they would even invite one another to dinner. On such an occasion they would eat first and then, as a rule, do something else.

One day one had invited the other to sup with him once more. When both were through with their meal, they just sat there discussing things. Presently Coyote remarked to his friend, "We haven't done anything for a long time. Let's do something tomorrow."

Noq pu' yaw pam maasaw aw pangqawu, "Ta'ay, niikyangw hiita pi itam hintsakniy?" yaw aw kita. "Noq pay pi umsa pas itamungem hiita yewatuwngwuniqw sen antsa um hiita yeeway'tay," yaw iisawuy kwaatsi'at aw kita.

"Hep owi, pay nu' as wuuwantaqw itam naatsatsawinani," yaw iisaw kita. "Hak pi hakiy pas tsaawinaniy. Pay pi um as antsa nuutsel'ewayniqw pay pi itam pu' wuuyavo naakwatsimniqw pay nu' uupitsangway sutsep yortaqw pay um paapu nuy qa tsaawinangwuy," yaw iisaw kita. "Ason haqawa tsawnaqa pöy'qa pam pu' ason mitwat hiita pas pavanniiqat aw tuutsamni," yaw iisaw maasawuy aw kita.

"Haw owi? Ya um panhaqam tuwat wuuwanta?" yaw aw kwaatsi'at kita. "Ta'ay, pay pi itam antsa qaavo mihikqwhaqam pi pay pantsakni," yaw pam aw kita. "Noq pay pi mihi, pay pi nu' oovi songqe nimaniy," yaw pam maasaw aw kita. "Ason pay itam qaavo pas nöst paasat pu' itam aw pitsinaniy," yaw pam kita.

"Ta'ay," yaw iisaw kwangwtoyqe sunakwha. "Um hapi pay oovi iits angqwniqw pay itam iits aw pitsinaniy," yaw pam kita.

Noq pu' yaw oovi pam pangqw nima. Pam yaw nimaqw pu' yaw iisaw pay aapataqe pu' yaw pay angqe' wa'ökiwta. Wuuwanta yawi', hin hapi pam put tsaawinaniqe. Pay yaw oovi pam put wuuwantaqe pay yaw qa iits puuwi. Niiqe yaw pam yan wuuwanta, "Sen nu' hiita put akw tsaawinani? Pay pi himu pas nuutsel'ewayniqw son pi suupan himu put tsaawinani. Hal as'awu, pay pi nu' put an yuwse' kya nu' as tsaawinani," yaw yan wuuwa. "Noq pay pi nu' oovi pay puuwe' qaavo su'its haqami hiita neengem yewasheptoni." Yan yaw pam wuuwaqe pu' yaw oovi pay pam paasat puuwi.

Antsa yaw qavongvaqw pam su'its taatayqe pu' yaw haqami hiita hepto. Niiqe pay yaw pam ayo' orayviy awniqey yan wuuwa. "Pay pi nu' pang kwayngyava hiita hepnume' pay son hiita suupan qa yewastuwni." Yaw pam kitaaqe pu' yaw oovi pam pangsohaqami wari.

Pu' yaw pam pang kwayngyava pay hiihiita saskwit hepnuma. Noq pay pi orayepsinom kya pi hisat hiitawat yuwsiy tsaakwaknaye' pay kwayngyavoq put mötsikvuy enang maspayangwu. Noq yaw kur pam put tuway'kyangw pangso hiita hepto. Niiqe yaw antsa pam pephaqam yaw neengem a'ni yewastsovala. Supwat yaw pam kanelsakwit tuwa. Pu' yaw haqamwat piw kwewaskwit angqaqw langaknaqe yaw haalaylawu. "Kwakwha, pay songqe i'ni," yaw kitangwu hiita tuwe'. Pu' yaw pam oovi hiita tuwaataqey put paas kanelsakwiy aw mokyaatat pu' pangqaqw ahoy nima.

Ahoy nimiwmakyangw yaw haqam piw sowit niina. Niiqe pu' yaw pam put ungwayat paas kuyt pangqw pu' yaw piw pam nakwsukyangw pu' yaw haqami pasmi pituuqe pu' pep yaw ang taynuma. Pu' yaw haqam pam patang'uyit aw pituuqe pu' yaw pam pep sukw pas sushoska-

Maasaw replied, "All right, but what? You are usually the one who comes up with an idea for us. Perhaps you have something in mind."

"Very well," said Coyote. "I was thinking that maybe we could scare each other. Let's see who can really outfrighten the other. You are, of course, the one who is most horrifying, but as we've been friends for a long time and I always get to see your face, you no longer terrify me. The one who gets scared and loses is to treat the winner to a special meal," Coyote suggested.

"Indeed, is that what you have in mind?" his friend responded. "Well, all right then, let's do that tomorrow night. But it's rather late now, so I'd better be going home. Tomorrow after supper we'll take up your suggestion."

"Great!" said Coyote eagerly. He was already excited. "Be sure not to be late so that we can get an early start."

And so Maasaw went home. After he had left, Coyote made his bed and then just lay there. Thoughts raced through his head. He was wondering how he could possibly scare the wits out of Maasaw. Sleep did not come early for him because his mind kept on working. "What on earth exists to frighten him? Being the dreadful creature he is, it seems impossible that anything would terrify him. But then, on second thoughts, maybe if I dress like him I just might succeed and scare him. I will therefore sleep now, and then at the break of day tomorrow, I'll look for my disguise." This is what Coyote thought; and then he slept.

Indeed, the following morning he woke up very early and immediately went searching. He decided it would be best for him to go over to Orayvi. "If I search through the rubbish there at the dump, I'm bound to find some clothes." So he ran over to the trash mounds of Orayvi.

At the dump he kept looking for all sorts of worn-out things. As everyone knows, the Orayvi people of long ago used to discard whatever they had worn out, along with their other garbage, at the dump. Coyote had observed that, so he went looking there. And sure enough, he collected a heap of clothes for himself. In one place he discovered a flimsy dress; at another he unearthed a tattered belt. He was full of gratitude. "Thanks, this is just what I need," he would cry whenever he came across a piece. He bundled up his finds in the ragged dress and returned home.

On his way back he also killed a rabbit. He carefully drained its blood into a container and started off again. Reaching a field, he looked around until he came across a squash patch. There he cut off the largest

yat tuku. Nit pu' yaw pam put kanelsakwiy piw aw mokyaatat pu' pangqaqw put iikwiwkyangw ahoy kiy aw'i.

Niiqe pay yaw pam oovi haqami paas put oyat pu' yaw pam pangqw taawanasapnösto. Nösqe pu' yaw pay ep hiisavo yanta, naasungwniy'ta yaw pami'. Pay yaw oovi hihin tapkiwmaqw pu' yaw pam pangqw yama. Hiita himuy hapi yewastuwaaqey kimakyangw pay yaw haqamiwat kiy aqlavo pay qa pas yaavoniiqe pep pu' yaw pam put patngat homiyat epeq yaw aqw höta. Niiqe pu' yaw pam angqw paas haari, sakwtsama yaw pami'.

Paas yaw pantit pu' yaw ang tuwanta. Pam hapi yaw kur put angqw kwatstaniqe oovi put enang kwusiva. Pay yaw antsa aqw supki. Naami yaw taya'iwta. "Uti, pas pa nu' a'ni soniltini." Yan yaw pam wuuwankyangw pep put ang tuwanlawu. Nit pu' yaw piw oovi ahoy tsoopat pu' yaw put pam ungwat akw ang soosovik lelwi. Uti, yaw a'ni soniwa antsa'. Yaw taya'iwta pam naami. "Hihiyya nu', pay nu' son kur qa tsaawinani," yan yaw pam wuuwanta.

Nit yaw pu' oovi pam pep yukuuqe pu' yaw pay put soosok paas piw ahoy mokyaatat pu' yaw pep haqam tuusöy'taqw pangsoq pu' yaw pam put tupkya. Tupkyat pu' angqw ahoy yaw kiy awniiqe pay yaw oovi pam pep put kwaatsiy nuutayta. "Pay pi sonqa pay angqaqwni," yan yaw pam

squash he could find. It, too, he bagged in his seedy dress. Then, shouldering the bundle, he returned to his house.

He laid everything neatly together and then ate lunch. After his meal he remained where he was for a while, resting. By early evening he went out again, taking along the clothes he had found. He went to a spot near his den, and there he sliced open the narrow end of the squash and carefully scraped out all the soft parts with the seeds.

When he was done, he tried the hollowed shell on. He had fashioned a mask out of the squash. That's why he had brought it along. It slipped on well. Coyote laughed at himself. "Good heavens, I'll be a terrible sight," he reflected as he was busy trying the mask on. Then he pulled it off again and smeared it completely with blood. What a ghastly thing to look at! Coyote was amused with himself. "Wow, look at me, I'm bound to scare him!" This went through his mind.

When he had finished his work and had wrapped everything up once more, he hid his outfit under an overhang. Having done this, he returned to his house and waited there for his friend. "He's bound to be here any

wuuwaqe oovi pay aasavo aw hiita hinta. Puma hapi yaw hiita nösniniqw puta'.

Antsa yaw hisatniqw oovehaqam himu pusumti. Noq yaw angqaqw hak pangqawu, "Kuwawatangwuy," yaw aqw kita.

Yaw iisaw aqw kwuupukqw pay yaw puye'em kwaatsi'atniqw pu' yaw pam oovi aqw pangqawu, "Peqw paki'iy, pay nu' ung nuutaytay, peqwaa'." Pas pi yaw pam tis'ew kwangwtoyqe yaw oovi pam aqw kuwawata.

Yaw kitaqw pu' yaw oovi pam angqw paki. Angqw pakiqw pu' yaw kwaatsi'at put paas taviqw pu' pay yaw puma hiisavo naami pay naanap hiita yu'a'atat pu' paasat tuumoyva. Pu' yaw puma oovi öyqe pay yaw an piw qatukyangw pay yaw naami pay hiihiita yu'a'ata. Noq maasaw pi yaw pay put naat aw maqaptsiy'taqe pay yaw qa pas aw pisoq'iwta. Noq iisaw pi yaw pas kwangwtoyqe pay yaw oovi piw suupangqawu, "Ta'ay, ya itam hisatniqw aw pitsinaniy?" yaw aw kita.

"Pi um pi. Um pi pan naawaknaqe ung hisatniqw pangqawqw itam paasat aw pitsinaniy. Noq ason oovi um mootiy'mani. Nu' pi pay naat qa hiita yeeway'ta," yaw pam aw kita.

"Ta'ay, pay nu' mootini," yaw sunakwha iisawniiqe pu' yaw oovi wunuptuqe pu' yaw kwaatsiy aw pangqawu, "Pay um haak yepeq nuy nuutaytani. Pay nu' yamakye' pay son pas suupan wuuyavotiqw pay ahoy pituni." Yaw pam aw kitat pu' oovi yamakma.

Yamakmaqe pu' yaw oovi pam haqam yuwsiy tupkiy'taqey pangso yaw pam wari. Pu' yaw pam ep pituuqe kwangwtoykyangw yaw pam yuuyuwsi. Pas pi yaw pam suyan nuutsel'ewakw hiita yuwsiniqe oovi. Son pi yaw qa pam kwaatsiy pö'ani. Niiqe pu' yaw pam oovi yuwsiqe naat yaw kur piw peehu ungwa angqw akwsingwnaqe put akw pu' yaw piw tsöqa'asi. Pu' yaw pay qötsvit akw piw tsöqa'asi. Is yaw antsa a'ni sonilti yukuuqe. Noq pam hapi yaw kur maasawuy an yuwsi.

Pu' yaw pam yuwsiqe pangqw pu' yaw oovi kiy ahoy aw pay heenakhooyay'ma. Pu' yaw kwaatsi'at maasaw pay pepeq kiiyat epeq pay yanta, yaw nuutayta hapi. Yan yaw pay yooko'kyangw yaw maqaptsiy'ta. Noq hisatniqw yaw navotq yaw oovehaqam himu pusumti. Noq pay yaw puye'em pam ahoy pituqw pu' yaw oovi pay pam qa aqw hingqawt pay ahoy yookoltiqe pay pep qatuwlawu. Noq yaw oongahaqaqw i' iisaw pangqawu, "Ta'ay, kwaats, qa nu'ni?" yaw aqw kita.

"As'awuy, pay nu' ung wuuyavo nuutaytay. Pay nawutstiy, um oovi pakiniy," yaw pam aqw kita.

"Hep owi, songqee'; pay nu' as suupan pisoqti. Pay nu' as suupan hiisavoniqw pay kya pi antsa wuuyavoti. Noq um hapi qa tsawnani," yaw aw kita.

"Pay nu' son suupan tsawnani," yaw pam kwaatsi'at aqw ahoy kita.

minute." With this thought he went about preparing things for his friend's arrival, especially what they were going to eat.

True enough, some time later there was a thump on top of the roof and a voice said, "How about inviting me in!"

Coyote raised his head. He knew that it was his friend, so he shouted, "Come in, I've been waiting for you. Come right in!" He was quite excited by now and so he used all these welcoming phrases.

Maasaw entered and his friend Coyote tried his best to make him feel at home. When they had chatted for a little while, they started their dinner. After they were full, they just sat there and relaxed as before and gossiped about all kinds of things. Maasaw was waiting for Coyote to make the first move and so he did not press him. Coyote, on the other hand, was keyed up with anticipation, and burst right out with it. "All right then, when are we going to start?"

"That's up to you. You were the one who wanted to do this, so whatever time you say, we will begin. You can go first. I haven't hit upon an idea yet."

"Very well, I'll go first," Coyote hastened to agree. He got up and said to his friend, "You wait here for me. I'm going out, but I shouldn't be too long." This is what he said, and then he was gone.

Coyote left the house, ran to the spot where he had hidden his clothes, and started dressing. He was hardly able to wait. After all, he was putting on some really awful clothes. No doubt, he was going to outdo his friend. When he was through donning his disguise, he used some of the blood which was left over to stain his body. On top of this he added ashes to his body paint. He looked terrible when he was finished. He had, of course, prepared himself in the guise of Maasaw.

When he was dressed, he hurried back to the house where his friend Maasaw sat expecting him. He was waiting for him with his head lowered. Finally he heard a thump from above. He knew that Coyote was back, so he didn't bother to answer but lowered his head to his chest and remained sitting where he was. Coyote shouted from the roof, "All right, my friend, are you ready?"

"Sure, I've been waiting here for ages. Time has really been dragging. Come right in!" Maasaw replied.

"Yes, I suppose you're right. I thought I surely hurried things up and would only be a little while. I guess it really took me a long time. Don't get frightened now!"

"Don't worry, I won't get frightened!" his friend replied.

"Ta'ay, nu' hapi pakini," yaw aqw kitat pu' yaw oovi angqw pay hokyay mooti suukw hayt pay yaw qa aqw pakit pay yaw ahoy yamakt pu' yaw aqw piw pangqawu, "Pay um son tsawnani?" yaw aqw kita.

"Piiyiy, pay hin pi nu' antsa hintiniy. Pay nu' suupan son tsawnani. Ta'ay, pakii'," yaw maasaw kita.

"Ta'ay, nu' hapi pakiniy," yaw aqw ahoy kitat pu' yaw paasat pay panis lööqhaqam saqleetat aw wuukut pay yaw pi ahoy suymakma. "Nu' hapi pakiniy," piw yaw aqw kita, "oovi um hapi qa tsawnani."

Yaw pam piw aqw kitat pu' yaw paasat oovi aqw pakito. Pu' yaw pas kur qa atsataqe yaw angqw supkito. Pay yaw naat oovi qa pas soosok saaqat hawt pay yaw aw tuuwimo suts'omtit a'ni yaw töqti. "Yap pahahaha," yaw kita. Pangqawt pu' yaw maasawuy aqw wari. Pu' yaw maasaw aw yan kwuupukt pu' hapi yaw sungnuptu. "Is utiy, ya um himuu'?" yaw aw kita. "Is utiy, peep i'unangwa hintii. Is utiy, kur pi um piw panhaqam yuwsii. Pas hapi um nuy tsaawinay; pas hapi um nuutsel'ewaytiy," yaw pam aw kita.

Pay pi yaw pam paysoq put tayawniy'taqe yaw aw kitalawu. A'ni yaw taya'iwta pep iisaw tuwat. Pu' yaw hisatniqw iisaw yan unangwtiqe pu' yaw kwaatsiy aw pangqawu, "Pay nuu'uy, kwaats," yaw aw kita. "Pay qa pas hak'iy, pay nuu'uy. Pay um qa tsawnaniy," yaw aw kita.

"Hii, ya pay umi'?" yaw kwaatsi'at aw kita. "Pas suupan as pas himuniqw oovi nu' tsawnay. Is utiy, piw um panhaqam nuy tsatsawinaa," yaw aw kita.

Tayawniy'ta yawi', himuwya'iwta yaw iisaw. Pas pi yaw iisaw maasawuy suupan tsaawinaqey wuuwaqe taya'iwta, himuwya'iwta. Pu' yaw pam oovi aw pangqawu, "Ta'ay, um tuwatni, niikyangw ason nuy ahoy pituqw pu' um tuwatni. Naat nu' it haqami oyatoy," yaw aw kita.

Kitat pu' yaw pam oovi pangqw yamakto. Yaw saaqat ang wuptoq yaw pam kwaatsi'at kwuupukt pu' yaw angk töha. Son pi qa hintiqw pam put angk töha. Noq pay yaw pam iisaw qa nanvotiy'kyangw yamakto, himuwya'iwkyangw pas pi yaw kwaatsiy tsaawinaqe. Pu' yaw pam oovi pangqw yamakt pu' yaw haqam hapi yuwsiqey pangso. Pu' ep pituuqe pu' yaw yuwsiy ahoy oya, kanelsakwiy. Pu' pay hiita enang yuwsiy'taqe paas yaw put piw oyaqe pu' yaw kwaatsiy tsoopani. Pu' yaw pam put pep hapi as tsotspay. Pas yaw qa tsoopa. Noq yaw kur put kwaatsi'at hapi paniqw put angk töha, put hapi kur kwaatsi'at kwangway'niqat oovi. Noq yaw oovi put kwaatsi'at kwangway'qe yaw ang yamakniqe qa naawakna.

Pu' hapi yaw pam pep put amum naayawtinuma, amum singtinuma, qö'angpokniy'numa. Pu' yaw wunupte' yaw angqe' qatalpuva wiwtinumngwu. Pas yaw pam qa tsoopa. Nit pan hapi yaw pam pep put amum naayawtinumqe pay kur hisatniqw hikwismoki. Pay yaw oovi pam pangso yuku. Angqe' yaw wa'ökmaqe pay yaw kur pam pas suus okiw.

"All right, I'm coming!" Coyote shouted. He dangled one of his legs down but instead of entering, withdrew it again from the ladder and asked, "You're sure you're not going to get scared?"

"I don't know. Who knows how I will react?"

"Very well, then. I'm coming in," Coyote hollered back and stepped about two more times onto the rung but again withdrew his leg from the ladder. "I'm coming now!" he shouted once more. "Be sure not to get scared, my friend!"

This time Coyote was ready and quickly stepped in. He had not fully descended the ladder yet when quickly he jumped over to the stone bench and yelled at the top of his voice, "Yap pahahaha!" With this shout he rushed up to Maasaw. His friend raised his head and then shot up in horror. "How dreadful, who are you? Good god, my heart nearly stopped beating. How on earth could you dress like that! You scared me out of my wits. What a monstrous beast you are!" Maasaw, of course, was saying these things only to flatter Coyote.

Coyote roared with laughter. When he had finally calmed down, he said to his friend, "It's me, old friend. I'm no stranger. It's only me. Don't be afraid!"

"Really, is that you?" his friend asked. "I thought it was some ghastly ghost. That's why I got so scared. How terrible that you managed to frighten me like that!"

Maasaw said this only to please his friend. But Coyote perked up. Apparently he believed that he had succeeded in scaring Maasaw. That's why he laughed proudly. He turned to Maasaw saying, "Well, then, it's your turn now. When I come back, you go. I'll just go out and leave these things somewhere."

Presently Coyote climbed the ladder. It was then that his friend raised his head and spat after him. He probably had a reason to spit after him. Coyote, however, was not aware of it and went out. He was terribly proud that he had frightened his friend so thoroughly. He ran to the site where he had dressed a while back and took off his clothes—first the woolen dress and then the other parts of his disguise. He took off all the clothes and was now going to remove his mask. He yanked and pulled back and forth, but it would not budge. This is why his friend Maasaw had spat after him. He wanted to make sure that Coyote's mask would not come off. Consequently, the mask now resisted all Coyote's efforts to remove it.

Coyote struggled with the mask. He was wrestling with it and kicking up dust. But try as he might, it wouldn't come off. He got up and stumbled around in the dark. Fighting the mask, he eventually choked to death. This is how Coyote perished there. He fell to the ground, and that was the end of the poor creature.

Noq pu' yaw iisawuy kiiyat pi ep put kwaatsi'at nuutaytaqe pay yaw oovi qatuwlawu. Pay yaw oovi nawutstiqw pu' yaw pam naami pangqawu, "Pay pi son pam pituni; naapas himu hiita hintsakngwu." Yan yaw pam wuuwat pu' yaw pam pay oovi pangqw yama. Pam pangqw yamakqe pu' pay ahoy nima.

Qavongvaqw pay yaw okiw iisaw pep haqam pöhut kya pi aqlavaqe wa'ökiwta. Yaw naat okiw put ang pakiwkyangw angqe' mokpu wa'ökiwta. Noq pang pönawit kya pi orayvit sasqayangwuniiqe pay himuwa kya pi haqaminen aqle'nen yaw put tuwe' aw tayatingwu. "Pas pi um himu naapas hiita hintsakngwu," yaw himuwa aqle'nen aw kitat aw tayatit pu' piw aapiyningwu. Noq yanhaqam yaw pam oovi pam maasaw okiw kwaatsiy kwahi. Pay yuk i' pölö.

Back at Coyote's house his friend sat waiting for him. When quite a long time had passed, Maasaw said to himself, "Well, looks like he won't return. He must be up to something again." With this thought he left the house and went home.

The following day poor Coyote was lying somewhere along the road, I guess. He was dead, still wearing his mask. The people from Orayvi used to travel back and forth on that road, and whenever one of them went somewhere, he had to pass Coyote. On spotting him people would laugh. "Why do you have to do things like that?" they would reproach him in passing. They just laughed at him and continued on their way. This is how Maasaw lost his friend. And here the story ends.

Maasawniqw Orayvit Naatsawinaya

Aliksa'i. Yaw orayve yeesiwa. Noq pu' yaw orayviy aqlap, Mastupatsve, yaw maasaw piw kiy'ta. Pay yaw pam panis soy'ta. Pam yaw sutsep mihikqw pep orayve sinmuy tokvaqw, pu' orayviy angqe pootangwu. Yan yaw pam pep orayvituy tumalay'ta.

Noq yaw pam hisat piw pangqe orayviy angqe pootiy'makyangw ahoy pitu. Yaw pam kiy aw pitut, yaw pam hiita navota. Pas yaw haqam suupan hiitu kwanonota. Pay yaw orayve'ewakwhaqam. Pu' yaw pam angqw oraymi hiisavo nakwsu. Nit pu' piw tuqayvasta. Noq pay yaw kur pas orayve hakim hingqaqwa. Pay yaw pam panis yan navot, pu' yaw pay

12

How Maasaw and the People of Orayvi Got Scared to Death Once

Aliksa'i. People were living in Orayvi. Not far from the village, at Mastupatsa, was Maasaw's home, where he lived with his grandmother. Every night when the villagers went to bed, he inspected the area around Orayvi. In this way he guarded the Orayvis.

One day when he was returning from his inspection tour around the village, he heard something just as he reached his house. It sounded as if someone was having a good time, and the shouting and laughing seemed to be coming from Orayvi. So he went a little distance toward Orayvi and listened once more. Evidently some people were making a great deal of noise in Orayvi. As soon as he had realized this, he returned to his house.

ahoy kiy aw'i. Pu' yaw pam pakiiqe pu' soy aa'awna. Pas hapi orayve haqam hakim suupan haalayyay," yaw soy aw kita.

"Hep owi, pay nu' navotiy'ta. Puma pep mihikqw kivaape tootim, mamant, pu' taataqt, momoyam pep kivaape mihikqw sosotukyangwu. Niiqe pas pu' nungwu pay qa iits tokwisngwu. Pay as mootiniqw suutokwisngwu, nit pay pu' pas qa iits tokwisngwu. Pay nu' oovi put navotiy'ta," yaw aw kita.

Paasat pu' yaw maasaw lavayti, "Pas nu' as kur hisat nuutum awni. Hin pi hak sosotukngwu."

Noq pu' yaw so'at aw pangqawu, "So'on pini, um qa panhaqam hintsakni. Puma hapi ung mamqasya, um oovi qa panhaqam hintsakni," kitaaqe pay yaw qa hin put nakwhana.

Pu' yaw pay aapiy i' maasaw put wuuwankyangw mihikqw orayviy angqe pootangwu. Pantsakkyangw pu' yaw pam hisat piw pituuqe, pu' soy aw pangqawu, "Pay nu' pas sutsep orayminiqay wuuwankyangw angqe pootangwu. Noq nu' oovi qaavo piw ahoy pite', pu' nu' kur awni," yaw kita.

"Pay pi nu' as ura ung meewa, noq pay pi puye'em um son tuuqayni. Noq pay pi oovi um antsa awni. Pay ason um suus awni. Niikyangw um hapi awnen, um uupösaalay akw huur naakwapmani. Um hapi qa nawlökintani; puma hapi ung mamqasya. Um hapi oovi paapu inumi tuuqayte' qa naahöltoynani," kita yaw awniiqe pay yaw put nakwhana.

Pu' yaw maasaw qavomi mihikmi kwangwtoya. Pu' yaw oovi qavongvaqw mihikqw pu' yaw pam piw orayviy angqe poota. Panis yaw oovi pam ahoy pitut, pösaalay kwusut, pu' yaw pam pangqw oraymi'. Piw naat yaw so'at meewa, "Um hapi qa ephaqam naahöltoynani. Pay um panis amumi yorikt, pay um ahoy angqw nimani."

Pu' yaw pam oovi oraymi pitu. Noq yaw antsa sup kivaape yaw kur sosotukyangwu. Noq yaw kivats'ove tootim, taataqt wuuhaqniiqamya. Noq pay yaw oovi pam qa pas kivats'omi wupt, pay yaw pam haqaqw kiihut tuyqayat angqw wunuwkyangw tuuqayta. Pas pi yaw haalayya. Yaw kivaapehaq kwanokmanta.

Pay yaw oovi pam pangqw su'awsavo wunuwtaqw, pu' yaw kivats'oveyaqam pay yaw himuwa kya pi öönate', pay nimangwu. Pantsakkyaakyangw pu' yaw pay hak pas suukya kivats'ove akwsingwa. Paasat pu' yaw pam pan wuuwa, "Nu' pi pas awnen pu' aqw kuyvani. Nen pu' nu' pas naap hin yorikni. Hintsatskyangwu piniiqe oovi pas haalayyangwu."

Kitaaqe pu' yaw pam angqw kivats'omi'. Pu' yaw pam put hakiy suukw akwsingwqat aqle' kivamiq tsooralti. Pay yaw pam oovi huur naakwapkyangw, pay yaw pas poosiysa hihin kuytoyniy'ta. Pu' yaw pam pangqaqw pumuy tiimayi. Pas pi yaw kwangwa'ewlalwa.

Pu' yaw kur put amum oongaqwniiqa hisatniqw put aw yori. Noq pam yaw kur pas kwangwatimayqe, yaw kur pam pösaalay qa aw tunat-

He entered and blurted out to his grandmother, "Some people in Orayvi really seem to be very happy."

"That's for sure, and I'm aware of it. Boys, girls, men, and women play sosotukpi there in the kiva every night. It's getting so bad that they go to bed late. At first they used to go to bed right away, but now it's usually very late. So I'm well aware of what is going on."

Thereupon Maasaw replied, "I'd very much like to be there together with the others one of these days. I have no idea how to play sosotukpi."

"That's out of the question," his grandmother replied. "You can't do that. They are afraid of you, so don't count on doing anything like that!" Her words made it clear that she would not give him permission to go under any circumstances.

From that day on Maasaw kept mulling this over as he made his nightly rounds at Orayvi. One day when he returned home, he said to his grandmother, "It's always on my mind to visit Orayvi when I'm inspecting the area there. So tomorrow, after I make the rounds, I will go there."

"Well, if you will recall, I forbade you to do that. On the other hand, I have a hunch that you don't intend to obey me. So why don't you go. But if you do go, be sure to cover yourself tightly with your blanket and don't let it slip off, for the people are very much afraid of you. For once, listen to me and don't reveal your face!"

Now at last he had her consent. Maasaw started looking forward to the following evening. And once more he made his inspection rounds. But as soon as he got home, he grabbed his blanket and headed towards Orayvi. Once again his grandmother had warned him, "You must not show your face under any circumstances! Take just a quick look at them and then come back."

He arrived in Orayvi and, sure enough, in one kiva they were playing sosotukpi. Since there were a lot of boys and girls on the kiva roof, he did not climb up on the roof but stood at the corner of a house and watched. The people were in a happy mood. There was shouting and laughter in the kiva.

After he had stood there for a long time, the people watching from the roof one by one got tired and departed. Eventually only one person remained on the top of the kiva. Thereupon Maasaw thought, "I'll go up there and peek in. Then I can see for myself what the game is like. I have no idea why they are carrying on so happily."

Saying this, he climbed up to the kiva. He lay flat on top of the roof right alongside the one remaining person. He kept his head tightly covered and let only his eyes show a little bit. Then he started watching the players below. They were enjoying themselves tremendously.

After a while his neighbor took a look at him. Now, Maasaw had been having such a good time watching the players that he stopped

yalti. Niiqe yaw kur pam qötöy hölökna. Noq put yaw kur aqle' tsooraw-taqa tuwaaqe, pay yaw okiw sumoki. Pu' yaw pam pangqw nuutum hin unangway'ta. Pantsakkyangw pay yaw kur pam pösaalay posnat qa navota. Pantsakkyangw pu' yaw pay kur pam pas hin unangwtiqe, pay yaw pam kur pas kivamiq pakit qa navota.

Yaw oovi pam pas aqw pakiqw, pu' yaw kur hak tuwa. Pu' yaw mimuywatuy aa'awna, "Himu pakiy," yaw kita. Noq pay yaw pas qa nanapta. Pu' yaw as pi'epningwu. Pas yaw hisatniqw pu' yaw kur nanap-ta. Paasat pu' yaw suuqe'toti. Pu' yaw kivaapeq kwiniwiq tupoq soosoyam yuutu.

Paasat pu' yaw maasaw nuutum pansoq wari. Panis yaw oovi pam amumiq pituqw, pu' yaw piw taatöqwat yuutu. Pu' yaw pam piw nuutum aqw wari. Pu' yaw pay puma pepehaq naahoy pantsatskya. Pu' yaw kwiniwiq yuutukngwu. Pu' yaw pay piw pam nuutum aqw warikngwu. Puma hapi yaw kur as put angqw waytiwnumyaqw, pam nuutum waa-yangwu.

Pas pi yaw putniqw is uti. Pay yaw pam piw tsawnaqe, oovi nuutum pepeq naahoy waytiwnuma. Hisatniqw pu' yaw soosoyam so'a. Pay yaw pam paasat naala epeq wunuwta. Aqle' yaw sinom aasaqawta.

paying much attention to his blanket. He had uncovered his head and when the person lying next to him saw his face, the poor soul passed out right away. Maasaw was by now just as excited as the others down in the kiva. He was completely unaware that he had dropped his blanket. In the end he got so worked up that he did not even notice that he had entered the kiva.

But someone had apparently heard him come in and announced to the others, "A stranger has come in!" However, the players paid no attention to him. Again and again the man tried to point it out to them. Finally they heard him. Their game stopped immediately and then all of them started running towards the northern wall base in the kiva.

Maasaw, too, ran there with them. He had hardly reached them when they started running back to the southern base. And again he ran with them. Thus they kept running back and forth. They headed for the northern part, but he ran there too. They tried to run away from him, but he kept running along beside them.

According to him it was awfully spooky. Because he, too, had become scared, he kept fleeing back and forth with the others. After a while all the players had fainted and he stood there all by himself. Next to him, people lay scattered on the floor.

Paasat pu' yaw pam pangqw suyma. Pu' yaw pösaalay sukwsut pu' yaw pam pangqw kiy aw waaya. Paysoq yaw pam kiy aqw poosi. Pavan yaw hin unangway'kyangw, "Hihiyya, uti, is uti," yaw kita.

"Ya hinti?" yaw so'at kita.

"Nu' orayve'e. Nu' pep nanavö'yaqamuy amumiq pakiqw, pay hintotiqe kivaapeq naanahoy yuyutyaqw, pas nu' kyaanavota. Is uti, pay nu' son paapu hisat awni. Pay pi taataqtuy qötöyamuy ooveq himu qöötsa puvuyaltimangwuqa, pay pam pas nuy tsaawina. Pay put nu' hiita pas mamqasi. Pas is uti," kita yawi'.

Paasat pu' yaw so'at lavayti, "Ya um piw pay pas kivamiq paki?"

"Owi, pas kwangwa'ewyaqw, oovi nu' amumiq paki. Noq pay naat nu' hiisavo epeqniqw, pay hintotiqe naanahoy yuyutya. Noq paasat pu' nu' put hiita tuwaaqe put nu' angqw waytiwnuma."

"Qa'e," yaw aw so'at kita, "puma hapi ung mamqasyaqe, oovi uungaqw puma waytiwnumyaqw, um pepehaq pumuy tsatsawina. Pay um oovi paapu qa hisat awni. Put hapi um mamqasqay pangqawqw, pam hapi pumuy kwavöönakwa'amu. Son pi pam ung hintsanni," kita yaw put so'at awniiqe yaw put qööqöya.

Pu' yaw kivaapeq himuwa yaw hisatniqw yan unangwte', pu' pangqaqw kiy aw waayangwu. Yan yaw puma orayve tootim, taataqt, pu' momoyam, mamant maasawuy pitsinayaqe pas yaw puma naatsawinaya. Paapiy pu' yaw pay qa hisat puma kivaapehaqam mihikqw nanavö'ya.

Paapiy pu' yaw maasaw pay ahoy piw orayvit tuuwalangwu. Naat kya oovi pu' piw haqam songqe angqe pootiy'numa. Pay yuk pölö.

He rushed out, snatched up his blanket and ran all the way home. He entered the house so fast that he more or less tumbled in. Excited and nearly out of his mind, he gasped, "How horrible, how dreadful!"

"What is it?" his grandmother asked.

"Well, I was in Orayvi, and I entered the kiva where they were playing and competing with each other. All of a sudden something happened and all the players started dashing back and forth in the kiva. It was dreadful for me! Let me tell you, I will never go back there. Something white hovered over the men's heads. It frightened me out of my wits. I really was scared stiff of that white thing, whatever it was. It was awful!"

Thereupon his grandmother spoke. "So you entered the kiva?"

"Yes, the people were having such a good time that I went in. And then, when I had been there only a few minutes, they all went crazy and started running back and forth. That's when I saw that white thing and started running from it, wherever it was."

"It was quite the contrary," his grandmother interjected. "They were afraid of you and so they took to their heels when you scared them. That's why you must never go there again. What you said scared you, were only the white eagle feathers they wear in their hair. They can't do you any harm." With these explanations his grandmother chided him.

In the kiva, meanwhile, as soon as somebody gained consciousness, he just got up and ran away home. Thus those boys and girls, and men and women who tempted Maasaw to Orayvi got frightened to death. Never again did they gamble in the kiva at night.

From that day on Maasaw guarded Orayvi again. I suppose he is still making his inspection tour there somewhere. And here the story ends.

Kwaaniy'taqa Maasawuy Ngöyva

Aliksa'i. Yaw orayve yeesiwa. Noq yaw hisat pep pas wukoyesiwngwu. Noq yaw hisat puma pas paykomuy yaasangwuy ang qa yoknayaqe pay yaw puma paapu pas qa hiita aniwnayangwu. Pu' haqaapiy pay yaw pumuy tunösmaskya'am pay paapu sulaw'iwma. Noq pas pi yaw as pumuy tuu'oyi'am peep kyeevelmoq pitsiwtangwuniikyangw pay yaw pam pu' sulaw'iwmaqw nuwu pay yaw qaa'ö'am tuu'oyiyamuy kwisayat aqw pituto. Son pi yaw puma putakw yasmiq ökiniqe okiw yaw puma naaqavo yoynanawakna. Hiita yungyiwte' yaw puma putsa wuuwankyaakyangw-yangwu. Hikis pi yaw ima peetu pay wuwniy'sasayom tsatsayhooyam

13

The Kwaaniy'taqa Who Chased Maasaw

Aliksa'i. They say people were living at Orayvi. Long ago this village was heavily populated. Once in the past there was no rain for three consecutive years and, consequently, the villagers failed to raise any crops. Soon their stocks of food became depleted. Their corn stacks, which normally almost reached the ceilings of their storage rooms, had dwindled and by now were almost exhausted. What corn was left would never last into the following year. Thus, the people prayed for rain day after day and, each time any kind of ceremony was held, only this need was on their minds. Even little children, just old enough to reason,

talavay kuyvawise' put enang oovi talpumiq naanawaknangwu. Noq naamahin yaw as puma yaayantsatskyaqw pay yaw pas qa yokva.

Noq yaw it wuwtsimuy piw aw pitu. Pu' yaw oovi ima wuwtsimt, taatawkyam, aa'altniqw pu' kwaakwant yungya. Niikyangw yaw puma natngay'yungwniqe yaw oovi kyelvokmuy tangay'yungwa. Pay pi hakim hiihiita ang u'nantotangwu hin wiimi hintaqw. Puuvut hakim ang u'nantotangwu angqe' kivanawitniqw pantsatskya yaw puma oovi.

Pu' yaw yan astotokmi pitu. Pu' yaw ima kwaakwant aa'altuy amumum ep astotokpe mihikqw yaktangwu. Ang mimuy kivaptuy hapi qa nööngantaniqat oovi puma pang pumuy kivanawit mongkoy akw utatotangwu. Noq pantoti yaw pumaniiqe pu' yaw oovi puma astotokpe imuy aa'altuy amumum ang pannumya.

Noq pu' yaw i' hak suukya taaqa pay yaw tuwat qa pas pas imuy tootimuy, taataqtuy amun a'ni unangway qatu. Pay yaw pam hak tuwat pasi'nangway qatu. Niikyangw pam yaw i' kwaaniy'taqa. Niiqe pam yaw oovi ep mihikqw nuutum pang waynumqw yaw puma hakiy alöngöt tutwa. Noq ep pi yaw son hak as angqe' waynumngwu. Pu' yaw pam pi son pang pannumniniqw pu' yaw puma oovi put angkyaqe hepnumya. Niiqe puma yaw pep orayviy suskwiningyaqe susnuutungk kiletsit angqe put hepnumya. Noq yaw pam kwaaniy'taqa aqw kwiningqöymiq kuyvaqw pangqe' yaw naasavahaqe' kiskyay'taqw pangqaqw yaw hak yamakt pu' yaw aqw kwiniwiq nakwsu. Noq pu' yaw pam put hakiy nu'ansanqe pu' yaw pam oovi put hakiy angk.

Noq pan pi yaw hakiy aw tutaptotangwu, hak yaw haqam hakiy pan nu'ansane' hak yaw aw nakwsumantani. Yan hakimuy yaw amumi tutaptotangwuniqw pu' yaw pam oovi pangqw put kwiniwiq angk aqw hotvelmoqwat. Pu' yaw pam put angkniiqe pu' yaw pam angk as nahalayvitat pay yaw pam put qa wiikiy'ma. Yuumosa yaw pam pangqw put angk. Niiqe pu' yaw pam aqw kuywanvamiq kuyvakyangw paapiy pu' yaw pam piw hihin angk öqalat kwilalayku. Pay yaw kur pan son put wiikini. Pu' yaw puma pangqw nangk panma. Pu' pam aqw nöngakvamiq pu' yaw as angk wari. Niiqe yaw pam aw kuyvaqw aw pay yaw qöma'wat oomi yaw hak wupto. Paapiy pu' yaw pam put angk aqw oomiq wuptaptima. Pu' yaw pam hak aqwhaqami wupmaqw pangqw pu' yaw pam piw as angk wari. Pu' yaw pam aqw oomiq wupkyangw aw kuyvaqw pay yaw pamwa aw kwiniwi hoyta.

would beg for moisture when they went out early in the morning to greet the rising sun in prayer. The people did all these things, but still it did not rain.

Meanwhile, it was once again time to perform the Wuwtsim ritual. So the members belonging to the Wuwtsim, Taw, Kwan, and Al societies entered their respective kivas to commence the ceremony. On this occasion an initiation was planned, which is to say that novices were present in the kivas. And in each kiva the society members were engaged in recollecting the proper conduct of their rites.

The days of the ceremony went by, and it came to Astotokya, the night of the hairwashing, when the novices are inducted into the secrets of their fraternities. On this sacred night only initiates of the Kwan and Al societies are allowed to be out in the open. They patrol the village to prevent the members of other kivas from leaving the confines of their underground chambers. To this end they symbolically close everybody in with the mongko, their society emblem. On this year's Astotokya, too, the Kwan and Al men carrried out their duties.

Among the younger and older men of these two groups was one individual who differed from the rest. He was not as short-tempered and aggressive but rather was gentle-natured and led a life of tranquility. This man, a Kwaaniy'taqa or member of the Kwan society, was therefore one of the patrolling officers that night. Suddenly they spotted an intruder. No one besides them was supposed to be wandering about that night, so they fell to seeking him out. They searched for him at the northernmost end of Orayvi where the last row of houses stood. As the Kwaaniy'taqa reached the north end of the village, the intruder just sauntered forth from an alley way between the houses and trotted northward. Since the man had been caught trespassing, the Kwaaniy'taqa decided to follow him.

All patrols were instructed to pursue such a violator of the curfew when they caught one in the act. Because the Kwan and Al men were charged to do this, one Kwan man set out to track their quarry northward in the direction of Hotvela. He hurried after the man as fast as he could but was not able to keep up with him. None the less, the Kwan man doggedly kept up his pursuit. By the time he came to Kuywanva, he increased his pace even more but failed to catch up with the fugitive. Both men now dashed onward, one behind the other. The Kwaaniy'taqa followed the trespasser all the way to Nöngakva. However, by the time he got there, the other was already climbing the slope at Qöma'wa. So he, too, scrambled up the slope in chase. Already the person ahead of him had made it to the top, yet the Kwan man still pressed after him. When he, in turn, emerged at the top of the mesa, the latter was already moving north.

Noq pay yaw pam pas qa ngas'ew angk haykyalaqw pay yaw pam aqw hotvelmoq haawi. Pangqw pu' yaw pam put angk hawqe pu' yaw angk taatayqw pay yaw pam hak aw ayo' atkyami tutskwami. Niikyangw pangsoq pay yaw pam hak qa taaqa, pay yaw pam paasat himu'. Pangqw pu' yaw pam piw angk öqalti. Pu' yaw pam aw hotsmomi wupkyangw pu' yaw aqw kwiningqöymiqhaqami hawqe pu' yaw pam angk aqw kuyvaqw pay yaw pam paasat aw kwiniwi. Pangqw pu' yaw pam angk piw öqalat kwilalaykukyangw pay yaw kur pam son put wiikini. Yantukya'oviy taavangqöyva yaw pam piw as angk öqalat warikqw pay yaw as pam mootiy'maqa paysoq henanataqw yaw pam put qa wiikiy'ma. Pu' yaw pam aw pövamihaqami hawmaqw pu' yaw pam pay paasat qa angknit pay yaw pam suhopoqwat nakwsu. Pam yaw as haqam atpipo pakiniqe yaw oovi aw ahopo. Niikyangw pay yaw pam put aw paas tunatyawmaqe pay yaw pam oovi put tuway'ma pam qömqaqsaltimaqw.

Paapiy pu' yaw pam put aw tunatyawmaqw yaw pam ang umtaqay aqwhaqami. Panmakyangw pu' yaw pam tuwat aqw aahopqöyva aw oomiq wupqw aqw pay yaw kwiningqöymiq hawto. Paapiy pu' yaw pam put ngöytakyangw pam yaw pas oovi put aye' ahopkye' poniwmakyangw

The Kwaaniy'taqa got nowhere nearer to the fugitive, who by now was headed down to Hotvela. He continued downhill in his pursuit, but when he arrived at the foot of the mesa and looked for the runaway the latter was advancing toward the plain. At this point the stranger no longer had the form of a man, rather he had turned into some mysterious being. However, the Kwaaniy'taqa pressed on in pursuit. He ran up to the top of Hotsmo, then down on the north side, yet, when he caught sight of the fugitive he was still drawing away in a northerly direction. Again the Kwaaniy'taqa pushed on with all his resolve, but it was clear that he would not catch the fugitive. He now sped along the west side of Yantukya'ovi while the thing in front only ran at a trot; still he failed to catch up. When the fugitive climbed down into a wash, the Kwaaniy'taqa gave up his direct pursuit and instead headed due east. He had the idea of outflanking the other and approaching him from the front. All the while he kept a careful eye on the stranger ahead of him, whom he saw moving along as a black outline.

Eyeing the stranger as he ran, the Kwaaniy'taqa noticed that he was bound for Umtaqa. He continued on his course to the east but when he reached the top of the hill, the trespasser was already heading down the northern slope. The Kwan man kept up his chase, chose a circular route

pu' yaw pephaqam aasaptikyangw pu' pam pas wari. Pu' yaw pam haqam put atpipo pakiiqe pu' yaw put pep mokmaniy'ta. Pu' yaw pam pep put mongkoy akw uutaniqe pu' yaw pam pang suupööpava mongkoy tavi. Noq pay yaw naat qa nawutstiqw pay yaw hak put aw pitu. Noq pay yaw pam hak kur put navotiy'ta pam mongko hintiqw pang qatsqw pu' yaw pam oovi pangso pituuqe pay yaw pep suhuruuti. Pu' yaw puma pep naami hiikwislawu. Paasat pu' yaw pam kwaaniy'taqa put aw yu'a'ayku. Noq pay yaw pam hakniqw pay yaw pam put maamatsi. Pu' yaw pam oovi put engem pöhut ahoy hötat pu' paasat pangqw ahoy oraymi. Pu' yaw mi'wa pay ahoy aqw kwiniwiqhaqami.

Noq pay yaw puma pep orayve yukuyaqw pu' yaw oovi ima aa'alt, kwaakwant nan'ivo pay kivay aw yungya. Noq pu' yaw imuy kwaakwantuy mongwi'am pumuy tuuvingta, "Ta'ay, kya uma soosoyam öki. Uma ang hötaatotaniy."

Paasat pu' yaw puma soosoyam tsovaltiqe pu' yaw naanaapa yoyrikya. "Qa'ey," yaw kitota, "suukya kur naat qa pituy," yaw kitota. "Sen pi pam haqami hintsanto."

"Ason kur put pas qa pituqw, taawa yamakqw, nopsattiqw pu' itam paasat pay hötaatotaniy," yaw pumuy mongwi'am kita.

"Kur antsa'ay," yaw mimawat kitota.

Noq pu' yaw pam angqw kuywanvangaqw aw oraymi kuyvaqw pay yaw paasat ep kiive sutmakiwta. Qa hak yaw haqe' waynuma. Pangqw pu' yaw pam aw kiimi pakitoq yaw eyoyoykuqw yaw mimawat put kivasngwamat nanapta. "Angqaqw pi puu'uy. Pay pam'iy," yaw kitota.

Pu' yaw mimawat aye' kivaapa uutsiwyungqam siisimokiwyungqam, sisiwkukmokiwyungqam yaw okiw kyaanavotiy'yungwa. Kur yaw puma hin nöngakni. Nuwu pay yaw paapu puma haqami qötsvit maspitotaqey pangsoq yaw okiw kwayngyaplalwa, pöpsöva sisiwkukutota. "Is ohiy, ya hintiqw nuwu qa hötayay?" yan yaw ang kivanawit hingqaqwa.

Pay yaw oovi taawa yamakiwtaqw yaw pam pangso oraymi pas kiimi ahoy pitu. Pu' yaw pam paasat kivay epeq pakikyangw yaw hiita iikwiwva. Pu' yaw pam amumi pangqawu, "Haahah!" yaw kita.

"Pay sonqa'ey," yaw kitota. "Um pitu? Kwakwhay. Ta'ay, yeese'ey," yaw aw kitota. "Nawis'ewtiqw um pituy. Itam ung nuutaylalway," yaw kitota.

Paasat pu' yaw pam angqw hawkyangw pu' yaw qöpqöt kwinigya put sowiy'ngway ep hiita mookiwtaqat tavi. Pu' yaw pam paasat aalay tsoopaqe pu' natpipo tavi. Pu' it mongkoy, eyokinpiy, lansay piw natpipo oyat pu' yaw amumi pangqawu, "Ta'ay, yangqw pew huvam hooyokya'ay. Itam it aw naanawaknani, itam okiwlalwani," yaw amumi kita.

"Kur antsa'ay," yaw kitota. Nit pay yaw puma put qa pas hiita tuuvinglalwat pay yaw naanakwha. Pay pi yaw pam sonqa pas hintiqw

to the east, and when he had drawn about even with the fugitive, he began to run at full speed. Finally, he succeeded in cutting in ahead of the other and there lay in wait. To close the trail he placed his mongko right on the path. It didn't take long before the stranger approached. He apparently knew why the mongko had been placed in his path, for when he arrived he came to a sudden halt. At long last the two met face to face. Both were breathing heavily. Immediately, the Kwaaniy'taqa stepped up to the stranger and spoke to him, for he had recognized who it was. Consequently, he cleared the path for the being he had pursued and set off on his return to Orayvi. The other continued on northward.

Meanwhile, all ceremonial proceedings were completed at Orayvi, so the Al and Kwan patrols entered their kivas. It was at this time that the head of the Kwan members said, "I take it everyone is present. Go and open up the kivas."

All the men gathered looked among themselves. "No," they cried, "one is still absent. He must have gone somewhere for some reason."

"If he is not back by sun-up or by the time we eat breakfast, we will go and open the kivas," the leader replied.

"Very well," the others consented.

The Kwaaniy'taqa, who by this time was nearing Orayvi from Kuywanva, found the village absolutely silent. Not one soul was about. As he entered the village, his fellow kiva members heard the ringing of his bell. "Here he comes," they shouted.

The other participants of the ceremony, confined in their kivas, were suffering, for they needed to urinate and defecate. But leaving the kiva was out of the question. It got to the point that they had to evacuate their bowels into the place where they usually discarded their ashes and relieved their bladders in the corners. "Darn it, why is it taking them so long to open up?" the men in every kiva complained.

The sun had already risen when the Kwaaniy'taqa finally reached the village of Orayvi. When he entered his kiva, he was carrying something on his back. "Haahah," he exclaimed from exhaustion.

"Quite so, you must be tired," the men answered. "You have come, then? Thank goodness. Now, have a seat," they invited him. "It took you a while to return. We've been waiting for you for ages."

The Kwaaniy'taqa stepped down to the lower portion of the kiva and dumped something wrapped in a buckskin on the north side of the firepit. Thereupon he shed his horn headress and set it up in front of him. Next, he placed his mongko, bell and lance before him and said to the others, "All right, come closer. Let us humble ourselves and pray over this."

"Very well," the Kwan men agreed, not bothering to question his motive. He probably had a good reason to carry that bundle around and

put hiita moknuma. Son pi yaw pam paysoq put pan qa hiita oovi pangsoq panani. Pu' yaw ima hiita ang monghongqam pu' yaw paasat aw yesva. Pu' yaw pam tsoongoy ang piivat tangatat, taqtsoknat pu' yaw unangwvaslawu, okiwlawu. Okiwlawt pu' yaw pam put kwanmongwit aw tavi. "Yep'ey, tsootsongni um'iy," yaw aw kita.

Paasat pu' yaw puma pepeq put tsongotngay naa'itnaya. Pu' yaw puma put tsongotngayat soosok soswaqw pu' yaw paasat i' kwanmongwi pu' yaw tuwat tangata. Putwat pu' yaw puma piw naanangk tsootsongyaqe yukuyaqw pu' yaw pam pumuy amumi ep mihikqw hin hiniwtapnaqey put amumi lalvaya. Niiqe yan yaw pam pumuy amumi tu'awiy'ta:

"Pay ura antsa itam tookihaqam yep hintsatskyaqe itam yep imuy itaasungwamuy, imuy aa'altuy amumum yang kitpik tuwalanyakta, qa naap hak yep hiniwmaqat yorikniqw oovi'oy. Noq pay itam yangqe kwiningyaqe susnuutungk kiletsit angqeyaqw piw nu' hakiy nu'ansanqe pu' nu' oovi hakiy angkiy." Yaw pam pumuy kivasngwamuy amumi yan lalvaykyangw pas yaw paas yukiy'ma haqami pam put ngöyvakyangw pu' put hakiy wiikiqey. Paasat pu' yaw pam piw aapiytaqe pu' yaw pumuy aa'awna haqami pam put wiikiqey. "Niiqe pu' nu' pep put eepeqtaqe pu' nu' it imongkoy akw uuta. Naat nu' oovi ep nuutaytaqw hak inumi pitukyangw inumi wunuptu. Pu' itam pep naami hiikwislawuy. Pas itam hikwisqalaptuqw pu' nu' aw lavayti, 'Ya um'iy?' nu' maamatsqe aw kita."

" 'Owiy,' paasat pu' inumi kita. 'Owi, nuu'u. Kwakwhay, kur hak um taaqaniiqe oovi peqwhaqami inungki. Kwakwhay, noq pay nu' uumi navotiy'taqe oovi uumiwat naamataqtay. Pay nu' piw uumi pas taqhepniqe oovi yantiy. Pay as haqawanen son pas nuy peqwhaqami ngöyvaniy,' pam inumi kita. 'Nu' ung peevewnaqw oovi um peqwhaqami inungk sutsepnakwsu. Noq kur um pas inungk öqaltiy,' yan inumi lavayti," yaw pam amumi kita. "Uma yan itamumi tutaptotangwuniqw nu' umuututavoyniiqe oovi pangsoqhaqami put angki. Yan nu' aw lavayti."

" 'Owiy, panta,' kita inuminit pay haalayti. Nit pu' yan inumi lavayti, pay yaw itam yep pu' tooki soosok hiita ep su'an yukuyay. Yaw soosoy himu lolma itaatimuy amungem su'an pasiwti. Kitat pu' pam inumi it oyaniqe inumi pangqawu, 'Noq nu' yep it yannumay. It um oovi peqwhaqami inungkiy. Niiqe um nuy wiikiqe um nuy songyawnen pö'ay. Niiqe um oovi it kimani,' yan inumi lavaytiqe pu' it inumi oyay," yaw pam pumuy amumi kita.

Pu' yaw pam oovi put sowiy'ngwat puruknaqw piw yaw put ep hiihinyungqa nana'löngö poshumi mookiwta. "It yaw nu' oovi pangsoqhaqami angk nakwsumay," yaw kita. "Niiqe oovi nuy angqw ahoyniniqw inumi pangqawu, yaw antsa uma son nuy qa nuutaylalwaniy. Noq yaw nu' oovi pisoqtini. Son yaw nu' peqw taawasangwnani. 'Ta'ay, yupay!' kita pam inuminit pu' pam nuy öqalaqw pu' itamuy naahoyniniqw pu' nu' aw piw pangqawu, 'Ta'ay, kwakwhay, pay um oovi tuwat haalay-

had not meant to haul it into the kiva for nothing. Those men endowed with positions of leadership sat down at the Kwaaniy'taqa's side, whereupon he filled his pipe with tobacco and, lighting it, prayed fervently. Then he handed the pipe to the Kwan leader. "Here, have a smoke," he said to him.

The pipe was passed to everyone. When they had smoked up the entire bowl the leader, in turn, filled his pipe. Thus, they smoked one after the other, and when they were finished, the Kwaaniy'taqa finally related what had happened during the previous night. This was his narration:

"Last night as you recall while our ceremony was taking place, we, along with our partners, the Aa'alt, were patrolling the village area to prevent outsiders from witnessing the proceedings. As we were passing the last row of houses at the northern end of the village, I spotted a trespasser and followed him." The Kwaaniy'taqa now explained in detail to his kiva partners where the chase had started and where he eventually caught up with the intruder. "At the place where I overtook him I blocked the trail with my mongko. Still waiting there someone came up to me and halted by my side. There we stood breathing heavily face to face. After catching our breath I spoke to him, 'Is it you?' I asked when I recognized him."

" 'Yes,' he answered. 'Yes, it is. I am grateful you are a man of courage for having followed me all the way here. Thanks, indeed. I knew what kind of person you were and therefore showed myself to you. I also wanted to test your courage. Someone else would not have pursued me this far. I had my doubts about you, yet you chased me relentlessly. I must say, you were quite determined.' Thus he spoke to me. I, in turn, explained to him that I had pursued him this far because you had given us orders to do so."

" 'Yes, that's the way it is,' he said to me and was very happy. Then he assured me that we had done everything right last night and that everything good had been planned during our ceremony for our children. With that he handed this bundle over to me and said, 'I've been carrying this around. It is your reward for following me. By overtaking me you beat me at my own game. So take this with you.' "

Thereupon the Kwaaniy'taqa unwrapped the buckskin. It contained a great variety of seeds. "According to him this was the object of my pursuit. He then told me that you would be waiting for me when I came back. I was to hasten back but he thought I would not make it here before sun-up. 'So be on your way!' he advised me, but first he exhorted me to be strong in my life and just as we were about to part I, in turn, said to him, 'All right, thanks a lot. You, too, go happily wherever you are

kyangw uukiy aqwhaqaminiy.' Pu' nu' it ihomay angqw matsvongtat pu' aw maqana. 'Um epehaq pite' um uusinmuy piw tuwat amumi tuu'awvaqw uma epehaq itamungem itaatimuy amungem piw it hoyokiwtaqat natwantotaqw antsa itam paapu qaavohaqam it hoyokiwtaqat nitkyatote' putakw itam itaatimuy oyiy'yungwni, naayesniy'yungwni.' "

" 'Kur antsa'ay, pay nu' son uulavayiy qa tuu'awvaniy,' yan inumi piw lomalavaytiy," yan yaw pam pumuy amumi lalvaya.

Pu' nu' paasat it suuvo mokyaatat pangqw pu' nu' pas wariy," yaw kita. "Pu' inumi piw pan tutapta, yaw nu' angqwniikyangw yaw nu' qöma'wat aw atkyami pitut pep pu' yaw nu' tatkya oove naavenani. Hin nu' yuwsiy'kyangw pangsoqhaqami put angkniiqey pan yaw nu' naavenani. Pu' nu' yaw pangqw tatkyaqöymiq hawkyangw tuwvotventiwngwuy yuk hoopo tuyqaminen pep yaw nu' piwni. Pep pay yaw nu' it iqötöysa, imongkoy, ilansay, paasa' yaw nu' put pep pentat pu' pay angqwniqat yanhaqam inumi tutaptaqw nu' oovi pantiy. Noq nuy yangqw kuywanvangaqw pew kuyvaqw naat yep sutmakiwta, qa hak haqam hingqawlawu. Pangqw pu' nu' pas warikqe oovi yaasatniqwhaqam nu' pew pakiy," yan yaw pam pumuy amumi lalvaya.

Pas yaw pam put paas yukuqw pu' yaw paasat pumuy mongwi'am pangqawu, "Pay um hakiy yu'a'ataqw pay nu' maamatsiy," yaw pam put aw kita. "Pu' kur um piw haqam it poshumit qe'nen qa put angqwniy. Niiqe pay nu' oovi tuptsiway. Niikyangw ima peetu hapi yep itamum yesqam son put tuwiy'yungwni. Noq um oovi hakiyniiqat put enang pangqawniy, pu' piw hin soniwqw'öy," yaw pam put aw kita.

"Kur antsa'ay," yaw pam kita. "Antsa pi nu' qa pangqawu. Noq pay nu' antsa mooti yangqw put hakiy angkniiqe pay tuway'maqw pay hak pas as suyan inun sinoniikyangw hak angaapuyawta. Niikyangw hin pitsangway'taqw put pay nu' qa suyan yoriy. Niikyangw pam hotvelay atkyami hawqe pay pam paasat piw pas suyan alöngtiqe oovi pam paapiy pay pas aqw suqömqaqsaltimaqw paasat pu' nu' pas oovi angk öqalti," yaw pam kita. "Noq pu' nu' haqam put uutaqey pep aasa' wunuptukyangw pas paasat aw paas yorikqe pas nu' as mooti tsawnay. Pavan pas inuupa suvumti. Pay nu' oovi sumataq pas as mashuruutiqw pay hak pi pas oovi mooti hakiy aw yu'a'aykuy. Niikyangw pay nu' paasat maamatsi pam hakniqw'öy. Antsa hak wukoqtöy'kyangw poosiy atsva wukonamuruy'tay. Pu' piw hak u'ngwasat qötöy'kyangw hak wupataqay. Pu' pam piw it kanelsakwit a'ni pekyehovaqtuqat piw pam ahoywat torikiwtaqw oovi pam putvoqwat hötsiy. Pu' paasat pam pay aapiyniqw pu' nu' pep it poshummokit iikwiltat pu' nu' angqw ahoyniikyangw nu' ahoy kukyat angniqw pas kur pam piw wukokukuy'tay," yan yaw pam put piptsaqey yaw amumi pangqawu. Niikyangw pay yaw pam hin maatsiwqw pay yaw pam qa pangqawu.

Paasat pu' yaw pam mongwi'am pangqawu, "Owiy, pay um kur su'an

bound.' Thereupon I took a handful of my cornmeal and gave it to him. 'When you arrive at your destination, convey to your people my plea to plant more crops for us and our children so that in the future we will be able to store more food to feed our children and sustain ourselves.' "

" 'Very well, I'll certainly deliver your message,' he assured me."

"Then I wrapped all this up and dashed back home," the Kwaaniy'taqa continued. "In addition, I had been instructed that on my way back I was to draw a picture of myself. I was to do this after arriving at the base of Qöma'wa, somewhere at a higher elevation on the south side. I was to depict myself just the way I had been dressed when I gave chase to him. Then, after climbing down the south side which leads to Tuwvotventiwngwu, I was told to go east to the promontory there and do the same. There, however, I was to illustrate only my head, my mongko, and my lance and thereafter return here. I obeyed his instructions. Eventually, when I came up over Kuywanva, I found the village completely quiet. Not one voice could be heard. I ran on as fast as I could. Because of these events I arrived at this late hour."

Following the Kwaaniy'taqa's detailed account the Kwan leader remarked, "I recognize the person you spoke of. You could not have gotten these seeds from anyone else. Therefore I believe you. But some of those who are here with us do not know him. So tell them who you are speaking about and what he looks like."

"Very well," the Kwaaniy'taqa replied. "It's true that I did not mention this before. When I first pursued that trespasser, I could see him quite well. He appeared to be human just like me, with long hair hanging down his back. But I could not really make out his facial features. Soon after descending to Hotvela, however, he clearly took on a different appearance and now ran along as a dark shape. Now I had even more reason to press on after him. When I finally confronted him I became frightened as I looked at him. Chills ran up and down my spine. I suppose I was petrified from fear, for I don't really know which of us spoke first. But then it dawned on me who the being was. His head was gigantic and spattered with blood, and over his eyes ran a large ridge. He was tall in stature. Over his left shoulder a dilapidated, rotten-smelling woman's dress was draped, so that his right shoulder was bare. After he departed, I threw this bundle of seeds on my back and while following his tracks home discovered that he also had huge feet." The Kwaaniy'taqa had described the person the way he had perceived him, but he still did not reveal his name.

The Kwan leader acknowledged his observations. "Yes, you saw him

yoriy," yaw pam kita. "Pay hapi itam put aw enang hiita tuuvingtikyaakyangw yeesey. Pu' itam piw put aw enang yankyaakyangw it itaawimiy hintsatskyangwuy. Pay itam piw put nay'yungway. Noq pay uma haqawat son tuutuptsiwyaniy. Niikyangw i' hapi kur pas put aw pituy. Pam hapi it aw naamaataknaqa pam hapi pas qa atsat maasaw'uy. Noq kwakwhat pi um qa tsako'nangwtiqe oovi itamungem it aasatay," pas yaw pam yan pumuy amumi lalvayqw pu' yaw puma taataqt nanapta hakiy pam pep aw pituuqey.

Paasat pu' yaw pam mongwi'am piw pangqawu, "Ta'ay, haqawat hongvit naatapniy. Uma angqe' hötaataniy," yaw pam kwanmongwi kita. "Uma hapi pas qa naatusitani."

Paasat pu' yaw haqawat pangqawu, "Ta'ay, pay itamniy," yaw puma haqawat kitaaqe pu' yaw puma pangqw yamakt pu' yaw puma angqe' kivanawit pisoqtiqe pu' yaw puma angqe' hötaatima. Hisatniqw pu' yaw puma ahoy pitu.

"Kwakwhay, uma pituy," yaw pam taaqa put maasawuy ngöyvaqa pumuy amumi kita. "Pay itam haak hiisavo maqaptsiy'yungwniy," yaw kita. "Ason angqe' kivay ang tsovaltiqw pu' nu' it ang hingsa' pumuy amuupa oyaatimani. Pay yaw sonqa itamuptuni. Yaapiy yanmakyangw pu' yaw itam taala' it natwantotaniy," yaw kita, "itaatimuy, itangumuy, itanamuy nopnayaniqey oovi'oy," yaw kita.

Pu' yaw oovi pam maqaptsiy'lawu. Noq pu' yaw angqe' tsovalti'ewakwtiqw pu' yaw pam pangqawu, "Han nuu'uy," yaw kita. "Pay uma haak yepeq nuy nuutayyungwniy."

Paasat pu' yaw pam put iikwiltat pu' yaw pam pangqw yama. Angqe' yaw pam kivanawit papkiwtima put hiita mokkyangw. Pu' yaw pam haqamwat pakye' pu' yaw amumi pangqawu, "Ya uma yeesey? Ya uma soosoyam tsovaltiy?" yaw amumi kitangwu.

"Owiy," yaw kitotangwu awi'. "Yeese'ey. Ya um piw waynumay?" pay yaw pas yangsayangwu.

"Owiy," yaw kita. Paasat pu' yaw pam haqamwat pakye' pu' yaw pam ep mihikqw hiniwtapnaqey pay yaw piw pan pumuy amumi put lalvayngwu. "Noq pam nuy it na'mangwtoynaqw nu' oovi it yannumay," yaw kitangwu. "Nu' oovi yep it umuy angqw huytani, nana'löngöt poshumitay, hopit nitkyayat'ay. It nu' umuy hingsa'haqam huyvanaqw uma tal'angwmi it natwantotani, nöönösaniqey, umuutimuy nopnayaniqey oovi'oy," yaw pam pumuy amumi kite' pu' yaw pam pumuy ang pay hingsa' huytangwu. "Pay ason nu' hiisa' akwsingwniy'kyangw ikiy aqw ahoy pituqw pay ason itam tuwat paasa'haqam naahuyvaniy," yaw kitangwu. "Pay yaw sonqa itamuptuni."

"Kur antsa'ay," yaw kitota, "kwakwhay."

Paasat pu' yaw pam pang kivanawit pumuy soosokmuy put angqw huyvana. Soosokmuy ang yukunakyangw pu' yaw paasat pumuy öqala-

correctly," he said. "He is one of the gods we pray to in our life. We Kwan members in particular rely on him as we carry out our ceremony. He is also our father. Some of you, I know, will not believe this, but from all accounts this was the god our colleague here encountered. It was none other than the real Maasaw who revealed himself to him. And turning to the Kwaaniy'taqa he said, "Fortunately you did not grow timid. Thus you earned this gift for us." After this account now the men realized who he had been speaking of.

To conclude his speech the Kwan leader said, "Now, will two of you strong ones volunteer to go about and open the kivas. You really must hurry now."

Two of the men exclaimed, "All right, we'll do it." With that they left the kiva and hurried about opening one kiva after another. Some time later they returned.

"Thanks, you have arrived," said the Kwaaniy'taqa who had given chase to Maasaw. "I suggest we wait a while. Once everybody is gathered in his own kiva, I'll go and give everyone some of these seeds. I'm sure there is enough for all of us. We are supposed to plant the seeds this coming summer so that once again we can feed our children, our mothers, and our fathers."

The Kwaaniy'taqa just sat there and waited. When all the men appeared to be assembled within their kivas, he said, "Let me go now. Wait here for my return."

Shouldering the bundle of seeds, the Kwaaniy'taqa left. From kiva to kiva he trekked, entering each one toting the sack on his back. Wherever he entered he asked, "Are you in? Have you all congregated?"

"Yes," the men would answer. "Have a seat. Are you going from place to place?"

"Indeed, I am," he would reply, whereupon he shared with every kiva group the story of his adventure the previous night. "Maasaw gave these seeds to me as a gift. That's why I'm carrying them around," he would say. "I'm going to share these different seeds with you. What I am handing out here to you I expect to be sowed this coming summer. The seeds will constitute the Hopis' food for you and your children to eat." Following these words of advice he distributed a few seeds to each man. "Whatever is left after I get back to my kiva we will divide among ourselves," he explained. "I was told by Maasaw that there would be enough for all of us."

"Very well," the men cried. "Thanks a lot."

Thus the Kwaaniy'taqa doled out his seeds to everyone present in the kivas. And each time he had satisfied everyone he exhorted the people as

ngwu. "Itam oovi nahongvitotaniy. Tsangaw itam taalawnayay," yaw amumi kitangwu.

Noq pay yaw pam poshumi tsaa' pee'iwtaqw pam kivay aqw ahoy pitu. Pepeq pu' yaw pam paasat pumuy kivasngwamuy piw ang huyvana. Pu' pam oovi soosokmuy pumuy ang huyvanaqw piw yaw pay naat angqw peeti. Pu' yaw pam piw pumuy amuupa peehut oyaataqw pu' yaw sulawti. Noq pay yaw put maasawuy atsviy pam taaqa pepeqwat löös ang kivaptuy naahuyvaqw pam sulawti. Qa hin pi yaw as pam paasa'eway peetiqw pam ahoy sungwamuy aqw paki. "Ta'ay, yantaniy," yaw kita. "Itam hapi oovi nahongvitotaniy. Itam it oovi maqsonlalway," yaw pam amumi kita.

Noq pay yaw angqe' puma kivapt put makiwyaqe pay yaw haalaytoti. Paapiy pu' yaw puma nalöslalwaqe pu' yaw piw tsootsonglalwa. Noq pu' yaw mima aye'wat kivaapa momngwit hiita ang hongqam yaw pumuy kwaakwantuy amumiq tsootsonglalwamanta. Pu' yaw puma piw na'qalantota. Pu' yaw puma piw put taaqat tsutsyakya. Kwakwhat pi yaw pam taaqaniiqe oovi pangsoqhaqami put angkniiqe oovi yaw kur pumuy amungem tunösmokva.

Yan yaw puma oovi aqw tsootsonglalwamantakyangw pu' nalöskukuyva. Paapiy pu' yaw puma tömölnawit a'ni nuvatota. Powamuymi pay yaw pam nuva paa'iwma. Paapiy pu' yaw suvuyoyangw pitungwuniiqe yaw pumuy paasayamuy paas halasamta. Pu' yaw pas'angwvaqw paasat pu' yaw puma paavasay ang hanqe paasat pu' yaw puma ang qenitivaya, pastivaya. Paas qenitotat pu' yaw puma put motinatwanitniqat angqe' tangatota. Yukuyakyangw pu' yaw puma maqaptsiy'yungwa. Paasat pu' yaw pay piw aapiy suvuyoyokngwu. Wukotala'tiqw pu' yaw pay pas uyismi pituqw pu' yaw puma hiisa' akwsingwnayaqey put pu' yaw puma piw tangatota. Pay yaw puma oovi paas mongvas'iwkyaakyangw nimaniwuy aqw öki. Noq ep yaw ima qötsahemiskatsinam ninmaniqe yaw antsa ökikyangw yaw a'ni uuyiy'vaya.

Pu' yaw puma aapiy hiihiita aniwniy noonova. Pu' yaw puma mooti timuy nuvawnit nopnayaqe yaw haalaytoti. Pu' yaw puma aapiy mitwat mooti tangatotaqey put pu' yaw puma nuvawintota. Yanhaqam yaw puma put hakiy taaqat, kwaaniy'taqat atsviy qaley'ki. Paapiy pu' yaw puma put akw timuy yesniy'yungwa. Niiqe aapiy pu' yaw puma put wiimit pas antsay'yungwa. Yanhaqam pay yaw puma qa tsöngösiwuy aw öki. Pay yuk pölö.

follows: "Let us labor hard now. I'm glad we made it through the night."

When only a few seeds remained, the Kwan man returned to his own kiva and there handed out to his kiva mates what was left. When everybody had received his share, surprisingly enough, some seeds were still left over. So he meted them out to his fellow society men a second time, and then the supply of seeds was exhausted. It was, thanks to Maasaw, that he had been able to give twice of the seeds to his kiva members. For not nearly that many seemed to be left when he had rejoined his companions. "Now, let it be this way," the Kwaaniy'taqa exclaimed. "Let us exert our energies now. For these seeds we have labored in our ceremony."

Everywhere the recipients of the seeds were elated. From that day on they carried on with their ritual for four more days, smoking continuously. In addition, those men charged with high offices in the other kivas frequented the Kwan kiva for ritual smoking. On these occasions they never failed to exhort one another. They also expressed their gratitude time and again to the man who had won the seeds. Thanks to his courage he had pursued Maasaw so far and in return had hauled back a rich source of food for them.

In this way all the Wuwtsim participants finally completed the remaining four days of the ceremony. During the entire winter then an abundance of snow fell. By the month of Powamuya the snow began to melt. From then on showers came frequently and thoroughly wetted their fields. When it was time to prepare for sowing, the men descended to their fields and cleared them of all unwanted weeds. This chore completed, they put their early crops into the ground. And then they waited for the plants to grow. Again showers came constantly. When the height of the planting season came around, those who still had seeds left over planted again. By the time all was completely finished, it was time for the Niman ceremony. On this occasion the Qöötsahemis kachinas performed, bringing along a bounty of green corn on its stalk.

From then on the people consumed a variety of crops. Their first harvest they fed to their children. About this they were happy. Thereafter they waited for the early crops to mature fully. In this manner did the people of Orayvi not perish. They owed their survival to that one brave man of the Kwan society. Once again they were able to provide sustenance for their offspring. From that time on they always practiced their ceremony with great fervor. Thus the Orayvis escaped a dreadul famine. And here the story ends.

Mastangay Angqw Maasaw Nöömata

Aliksa'i. Yaw orayve yeesiwkyangw yaw pep sinom tuwat wuuhaqtiqe yaw puma oovi pep wuukoyese. Pu' yaw pay piw aqwhaqami kitsokinawit sinom yeese.

Noq pu' yaw yep songoopave piw ima hakim naawuutim tuwat kwiningyahaq qalaveq kiy'kyangw puma yaw it hakiy suukw mantiy'taqw pam hak maana yaw piw pas lomamananiqw yaw oovi ima tootim pep kiive as okiw sutsep put aqw tutumaywisngwu. Noq pam maana yaw takurqa'ömana yan maatsiwa. Noq yaw pam maana tuwat it sipmasmit, tangavit pas naawaknaqe oovi hiitawat pay yaw pas aw pangqawngwu put maanat aw tutumaytoq. Ason yaw haqawa put engem put hiita pas

14

How the Maasaw from Mastanga Won Himself a Wife

Aliksa'i. They say that people were settled at Orayvi, and as they multiplied the village became heavily populated. Likewise, there were other people living in small communities throughout the land.

At the north edge of the village of Songoopavi lived a married couple with a single daughter. She was a most ravishing girl, which meant that the young men of the village constantly came to her home to court her. Her name was Takurqa'ömana. She dearly wanted to own some silver bracelets and rings, and was not slow to make this known to every wooer who came to see her. She insisted that she would not marry any man unless he came bearing these items. But jewelry of this kind was hard to

kivaqw pay yaw pam son paasat hakiy qa amumtiniqey yaw hiitawat aw yan lavaytingwu. Noq pay pi yaw pam himu haqniqw pay yaw oovi himuwa yan navote' pay yaw paapu qa aqwningwu. Haqaapiy pay yaw pam pas naap kyaanawaknaqe oovi yaw pay paapu qa hisat tumayat pitsina. Pu' hikis yaw as ima kiyavaqtotim piw aw tutumaywisngwuniikyangw pay yaw puma yan nanaptaqe pay yaw puma oovi tuwat qa awyangwu. Pay yaw puma kur qa hiita oovi pangsohaqami maqsonlalwa.

Noq pu' yaw yep orayve piw wukoyesiwqw pay yaw himuwa kya pi son hiita akw qa hinwat hinte' pay yaw oovi tuwat ephaqam sonqa qatsiy kuyvangwu. Noq pu' yaw himuwa okiw pantiqw pu' yaw puma hakim put yuk orayviy hopqöymi taviwisngwu. Noq pep yaw pam mastanga yan maatsiwa. Noq pu' yaw puma oovi pay kya pi sutsep pumuy pangso pantsatskyaqw haqaapiy pay yaw pephaqam oovi pas wukotu'amqölö. Noq pu' yaw himuwa pay pan mookye' pay yaw pam ahoy taataye' pay yaw pam i' himu maasawniikyangw ahoy taataytngwu. Niiqe pantaqat akw puma yaw oovi pephaqam tuwat pay naap wukoyese. Noq pu' yaw i' hak pep tiyo nuutum qatuuqa pay yaw naat okiw qa mantuwtat pay yaw pam tuwat hiita tuuyat akw sulawti.

Noq pay yaw i' himu maasaw tuwat put makiway'ta. Pay yaw pam tuwat it sinot mihikqw tumalay'tangwuniiqe pam yaw oovi tuwat pephaqam suutokihaq yamakye' pu' yaw pam angqe' kitsokinawit maskyelemnumngwu. Pay yaw pam songyawnen pan tuwat imuy sinmuy tuuwalangwu. Noq put yaw hiita maasawuyniqw suutokihaq yaw naat pu' tuwat suutawanasap'iwtangwu. Pu' yaw puma maamast oovi taalö' piw tuwat tokngwu.

Noq pu' yaw pam tiyo naat pu' hayphaqam mokqa yaw kur tuwat pangqe' hopiikiva pumuy sinmuy pan tumalay'tamantaniqe yaw oovi mooti orayminit pu' yaw pas soosovik kitsokinawit kuyvakyangw pu' yaw pas walngaqw ahoy oraymiq nimangwu. Niiqe pam yaw aasakis haqamiwat pite' pam yaw angqe naalös qöniltit pu' yaw piw aapiytangwu. Niiqe pay yaw pam pas yansa yuyku.

Pu' yaw pam aapiy pay pang pantsaknumngwuniikyangw pu' yaw pam tuwat navota yaw pam hak pas lomamana pep songoopave kiy'taqw. Nit pay yaw pam as mootiniqw qa hin awniqey unangway'tangwuniiqe yaw oovi panis songoopaviy angqe qöniltit pu' pay pas yuumosa musangnuminit pu' walmiqningwu.

Noq yaw pam hisat naat taytangwuniikyangw hin qatsiy'tangwuniiqe pay yaw pam ephaqam put ang wuuwangwu. Qa hisat yaw pam haqam hakiy maanat aw pitukyangw pu' yaw pam piw qa hisat hakiy aw tutumaytoqey it yaw pam ang wuuwaqe yaw put hiita kyawiniy'ta. Yantaqat akw pay yaw pam pas son put aw hisat qa kuyvatoniqey yaw yanti. Niiqe pu' yaw pam oovi hisat put maanat awniqe pay yaw pas qa hakiy awiniy'kyangw yaw awni. Naap hisat pi yaw hak put meewantaniqw oovi.

come by. So those who came to know of this stipulation simply stopped calling on her. There came a time when, because of her greediness, she no longer received any suitors. Even the young men from distant villages, who used to come and look in on her at night, ceased visiting her after learning of her demand. They realized that they were making their arduous journey to the girl's village for nothing.

At Orayvi, of course, were many people, so it was quite natural that, at times one or the other of the inhabitants would fall ill and die. On each such a sad occasion the corpse was taken to the east side of the village to a location known as Mastanga, for burial. Since burials took place frequently, this place came to be a huge graveyard. Whenever a Hopi passed away, however, he came back to life in the form of a Maasaw. Small wonder, therefore, that Mastanga was full of dead people carrying on their own ways there. Among them was one young man who, poor wretch, had perished as a result of some affliction before ever having a girlfriend.

Now the being known as Maasaw is assigned the specific task of taking care of all mortals during times of darkness. For this reason he emerges in the middle of the night and goes from village to village, keeping watch. Maasaw can thus be likened to a protector of the people. By his reckoning our midnight is his midday. So it is that the dead sleep through the daylight hours.

The youth who had recently passed on happened to be the one journeying through the Hopi country to keep vigil over the people. His route usually first took him to the village of Orayvi, whence he proceeded to the remaining villages as far as Walpi which constituted the turnaround point. Each village he circled four times before going on to the next. This was the routine he always adhered to.

At some point, while carrying out his duty, this Maasaw youth also heard of the beautiful maiden in Songoopavi. At first he showed no desire to call on the girl, so, as soon as he had completed his four circuits around the village, he headed straight for Musangnuvi and Walpi.

Once in a while this Maasaw reflected on the life he had lived before he met his untimely death. When he mulled this over, he dearly missed the experience of never having encountered a girl nor ever having gone to court one. For this very reason he decided to go and look in on the girl in Songoopavi some night. If ever he should visit her, however, he would do so secretly. After all, a member of his family just might prevent him from going there.

Niiqe pu' yaw pam oovi ep awniqe pay yaw pam oovi pas hihin iits nakwsu. Niiqe pay yaw pam oovi orayngaqw nakwsuqe pay yaw pas yuumosa musangnuminit pu' pay aapiy walmiq. Pay yaw pam oovi pas pangqw nimiwmakyangw pu' yaw songoopami. Niiqe pu' yaw pam oovi pep mooti angqe naalös piw qöniltit pu' yaw paasat put maanat kiiyat awi'. Noq pay pi yaw pam as qa hisat pep kiinawit waynumkyangw piw yaw pam maana haqam kiy'taqw pay yaw pam kur piw put tuway'taqe yaw oovi su'aqwhaqami nakwsu. Niiqe pam yaw pangsoniiqe pay yaw pas muykiisit anawitsa hinma. Pu' yaw pam aw pituuqe pu' yaw pam pay haqaqw tuyqangaqw mooti put maanat kiiyat aqw maqaptsiy'ta. Naap hisat pi yaw hak angqe' paasatniqwhaqam waynumniniqw oovi. Pay pi yaw pam himu maasaw piw pas haqe' tuyqavasa hintsaknumngwu.

Noq pu' yaw qa hak haqamni'ewayniqw pu' yaw pam oovi put maanat kiiyat aw nakwsuqw naat yaw put kiiyat ooveq tupatsveq qööhiwta. Pu' yaw hak naat piw epeq ngumantaqw pu' yaw pam oovi paasat aw tupatsmi wuuvi. Pu' yaw pam aw wupqe pu' yaw angqw haqaqw poksöy'taqw pangsoniiqe pu' yaw aqw qatuptu.

Noq pay pi yaw pam maana naat pisoq ngumantaqe yaw oovi qa navota pam put aw pituqw. Pu' yaw pam pay pas put navotnaniqe pu' yaw pam oovi öhömti. Noq pay yaw antsa pam maana kur paasat navotqe pu' yaw pay ngumantaqe qe'tit pu' yaw put aw kwuupukqe yaw put tuwa. Noq pay yaw pam tiyo son pas hin soniwqey pan put maanat aw naamaataknaniqe pam yaw oovi pay mooti pas naa'alöngtat pu' put yaw aw namtakna. Niiqe pam yaw oovi paasat pas hak suhimutiyo pangqw put aqw kuyta. Pam yaw paasat pay imuy hopitotimuy hin yuwsiy'yungngwuniqw pan yuwsiy'ta. Pu' pam yaw piw lomasakwanavankyangw pu' piw pitkunta. Pankyangw pu' yaw pam pay angaapuyawkyangw pas pi yaw pam wupa'angay'ta. Noq pu' yaw pam maana pay piw put aw suuyu'a'aykuqe yaw aw pangqawu, "Is uni, um hak piw angqaqö. Pay um qa sööwu pangqw pantat um pew pakye' um yep inumi yu'a'ataqw nu' ngumantani," yaw pam put aw kitat pu' put aa'awna haqe' pangso hötsiway'taqat.

Paasat pu' yaw pam tiyo aw pakiiqe pu' yaw pam pep put aqlaphaqam qatuptu. Noq pu' yaw puma pay pep naami hiihiita yu'a'ata. Noq pay yaw pam maana naat put qa aw put sipmasmit tuuvingtaqw pay yaw pam tiyo angqw niman'unangwtiqe pu' yaw oovi payniqey yaw put maanat aa'awna. Pu' yaw pam maana pangqawu, "Ta'a, pay pi antsa pas mihi. Niikyangw pay um ason piw angqwni. Pas hapi um hak qa ngutsuwyaniqw nu' uumi kwangwayu'a'ata. Um oovi ason piw angqw pootani," yaw pam put aw kitaqw pu' yaw pam tiyo oovi pay paasat pangqw yamakt pu' angqw hawt pu' yaw pay paasat nima. Yanhaqam yaw pam hinti naat pu' suus maanat aw pituuqe.

Noq paapiy pay yaw pam naat qa piw awi'. Pay yaw pam as aasakis pangnen pay yaw pam put maanat wuuwanmangwu. Niiqe pay yaw kur

The night he chose to call on the girl he set out earlier than usual. Upon departing from Orayvi he went straight to Musangnuvi and then onward to Walpi. It was on his way back home that he turned to Songoopavi. He first made his four circles around the village and then advanced to the girl's house. Although he had never before been inside the village, he somehow knew where the young lady lived and selected the right direction. In his approach he trod only where the moon was casting shadows. Reaching the maiden's house, he first waited at the corner of a building. After all, someone might still be about at this time of the night. Also, it was a habit of Maasaw's to hang out at the corners of such places.

When it appeared that no soul was in sight, Maasaw strode up to the girl's house. There was still light in a room on the second story and he heard the sounds of someone grinding corn. Maasaw made his ascent to the upper story and, on reaching the top, stepped up to the vent hole and sat down by the opening.

The girl was so engrossed in her work that she was not aware of Maasaw's arrival. To let her know of his presence he intentionally coughed. Sure enough, the girl heard a sound and immediately stopped her work. She looked up and discovered the youth. Of course, Maasaw was not able to show himself to the girl in his actual appearance. Accordingly, he had altered his looks before revealing himself, and now peered into the grinding chamber as a very handsome young lad. He was dressed in the way Hopi boys were usually clothed. He wore a nice indigo-hued shirt in addition to a kilt. His hair cascaded down his back in long and unbound tresses. Without a trace of hesitation the girl spoke to him. "How nice of you to come around, stranger. Don't waste your time sitting out there but come in and talk to me while I do my grinding." With that she directed him to the entrance of her grinding chamber.

Maasaw stepped in and sat down by her side. The two now chatted about all sorts of things. So far the girl had not yet made any mention of bracelets. Then the boy felt the urge to return home and told the girl so. She replied, "All right, I guess it's really late. But come again. You strike me as a person who's not shy and I enjoyed talking to you. Be sure to look in on me again," she encouraged the youth, whereupon he strode out, climbed down to the ground, and then trotted back home. This is how Maasaw fared on his first rendezvous with the maiden.

For the time being Maasaw did not go back to the girl, but each time he passed Songoopavi he could not help but think of her. From all

pam put maanat hiiyongti. Niiqe pay yaw pam oovi pas son put maanat engem haqam put hiita qe'niqey yaw yan naami yukukyangw pay yaw pam kur naat piw hiita tuway'kyangw yaw yanti.

Niiqe pam yaw put maanat ep kuyvamaqey aapiy paayis talqw pu' yaw pam piw angqe' nakwsukyangw pay yaw pam naat qa piw aw kuyvatoniqe pay yaw pam oovi panis pan nakwsukyangw pu' yaw pam hisatniqw ahoy walngaqw nimakyangw pu' yaw pam it kwaakwit pangqw neevenmakyangw ahoy nimiwma. Pu' yaw pam haqam piw it moohot angqw hiisa' aaki. Niikyangw pam yaw ahoy oraymiq pituuqe pam yaw pay naat put kwaakwit qa kiy aw kimat pay yaw pam put kiy aatatkyahaqam tupkya. Pantit pu' yaw pam pangqw kiy aw ahoy.

Qavongvaqw pu' yaw pam piw put maanat aw kuyvatoniqe pu' yaw pam pay oovi hihin iits mastangay ep yamakt pu' yaw paasat oraymi. Pu' yaw pam pep mooti ang kuyvat pu' yaw pam pay naat qa paasat pay songoopaminit pay yaw pam yuumosa musangnuminit pu' paasat aapiy walmiq. Pu' yaw pam pepeqwat kitsokinawit kuyvakyangw pu' yaw ahoy pay oraymiqwat. Noq pay pi yaw pam a'ni himuniiqe pay yaw pam oovi pangso piw ahoy suptu. Nit pu' yaw pam haqam put kwaakwiy, moohoy tupkyaqey pu' yaw pangsoniiqe pu' yaw pam pep put ahoy tsaama.

Paasat pu' yaw pam pep muytalpuve qatuptuqe pu' yaw put hintsanniqey paasat pu' yaw put aw tumalay'va. Niiqe pam yaw mooti put kwaakwit naapiyat pas puuvutsit ang ayo' oya. Nit pu' yaw pam it moohot piw hingsa' puvutsiwyat tsiitsikta. Pu' yaw pam put yukuuqe pu' yaw pam put hiita na'sastaqey put soosok naami tsovala. Niiqe pu' yaw pam put kwaakwit naapiyat hiisakwniqat naawakne' pu' yaw pam put paasakw pongoknat pu' moohot akw put qalaveq namisomngwu. Nit pay yaw pam qa wuuyavo pantsaki. Noq pam yaw kur it tangavit, sipmasmit it kwaakwit angqw yukuuta. Niiqe pam yaw oovi yukuqw pas hapi yaw pam piw put su'an soniwqat yukuuta. Pas yaw suupan pam qa atsat siivat angqw yukiwyungwa. Put hapi yaw naapi'at pas talhintangwuniiqe yaw oovi pas pavan lomahinti put awi'. Yan yaw kur pam put aw wuuwaqe yaw oovi paniqw put pangqaqw kima. Noq pay pi yaw pam put ömaatoyne' pay yaw son nawus qa amumtini. Pay pi yaw pam put paasat pö'aniniqw oovi.

Paasat pu' yaw pam put yukiy pep ömaatat pu' yaw pam pangqw songoopamiwat put kimakyangw nakwsu. Niiqe pu' yaw pam pepwat pituuqe pu' yaw piw angqe kiqlavaqe naalös qöniltit pu' paasat piw put maanat kiiyat awniiqe pu' piw pangqw haqaqw tuyqangaqw aqw kuyvaqw pay yaw paasat qa hak piw ang waynuma. Pu' yaw pam maana piw kur naat qa puwqe yaw oovi naat epehaq ngumantaqw pu' yaw pam oovi piw aqw tupatsmiq wuuvi. Pu' yaw pam aqw wupqe pu' yaw pam pay piw yuumosa pangso poksöminiiqe pu' yaw piw aqw qatuptu. Noq pay yaw pam maana navota pam tiyo pituqw. Niiqe pu' yaw piw put aw

appearances he had fallen in love with her. He was resolved now to get her all the things she desired, but he had a plan in mind for doing so.

Three days after his first encounter with the girl Maasaw embarked on his regular trip again, but had no intention yet of calling on her again. Instead he uprooted some giant dropseed on his way home from Walpi. At another place he broke a few leaves of yucca from its stalk. Back at Orayvi he did not take these things inside; instead, he hid everything below the house and only then entered his home.

The next night, when he was ready to visit the girl for the second time, he again left his abode at Mastanga earlier than usual. He proceeded to Orayvi, where he made his nightly check. Bypassing Songoopavi he pushed on to Musangnuvi and then to Walpi. Having investigated these villages he returned to Orayvi. And since Maasaw is endowed with great powers, he arrived home in no time at all. There he betook himself to where he had stashed his giant dropseed and yucca and took them out from the cache.

He squatted down in the light of the moon and set to work on the plant materials. First he laid the broader leaves of the dropseed aside. Next he tore the yucca into small strips. Upon finishing this task, he gathered everything he had prepared. Now he shaped the leaves of the dropseed into a ring of the size he desired, and then tied the ends together with the yucca strips. This he did for a short while. Maasaw actually fashioned rings and bracelets from the leaves of the dropseed. When done his creations looked surprisingly similar to real jewelry. They appeared to be made from real silver. The leaves of the dropseed radiated such a sheen that they worked very well for his purpose. This had been his intention in collecting the plant materials. If the girl accepted his fabrications, she would be obliged to marry him because he had fulfilled her heart's desire.

Maasaw then picked up his creations and started out for the village of Songoopavi with them. Arriving there, he circled the outskirts of the village four times before approaching the girl's home. Again he spied out from behind the corner of a building but found no one walking about. Apparently the girl had not yet gone to bed for she could be heard grinding corn. Maasaw once more climbed to the upper story and made straight for the opening in the wall. There he squatted down. The girl noticed right away that he had come and was delighted to see him. "How

haalayti. "Is uni, ya um piw angqaqö? Suupan as um pay qa pas yaasavotat pay piw angqwniniqw oovi nu' pay as ung hihin nuutaytangwuniqw pas um qa piw pitu. Noq pay um oovi qa söövwu pangqw pantat pay um pew pakini," yaw pam put aw kitaqw pu' yaw pam oovi piw aw paki.

Paasat pu' yaw pam maana pay ngumantaqe qe'tit pu' yaw pam put tiyot qöpqöt aqlavo qatu'a'awnat pu' aqlap qatuptu. Paasat pu' yaw puma piw naami pep yu'a'alawu. Pu' yaw pam maana pay naat put sipmasmit qa ponaknaqw pay yaw pam put aw put oya. Noq pu' yaw pam put aw oyaqw pavan yaw pam maana hin unangway'kyangw pep put ang tuwanlawu. Pas pi yaw pam lomahinyungwa. Paasat pu' yaw pam tiyo pay naap put maanat aw pangqawu, "Pi nuy navotq yaw um it naawaknaqw oovi nu' ungem it angqw kimay," yaw pam put aw kita.

"Hep owi, pi antsa nu' it naawaknaqey hiitawat aw pangqawngwuniqw pay pi i' himu haqniqw oovi qa haqawa hisat yangqaqw inungem it yanva. Pu' nu' piw pangqawngwu, ason haqawa yangqaqw it inungem yanvaqw pay nu' son put qa amumtiniqey yan nu' hiitawat aw lavaytingwu. Noq pay pi um it yanvaqe pay pi um oovi nuy pö'a. Pay pi oovi um nuy tuyqawva. Noq oovi um hisat nuy angqw wiktoniqey pangqawqw pay nu' son ung awhaqami qa nuutaytani. Pu' pay nu' piw sutsep yan ngumantangwuniiqe pay oovi hin'ur na'sasta," yaw pam put aw kita.

Pu' yaw pam tiyo tsuyakqe pu' yaw pay yaapiy nanalsikis talöngvaqat ep mihikqw pu' put angqw wiktoniqey yaw put aw pangqawqw pay yaw pam maana sunakwha. Yanti yaw puma pephaqamniqw pu' yaw pam tiyo piw pangqaqw ahoy nimakyangw pu' yaw pam pep kiy ep pitukyangw pay yaw pam naat qa hakiy it aawinta.

Noq pu' yaw ep mihikqw pam maana puwniqe pu' yaw pam put sipmasmiynit pu' piw tangaviy pay haqami naat paas oya. Ason pay yaw pam qaavo pu' piw put ang ahoy pakiniqey yan wuuwankyangw panti. Noq pu' yaw ep qavongvaqw yaw pam maana taatayqe yaw kwangwtoykyangw yaw haqam put oyaaqey pangso put oovi. Noq yaw pam aw pituqw piw yaw qa himu pep pam'eway oyi. Pay yaw panis i' kwaakwisa lakpu pep oyiqw okiw yaw pam qa haalayti yan yorikqe. Noq pam yaw wuuwaqw pay kya yaw hak ep mihikqw pep pakiqw pam qa navotq pu' pay pam hak put kimat pay putsa pep oya. Pay yaw pam as oovi qa haalaytit pay yaw pam nawusta. Noq pam pi yaw qa navotiy'ta pam ep tokinen put hiita makiwqw pam hapi yaw mashimuniiqe oovi pay ep mihikqwsa lomahintat pu' pay talöngvaqw taalö' pay nukushinta.

Pu' yaw pam pay nawus pangqw qa hiita hinkyangw pu' yuy pumuy amuminiqw puma yaw kur naat put nuutaytaqe oovi yaw naat qa nöösa. Noq pu' yaw pam ep pakiqw pu' yaw puma paasat noonova. Pu' yaw pumuy noonovaqw pu' yaw pam maana pumuy paasat aa'awna hin pam put tiyot aw lavaytiqey, pu' hisat pam put angqw wiktoniqat. Noq pay yaw puma nawus qa hingqawu. Pay pi yaw pam nuwu put aw pan paas

nice! Are you here again? I didn't expect it would take you so long to come back. I already grew a little impatient waiting when you didn't show up. So don't waste time sitting out there. Come on in," she said whereupon he entered.

The girl now ceased her grinding and invited the youth to sit by the fire. He did as bidden, whereupon she sat down next to him. As before, the two sat talking. The girl had not yet made mention of the bracelets when, out of the blue, Maasaw handed the jewelry to her. The girl could hardly believe her eyes, so moved was she as she tried the items on. How exquisite everything was! The boy now said, "I heard that you wanted these things, that's why I brought them, for you."

"Oh yes, it is true that I told every suitor of my wish, but since jewelry is hard to come by, no one ever came bearing these things. I promised marriage to any man who would fulfill my craving for these things. By bringing this jewelry you have won me. Therefore, I am yours. Set the date when you want to take me away and I will be waiting for you until that day. I've been grinding corn all this time so I'm very much prepared."

Maasaw was overjoyed and replied that he would come to fetch her eight days hence, at night. The girl readily agreed. With that Maasaw returned home. However, he let no one in on his plans.

When the girl was about to retire that night, she carefully set her bracelets and rings aside. She had in mind to wear them again the next day. The following morning, upon waking up, she was already looking forward to wearing her jewelry, so she went to the place where she had left it. However, when she got there, there was no jewelry left, much to her consternation. Only shriveled up dropseed leaves lay there. When the girl saw this, her heart grew sad. She supposed that someone had entered the house during the night without her being aware, had stolen the jewelry, and left the leaves in its place. She felt quite miserable, but had to resign herself to the situation. What she did not know, of course, was that the ornaments given her belonged to Maasaw, and so were beautiful only during the night and ugly throughout the day.

Without a ring or a bracelet the girl had to go to her parents. They were waiting for her and had not yet eaten. Upon their daughter stepping in, they ate breakfast. On this occasion the girl revealed to her parents what she had told the young man the night before. She also mentioned the day on which he would come for her. Neither parent uttered a word of protest. After all, she had already given the boy her solemn word.

yuku. Pay yaw puma panis tuuvingta haqaqw pam hakniqw. Noq pam tiyo yaw pay orayngaqwniiqey put maanat aa'awnakyangw pay qa pas put mastangay tungwa. Noq pay pi yaw pam maana pan wuuyoqniikyangw qa iits kongtaqw pay yaw put yumat as put mantiy engem kyaanavotiy'taqe pay yaw oovi tsuya pam hakiy tuwaqw.

Paapiy pu' yaw puma soosoyam pangsoq hisat pam tiyo put mantuway wiktoniqat aqw hoyoyota. Noq paapiy pu' yaw pam maana put sipmasmiy, tangaviy aw pan nanvota. Aasakis mihikqw pay yaw pam piw ahoy lomahintaqa sipmasmi, tangavi pep oyingwu. Pu' piw qavongvaqw pay yaw pam piw okiw nukushintangwu. Noq hintiqw pi yaw pam pay put qa pas aw hin wuuwanta. Pay sen pi yaw pam put pas tsuyakqe oovi. Niikyangw pay yaw pam piw it yumuy qa aawinta. Pay yaw as pam pumuy aa'awnaqw pay yaw as put na'at son put aw pan qa suuwuwani pay pam himu put maqaqw oovi pam sipmasmi, tangavi pantingwu. Pu' pam pi yaw pay as piw suyan navotiy'ta i' himu mashimu pan mihikqwsa lomahintangwuniqw. Pu' qa hisat pi yaw pam maasaw hiita nukngwat himuy'ta. Noq pay yaw pam tiyo pas put maanatniqe yaw oovi put songyawnen pan putakw huuwa.

Noq pu' yaw oovi pangsoq put tiyot tokilayat aqw pituqw pu' yaw pam mastiyo pay iits pangqw nakwsuniqey wuuwa. Niiqe pu' yaw pam oovi pas pangqw yamaknikyangw pu' yaw pam pepeq hakiy pu' yuy'taqey yaw put aw it lalvaya. Noq pay yaw pam hak hihin qa haalaytiqe yaw put aw pangqawu, "Is uti okiw antsaa'. Son pi pam navote' okiw haalaytini. Pay pi itam yep yanhaqam yesqw son pi pam yep itamum qatunik pi as suutaq'ewni. Naat pi pam qa hintaqe son as okiw qa wuuyavo qatuniqey naawakna. Noq pay pi nuwupi," yaw pam put aw kita. "Niikyangw pay ason nu' imuywatuy aa'awnaqw pay itam son umuy qa nuutayyungwni," yaw pam put aw kita.

Paasat pu' yaw pam oovi piw pangqw nakwsukyangw pay yaw pam ep put maanat aw kuyvatoqe pay yaw piw anti. Mooti yaw orayminit pu' pay pas walngaqw pitutokyangw pu' songoopami. Paasat pu' yaw pam piw pepwat angqe naalös qöniltit pu' paasat put maanat kiiyat awi'. Noq pu' yaw pam ep pay kur hiita paas na'sastaqe pay yaw oovi put nuutaytaqw pam ep pitu. Noq pay yaw puma paasatniqat yaw pam tiyo put maanat aw pangqawqw pu' yaw pam maana pay nawus nakwha pay pi yaw pam suyan put pö'aqw oovi. Pu' yaw pam maana put aw pangqawu, yaw pam put engem ngumantangayat iikwiwmaniqatniqw pu' yaw pam oovi put iikwiltaqw pu' yaw puma pangqw nakwsuqe pu' yaw songoopaviy taavangqöymiqwat hawqe pu' yaw pangqe oraymiq. Noq pu' yaw puma oraymi pituuqe pu' yaw puma angqw hopqöyngaqwwat as aw kiimi wupto.

Noq pam maana yaw oovi pas pangso kiimi lööqöktoqey wuuwanma. Noq pay yaw puma naat qa aw kiimi wupt pay yaw puma pephaqam

They merely questioned her as to where the youth was from. The boy had, of course, told the girl that he was from Orayvi, but did not specifically mention that he resided at Mastanga. Because their daughter was already quite old and still not married, the parents had been quite concerned; now they rejoiced that she had found a suitable man.

From this time on the girl's family looked toward the day when the boy would be coming to take the girl to his home. The girl also began discovering some curious things about her jewelry. Each night her pieces of jewelry got back their original beauty, whereas the following morning they were transformed into ugliness. Why this should be so she did not reflect upon. Maybe it was because she had relished the gifts to excess. However, she made no mention of this to her parents. Had she told her father, he might have figured out who the giver of the gifts was. He would certainly have been aware of the fact that Maasaw's belongings take on an attractive appearance only at night. As it was, Maasaw never owned anything of value. Be it as it may, he really wanted this girl and in a way had set a trap for her with false jewelry.

When the time came for him to fetch the girl, the Maasaw youth decided to head out early from his home. Before leaving, however, he revealed his plans to the person who acted as his mother. She did not respond very enthusiastically. "Oh, how sad for the poor thing," she exclaimed. "When she gets to know us she's going to be miserable. I doubt she'll be willing to put up with our way of life. Her health is still sound and she must have a desire for a long life. But what's done is done," she said. "I'll let the others know, so that we'll all be ready for your arrival."

Maasaw now set out and did exactly as on his initial visit to the girl. He first headed to Orayvi, then went directly to Walpi before returning to Songoopavi. There he again walked his four circuits around the village and then went up to the young lady's home. The girl had already prepared her things and was waiting for him. When the youth insisted that they leave that very hour, the girl could do nothing but agree, for he had certainly beaten her at her game. The girl asked him to carry her containers with the ground flour, so Maasaw placed it on his back. Then they both started out by climbing down the west side of Songoopavi, and by way of this route went towards Orayvi. Upon their arrival there they were going up to the village from the east side.

The girl was under the impression, of course, that she was going to Orayvi for her wedding ceremony. However, instead of ascending the

taatöwat lasqe pu' yaw puma pangqe' pisa'atvelpa hintsakmakyangw pu' yaw hihin pas taatö pituqw piw yaw pangqaqw haqaqw kootalqw pangso yaw kur puma hoyta. Niiqe pu' yaw puma aw pituqw pu' yaw pam tiyo aqwhaqami pangqawu, "Haw, kuwawatotangwuy, nu' qa naala waynumay!" yaw pam aqw kita.

Pu' yaw pam aqw pangqawqw antsa yaw hakim kyaysiwqam angqaqw kuwawatota. Pu' yaw puma oovi aqw paki. Pu' yaw puma epeq pakiqw pavan yaw pepeq sinom qa an'ewakw yeese. Yaw kur puma pepehaq wukoyese. Pas pi yaw puma imuy wuuwukmuy pu' titiposhoymuy aqwhaqami pepehaq wukoyese. Pu' yaw puma put nguman'iniyat paas kwusunayaqe pu' paas piw haqami taviya. Pu' yaw puma put aw piw haalaylalwa. Yaw kur puma hakiy pas sonewmö'wiy'vayaniqey yaw yaayan hingqaqwa. Niiqe puma yaw oovi put paas taviya.

Noq piw yaw puma pay paasatniqwhaqam noonovaniqe yaw oovi pepehaq wupatunösvongyaatota. Noq paasat hapi yaw as suutokihaq. Noq pumuyniqw hapi yaw naat pu' taawanasaptiqw oovi yaw puma son nawus qa nöönösaniqw it yaw pam maana qa navotiy'ta. Pu' yaw puma aw tunösvongyaatotaqe puma yaw it öngavatnit pu' piikit ang aqwhaqami o'yaqe pu' yaw paasat aw yesvanta. Pu' yaw puma piw put puhumö'wiy engem haqaqw paas qenitutwa. Paasat pu' yaw puma tuwat pepehaq noonova.

Pu' yaw puma noonovaqw yaw pam maana pumuy amuupa taynuma. Noq puma yaw pay tuwat qa itamun noonova. Puma yaw qa mo'amiq put nöösiwqat tangalalwat puma yaw tuwat put söviwangwuyat angqw huttota. Pay yaw pam maana pas naala put nöösiwqat mo'amiq tangalawkyangw tuumoyta.

Noq pu' yaw ima pepeq tsaatsayom yaw tuwat kur put mö'wiy aw tunatyawyungwa pam tuumoytaqw. Niiqe pu' yaw puma naanami pangqaqwa, "Is itse, mö'wi tuwat kwitat tuumoyta," yaw puma kitotaqw pu' yaw mimawat put aw yoyrikyaqe yaw put aw pay qa pas kwangwataayungwa. Pumuyniqw pi yaw pam qa söviwangwuyatniiqe yaw songyawnen kwitat tuumoyta. Is itse, kur pi yaw pam kwitat qa tuutuyoyt put tuumoyta. Niikyangw pay pi yaw pam pas naat puhumö'winiqw pay yaw oovi qa haqawa put aw hingqawu.

Noq pu' yaw puma nöönösaqe pu' yaw puma tunösvongyay ang ayo' o'ya. Noq pu' yaw pam maana paasat pi puwmokiwkyangw pepeq pituuqe yaw oovi tsuya puma tokniniqw. Noq pay yaw naat kur piw qa pantani. Puma yaw paasat ang ayo' qenitotaqe yaw tuwat qa hin aapalalwaniqey unangway'yungwt puma yaw tuwat pay angqe' yesvaqe pu' tuwat paasat naanami pay hiihiita yu'a'alalwa. Qa hin yaw puma tokniqey unangway'yungwa. Noq pu' yaw puma put mö'wiy haqami engem qenitutwaqw pam yaw pay okiw nawus teevep pep qatu. Niiqe pam yaw as okiw puwmokiwtaqw pas yaw qa haqawa put engem ang aapataniqey

trail all the way to the village, they branched off toward the south and went along a sandy slope. Further south could be seen the glow of fire which, from all appearances, seemed to be their destination. Upon their arrival there the youth shouted into the abode, "How about some words of welcome. I am not alone!"

Indeed, a multitude of voices invited them in, whereupon Maasaw and the girl entered. When the two had made their entrance the girl was struck by the incredible number of people present. Apparently an enormous number of people lived there. All over she saw old people as well as infants. Attentively, they relieved her of the flour and stored it out of sight. Everyone greeted her happily, and every so often people remarked what a beautiful girl they were going to acquire as a female-in-law. For this reason they really made her feel at home.

Although the hour was already late, they were all going to have a meal now. Long lines of dishes were set out. The time was midnight, but for the dead it was noon, so they felt the need to eat. The girl, of course, was totally unaware of this. Meanwhile, boiled beans and piiki had been set out all over the floor, whereupon one after another squatted down to the food. For their new in-law a special place was reserved, and then everybody commenced eating.

In the course of the meal the girl studied the people around her. In doing so she noticed that nobody ate the way we customarily do. The dead did not put food into their mouth but merely inhaled its steam. The girl realized that she was the only person stuffing the food in her mouth and actually chewing it.

The children, in turn, closely watched their in-law eat. "How awful! Mö'wi is feeding on feces," they were telling one another, whereupon the others looked at her with expressions of disgust. Failing to inhale the steam rising from the food, in their eyes, was tantamount to consuming excrement. How disgusting to see her partake of excrement without being queazy! But since she was the new in-law, no one pointed this out to her.

When everyone was through lunching, the food was cleared away. Since the girl had already been drowsy when they had arrived at Mastanga, she was glad that they were all about to retire. But this was not to be the case. When all the food was cleared away, no one showed any intention of putting out his bedroll. Rather, everybody sat around making idle chitchat. Nobody felt like going to bed. Somewhere they had made room for their in-law, so the poor thing was compelled to sit there for the longest time. She was dead tired, but no one felt obliged

unangway'ta. Pu' yaw pam pep qatuwkyangw yaw as okiw navos'öqalay'kyangw pay yaw pas pasiwtaqe yaw oovi okiw pi'ep yokomtit pu' piwningwu.

Niiqe pay yaw pam hisatniqw pas qa naa'angwutaqe pay yaw kur okiw naat qatuwkyangw puwvat qa navota. Pu' yaw pay pas talhahayingqw pu' yaw pam hisatniqw nangwpuknaqe pay yaw pam naatatayna. Pu' yaw pam angqe' taynumqw paasat pu' yaw peetu tuwat angqe' aapalalwa. Noq yaw peetu kur pay hisatniqw tokvakyangw pay yaw himuwa kur tuwat qa aapatat pay yaw pas haqam qatuwtaqey pep puwvangwu. Pu' yaw pam natpipo yorikqw pang yaw hak kur as aapatakyangw yaw qa ang wa'ökiwta. Noq pu' yaw pam hak put aqlapniiqa yaw put aw pangqawu pay yaw pam put engem pang pantaqw pu' yaw pam oovi pang wa'ökqe pu' yaw paasat piw ahoy pas huruvuwva. Pavan yaw pam pas hiita nukngwat aapay'kyangw pu' piw pas lomavösaalatnit pu' piw pas lomasowitvuput uskyangw puwva.

Pu' yaw pam pas maanguy'qe yaw oovi pas töngvaqw pu' taatayqe yaw paasat naami itsivuti. Son pi yaw pam as pep mö'öngqatkyangw paasathaqam qaqtuptuni. Pu' yaw pam oovi hiita ustaqey ayo' hölökna. Pu' yaw pam as qa put tooki uskyangw puwvaqey u'niy'ta. Pas pi yaw pam okiw hiita saskwit uskyangw taatayi. Pu' yaw pam aapay aw yorikqw pay yaw pam piw an saskwi. Pu' yaw pam yan yorikqe yaw okiw qa haalayti. Hintiqw pi yaw puma okiw put pantsatsna. Pu' yaw pam pay suqtuptuqe yaw mimuywatuy amuupa taynumqw puma yaw qa pumuy tookiyaqamuy amun sosniwqam pang wa'ökiwyungwa. Yaw ima maslalakvumsa pang aasaqawta. Pu' yaw piw pepeq a'ni hovaqtuqw pavan yaw pam put hovalangwuy akw hin unangwti. Pu' yaw pam tsawnaqe pay yaw kur okiw mashuruuti. Niiqe pay yaw pam oovi pep pas wuuyavo sun wunuwtat pu' paasat piw ahoy yan unangwtikyangw pay paasat naavakhuruuta. Pavan yaw pam naavak'öynat pu' paasat hisatniqw ooki. Pas yaw pam paasat pu' navota pam yaw kur hakiy pay mokqat aw löököqö. Pam yaw kur ep tokinen orayvituy tu'amqölöyamuy aw lööqökiwma. Yan yaw pam it navotqe pu'sa yaw okiw pep naa'okwatuwiy'ta. Naapi yaw pam kur pas hiita kyaanawaknaqe pu'sa yaw pam oovi it aqw naavitsina. Pu' yaw pam pay suyan piw navotiy'ta son pam paapu pangqw yamakniqey. Pay yaw pam oovi paasat nawusta. Paasat pu' yaw pam pay pas pa'kiwuysa apiti.

Niiqe pay yaw puma paasat naat pang tokq pu' yaw pam hisatniqw ahoy yan unangwtiqe pu' yaw oovi pep pay as mootiniqw qatuwkyangw pumuy amumi taynuma. Hisatniqw pu' yaw pam pay as pangqw waayaniqe pu' yaw oovi wunuptut pu' yaw saaqat awniiqe pu' yaw oovi pay paasat pangqw yamakniqey wuuwa. Niiqe pu' yaw pam oovi pangsoniiqe pu' yaw put sus'atkyaq saqleetat aw wuukukqw pay yaw pam okiw suqwhi. Pu' yaw pam piw atsvewatniiqat aw wuukukqw pay yaw pamwa

to lay out a bedroll for her. As she sat there she tried very hard to keep her eyes open, but so exhausted was she that every so often she nodded off.

There came a point where the girl couldn't help herself anymore. Right where she sat she fell asleep. The time was nearing morning when she jerked herself awake. Gazing about she now spotted a few people spreading out their bedrolls. Others had already dozed off and were sleeping right where they had been squatting. When she looked to the place in front of her, and she found that someone apparently had made his bed there, but no one lay in it. The person next to her informed her that this place was meant for her. Thus she lay down and once more fell fast asleep. She slept on a very nice mattress with an exquisite blanket and a beautiful rabbitskin for a cover.

So severely had been her exhaustion that she did not wake up until midmorning. Realizing it was so late she grew angry with herself. Staying there as a new bride she should not rise so late in the day. She threw off her covers, but could not recall having worn the blanket she saw on herself when she had gone to bed. For the covers wrapped around her, now that she awoke, were nothing but rags. Inspecting her bed mattress she found this also torn and tattered. Now she became really despondent. How could they do such a thing to her? She quickly got up and looked at the others. They, too, did not resemble in the slightest the people of the night before. Nothing but skeletons lay strewn about. The odor was so putrid that she was nearly overcome by it. The girl froze with fright. Thus she just stood there for a long, long time, and when she finally came to her senses she burst into tears. She wept till she could not cry any more. Finally she calmed down. It now dawned on her that she had become betrothed to a dead man. To get married she had actually come to the Orayvi graveyard the night before. She clearly saw the connection now. Now it was too late and she felt great pity for herself. Inwardly she reproached herself for having wanted so much from her suitors, and now, irretrievably, she had gotten herself into this fix. She sensed that she would never be able to escape and that she had no alternative but to resign herself to her fate. All she was good for now was to cry.

Finally, she got hold of herself again. The dead still lay there fast asleep, so at first she just sat there staring at them. Some time later she rose to her feet in an attempt to flee. She moved up to the ladder and decided to leave the underground abode. Yet as she set her foot on the lowest rung, it broke to her dismay. Next she stepped on the rung above, but it broke likewise. As it turned out, the rungs of the ladder were made

piw anti. Noq pam yaw kur it aaqawut ööqayat angqw yukiwtaqe paniqw pam yaw pas oovi qa hongviniiqe yaw put qa kyaati. Pay yaw pam kur piw mihikqwsa hongviningwu. Yan pay yaw pam nawus pangqw pay qa yamakqe pu' yaw pay piw paasat pepeq pakmumuya.

Pu' yaw panmakyangw pu' yaw piw tapki. Noq paasat pu' yaw himuwa piw ahoy taatayngwu. Pu' yaw oovi himuwa angqe' poniniykye' suqlalaykungwuniqw yaw pam navota. Pam yaw as paasat pay pumuy amumi qa tunatyawta. Pas yaw puma yesvantaqw pu' yaw pam navotqe pu' yaw piw amuupa yorikqw pay yaw puma piw ahoy suhopiitniikyangw angqe' naanangk yesvanta. Pu' yaw puma piw as taalö' tokqe yaw piw hiihin'e'wakw uskyaakyangw pu' piw aapay'yungwa. Pu' yaw puma aapay ang ahoy tsovalantotaqe yaw ahoy lomavöpsaalat, lomatatvuput ang tsovalantota. Paasat pu' yaw puma wuuwuyoqam yesvaqe pu' yaw puma hiita nöönösaniqat yaw aw hintoti. Paasat pu' yaw puma imuy tsaatsakwmuy yesvanaya. Pay yaw oovi paasat iikye' qa taalaniqw yaw puma noonova. Noq pay yaw pam maana piw paasat amumum tuumoyta.

Noq pay yaw kur puma tuwat pansa pepeq yeese. Pu' yaw pam maana pay nawus paasat pepeq nakwhaniy'ta. Niikyangw pam yaw as naamahin lööqökiwkyangw pam yaw qa hisat pumuy amungem ngumanta. Pay yaw pam pepeq pas paysoq qatu.

Noq pu' pam maana ep kiy angqw aapiyniqw pu' yaw aapiy nalöstalqat ep su'its pay naat qa qöyangwnuptuqw pay yaw put maanat yumat pangso oraymi put tiy angk. Puma hapi yaw pumuy asnaniqe oovi pangso. Niiqe pay yaw puma oovi naat pay iits ep pituuqe pu' yaw hakiy pep tuuvingta haqam pam songoopapmana mö'öngqatqw. Noq piw yaw pam hak put qa hin navotiy'taqey yaw pumuy amumi pangqawu. Paasat pu' yaw puma oovi piw hakiywat tuuvingtaqw pay yaw pam piw pumuy amumi mitwat su'an lavayti. Noq pu' yaw puma as pang kiinawit put tuutuvingtinumqw pay yaw pas qa hak put hin navotiy'ta. Pu' yaw puma put maanat pas qa tuwaaqe pu' yaw pay nawus paasat pangqaqw ahoy nima. Pu' yaw puma ahoy kiy ep pituuqe yaw okiw tapkimi qa haalaymokiwta. Pay yaw puma oovi pas qa suusa nöösa.

Pas yaw tapkimi pu' yaw pam taaqa hakimuy u'naqe pu' yaw pam oovi put nöömay aw pangqawu, "Pas hapi nu' piw hakimuy u'naqe nu' kur oovi pumuy aqwniqw pay kya as puma itamungem aw hinwat wuuwayaqw pay kya as itaatiy engem hin pasiwtaniy," yaw pam nöömay aw kita. Niiqe pu' yaw pam paasat aapamiqhaqaminiiqe pay yaw pam pas wuuyavo pepeqnit pu' yaw pam paasat hiita hinkyangw angqw ahoy yama. Noq pam yaw kur paasat pepeq nakwakwuslawu. Pu' yaw pam piw kur lööqmuy tatsitnit pu' piw lööqmuy tatsimrikhot yukut pu' paasat yaw payniqey nöömay aa'awna. Pu' yaw pam pösaalay kwusut pu' yaw pam yamakma.

of sunflower stalks and were therefore so weak that they could not support her weight. Apparently they were sturdy only during the hours of darkness. Realizing that she was trapped she cried again.

Eventually, evening came again. By this time one or the other of the skeletons had begun to stir in bed. The girl could hear them rattling as they shifted about. However, she paid no attention to them. Not before they actually started rising did she really notice them and, as she looked about, discovered that one after the other they took on their human form again. While asleep during the daylight hours they had lain on ragged bedrolls wrapped in the vilest covers. Yet now, as the bedding was being gathered up, it once more resembled beautiful blankets woven out of cotton and rabbit skins. The older women who had already risen were preparing whatever they were going to have for breakfast. Then they got the children out of bed. By the time everybody was eating it was night outdoors. So the girl also joined them in their meal.

In this fashion did the dead live out their daily lives. The girl had no choice but to stay where she was. But even though she was a new bride in their home, she never ground any corn as would have been fit to do. She simply sat there idling her time away.

Four days after the girl's departure from her village, her parents started out after her to Orayvi. It was still early in the morning, before the gray dawn had appeared in the sky. They left, of course, because they wanted to wash their daughter's and her husband's hair and entwine it as a symbol of their union. They arrived at Orayvi at an early hour and immediately asked a woman where the Songoopavi bride was staying. To their great surprise, however, the woman knew nothing of a wedding. The couple tried somebody else, but again received the same response. Now the two went from door to door all over the village inquiring of their daughter's whereabouts, but no one knew anything about her. When the parents failed to find the girl, they were compelled to return to Songoopavi. Back home they felt dejected all day and for this reason could not touch any food.

It was evening when the man suddenly remembered who he might turn to for help. So he said to his wife, "I just thought of some people. Let me seek them out. Maybe they can think of a plan to get our daughter back. Thereupon he disappeared into the back room, where he spent quite some time before reemerging with several items. He had been fashioning some prayer feathers back there. He had also manufactured two shinny balls as well as the sticks to go along with them. He now told his wife that he was leaving, whereupon he picked up his blanket and was gone.

Noq pam yaw kur imuy naatupkomuy pöqangwhoyatuynit pu' pumuy soyamuy u'naqe pu' yaw pam oovi pumuy kiiyamuy awi'. Niiqe pu' yaw pam pumuy kiiyamuy ep pituuqe pu' yaw aqw pangqawu, "Haw! Ya qa hak qatu?" yaw pam aqw as kitaqw yaw qa hak angqw put aw hingqawu.

Noq yaw suupaasat ima naatupkom pöqangwhoyaniqw pu' i' palöngawhoya yaw pepeq a'ni naayawqe yaw qa unangwtala. I' yaw wuuyoqwa yaw kur it tupkoy tatsiyat nawkiqw puma yaw put oovi naayawi. Noq pu' yaw pam taaqa pas piwniqw pu' yaw kur pumuy so'am navotqe pu' yaw pumuy as meewaqw pay yaw puma put qa aw tuuqaytat yaw tuwat put aw a'ni kolilita. "Um pay qa itamumi hingqawlawniy. Pay pi son hak yaasatniqwhaqam waynumniqw piw um pangqawlawu. Paysoq pi itam qe'tiniqat um naawaknaqe oovi panhaqam itamumi a'tsalawuu, nukusso'wuutii," yaw pam wuuyoqwa put soy aw kitaaqe yaw qa hin put tupkoy mots'iniyat maatapniqey unangwtiqe naat yaw pam put huur tsöqöy'ta.

Paasat pu' yaw pam pumuy amuminiiqe pu' hin hintsakkyangw pu' yaw pumuy tatsiyamuy nawki. Pay yaw as oovi mootiniqw puma put soy munuknaqe yaw okiw aw taya'iwkyangw pep a'ni naatutuptinuma. Pu' yaw pam pumuy tatsiyamuy nawkiqe pu' yaw pam put qöpqömiq tuuvaqw pavan yaw puma tis paasat a'ni soy aw itsivuti. Paasat pu' yaw pam so'wuuti put taaqat paki'a'awnaqw pu' yaw pam pumuy amumiq paki.

Noq pu' yaw pam so'wuuti put taaqat paas tavit pu' yaw put engem aw tunösvongyaatat pu' yaw aw pangqawu, "Ta'a, pay um son ngas'ew qa hiisakw nösni, pi um qa hiita nöösay'ta," yaw pam put aw kita. "Pay ason um nösqw pu' itam uumi hin tutaptotani. Pay as kya naat uumanay engem hin pasiwtani," yaw pam kita. Noq pam yaw kur i' hak kookyangwso'wuuti. Noq pay yaw puma pep kiy'yungqam piw a'ni hiituniiqe pay yaw oovi kur piw paas navotiy'yungwa pam hiita oovi waynumqw.

Noq pu' yaw pam pep tuumoytaqw pu' yaw ima naatupkom tuwat pephaqam qöpqömiq tatsiy oovi qöritaqw pu' yaw pumuy so'am piw qööqöya. "Huvam qa pangsoq hintsaki'i taq pi angqw umumi so'yoko yamakniniqw," yaw pam pumuy amumi as kita.

Pay yaw puma piw qa aw tuuqaytat pay yaw piw aw ahoy a'ni koliliyku. "Ta'ay, pay pi pantini. Ason pi nu' posvölöyat ayo' tukye' put tatsiy'tani," yaw palöngawhoya kita. "A'aa, noq pu' nu' tuwat löhavuyatwat ayo' tukye' paasat pu' pas lööqmuy tatsiy'tani," yaw paava'atwa kita.

"Pas nu' okiw hin'ur unangway'taqamuy mööyiy'ta. Noq pay pi ima pantaqe oovi pas qa hiita mamqasqw pay oovi itam imuy amumi hin tutaptaqw pay ima son piw qa pantini," yaw pam put aw kita. "Niikyangw pay um qa amumi tunatyawtat pay um haak tuumoytani," yaw pam kita.

The man had evidently thought of the two Pööqangw brothers and their grandmother, and he was bound for their house. Reaching his destination he announced his arrival: "Haw! Is anyone home?" he shouted but there was no answer.

It so happened that at that very moment Pöqangwhoya and Palöngawhoya were engaged in a great brawl and showed no sign of letting up. The elder brother had stolen his brother's shinny ball, which had triggered the fight. Once more the man shouted and this time the boys' grandmother heard him. She asked them to stop, but the two did not heed her. On the contrary, they just came back with some smart aleck answers. "Why don't you just leave us be? How can you say that someone is around this late at night? You just want us to quit, that's why you're telling us lies, you wicked old hag," said the elder of the two brothers to his grandmother. He had no intention of letting go of his brother's disheveled hair and held on to it tightly.

The old woman now shuffled over to them and somehow wrestled the ball away from them. Before that, however, they had knocked her down in the course of their fighting and laughed at her as they flung each other about. The ball she had taken away from them she threw into the fireplace, which made the two all the more furious at their grandmother. By then, however, the old woman had bidden the visitor enter, whereupon he came in.

The old lady welcomed the man and set some food before him. Then she said, "Come on, you have at least to eat a bite, for your stomach must be empty. Once you have eaten, we'll give you some advice. There should be a way to help your child," she encouraged him. She was, of course, Old Spider Woman. Both she and her two grandsons were powerful beings and therefore were already aware of the reason the man had come to them.

While the man sat there eating, the two brothers rummaged in the firepit in search of their ball, so their grandmother had to scold them once more. "Don't poke into there or So'yoko, the ogre who lives in the fire, will come out for you."

Still the two brothers did not listen to her warning. Instead, they retorted with more back talk. "All right, let him do that. I'll sever the ogre's bulging eyes and use them as shinny balls," Palöngawhoya replied. "That's right, and I, in turn, will cut off his testicles and make two balls from them," his older brother cried.

"Oh, the obnoxious grandsons I have! But that's why they're not afraid of anything, so whatever instructions we give them, will be carried out. Don't mind them, just keep on eating," she muttered.

Noq pu' yaw pam öyqe pu' yaw pam pumuy amungem hiita hinvaqey yaw put amumi oyaqw pavan yaw puma soosoyam haalaytoti. Pas yaw paasat pu' ima naatupkom sun yukuuqe pu' put aw yaw tuuqayta. Pu' yaw pam pangqawu, "Pay itam kur hakiymuy amumi taqa'nangwte' qa umumininiqw oovi antsa nu' yaasatniqwhaqam angqw pew umumi'iy," yaw pam pumuy amumi kita. Paasat pu' yaw pam pumuy pep put mantiy amumi tu'awiy'ta. Noq pu' yaw pam pumuy amumi pas soosok yukuqw pu' yaw pam kookyangwso'wuuti put aw pangqawu, "Is uti okiw himu'u. Pay uma antsa son put ep haalayi. Noq pam umuumana hapi pay it tiyot mokput amumti. Niiqe puma maamast pu' put mö'wiy'vayaqe son put umumi ahoy no'ayaniqey naanawaknani. Pu' pay pam antsa pi as pepeq okiwhintaqw pay um antsa naalanen kur put hintsanni. Niiqe puma hapi put pep orayviy hopqöyve mastangay ep huur uutsiy'yungwa. Noq pay pi kur itam ngas'ew umungem aw hin tuwantotani. Pay kya as hisnentiqw itam put ahoy tuutuyqawvani. Noq pay pi puma piw hin'ur hiita tuwiy'yungqe pay son put itamumi paysoq maatatveni. Noq oovi itam uumi pu' hin tutaptotaqw um ason umuukiy ep ahoy pite' um it itaatutavoy uunömay aw tuu'awvaqw ima naama pantini," yaw pam put aw kitat pu' yaw paasat put aw tutapta puma hintiniqat. "Um hapi ason qaavo it nakwakwusit piw peehut tumaltani. Noq pu' uunömawa it piikitni. Pu' ason pam pikyukukyangw pu' pam nuutungk it sakwapviqavikhooyat naalöq yukuni. Niikyangw ason pam paavaqwre' pam hapi pay qa qöötsapwutsvut paavaqwrini. Ason uma pantiqw paasat pu' um ason pay pas löötok su'its talavay put kimakyangw pu' um pay umuukitsokiy taavangqöymiqwatnen pu' um pepeq itamuy nuutaytani." Yan yaw pam put aw tutaptaqw pu' yaw pam oovi pangqw ahoy nimaaqe pu' yaw yan tuu'awvaqw pu' yaw puma pay paasat hihin suyan unangway'kyangw puwva.

Paasat pu' yaw ep qavongvaqw pu' yaw puma pumuy tutavoyamuy aw antsaatsanqe pay yaw puma oovi naama su'aw mongvastiqw pu' yaw piw tapki.

Noq pu' yaw mastangay epeq yaw pam maana nalöstalqat ep pu' it tiyot amum aasi. Niiqe pay yaw pam tiyo oovi paasat put maanat pas suus himuy'va. Noq paapiy pu' yaw pam maana pepeq mö'öngkiy epeq pumuy amungem noovalawngwu. Aasakis yaw puma noonovaniqw pu' yaw pam pumuy amungem aw somiviktangwu. Noq pu' yaw pam pay piw naat pas an pepeq tuumoyta. Naala yaw pam pas put nöösiwqat angqw tuumoytaqw mimawat yaw pay put nöösiwqat söviwangwuyat pu' piw hovalangwuyat huttota. Pu' piw yaw aasakis puma pan noonovaqw pay yaw piw puma pepeq tsaatsayom pangqaqwangwu pam soq kwitat tuumoytaqat. Noq haqaapiy pay yaw pam okiwtiqe pay yaw paapu ephaqam qa nösngwu. Pu' yaw pam pi as mö'öngqatqw pas yaw qa himu put engem hiita hintsaki. Qa himu yaw haqam mö'öngna'ya. Pu' yaw piw

When the man was satiated, he presented all three of them with the gifts he had made for them. How elated they were. Then the brothers sat still and gave him their attention. "Yes," he said, "there is no one else we can count on except you; that's why I'm here at this late hour seeking your advice. Thereupon he related the mysterious disappearance of his daughter. When he was finished Old Spider Woman sympathized with him. "Oh the poor thing! You must both be unhappy over this. Your daughter married a young man who had died. Now that the dead have gained her as an in-law they will not want to give her back to you. The poor thing is truly miserable there, but you cannot do anything about it by yourself. She is trapped by the dead at Mastanga on the east side of Orayvi. We can at least try to resolve this problem for you. If we're fortunate we'll get your daughter back. However, the dead who hold her also possess great powers and will not give her up willingly. We'll give you some directives now. Back home I want you to share them with your wife. Then both of you must follow them." With that she gave her instructions in detail. "First, I want you to prepare a few more prayer feathers tomorrow. Your wife, in turn, is to make piiki. When she has nearly completed this task, let her bake four little blue pancakes. But when she makes her batter, she is not to pour any liquid ashes into it. Two days afterward, very early in the morning, you must then take these things to the west side of the village and wait for us there. After receiving these instructions the man left for home, where he reported everything to his wife. Now, with their hopes raised a little they fell asleep.

The next day the girl's parents did the bidding of the Old Spider Woman and completed their tasks just as evening arrived.

Meanwhile, at Mastanga the girl had her hair washed with the Maasaw boy on the fourth day, which meant that now the girl was forever his. From that point on the girl began cooking for the people at the home of her in-laws. Each meal time she cooked somiviki for them. She, however, continued eating her meals in the same manner as before. She alone ate from the food whereas the rest merely inhaled the steam and the aroma. In addition, each time they sat down to a meal the children present never failed to comment that she was eating shit instead of food. There came a point where she became so despondent that at times she would not eat anything. She was, of course, supposed to be going through her wedding ceremony, but nobody worked on her wedding outfit. A work party to weave the required garments did not exist,

qa himu haqam yawi'oyi. Pay kya pi yaw pam pas qa hiita mö'öngyuwsitni. Pas yaw pam itakw enang okiw qa haalayi.

Noq songoopave pu' yaw ima naawuutim it hiihiita na'sastaqw pu' yaw ep qavongvaqw pu' yaw put maanat na'at put kimakyangw pu' yaw pay su'its talavay pangsoq taavangqöymiq hawqe pu' yaw pam pepehaq pumuy nuutayta. Pay yaw pam oovi naat qa pas wuuyavo maqaptsiy'taqw pay yaw puma put aw ökiqw pu' yaw puma soosoyam pangqw oraymiqya. Niikyangw pay yaw puma qa pisoq'iwwisqw yaw put maanat na'at pay as kyaanavotiy'maqw pu' yaw pam so'wuuti put aw pan maamatsqe pu' yaw oovi aw pangqawu, "Taaqa, pay um nawus qa kyaanavotiy'mani. Puma hapi naat pu' tuwat tokvaqe naat puma oovi son soosoyam hurutokva. Pay itam oovi son nawus haak qa yan hoytani," yaw pam put aw kitaqw pu' yaw pam oovi pay nawus pangqw hihin nakwhaniy'ma.

Noq pu' yaw puma aw haykyalniy'wisqw pu' yaw pam so'wuuti pumuy tiyooyatuy amumi pangqawu, "Nu' hapi umuy it ngahut maqaqw uma hapi pay it mötskyangw pay itamuusavo put maanat mö'öngkiyat awni. Ason uma aw pite' uma hapi pay haak qa aqw pakit pay uma angqw tuu'amit oongaqw aqw wunuwkyangw pu' uma umuugahuy aqw soosok pavoyat pu' uma pay ason angqw ahoy nimani." Yan yaw pam pumuy mömuy amumi tutaptaqw pu' yaw puma oovi pay paasat aqwhaqaminiiqe pu' antsa panti. Pantit pu' yaw puma pay paasat pangqw ahoy nima.

Hisatniqw pu' yaw puma tuwat epeq pitu. Noq yaw puma pi as pangso tu'amqölmi pituqw piw yaw pephaqam i' suukya kiva wunuqw pu' yaw puma oovi pangso. Noq yaw ima naatupkom paniqw oovi pangsoq put ngahuy pavoya, pam tuu'ami hapi yaw kur putakw pan susmataqtiniqw oovi. Pu' puma hapi yaw piw put ngahut akw pas hurutokvaniqat oovi puma naatupkom pangso put pavoya. Paasat pu' yaw puma pangsoq pakiniqw pu' yaw pamwa kookyangwso'wuuti piw tuwat pangso saqmi hiita ngahuy pavoyaqw paasat pu' yaw puma pay qa hin put saaqat aw nanvot pay yaw ang aqw suupaki. Noq pay yaw antsa qa hak navota puma pepeq pakiqw.

Noq paasat yaw kur pam maana pas okiw maangu'iwtaqe yaw oovi paasat puuwi. Noq pu' yaw put na'at put tuupelmo taasikiwtaqat wayayaykinat pu' yaw aw pangqawu, "Takurqa'ömanay, taatayi'iy. Itam ung angqw wiktoy." Pu' yaw puma put taataynat pu' yaw put nan'ikyaqe matpikyaqe put nakwakwusit soma. Yanti yaw puma putnit pu' paasat hokyayat pas atkyaqe pu' yaw puma piw lööqmuy soma. Yantsana yaw puma putniqw pu' yaw pam maanat na'at put iikwiltaqw pas pi yaw pam qa putuwya. Paasat pu' yaw puma pangqw put maanat horokna.

Pu' yaw puma pay pas pangqw hihin yaaptit pu' yaw puma put haqam taviqw pu' yaw puma put paasat piikitnit pu' piw it sakwapviqavikhooyat nopna. Put yaw kur yu'at engem noovata ep tavoknen. Pas pi

and no loom had been set up anywhere. Maybe she was not to get any wedding clothes. These things added to her unhappiness.

Early in the morning, after the couple had finished the various preparations at Songoopavi, the girl's father took everything down to the west side of the mesa and waited for Spider Woman and the two Pöqangwhoyas. They soon arrived, whereupon the whole group set out toward Orayvi. They ambled along at a rather slow pace, which pained the girl's father. The old woman sensed this, so she said to him, "My dear man, you must not be in such a hurry. The dead only just went to bed and cannot all be sound asleep yet. Therefore there is no need to rush." Her explanation helped him continue without such a feeling of urgency.

As they drew near their destination, Old Spider Woman said to her grandsons, "Go ahead of us to the house of the girl's in-laws and chew these medicinal herbs. When you get there, do not enter but position yourselves by the grave, spit all your medicine into it and then go back home." Pöqangwhoya and Palöngawhoya did as told and, after completing their assignment, returned home.

Some time later Old Spider Woman and the girl's father arrived at Mastanga. Reaching the graveyard they found a kiva there which they approached. Pöqangwhoya and Palöngawhoya, of course, had spit their medicine into the grave so that it could be easily recognized by Spider Woman and the man. Also the medicine would cause the dead down below to fall into a deep sleep. As Spider Woman and the man were about to climb in, Spider Woman in turn spat some medicine on the ladder. They had no difficulty using it, and quickly reached the interior of the kiva without any of the dead being aware of their presence.

By this time the girl had grown so weary that she had fallen asleep. Her father found her sleeping against the wall. He shook her and said, "Takurqa'ömana, wake up! We've come to get you!" They tied prayer feathers around both her wrists. Two more they attached about her ankles. When the father loaded her on his back to carry her out of the kiva, he did not notice her weight at all.

When they had put some more distance between themselves and Mastanga, they set the girl on the ground and fed her some piiki and the liitle blue pancakes her mother had baked the day before. The poor girl

yaw pam okiw tsöngmokiwtaqe yaw oovi pay as a'ni nöst pay yaw pam naat qa pas hintaniqey panta. Pu' yaw pam so'wuuti paasat piw put angqw hiita ngahuy nopnaqw paasat pu' yaw pam hihin öqawtaqw pu' yaw puma pangqw piw nankwusa.

Paasat pu' yaw puma put pangqw wikkyangw ahoy nimakyangw pay yaw puma naat put qa pas kiiyat aw wikniqat pam so'wuuti put aw pangqawqw pu' yaw puma oovi pay naat mooti put so'wuutit kiiyat awya. Pay pi yaw pam maana naat paasat utihi'niqw oovi pam yaw son nawus mooti put qa powataqw pu' yaw pam put ahoy pas kiy aw wikkyangw nimaniqat yaw pam so'wuuti kita. Yanhaqam yaw puma put maanat pangqw ahoy wikvaya.

Noq pu' pepeq mastangay epeq pu' yaw puma kur hisatniqw tuwat taatayaya. Niikyangw pay yaw puma pas kur antsawat hurutokvaqe yaw oovi qa iits taatayaya. Pas yaw kur put so'wuutit ngahu'at a'ni lay'ta. Niiqe pu' yaw puma oovi hisatniqw tuwat yesvakyangw yaw nanapta yaw pumuy mö'wi'am qa epeqniqw. Pu' yaw put maanat koongya'at yan navotqe pay yaw pam pan suwuwa, pay yaw son puma put maanat yumat hakiy qa pa'angwniyat akw enang put horokna. Noq pu' yaw pam oovi pay paasat pangso songoopami nakwsu. Pu' yaw pam ep pituuqe pu' yaw put maanat kiiyat aqw pootaqw pay yaw pam naat paasat qa epe'.

Pu' yaw paasat aapiy pay pas nalöstalqat ep pu' yaw pam piw aw pootaqw pay yaw antsa pam maana piw kiy ep ahoy qatu. Noq pay yaw pam put qa aw naamaatakna. Niikyangw pay yaw pam put pas son ahoy qa naaptiniqey yaw yan su'qalti. Niiqe pu' yaw pam pay oovi naat paasat musangnuminit pu' piw walmiqnit pu' paasat pas angqw piw ahoyniikyangw pu' yaw piw put maanat kiiyat awi'. Noq paasat pay yaw pas soosovik tookiwqw yaw pam pep pituuqe pu' yaw pay yuumosa put kiiyat aqwa'. Pu' yaw pam maana haqam puwngwuniqw pam yaw pay paas put navotiy'taqe pay yaw pam oovi yuumosa pangso pakiqw pay yaw pas qa hak navota, pam pi yaw pas tuhisay akwniqw oovi. Pu' yaw pam put awniiqe pu' yaw pam put aqlap tsukuniltit pu' löövaqw may akw naami maasankyangw pu' put huutukngwu. Niiqe pam yaw oovi naalös pantit pu' yaw pam pay pangqw yamakt pu' ahoy piw nima.

Paapiy pu' yaw pam maana as pep piw ahoy qatukyangw pay yaw pam naat qa wuuyavotat pay yaw pam hintiqe pay yaw okiw pas tuutuylawu. Noq nuwu yaw pay pam pas wuuyavo pantaqw pu' yaw oovi put yumat as pi'ep hiitawat tuuhikyat put aw maataknangwuniqw pay yaw pas qa haqawa put aw maamatsi. Haqaapiy pu' yaw pam pay pas nuwu okiw paas hin soniltikyangw pu' pay nuwu qa öqawiy'ma. Noq pay yaw puma naawuutim paasat put aw suyan maamatsi pay yaw pam suyan mokhaykyawtaqw. Noq pam mastiyo hapi pay yaw kur pas paniqw put maanat ep mihikqw pantsana.

was starved. But, in spite of the large amount she ate she did not completely recover. Only after the old woman fed her some of her magic medicine did she regain a little of her strength. Then all three of them started off again.

On their way home the old woman suggested that the man not take his daughter directly to Songoopavi but first to her abode. She explained that the girl was still contaminated from her contact with the dead and that she would have to be discharmed before he could take her home. These were the circumstances under which the girl was rescued.

Some time later the people at Mastanga were coming back to life. They had indeed been immersed in such a deep sleep that they were late waking up. Spider Woman's medicine had really been very potent. When they finally rose from their beds, they discovered that their female-in-law was not present. When the husband became aware of this, he was immediately convinced that the girl's parents must have abducted her with someone else's help. Without delay he headed over to Songoopavi, but when he checked the girl's home, he found that she was not there.

Four days later Maasaw again checked at her house and now the girl was home. He avoided revealing himself to her, yet was still intent on getting her back. First he continued on to Musangnuvi and Walpi and then, on his way back, once more returned to Songoopavi. People were asleep everywhere when he got there, so he walked straight up to the girl's home. He knew exactly where the girl bedded down for the night. Using his magic powers he entered without anyone knowing. Then he stepped up to his wife, knelt down by her side and then made motions bringing both his hands towards himself and each time inhaling her. Four times he did this, whereupon he made his exit to return home.

The girl was now living again in Songoopavi, but it was not long before she fell ill, poor thing, and was constantly in pain. By now her condition had already persisted for a considerable time. Time and again her parents took her to different medicine men, but not one of them could diagnose her ailment. Meanwhile she looked very sickly and grew steadily weaker. Her parents were clearly aware that she was near death. Unknown to them, the Maasaw youth had caused this of course.

Paapiy pu' yaw pam maana pay yaw pas pelvoqsa hoyta. Panmakyangw pu' yaw pay pam sulawti. Yanhaqam yaw pam hintiqw pu' yaw puma pay nawus put paasat pas suus taviwisa. Yanhaqam yaw puma naawuutim put tiy pas suus ngastati. Panmakyangw pu' yaw ep puma put maanat taviyaqat aapiy nalöstalqat ep pu' yaw pam naat piw haqaminiqe yaw oovi pam ep mihikqw yama. Noq pu' yaw pam hisatniqw yamakqw pay yaw paasat i' mastangay angqw tiyo pep put nuutayta. Paasat pu' yaw puma pay pas suus naama put tiyot kiiyat aqw nima.

Paapiy pu' yaw pam maana koongyay'kyangw pepeq pas mimuywatuy su'amun qatu. Paapiy pu' piw yaw puma oovi pas naamaningwuniqw yaw oovi ephaqam ima sinom lööq qööhit nangk hoytimaqat tuway'numyangwu, puma yaw paasat nan'ik it kopitsokit yawnumngwuniqw oovi. Kur hapi yaw puma paasat naama pang tuwalanwaynumgwuniqw oovi. Yanhaqam yaw pam mastiyo tuwat nöömata. Pay yuk pölö.

The girl moved closer and closer to death until she finally expired. Now that she was dead her relatives had to bury her. This was how the couple lost their daughter. On the fourth day after the girl's burial she had still another journey to make, so that night she arose from her grave. At exactly that moment the Maasaw youth from Mastanga was already waiting for her. Now the two returned to the boy's home for good.

From then on the girl lived there with her husband and the other dead. Now the two were truly together. This is the reason the people at Hopi used to see twin fires moving together at night, because both Maasaw and his wife carried their own torches as they went about guarding the Hopi settlements. It was in this fashion that the Maasaw youth acquired a wife. And here the story ends.

Maasaw Songoopapnömata

Aliksa'i. Yaw orayve yeesiwa. Noq pay yaw ang aqwhaqami kitsokinawit piw yeesiwa. Musangnuve, supawlave, walpeq, sitsom'ove, songoopave, huk'ove, pivanhonkyape, matsonpeq, qa'ötaqtipuy ep, paavang kitsokinawit yaw sinom wukoyesiwa.

Noq yaw mihikqw pu' yaw i' hak itamuy tuuwalangwuqa yaw tuwat waynumngwu. Noq pam yaw i' hak maasaw tuwat imuy sinmuy tumalay'ta. Niiqe pam yaw tookilnawit aqwhaqami kitsokinawit nakwsungwu. Pam yaw hak as suukya taaqaniikyangw yaw yep sopkyawatuy sinmuy amuupa aptsiwta. Pu' yaw ang kitsokinawit yaw ima mamant mihikqw ngumantotangwu. Pu' yaw ima mamant ngumankyaakyangw tawwisqw

15

Maasaw and His Songoopavi Wife

Aliksa'i. They say people had settled at Orayvi. All over the land other people were living. The villages of Musangnuvi, Supawlavi, Walpi, Sitsom'ovi, Songoopavi, Huk'ovi, Pivanhonkyapi, Matsonpi and Qa'ötaqtipu were heavily populated.

Maasaw, who is our guardian, travels about at night. In times past he took care of the people. Night after night he was wont to journey all across the land, going from village to village. Alone he was sufficient to protect all the people. In the villages the unwed girls used to grind their corn. They accompanied their chore with a song, which always sounded

yaw piw sosonkiwngwu. Noq pu' ima tootim yaw tuwat kits'ova tootokngwu. Niiqe puma yaw pang tawsa'akiwtangwuniqw yaw sosonkiwngwu.

Noq pu' yaw yep songoopave pam yaw hak suukya maana pas yaw pavan lomamana. Pu' yaw pam piw qa hakiy naawakna, qa hakiy yaw aw yu'a'aykuniqey naawaknangwu. Noq put yaw aw as ima tootim tunglay'yungqw pay yaw pam pas qa hakiy aw unangwtapngwu. Noq pay pi yaw pam maasaw pang pannumngwuniiqe pay yaw oovi it navotiy'ta. Pu' yaw pam kiy ep ahoy pite' pu' yaw put yan sinomuy amumi yu'a'atangwu. Noq pu' yaw pam hisat put maanat aw nakwsuniqey yaw yumuy amumi pangqawu. "Nu' hapi piw nakwsuni. Niikyangw nu' oovi yanwat yuwsiniy," yaw pam kita. Niiqe pu' yaw pam oovi paasat it sakwanapnay ang paki. Pu' yaw pitkunta, tukwapngönta, yalaaqömata. Pantiqw yaw put yu'at aw naawusnaqw pay yaw pam angaapuyawmani. "Yankyangw nu'niy. Nu' kur tuwat tuwantaniy. Hin pi nu' tuwat aw navotniy," yaw pam kita.

"Qa'ey," yaw pam na'atwa kita. "Qa'ey. Pay son um panhaqam hintsakniy," yaw pam put aw kita. "Um tis pay qa awhaqamini. Itam hapi qa yep sinot yuuyuynayaniqey pan makiway'yungqw oovi um qa panhaqam wuuwantani. Pay pam ason son hakiy hisat qa aw yu'a'aykuni. Noq oovi um tuuqayniy," yaw aw kita.

Noq pay kya pi pam tuwat pan wuuwantaqe pu' yaw pam oovi yuwsit pu' yaw yamakma. Pangqw pu' yaw pam oovi nakwsukyangw yaw oraymi mooti wuuvi. Pang pu' yaw pam pep pumuy orayvituy amuupa pootiy'ma. Pangqw pu' yaw pam masvoksöminiiqe pu' pangsoq pitukyangw pu' yaw pam pepeq aqw masvaklawu. Töqtit pangqw pu' yaw pam hawkyangw paapiy teevenge huk'omi. Pep pu' yaw pam piw pumuy amuupa pootakyangw pangqw pu' pam pivanhonkyapiminit pu' piw oraymi. Niiqe pangqw pu' yaw pam taavangqöyvaqe aqw qantuphamiqniiqe pu' pam pangsoq pakikyangw pepeq pu' yaw pam piw pan töqti. Masvaklawt paapiy pu' pam aqw wupkyangw pu' pam angqe orayviy taavangqöyvaqe tuutumkyaqe aqw taatöqniiqe pu' yaw pam aqw tatkyaqöymiq haawi. Noq pepehaq yaw ima hiitu maswikkatsinam tuwanlalwangwuniqw pangsoq yaw pam haawi.

Paasat pu' yaw pam songoopami. Pu' yaw pam aw kiimi pitukyangw pu' yaw pam pepeq haqam taavangqöyveq tuyqaveq huruuti, wunuptu. Pangqw pu' yaw pam maqaptsiy'kyangw yaw tuqayvaasiy'ta. Noq naat yaw angqe' tootim taatawlalwa. Mamant ngumankyaakyangw piw tawwisqe yaw sosonkiwya ephaqam. Pu' yaw pam pas hin yoriknqe pu' yaw pam pas aw kiimi.

Noq pep yaw kiisonviy kwiningqöyve kiletsit pep sunasavehaqam yaw pam maana qa hakiy naawaknaqa kiy'ta. Niiqe pam yaw oovi kwiningqöyvaqewat aqwniikyangw pu' pangqw haqaqw tuyqangaqw yaw pam wunuptut pu' piw maqaptsiy'ta. Noq yaw pangso put maanat kiiyat aqw

beautiful. The young men used to retire for the night on the roof-tops. They, in turn, chanted songs which gave the air a pleasant ring.

And here at Songoopavi lived one girl who was most beautiful. However, she loved no man and steadfastly refused to talk to one. The boys wanted her very much but she would not give in to their desires. Of course, Maasaw, who also frequented this village, knew of this. Whenever he returned home he told his family about it. Finally, one day he announced his intention of paying the girl a visit to his parents. "I'll go to see her. And I'm going to wear this," he said, whereupon he donned his blue-hued shirt. In addition, he put on a kilt, strung a strand of turquoise beads around his neck, and decorated his face with powdered hematite. His mother combed his hair but he preferred it flowing down the entire length of his back. "I'll go like this. I'm going to give it a try and see what happens."

"No," his father objected, "that's out of the question. You can't do such a thing. Don't even think of going there. We mustn't bother the mortals, so just put the idea out of your mind. That girl is bound to respond to one of her suitors one of these days. So take heed," his father said.

But Maasaw, who had planned on going and was already dressed up, went off all the same. As he started out, he first headed up to Orayvi to check that all was well with its residents. From there he continued on to Masvoksö where he let out the howl of Maasaw. Having uttered his howl he descended from the mesa and proceeded westward to Huk'ovi. After checking that the villagers were safe there, he trotted on to Pivanhonkyapi and then headed back toward Orayvi. On the way he followed the west side of the mesa to Qantupha, a place he entered to utter his howl once more. After crying the call of Maasaw he advanced uphill from that site and, walking southward along the mesa rim, skirting Orayvi to the west, he descended on to the south side. His goal was the site where the Maswik kachinas usually practice their perfomances.

Next he pushed on toward Songoopavi. Nearing the village, he halted at a corner on the west end and stood there. He waited and listened for sounds. The young men were still up on the rooftops, chanting. The young girls, too, were singing as they ground corn, and pleasant sounds were ringing through the air. Maasaw strode into the village, curious to see for himself what was going on.

There, north of the plaza and in the middle of a row of houses, resided the girl who had no boy friend. Maasaw, therefore, took the route along the north side and then, once more, stopped at the corner of a house and waited. The girl's home was constantly visited by young men

ima tootim sasqalalwa. Noq pay yaw himuwa qa nawutsnat pay yaw piw angqw ayo'ningwu. Pantsaklalwa yaw puma pangsoniqw nuwu yaw pay pas mihikiwma. Haqaapiy pay yaw ephaqamtiqwsa himuwa awningwu.

Nawis'ew pu' yaw pam unangw'aptuqe pu' yaw pam tuwat aw nakwsu. Noq pangqw kwiningqöyngaqw yaw aqw tupatsmiq tutuvengay'taqw pangqw yaw pam oovi aqw wuuvi. Noq tupatsveq pi yaw pam maana ngumanta. Pu' yaw pam aqw wupqe pu' yaw pam put kiihut tupatsayat kwiningqöyvaqe yaw aqw hopqöymiq tonikqe pangqw pu' yaw pam aqw qatuptu poksömiq. Pu' yaw pam aqw yantaqw naat yaw pam maana ngumanlawu. Pu' yaw pam aw pangqawu, "Maanay," yaw kita awi', "kur haak qe'ti'iy!"

Noq pay yaw pam maana lööshaqam angqe haanat pu' yaw pay qe'ti. Pu' yaw pam piw aw pangqawu, "Kur haak qe'ti'iy!" yaw aw kita. "Nu' uumi tuwat yu'a'aykuniy," yaw kita awi'.

"Haw inumi'i?" yaw aw kita.

"Owiy," yaw aw kita.

"Ya um hakniiqe yaasatniqwhaqam waynuma?" yaw pam maana put tuuvingta.

"Pay nuu'u," yaw kita.

"Um hak haqaqö?" yaw aw kita.

"Pay nu' yangqw orayngaqöy. Noq pay nu' yang waynumqe nu' oovi angqw uumi kuyvay," yaw pam put aw kita. "Pay nu' yep taavang ikwatsiy epnit pu' nu' angqw tuwat ung pootaqw kur um naat qa puuwiy," yaw pam aw kita.

Pu' yaw pam maana aw pangqawu, "Um qa pangqw pantat um yangqw tatkyaqöyngaqwwat pew pakini," yaw pam maana put aw kita.

Pas hapi yaw pam suunukwangwnavotqe pu' yaw pam wunuptut pu' yaw pam aqw tatkyaqöymiqniqw pangqw yaw kur antsa hotsiway'ta. Pangqw pu' yaw pam aw paki. Noq yaw pam maana put aw yorikqw pas yaw hak suhimutiyo. Pas yaw pam qa hisat hakiy pan soniwqat piw pan suhimutiyot haqam aw yori. Niiqe pu' yaw aw pangqawu, "Qatu'u, um hak waynuma," yaw aw kita. "Ta'a, pep um haak qatuni," yaw aw kitaaqe pu' yaw pam put paas atsvewtoyna. Pantit pu' yaw pam put engem aw tunösvongyaataqe yaw oovi it piikit muupitnit pu' it kwiptosit kuuyit aqw oyat pu' put atpipo tavi. "Ta'a, itam tuumoytani. Tsangaw um hak waynuma. Nu' qa hisat hakiy un soniwqat aw yori," yaw aw kita.

"Pay so'onniy," yaw kita. "Pay nu' tuwat qa pas yang yannumngwuniqw'öy," yaw kita. "Pay nu' pi tuwat pasva hinnumngwuniiqe oovi pay nu' qa hisat pas yangqe' tiimaytinumay," yaw aw kita.

"Haw owi? Pay oovi nu' ung hakiy qa tuwiy'ta. Ta'a, tuumoyta'a," yaw aw kita.

Pephaqam pu' yaw puma naama naami yu'a'alawkyangw tuumoyta. Noq pay yaw pam tiyo tokilay aw tunatyawtaqe pu' yaw pangqawu,

who kept coming and going. Not one, however, stayed very long before going away. But the wooers were persistent. Meanwhile it was getting so late that only rarely anyone would come.

Finally, Maasaw too mustered up enough courage and climbed up to the second story, using the staircase on the northern end of the house. It was on this level that the girl was grinding corn. Following the north wall of the upper story, he turned east at a corner and squatted down by the vent. Since the girl kept on grinding, he said to her, "Young lady, quit grinding for a minute."

The girl ground her flour twice more before she ceased. Once again Maasaw urged her, "Stop for a while. I would like to talk to you."

"You want to speak with me?" she asked.

"Yes."

"Who are you to be about so late?" the girl enquired.

"It's me," Maasaw replied.

"Where are you from?"

"I'm from Orayvi. I happened to be in the area, so I thought I'd drop in on you. I came here to visit my friend at the west end of town and when I came to call on you, I noticed that you were still awake."

The girl now said to him, "Don't stay out there. Come in on the south side."

Delighted with such a favorable response so soon he stood up and stepped around the south side. Sure enough, he found a door through which he entered. When the girl set her eyes on Maasaw she discovered a most handsome youth. Never in her life had she beheld anyone as attractive in appearance and with such nice facial features. "Sit down, stranger," she invited him. "There, have a seat for a while," she said, whereupon she provided something for him to sit on. Then she placed before him some food, consisting of rolled piiki, along with water containing some kwiptosi. "Now then, let's eat. I'm glad you're traveling about. I've never seen anyone who looks like you," she confessed.

"Probably not. I don't usually go around like this," Maasaw enlightened her. "As a rule I work in the fields and I never watch any dances here."

"Is that so? That must be why I do not recognize you. Now eat," the girl invited him.

The two chatted away while they ate until the youth, who kept track of the time, said, "I think I've stayed quite long enough. I should be

"Pay nu' sumataq nawutsnay. Nu' oovi pay ahoyniy. Nu' hapi naat qaavo iits piw haqamininiqw pay hapi mihiy. Pay pi um sonqa pay puwniy," yaw kita pam tiyo.

"Kur antsa'a," yaw kita. "Pay um ason qaavo, löötokhaqam piw angqw kuyvani," yaw pam maana put tiyot aw kita.

Pu' yaw pam wunuptuqw pu' yaw pam maana put aw pangqawu, "Haaki. Ason nu' ungem hiita hintiqw pu' um put kimakyangw ahoyni," yaw aw kita. Paasat pu' yaw pam oovi ep nuutaytiqw pu' yaw pam maana put tutsayat angqw hikikw puma muupiyat qa sowaqw put yaw pam angqw inta. Pu' yaw pam piw haqam peehutniiqe pu' put engem pavan wuuhaq hiita momokpiy'taqe put aw mokyaatat pu' yaw put aw oya. "Yep'e," yaw kita, "it um yankyangw tuwat uukiy aqwhaqaminiqw epeq uusinom tuwat it nöönösani," yaw kita.

"Kur antsa'ay, kwakwhay. Pay nu' ason piw antsa angqw pootaniy," yaw pam kitat pu' pangqw haawi. Yanhaqam yaw pam pep put maanat angwuta.

Pangqw pu' yaw pam aw supawlamiwatniiqe pam yaw oovi pay paasat pas hihin kyaktay'iwma. Qa taawasangwnaniqe oovi pam yaw paapiy pisoq'iwma. Pu' yaw oovi pam pepnit pu' walpeq imuy sinmuy amuupa pootakyangw pangqw pu' pam ahoy nima. Noq pay yaw pam pang pootakyangw pay yaw pam qa haqam hiita nukushintaqat yorikt ahoy pitu. Pu' yaw pam hisatniqw ahoy pitukyangw piw yaw pam put hiita mokva. Yaw pam pakiqw pu' yaw aw pangqaqwa, "Um pituy?" yaw aw kitota puma ep sinomat, na'atniqa.

"Owiy," kitat pu' yaw pam pangso qöpqöt kwiniwiniiqe pep pu' yaw put mookiy tavi. "Yep'ey," yaw amumi kita, "yep uma yaw tuwat it nöönösaniy," yaw kita.

Noq pay yaw puma qa iits put aw hingqaqwa. Nawis'ewtiqw pu' yaw put yu'atniqa yaw aw pangqawu, "Askwali," yaw kita. "Ya pay um piw pas aw poota?" yaw aw kita.

"Owiy," yaw aw kita.

"Pay ura as itam ung meewaya," yaw put na'at aw kita. "Noq pay pi nuwupi'i," yaw na'at aw kita.

"Ta'ay, oovi uma nöönösaniy," yaw pam amumi kitaaqe pu' amumi put muupiyat oyaqw pu' yaw puma nöönösa. Nöönösat paasat pu' yaw puma maqaptsiy'yungwa. Paasat pay yaw talhayingwtiqe oovi yaw su'aw qoyangwnuptuqw pu' yaw pam yu'amniqa pangqawu, "Ta'a, pay itam tokvani," yaw kita. "Taq hapi nuwu pay mihikto. Uma oovi ang aapatote' naanasungwnani," yaw kita pam amumi, yu'amniqa.

Pu' yaw oovi puma ang aapatotaqe pu' yaw wa'omtit pay yaw kur puma suutokva. Pay yaw taalawvaqw taawat yamakqw paasatniqwhaqam yaw kur puma tuwat tokvangwu. Panmakyangw pu' yaw tapkiwmaqw pu' yaw pumawat tuwat paasatniqwhaqam taalawnaya.

heading back. Tomorrow I have to go somewhere first thing in the morning and it is already late. You, too, probably want to go to bed right away."

"Fine," the girl replied. "Come and see me again tomorrow or the day after."

Maasaw got up, whereupon the girl bade him, "Wait. I'll get you something to take along." Obediently he lingered a moment while the girl took from the wicker basket the few pieces of rolled piiki that they had not eaten. Getting some more piiki from another place, she stuffed all of it into a wrapper and then handed it over to him. "Here," she said, "take this home with you and let your people also taste it."

"Very well, thank you. I'll come and see you again," Maasaw assured the girl and then made his descent from the roof. In this fashion Maasaw conquered the girl.

He now hurried on to Supawlavi. In order to be home before the sun came over the horizon he quickened his pace. Thus having spent some time at Supawlavi, he checked that the Walpi people were safe and then headed back. Nowhere on his way home did he come across any evil. Eventually he reached his home, a bundle in his hand. His people and his father greeted him. "You have arrived?" they said.

"Yes," he replied, whereupon he stepped to the north of the firepit and set his bundle down. "Here," he told them, "you are to eat from this."

For a while everybody stayed silent. Finally his mother spoke up. "Thanks," she uttered. "Did you go to see that girl after all?"

"Yes, I did," Maasaw confessed.

"Remember you were forbidden to go," his father admonished him. "But what's done is done," his mother countered.

"Come on now, go ahead and eat," Maasaw urged everybody and handed the rolled piiki over to his family. After devouring the piiki they all sat around. By this time it had gotten close to daylight and, when the gray dawn became visible, the mother said, "All right, let's go to bed. It is getting late into the night. Lay out your bed rolls and get some rest."

Thus they all rolled out their bedding, lay down and immediately fell asleep. Apparently it was their custom to go to bed at daybreak and to sleep while the sun was up. As evening began to fall, on the other hand, their day started.

Noq pu' yaw pam pep songoopave maana pumuy talavay yesvaqw pu' yaw pam yumuy aa'awna, "Itangu'u, itana'a!" yaw kita amumi.

"Ya himu'uy?" yaw puma kita.

"Nu' tooki hakiy tiyot pitsinaqe nu' hapi aw yu'a'ayku," yaw pam pumuy amumi kita. "Pay nu' as pas qa hakiy ura aw yu'a'aykuniqey yan yukut pay nu' put hakiy tiyot aw unangwtavi. Pas nu' qa hisat hakiy pan soniwqat aw yorikqe nu' tuuvinglawqw yaw pam yangqw kwiningyaqw orayngaqwniiqey pangqawu," yaw kita.

"Haw pangqw hak tuwat'i?" yaw puma kita.

"Owi," yaw kita, "niiqe nu' pay oovi na'sastivani," yaw kita. "Niikyangw pay pi nu' naat qa pas aw suyan hingqawu. Pay ason pas piw pituqw pu' nu' ason aw hinwat lavaytini." Yan yaw pam maana pumuy aa'awna.

"Kur antsa'ay, pay tsangaway," yaw kita pam na'at. Noq pay yaw puma suukw put maanat tiy'taqe pay yaw as oovi hihin put engem qa tsuyakkyangw pay yaw qa pas pas aw pangqawu. Pay yaw as puma pep hakiy kiy'taqatniqat engem naawaknaqw piw yaw soq put kiyavaqtiyotniqw pay yaw puma oovi nawusta.

Paapiy pu' yaw oovi piw pantaqw pu' yaw pam tiyo piw ep pituqw pay yaw pam maana paasat put aa'awna pay yaw pam na'saslawqey. Noq pay yaw pam tiyo tsuyakqe pay yaw oovi sunakwha put hisat angqw wiktoniqey. Noq pu' yaw pam maana put aw pangqawqw pay yaw yaapiy naalos taalat ang pay yaw pam put angqw wiktoni. Pu' yaw oovi pantaqw pu' pam tiyo oovi put maanat kiiyat ep wiktamaqe pu' yaw put kiy aw ahoy wiiki. Noq pu' yaw pam oovi pep paapiy mö'öngqatu. Noq pu' yaw pumuy ep asniniqw pay yaw it maanat yumat qa ep pitu, pay pi yaw puma pan amumi tutaptotaqw oovi. Niiqe pu' yaw puma asqw pu' yaw ima hakim it tiyot taahamat ep ökiwkyangw pu' yaw put mö'wiy engem hiita kivanta, mö'öngyuwsit.

Pu' yaw puma oovi it mö'wiy engem yukuyat pu' yaw put hoonaya. Noq paasat pay yaw pam tiyo put nöömay amum songoopaminiiqe pu' yaw pay pepwat pu' qatuni.

Paapiy pu' yaw pam tiyo pep mö'önangwti, songoopave. Pu' yaw son pam nawus qa pep put nöömay yumuyatuy enang oyiy'taniqe pam yaw oovi it natwanit puuvut hiita tumalay'ta. Uuyiy'tangwu yaw amungem. Pephaqam pu' yaw pam pumuy tuwat amumum qatukyangw pay yaw suushaqam kiy aqw pootangwu. Noq pu' yaw pam pep kiive nuutum haqamwat kivay'taqe yaw oovi pangqw nuutum hiita hintsakngwu, katsinawuy.

Noq pu' pep supwat yaw ima hiitu kwitavit kur kivay'yungwa. Noq pu' puma pep kivapt pay yaw piw qa naaniya pam put lomanömataqw. Pu' yaw puma oovi put tiyot engem hinkiwakwtotaniqe pu' puma yaw oovi imuy hiituy maswikkatsinmuy tiingapyaniqey yaw naawinya. Pu' yaw

Meanwhile that morning, at Songoopavi, when everybody had risen, the girl turned to her parents and said, "Mother, father!"

"What is it?" they asked.

"Last night a boy came to me and I spoke with him. You recall that I was determined not to talk to anyone, but I couldn't help falling for this young man. I have never seen anyone who looked like him, so I asked him where he was from and he told me that he came from the north, from the village of Orayvi."

"Is that where he is from?" her parents replied.

"Yes, and for this reason I'm going to prepare for my wedding," the girl avowed. "Still, I haven't yet made a firm commitment to him. I'll wait until he comes around again, and then I'll let him know of my plans."

"Well, I'm glad to hear that," her father replied. But since the girl was their only daughter, the parents were not really pleased. However, they did not come right out and tell her. They preferred a man residing in the village for their daughter. Now it turned out that their daughter had chosen an outsider, but there was nothing they could do about it.

Time went by, and again the handsome boy came to see the girl. On this occasion she informed him that she was readying everything for their marriage ceremony. The boy was thrilled and readily agreed to take her as his wife. Thereupon the girl bade him come for her four days hence. On the set date the youth appeared at the young lady's house to pick her up and lead her to his home. From that time on she stayed there as a bride. On the day the hair washing was to take place the girl's parents did not come. They had expressly been asked not to attend this ritual sealing the marriage. After the completion of this ceremony the uncles of the youth came bearing wedding garments for their in-law.

When finally the entire wedding ceremony was over, the newlyweds were sent back home. Young Maasaw thus returned with his wife to Songoopavi where he was to reside now.

From that time on the youth stayed at Songoopavi as the in-law of his wife's family. He was now expected to provide for his wife's parents, so he tended to his crops, working diligently as a farmer. Every year he grew corn for them. There he lived with his new family, but once in a while he visited his own folks back home. At the village he was a member of a kiva and thus regularly participated in ceremonies such as kachina dances.

Now, one particular kiva happened to be owned by a group of men referred to as "the turds" by the other villagers. The members of this kiva group were extremely envious that the young lad had won such a beautiful wife. It was their intention to inflict some evil on him and for

puma put aapiy aw wuuwantotakyangw pu' yaw puma put tiyot poktotaniqey yan yaw naawinya. Pu' yaw puma hapi pay piw a'ni hiituya. Noq pam mamasawniqa hapi yaw suyan kwatsvakiwkyangw pantsakngwuniqw yaw puma it navotiy'yungwa. Noq yaw ason pam pantsakye', yukye' pu' yaw pam ahoy naavootsiwnikyangw pay yaw as qa an yukuqw pay yaw put kwaatsi'at put tiyot kwangway'ni. Pante' pay yaw pam put son ang yamakqw pu' yaw pam tiyo pay nawus son put nöömay aw pankyangw ahoyniqat yan yaw puma put engem pasiwnaya. Paasat pu' yaw pay pam haqawa pumuy kwitavituy amungaqw put nöömayat son qe'ni. Niikyangw puma hapi pay yaw qa navotiy'yungwa pam pas qa atsat maasawniqw. Niiqe pu' yaw puma oovi pas tiingapwisnikyangw pu' yaw put navotnaya pam yaw amungem mamasawniqat.

"Kur antsa'ay," pay yaw pam qa hin rohomnumt pay yaw amumi kita. "Pay tsangaw uma kya pi nuy qa peevewnayaqe oovi nuy put aw taviyaqw pay nu' oovi sonqa nakwhaniy. Niikyangw nu' son isinmuy aqw aa'awnani. Noq oovi uma pay tawheviy'yungwni. Pu' umuy aw pitsinayaniqw nu' hapi pay yukyiq ikiy aqwnen pu' pepeq pay haak qatukyangw pu' tuwat hintsakniy," yaw pam pumuy amumi kita.

"Kur antsa'ay," yaw kitota.

Yan yaw pam pumuy amumi lavaytit pu' yaw pam pangqw pay mooti mo'onangwkiy awniiqe pu' yaw pam nöömay aw put lalvaya puma pep kivapt pu' aw taviyaqat. "Noq oovi nu' hapi ikiy aqwnen nu' pay hapi qa angqw ahoyniy. Pay nu' pepeq qatukyangw natwanlawniy," yaw kita. "Pay nu' sonqa navotni pumuy tuwantivayaqw'ö. Pay nu' oovi son angqw qa pootamantani," yaw pam put nöömay aw kita.

Pu' yaw nööma'at aw pangqawu, "Noq um payni?" yaw aw kita.

"Owiy," yaw kita, "pay sonqa hiita akwyaniqey tawiy'yungwa. Ason pay itam put yukuyaqw pu' nu' piw yep huruutiniy," yaw pam put nöömay aw kita.

Pu' yaw pam aw pangqawu, nööma'at, "Pay nu' as umum aqwnen pay nu' pepeq umum haak qatuqw ason pay itam totokmiq okiqw pu' nu' angqw ahoyni," yaw kita.

"Pi um'iy," yaw aw kita. "Um suutaq'ewnen aqw inumumniy."

"Owi, pay nu' umumni," yaw kita.

"Noq um pay suutaq'ewa pepeq inumum qatuqw nu' natwanlawniqw'öy?" yaw aw kita.

"Owi," yaw kita.

Pu' yaw pam oovi pas aasakis naalös put pan tuuvingtaqw pay yaw pam suutaq'ewniiqey yansaningwu.

"Kur antsa'ay, niikyangw um unguy, unay pumuy navotnaqw pu' itamniy," yaw aw kita.

Yanhaqam yaw pam put aw lavaytiqw pu' pam tuwat yumuy aa'awna

this purpose made plans to sponsor a Maswik kachina dance. Part of their wicked scheming was to use the young man as their pet, that is, for the lead role. These turds were people endowed with great powers. They knew that the person selected to impersonate Maasaw had to wear a mask. The reasoning behind their plan was as follows: If the young man took this part, he would have to purify himself at the end of the dance. He was not expected to purify himself correctly, however, and as a result would be unable to remove his mask. The mask would be stuck on, thereby preventing his return to his wife. Then one of their kiva partners would take possession of the young man's wife. What these turds did not know, of course, was that he was a true Maasaw. When the time drew near to announce the planned ceremony, they asked him to perform the Maasaw role.

"Very well," he agreed without protesting. "I'm glad you show enough faith in me to give me such an important part. I will surely do it. But I'll have to let my relatives in on this. So go ahead and choose the appropriate songs. When the time comes for the ceremony, I'll have to go to my parents' home and stay there to prepare myself."

"All right," they consented.

Maasaw now went first to the place where he lived as a son-in-law and informed his wife of the role the kiva members had assigned him. I'll return to my home and won't come back. I'll stay there to prepare myself for the event. I'm sure I'll find out when they begin to practice for the dance. Then I'll come around and look in on them," he said to his wife.

His wife asked, "Are you leaving right now?"

"Yes," he answered. "They're bound to know already the song they're going to use. When we have finished this ritual I will again settle here," he assured his wife.

To this his wife replied, "I'd like to accompany you and remain there with you for the time being. On Totokya I will again come back here."

"That is up to you," her husband said. "If you want to, you can come with me."

"Yes, I do wish to go along."

"Are you prepared then to stay there with me while I'm getting ready?"

"Yes," his wife answered once more.

Four times Maasaw repeated his question to his wife and, each time, she answered by saying that she was willing.

"Very well, but let your mother and father know before we leave," he instructed her.

So she informed her parents that she was going with her husband.

pay yaw put koongyay amumniqey. "Ta'ay, pay pi um amum aqwniy." Pay yaw puma qa pas put aw hingqawt pu' yaw pay put nakwhana.

Yan yaw pam tuwat pumuy amumi lavaytiqw pu' yaw puma pangqw nakwsu, oraymiqa. Pepeq pu' yaw puma pitukyangw pu' yaw puma kiiyamuy paki. Noq naat yaw puma paasat tookya. Pu' yaw pam pumuy yesvana. "Huvam yesva'ay. Pay itam piw ahoy pituy. Itam hapi yaapiy imuywatuy taawayamuy epyaniy," yaw pam amumi kita.

"Kur antsa'ay. Ta'ay, huvam yesva'ay. Pay itam antsa yaapiy panwattotiniy," yaw yu'am kita. "Ta'ay, pay kya himu sonqa haqam hintiqw oovi uma pituy," yaw pam kitaaqe pu' yaw put tuuvingta.

"Owiy," yaw kita, "pay nu' it amumtiqw pay put ep inumi qa kwangwataayungqe pay inunkiwakw imuy itaatipkomuy tiingapyay," yaw kita. "Tiingapyakyangw pu' nuy pookoy'yungwniqey yan inumi öqaltotiqw pay nu' qa rohomnumt pay nu' nakwhay," yaw kita.

"Kwakwhay, pay um su'antiy," yaw na'at aw kita. "Ta'ay, pay uma antsa haak qatuniy," yaw kita.

"Niikyangw i' iwuuti angqw inumumniqey naawaknaqw pay nu' as qa nakwhay. Noq pay yaw pas suutaq'ewa inumum angqwniqe'ey," yaw kita. "Pu' nu' it pas aasakis tuuvingta. Naalös nu' tuuvingtaqw pay yaw suutaq'ewniiqey pangqawu," yaw kita.

"Kur antsa'ay," yaw kita. "Pay nu' yan qa peevewna. Pay puma son hiita akw uumi qa hepyaniqat yan nu' pep pumuy sinmuy amumi wuuwantaqw pay kur aw pitsinayay," yaw kita.

"Owiy," yaw aw kita.

"Ta'ay, pay uma oovi yaapiy tuwanlawni. Angqe' hapi uma hiita yuwsiy'taniqey put oovi nakwsuniy," pay yaw pam panis yan lavayti.

Panmakyangw pu' yaw puma pepeq mihiknayaqe pu' yaw nöönösa. Noq pay pam tiyo tuwiy'ta hisatniqw nakwsuniqey. Niiqe pam yaw oovi put aw paas tunatyawtaqe yaw tuwaniyat aw pituqw pu' yaw pam pangqawu, "Ta'ay, itam hapi itaayuwsiy oovi nakwsuniy," yaw kita.

"Kur antsa'ay. Owiy, pay kur antsa aqw pituy," yaw na'at kita. Paasat pu' yaw pam put nöömayat aw pangqawu, "Pay i' pi as naala put aw tavilti, namortiwa. Noq um amumniqey suutaq'ewniiqe oovi amum angqw peqw yamakqw pay son oovi um qa amum angqe' nakwsuniy," yaw aw kita. Noq yaw pam mö'wi'am pep yanta. Pay yaw pam paasat kur qa suutaq'ewti.

"Ta'ay, um oovi angwu uukopitsokiy horoknaniy. Noq ep ura piw suukyawa qaatsi, put um it engem angqw yawmaniy," yaw pam na'at put tiy aw kita.

Paasat pu' yaw pam oovi aapamiqhaqaminiiqe pu' yaw pangqaqw it lööqmuy kopitsokit pay naat qa töövu'iwput yawkyangw yama. Pu' yaw pam put nöömay aw sukw tavi. "Ta'ay, yep'ey," yaw aw kita. "Um inungk tunatyawmani. Hin nu' yukiy'maqw pan um aqwhaqami inungk hinmaniy," yaw aw kita.

"All right, go along with him," said her parents. They had no qualms about giving their daughter permission to go.

With that Maasaw and his wife set out for Orayvi. When they arrived, they entered his parent's home. The whole family was still asleep. Maasaw got them out of bed. "Get up, all of you. We have returned. From today on we'll be going by Hopi time."

"All right," the mother replied. "So everyone, get up. Indeed, from now on we'll live that way. Now, something must have happened to bring you home," she said, as though asking a question.

"Yes," Maasaw replied. "Because I married this girl, some of the men look on me with disfavor and to get rid of me they have announced a dance. This dance features the Maswik kachinas who perform for us. They begged me to take the lead role and I accepted without protesting."

"Good. You did the right thing," his father exclaimed. "Very well then, stay here with us meanwhile."

"My wife wanted to accompany me, and at first I objected. But she came of her own accord," Maasaw went on. "I asked her the proper number of times. Four times I posed the question of her and each time she asserted her willingness."

"Very well," said his father, "I had no doubt about that. Somehow I always felt that those people would test you one day, and now it has come to pass."

"Yes," Maasaw answered.

"All right then, henceforth you two will begin practicing for your performance. Also I want you to go in search of what you'll wear." That's all his father said.

Eventually evening fell and the family had supper. Young Maasaw knew, of course, at what time he was supposed to set out. He kept this in mind, and when the hour came he said, "All right, let's set out now to get our clothes."

"Very well, the time has surely come," his father agreed. Whereupon he turned to his son's wife and said, "He is the only person assigned to this role. He was chosen for it. But since you were so eager to be with him, you must go along at his side." Their daughter-in-law just sat there. Now she was no longer inclined to volunteer.

The father turned to his son. "Come on, take your torch out," he said. "As you remember, there is one more in there. Bring that one for your wife."

Maasaw did as told, stepped into the back room and came back out bearing two cedar bark torches which were not yet lit. One of them he handed to his wife. "Here you are," he said to her. "Keep me in sight as you come after me and always copy exactly in what I do."

Noq pam yaw as okiw put qa iits kwusuna. "Pi nu' uumi aasakistaqw um suutaq'ewniiqey inumi kita. Noq oovi pay um sonqa inumumniy," yaw aw kita.

Pu' yaw pam oovi nawus put kwusunaqw pu' yaw pam tiyo pangqawu, "Ta'ay," yaw kita, "nu' hapi nakwse' ason nuy haqami pituqw pu' ima uumi pangqaqwaqw pu' um paasat inungk yamakni. Noq itam hapi yewasheptoni. Noq oovi nuy haqe' hinmaqw um pangqe inungkmantaniy," yaw aw kita. "Noq oovi nu' payniy," pay yaw pam panis put aw yan tutaptat pu' yaw yamakma. Noq pam yaw yamakniniqw pu' yaw puma put kopitsokit uwiknaya.

Pu' yaw pam maana ep yan qatuwlawu. Pay yaw oovi pas nawutstiqw pu' yaw puma put aw pangqaqwa, "Ta'ay, pay aasatti. Um oovi angkni. Um yamakye' um yukiq kwiniwiq yorikni. Niikyangw put um uukongyay kopitsokiyat angk taymani. Ephaqam put kopitsokit angqw uuwingw wunuptungwu. Pu' hinte' pu' piw angqw tövutslalaykungwu. Noq yantingwu hak putniqw pu' pam pantingwu," yaw puma aw kitota.

Pu' yaw puma put kopitsokiyat engem taqtsokya, uwiknaya. Pu' yaw puma put aw tutaptota hin put hintsanqw yaw put angqw töövu tsalamtingwu, pu' uwikngwu, pu' piw ahoy pakimangwu. Noq pan yaw pam tuwat put koongyay angk hintsakmani. "Pay um son put putakw qa maatsiy'maniy," yaw puma aw kitota. "Noq pu' pepeq ooveq masvoksöt epeq hapi um aqw masvaklawni. Noq pu' yepeq orayviy tatkyaqöyveq piw qantupha. Pepeq hapi aqw hötsiniqw pangsoq hapi um pakini. Noq pu' hintaqat akw hapi ung pepeq qa hötayaqw um ason paasat piw pan paklawniy." Yan yaw aw tutaptota.

Pay yaw puma panis yan put aw tutaptotaqw pangqw pu' yaw pam oovi put koongyay angk panma. Pangqw pu' yaw pam aqw orayviy hopqöymiq yorikqw aqw yaw pay oomiqhaqamiwat pam wupto. Epeq yaw uwiwita, wupa'leleta. "Kur pangsoq'a," yan yaw pam wuuwaqe pu' yaw pam oovi put pangqw angk. Noq naamahin as yaw mihikiwtaqw piw yaw pam put kukyat, pöyat tuway'ma. Pang pu' yaw pam aqwhaqami put aa'an hintsakma. Noq aqw yaw pay pam kwiniwiq paavatnimiq. Pu' yaw pam aqw paavatnimiq angk wupt pu' angk yorikqw pay yaw pam piw ayoq kwiniwiq oomiq wupto. Paapiy pu' yaw pam put angkniikyangw yaw su'aw pam aw tupo pitutoq paasat pu' yaw pam koongya'at epehaq masvoksöveq paklawu. Pavan yaw pangqw paalöngawti. Pu' yaw piw kopitsokiyat angqw töövu tsalalayku. Pam yaw oovi aqw wupqe pu' pangsoq tuwat paklawt pu' yaw paapiy aqw taavangqöymiqhaqami haawi. Pangqe pu' yaw pam qöniwmakyangw pu' pam aqw qöma'wat aatatkyaqöyvaniqw pang yaw kur sinom yesqw pang yaw puma pumuy as yuwsiyamuy tunglay'numniniqw pam wuuti yaw qa panti.

Pangqw pu' yaw puma ahoy oraymiqwatniqw pu' yaw pam koongya'at mooti pangsoq pitukyangw pu' yaw pam aqwhaqami tuuwaya-

The poor thing did not take the torch from him readily. "I asked you four times, and each time you assured me of your willingness to follow me," her husband reminded her. "Now you must come along."

So she was compelled to take the torch from her husband, who now explained, "In a short while, when I reach a certain site, my folks will let you know to start after me. We'll be searching for some clothes. Be sure to follow the route I take. So, I'm leaving now." With these few instructions Maasaw departed. They lit his torch as he was about to set off.

Now all the girl could do was to sit there and wait. Quite a while later they eventually said to her, "All right, it's time to follow your husband. When you're outside look to the north and keep your eyes on his torch. At times you'll see a flame flaring up from it, and at other times sparks will be flying off from it. Do the same with your torch."

Now they lit her torch and caused it to flame. Next they showed her how to produce sparks, how to make it flare up, and also what to do to quench the flame. All this she was supposed to do while following her husband. "You're bound to recognize him by the torch," they said. "Now, up there at Masvoksö you have to howl the cry of Maasaw. And then, on the south side of Orayvi, there is Qantupha. I want you to enter the hole that leads into the place. And if for some reason the dead there won't let you back out, you need only cry like Maasaw again." These were the instructions for her.

No sooner had she received her instructions than she went off after her husband. Her eyes searched the east side of Orayvi, and right away she spotted him. He was already climbing to a place on top of the mesa. She saw that flames kept leaping upwards. "So that's where he's headed," she thought and then started after him. It was pitch dark but she had no trouble trailing him in the dark. She followed, doing everything as he did. By now he was already going north toward Paavatni. When she came up to Paavatni and looked about, he had begun to go up another slope to the north. Again she went after him, but by the time she had reached the base of the next slope, her husband was at Masvoksö, howling out the cry of Maasaw. The echo from there rang out loud. And how sparks flew out from his torch. His wife, too, clambered up to this place, cried out the same howl, and then descended to the west side of the mesa, where she went around the promontory and onward, south of Qöma'wa. Apparently these were dead people in that place from whom they were supposed to beg for clothes. Maasaw's wife, however, failed to do so.

From this location the two headed back in the direction of Orayvi. Maasaw, meanwhile, had arrived at an opening, into which he dis-

maqw pay yaw pam paasat put as qa tuway'makyangw pay yaw pam put yuumosa angk. Noq pu' yaw pam koongya'at pangsoq qantuphamiq pitukyangw pay yaw pam pangsoq tso'omtiqw paysoq yaw angqw tövuqö'angw wunuptu. Naat yaw pam maana oovi put qa angk pituqw pay yaw pam angqaqw yamakt pu' yaw angqe taavangqöyvaqe tuutumkyaqe hinma.

Noq pu' yaw pam tuwat aqw pituuqe pu' pam aqw tso'o. Tso'okt pu' yaw pepeq aqw naawakna. Pantit pu' yaw pam ahoy namtökqw pay yaw qa haqaqw hötsi. Qa haqaqw yaw taala. Kur yaw pam hin yamakni. Pu' yaw pam okiw pepeq panta, hopit an yaw pakmumuya. Pu' yaw pam pi'ep as yorikngwuniqw son yaw kur put hötayani. Pas yaw pam nawis'ewtiqw pu' pan wuuwa, "Ura nu' qa yan as pakmumuynikyangw yanhaqam pakmumuya." Paasat pu' yaw pam a'ni masvaklawu. Pu' yaw pam pan paklawt pu' yaw kwuupukqw piw yaw angqaqw taalawva. Pangqw pu' pam yamakqe pu' yaw pam pangqe put koongyay angk. Hisatniqw pu' yaw pam oovi piw haqe' tuutu'amit ang as yannumkyangw qa haqam yaw pam suusa hiitawat aw kwasayat tuuvingtat yaw ahoy kiiyamuy aqw pitu. Noq pay yaw koongya'at kur se'elhaq ep pitu. "Kwakwhay," yaw aw kitota pam pakiqw, "kwakwhay, um pituy." Pu' yaw puma put kopitsokiyat kwusunayat pu' tookyayat pu' ahoy aapamiqhaqami panaya.

Pu' yaw pam wuuti epeq pakiiqe pas paas naasungwnat pu' piw paas hikwsuqw pu' yaw pam na'atniqa put mö'wiy tuuvingta, "Ya um qa haqam makiway?" yaw aw kita.

"Ya hiita'a?" yaw pam mö'wi'at kita.

"Ura uma pu' hapi yewashepnumni yaapiy'oy," yaw kita. "Ep hapi uma imuy maswikkatsinmuy amumi pite' hiita uma hapi yuwsiy'taniqey put uma hapi yaapiy hepnumniy," yaw kita. "Ang aqwhaqami sinom yeesiwa. Meh, ang uma hinnuma, pang hapi uma pumuy amuupa it usimniyamuy oovi tuuvingtinumni. Noq uma hin navotay?" yaw aw kita.

"Nu' qa haqam hiitawat aw tuuvingta," yaw pam wuuti kita.

"Is ohi antsa'ay," yaw kita. "Ta'ay, yaapiy hapi um put tuuvingtinumni. Noq umwa hin'iy?" paasat yaw pam tiywat aw kita.

"Pay nu' piw qa haqam makiway," yaw kita pam koongya'at.

"Is ohi antsa'ay," yaw kita.

"Noq hin hak put tuuvingtangwu?" yaw pam mö'wi'am put tuuvingta.

"Um hapi haqamwat hakiy aw pite' um aw pangqawmantani, 'Ya nu' son it uungaqw nasimokyaataniy? Ason pay nu' akw yukye', itamuy tiitso'nayaqw pay nu' angqw ahoy uumi yawmaniy,' yan um hiitawat aw hingqawt pu' um usimniyat langaknamantaniy," yaw kita. "Pu' kur pam kyaakyawnaqw pam hapi huur'iwtamantani. Pu' kur uumi no'aninik um angqw langaknaqw pay pam son angqw qa suymakni. Yan hak put put

appeared. His wife could no longer see where he was, but she nevertheless headed unerringly in his direction. When she arrived at Qantupha, she jumped in, causing a cloud of embers to rise in the air. Still she had not caught up with her husband, who had already emerged and was striding along the west rim of the mesa.

When she came to Qantupha, she too jumped in and prayed to the dead. After uttering her prayers she turned around, only to discover that there was no longer any way out. It was completely dark and no way to escape. The poor wretch sat weeping helplessly like a human. Again and again she looked about but the dead would not release her. At long last the thought struck her, "If I recall right I was not supposed to cry as a human and yet I'm doing just that." So at the top of her voice she wailed like Maasaw and when she raised up her head, she saw light coming in. Now she was able to leave and follow her husband. However, when some time later she passed through another graveyard, she completely forgot to ask one of the dead for a dress. At length she arrived back at the home of her in-laws. Her spouse had evidently arrived quite a while earlier. "Thanks," they said as she entered. "We are grateful that you are here." They relieved her of the torch, extinguished it, and took it back into the inner room.

When the woman was fully rested, and had completely caught her breath, her father-in-law inquired of her, "Did you get anything anywhere?"

"What do you mean?" his daughter-in-law said.

"Did you forget that both of you were supposed to be looking for clothes? On the day when you join the Maswik kachinas you'll have to wear some clothes. That's what you were supposed to be looking for," he explained. "The dead live all over. Remember, along the route you took you should have asked for their wraps. So how did you fare?"

"I didn't ask anyone for anything," the woman replied.

"Dear me," her father-in-law exclaimed. "All right, from now on you will plead for a wrap as you go along. And how did you do?" he asked his son.

"No one gave me anything."

"Too bad," his father said.

"How does one go about asking for clothes anyway?" his daughter-in-law now queried.

"When you come to a female at a grave, you must ask, 'Can I borrow this from you? When the ceremony is over and I'm finished with it, I'll return it to you.' With that tug at her mantle. If by chance she doesn't want to give it up, it won't come loose. If, however, she's willing to let you have it, it will slip off as soon as you pull on it. This is how such a

aw tuuvingtangwuy," yaw aw kita. "Noq oovi yaapiynen um put hiita yuwsiy'taniqey put um hapi oovi ang nakwsumantaniy," yaw kita. "Kur um sakinaqw hak ung nukngwat maqani. Hak oovi na'okiwtat hiitawat aw tuuvingtangwuy. Noq hisnentiqw pay naat qa aqw totokmiq pituqw pay uma nan'ik makiwniy," yaw pam pumuy amumi kita.

"Kur antsa'a. Put uma qa pan inumi tutaptotaqw oovi nu' antsa qa panti. Pay nu' yaapiy panhaqamni," yaw pam kita.

Paasat pu' yaw pam put tuuvingta, "Noq ung yepeq qantuphaveq hin yukunaya?"

"Pay nu' it angk tunatyawmaqw hin i' aqwhaqami pakimaqw pay nu' pan yuku. Noq puma pepeq nuy uutayaqw nu' pas masvaklawqw pu' puma nuy paasat maatatve."

"Kur antsa'ay, pay um su'antiy. Pay ason piw haqamwat pan uumi hepyaniqw pay um piw pantimantaniy. Niikyangw um oovi hapi put itaatötökiy nanatuwnaniy," yaw kita. "Noq yaapiy hapi uma pay panis paayistani. Noq pu' naalös taalat ep pu' hapi puma pep nevenwehekni. Noq pu' puma nevenwehekqam hapi haqam sonqa tsovaltiniy," yaw kita. "Noq pepeq hapi ima leelent leelenyangwu. Pep pu' pumuy amuqlap ima tootim nevenwehekqam put nepnitnit pu' it sihut akw imuy mamantuy amumum noovayamuy oovi tuutuy'yangwuy," yaw kita. "Paasat pu' puma pepeq pan yukuye' pu' puma angqw kiimi ahoyyangwu. Pu' paasat pumuy amungk ima maswikkatsinam pangso kiimiye' pu' puma pep pang kiinawit tipkyatinumyangwu. Noq pu' puma maskwikkatsinam pay ima pepeq leelenyaqamyangwuy. Niiqe puma ason pas pangso kiimiyanik pu' puma paasat kwatstangaltingwu. Niiqe puma oovi imuy leelentuy su'amun yuwsiy'yungway," yaw kita. "Niikyangw puma maswikkatsinam it eyokinpit suyngaqw yawyungngwu. Pu' pam maswikkatsina lomatsöqa'asiy'tangwu. Pitkunkyangw pu' piw mötsapngönkwewkyangw pu' atsva hopikwewtangwu. Pu' pam piw pukhaytakyangw angaapuyawtangwu. Pankyangw pu' pam sakwapkuwtangwu. Pu' piw qa tootsiy'tangwu pam'iy," yaw kita. "Pu' ima mamant as pay katsinmamantniikyangw puma it tsimonsit tuwat poli'iniy aqw tsurukniy'yungngwu. Pan puma mamant yuwsiy'yungngwuy," yaw kita. Niikyangw puma pay qa imuy leelentuy amun taawiy'yungngwu. Puma pay suusus tawwisngwuy," yaw kita. Niiqe pu' yaw pam pumuy amumi put sukw maswikkatsintawit tawlawu. "Pu' i' löös yan kuyvakyangw pu' paasat omiwayat aw pituqw pep pu' hapi i' uukongya mooti amumi nakwse' pu' imuy kukuynaqatnit pu' angkniiqat kwukwsunaqat nan'ivo sukyaktsiyamuy aw matyawt pu' pan hapi paklawniy," yaw pam put mö'wiy aw kita. "Pu' ason it pan yukuqw paasat pu' um hapi tuwatmantaniy. Noq pam amuukwayngyavaqe amumi pitungwuniqw oovi puma it qa tutwangwu. Noq it hin yukiy'maqw pay um panhaqam piw it angk hintsakmaniy," yaw aw kita. Pay yaw as pam okiw qa suutaq'ewniikyangw pay pi naap unangwayniqw

request is made properly. So from now on you must solicit what you need for your costume as you go on your way. If luck is on your side, someone will give you a choice wrap. You should, therefore, humble yourself before seeking permission to take it. And if you are fortunate, you will both receive a shawl before Totokya."

"Now I understand. You did not previously tell me what to do. From now on I will do as you instruct."

Next her father-in-law inquired of her, "And how did the dead treat you at Qantupha?"

"Well, I watched my husband go inside, so I did the same. Then they closed me in and it was not until I howled like Maasaw that they released me."

"I see. You did the right thing. If by chance they challenge you again, do exactly the same. But you should really practice our howl. You only have three more chances now. On the fourth day the Nevenwehekiw ceremony will take place. Those who take part in it congregate at a place where the members of the Len society play their flutes. Nearby the participating boys exchange their greens and flowers with the girls for food. When they have all completed their trading, they trek back toward the village. At this point the Maswik kachinas trail them to the village and stage their dances at various places. The Maswik kachinas are impersonated by the men who previously played the flutes. So it is not until they file into the village that they don their masks. For this reason they are costumed exactly like the members of the Flute society. Unlike the latter, however, they hold bells in their left hands. The body of a Maswik kachina is really painted beautifully. He wears both the kilt and brocaded sash on top of which a Hopi belt is slung. From his backside hangs a fox skin which is tucked into the kilt, and the kachina's hair flows down his back in long tresses. His face is colored blue and he walks barefoot. The female counterparts are the regular kachina maidens, except that in the whorls of their butterfly hairdos are stuck blossoms of the jimsonweed. This is how the females are garbed. The Maswik songs, however, differ from those sung by the members of the Flute society. They usually chant slowly." And then he actually sang a Maswik kachina song for them. "This song is sung through twice. Where the dancers start chanting the upper part, your husband will be the first to sneak up to them and place his hands on the shoulders of both the leader of the group and the one immediately behind him. At the same time he will howl out his cry. Then it will be your turn. The approach, of course, is made from the rear so that the kachinas are not aware of your presence. Again, I want you to do exactly what your husband does." The poor girl had lost all her initial willingness to be a part of this. But now there was no way out, for she had brought this upon herself by

antsa pas qa tuuqayi amumniqe pu' yaw pay oovi nawusta. Niiqe pam yaw oovi nawus put amum ang pannumngwu.

Qavongvaqw pu' yaw puma piw nöönösaqe ang qenitotaqw pu' yaw puma naawuutim pay maqaptsiy'ta. Pu' yaw kya pi piw aasattiqw paasat pu' yaw puma piw nakwsu. Pangqw pu' yaw pam piw koongyay angknii-kyangw pu' yaw pam pangqe orayviy hopqöyvaqe. Pangqe yaw kur piw sinom yeesiwa. Pang yaw pam pumuy amuupa okiwhingqawnuma. Nit pay yaw pam qa hiita makiwqe pu' yaw pam aqw oomiq wuuvi. Paapiy pu' yaw pam mooti masvoksömiqnit pu' yaw paasat aqw qöma'wamiqwat. Pepeq pu' yaw piw peetu sinom yeesiwa. Pep pu' yaw pam piw amumi hawqe pu' yaw pam pang pumuy amuupaniikyangw pay yaw pam piw qa hiita makiwa. Pangqw pu' yaw pam orayviy taavangqöymiq pitut pu' yaw pam piw qantuphamiq paki. Pu' yaw pam piw epeq naawakna. Pu' yaw pam pepeq namtökqw pay yaw puma paapu put qa uutaya. Pangqe pu' yaw pam taavangqöyvaqe aqw taatöq. Pang pu' yaw pam piw okiw as pumuy sinmuy amuupa pannumkyangw pay yaw pam qa haqam hiita makiwt pay yaw ahoy mö'öngkiy aqw pitu.

"Is ohiy, ya sen himu haqam hintaqw oovi pas umuy qa maqayay?" yaw na'am kita.

Noq paasat löös hapi yaw oovi peeti. Qavongvaqw mihikqw pu' yaw puma piw. Noq ep pu' yaw i' koongya'at pay yewasmakiwa. Pu' yaw pam nööma'at angk pitukyangw pay yaw qa hiita piw kwusiva. "Ya um qa makiway?" yaw puma put aw kitota.

"Qa'e," yaw kita, "pay pas hintiqw inumi kyaakyawnaya," yaw pam kita.

"Is ohi antsa'ay," yaw aw kita. "Noq suus hapi um peeta. Um hapi qaavo oovi pas qa naatusitani," yaw kita. Qavongvaqw pu' yaw puma suus hapi angni. Kur yaw pam wuuti ep qa hiita makiwe' pay yaw pam nawus qa yuwsiy'mani. Pay yaw pam paasat pas son nawus hiita kwa-say'maniqe yaw oovi son nawus qa susmataq hin yukiwtaqey panmani. Son yaw pam nawus löway tupkiy'maniqat yan yaw puma put aa'awnaya. Pu' yaw pam okiw qa haalayi.

Qavongvaqw pu' yaw puma oovi piwniqw pay yaw pam naat piw qa hiita makiwt yaw oraymi ahoy pitu. Suuvo yaw pam peeta. Pangsoq orayviy taavangqöymiq titipostuy aqwa'. Pangqe pu' yaw pam pan pumuy amuupa na'okiwtinuma. Niikyangw pay yaw pam pas qa hiitawat angqw nukwangwnavota. Soosoyam yaw himuy kyaakyawnaya. Panma-kyangw pu' yaw pam pay panis lööqmuysa hakimuy amumi peeta. Paasat pu' yaw pam oovi put sukwat awniiqe pu' yaw put as usimniyat aw tuuvingtaqw pay yaw pam put pas qa hin maqaniqey unangwti. Paasat pay yaw pam okiwti.

insisting on following her spouse. She would have to accompany her husband.

The following day, after everybody had eaten and the food was cleared away, the young couple sat and waited until it was time for both of them to set out once more. As before, the woman followed her husband along the east side of Orayvi. Dead people also lived there among whom she pleaded for the necessary clothing. But she received nothing and consequently continued up the mesa. From there she proceeded first toward Masvoksö and then on to Qöma'wa, where there also resided a few dead. She went down to their graves and walked among them without, however, succeeding in getting anything. Then she reached the west side of Orayvi where she entered Qantupha as she had the night before. Again she uttered her prayer and this time she was not imprisoned when she turned around to leave. She now headed southward along the west side. There she again went begging among the dead but returned with empty hands to the home of her in-laws.

"Dear me! What could have gone so wrong that neither of you got anything," the father exclaimed.

Now only two more nights were left. The following evening the couple set out again, and this night the husband was lucky enough to get part of a garment. But his wife arrived after him, empty-handed. "You didn't get anything?" they inquired of her.

"No," she replied, "for some reason they did not want to let go of their clothes."

"How disappointing! You have only one chance left. Tomorrow you must do your utmost," her father-in-law encouraged her. The ensuing night they were to go one last time. If that night the woman could not procure a piece of clothing, she would have to participate in the ceremony naked. She would have to go without a dress, just as she was. They told her that she would have to go with her vulva exposed. Now the poor woman really felt depressed.

The following evening, Maasaw and his wife once again made their round. By the time she arrived back at Orayvi she still had not gotten anything. There remained only one more location for her to go to: the burial ground for little children on the west side of Orayvi. She went pleading from infant to infant, but nowhere did she get a favorable response. All were unwilling to relinquish their belongings. Finally, she had only two graves to visit. She walked up to one and entreated the girl for her shroud but the latter had no intentions of surrendering it. Now Maasaw's wife was at the point of despair.

Nit pu' yaw pam oovi pay nawus pangqw ayo'watniiqe pep pu' yaw pam it hakiy manawyat aw pituuqe pu' yaw pam pep put aw na'okiwlawu, "Okiw as um nuy ookwatuwe' um nuy uu'usimniy maqaniy," yaw aw kita. "Pay nu' sonqa angqw ahoy uumi tavitoni. Taq nu' qa haqam hiita makiwa," yaw pam put hakiy aw kitalawu.

Noq pam yaw hak pep pas nukngwat puuhut akw mookiwta. "Ya um son okiw nuy it haak maqani?" yaw pam put aw kitat pu' yaw pam put langaknaqw pay yaw pam ang suyma. "Askwali," yaw kita, "askwali um nuy maqa. Pay nu' ason son hiita qa enang angqw uumi tavitoni," yaw aw kita. "Pay nu' ason inay hiita ayataqw pam ungem hiita tumaltaqw pu' nu' angqw put enang yawmani," yaw aw kita. Yan yaw pam pepeq put nukngwat makiwa.

Pangqw pu' yaw pam suyan unangway'kyangw, haalaykyangw pu' koongyay angk kiiyat awi'. Pu' yaw pam epeq angk pituqw yaw haalaytoti. "Um nawis'ew makiway," yaw aw kitota.

"Owi," yaw kita. Noq pam yaw it peekyet akw paas qarokput yaw makiwa.

"Kwakwhay," yaw puma kitota awi'. "Pi um kur pas pavan makiway," yaw aw kitota.

Noq puma yaw ep suus piniqw pu' yaw pam na'amniqa kur pumuy amungem kwatslawu. Noq yaw puma ahoy pituqw pay yaw pam kur paas put yukiy'ta. Niiqe puma yaw oovi pangqw kwiningyaqw tuuwingaqw naqlap qatu. Is uti, yaw hiitu nuutsel'ewayom. "Ta'ay," yaw kita, "pu' hapi itam suyan su'qawkyaakyangwyaniy. Qaavo hapi aw talöngwiwtani. Pay itam son umuy qa pa'angwayaniy," yaw kitota.

Noq pu' songoopavewat pu' yaw puma maswikkatsinam piw tuwat yuuyahiwta. Qavongvaqw pu' yaw pumuy taalawnayaqw pu' yaw puma nöönösa. Paasat pu' yaw pam tiyot na'at yaw paas pumuy hin yuwsinaniqey hiita akw tsöqa'asnaniqey put amungem na'sasta. Oovi yaw taawanasami haykyaltiqw pu' yaw pam pumuy amumi pangqawu, "Ta'ay," yaw kita, "itam yukiq tatkyaqöymiqyaqw pepeq nu' umuy yuwsinani. Pay uma sonqa su'aw aw pituni. Pay haqam sonqa tuwat yuuyahiwta. Pay uma oovi pisoqtini. Pu' uma umuuyewasmokiy yawmani. Pay nu' put paas soosok mokyaatay," yaw pam na'amniqa kita.

Pangqw pu' yaw pam pumuy wikkyangw yama. Pu' yaw puma pangqw nöngakqe pu' yaw puma orayviy hopqöyvaqe aqw tatkyaqöymiqya. "Ta'ay, yepeqniy," yaw amumi kita. Paasat pu' yaw pam put tiy aw pangqawu, "Ta'ay, um uuyuwsiy soosok oyani. Um oyaqw pu' nu' ungwat mooti yuwsinaniy," yaw pam put aw kitaqw pu' yaw pam oovi pepeq put yuwsiy oya. Qa haqe' yaw pam somiwkyangw kwasiwlalata. "Ta'ay," yaw kita, "um pewniy," yaw aw kita na'at.

Pu' yaw pam aw nakwsu. Paasat pu' yaw pam put it qötsvit akw soosok pölöla. Pu' yaw pam piw put ngumanqömatoynat pu' yalaakwi-

So she was forced to leave and turn to the only other grave. There she implored a little girl, "Please have pity on me and let me have your wrap. I promise to bring it back to you. No one has given me anything."

The little girl was wrapped in a beautiful new shroud. "Won't you lend me this for a while?" Maasaw's wife pleaded once more, whereupon she tugged on it and it came off right away. "Thank you so much," she cried. "Thank you for letting me have it. Believe me, I'll bring it back together with something extra. I'll ask my father to prepare some prayer feathers for you. I'll bring them to you," she vowed. This was how the woman obtained such a fine garment.

Relieved and happy, she followed her husband home. At her arrival everyone was jubilant. "At last you've gotten something," they said.

"Yes," she muttered. The shroud she had procured was completely stiff from puss that had soaked into it.

"Thanks," they all acknowledged. "It looks as if you got a very nice shroud."

Since this had been the couple's last round, the father had already set to work on masks for them, and had completed the task before their return. Now the masks sat side by side on a stone bench at the north end of the house, a grotesque sight to behold. "Now," the father said, "we should go to it without hesitation. Tomorrow is the great day. We will certainly all help you in your performance," the family encouraged the couple.

Meanwhile, the Maswik kachinas were getting ready at Songoopavi. The next morning, at daybreak, the whole Maasaw family first had breakfast. Then Maasaw's father readied the costumes and body paints. When the time drew close to noon, he said to the two, "Now, we must all go to the south side where I'll dress you. You'll get to the kachinas in time. They're probably making their preparations too. So hurry up and take your paraphernalia with you. I've already bundled everything up."

The father led both of them out of the house, and then descended the mesa to the south side, bypassing Orayvi to the east. "All right, this is the place," he told them. Then he turned to his son and said, "I want you to take off all your clothes now. That done I'll dress you properly." Maasaw did as bidden and disrobed. He was totally naked, with his penis dangling. "Come here," his father beckoned.

Maasaw stepped up as told, whereupon his father rubbed ashes all over his son's body. Next he powdered his face with white cornmeal,

lala, pu' piw mooqötösomna. Pantaqat pu' yaw pas lomatukwapngöntoyna. Niiqe yaw pam paasat angaapuyawtaqe yaw oovi suhimutiyo aqw oomiq qötömiqniikyangw atkyamiq pay yaw qa hiita hinta. Paasat pu' yaw pam put tiy kwatsvana. Noq pam yaw it sowiipukyat angqw yukiwta himu, maasawuy kwaatsi'at. Paas yaw pam put yuwsinakyangw pu' yaw piw kwapkyaqe put moohot akw soma. Angqe put somnakyangw paasat pu' yaw pam put aw ungwat wuuta. Pu' yaw pam ungwa put qötövaniikyangw pu' piw atkyamiq soosovik aatsavala. Is uti, pas pi yaw pam nuutsel'ewayti. Pantikyangw pu' yaw pam it kanelmötsapsakwit put nasimokiyat torikna. Nuutungk pu' yaw pam put it sowisrut naqtoyna. Pu' yaw it maawikiyat aw tavi.

Paasat pu' yaw pam putwat mö'wiy aw pangqawu, "Ta'ay, yaw kita, "um uukwasay soosok oyani. Pay um it uukongyay an qa haqe' somiwkyangw pewniqw nu' ung aw yuwsinaniy," yaw aw kita.

Pu' yaw pam as okiw qa suutaq'ewa löway put aw maataknaniqe. Pu' yaw pam piw aw pangqawu, "Pay um put aw qa hin wuuwantaniy," yaw aw kita. "Pay son hak put tuwani. Pay um oovi qa inumi nanahinkinat um oyani. Pay pi um nuwupi yan naawaknay," yaw pam aw kita.

Paasat pu' yaw pam nawus put kweewaynit pu' kwasay tavi. Pantit pu' yaw pam awniqw pu' yaw pam pay piw put koongyayat su'an yuwsina. Paasat pu' yaw pam piw putwat kwatsvanani. Pu' yaw pam put ang pakiniqe yaw as qa suutaq'ewa. "Ta'ay, pay um son nawus it qa ang pakini. Pay i' nuwupi ungem yukiltiqw oovi pay um son nawus qa ang pakini. Pay hiisavotiniy," yaw pam put aw kitaaqe pu' yaw put hihin uunatoynaqe pu' yaw put ang panana.

Pu' yaw pam oovi nawus ang paki. Noq pam wuuti yaw piw nuutsel'ewayti. Paasat pu' yaw pam kur put yukunaqe pu' yaw pumuy amumi pangqawu, "Ta'ay, pankyangw uma nakwsuni. Noq it hin hinmaqw pay um panhaqam it angk hinmani. Pu' hiisap um it angk hinmaqey pay um paasaphaqam it angk hinmaniy. Noq pay su'aw haqam mooti tipkyatotangwuniiqey pangso ökiqw pay uma suupaasathaqam son aw qa pituniy. Noq uma pay oovi kyaktay'iwmaniy," yaw kita amumi. "Pay son hak ung maamatsni. Son hak uumi pan wuuwantaniy," yaw aw kita. Pu' yaw pam piw pumuy amumi pangqawu, "Uma ep yukukyangw naat uma angqw piw ahoy peqwniy," yaw kita. "Pu' nu' son yepeq umuy qa nuutaytani. Pay uma peqw piw inumi pituqw pu' nu' yepeq umuy paahomni. Ta'ay, yupave. Uma su'qawkyangw awhaqamini. Niikyangw uma oovi nahongvitaniy," yaw pam pumuy amumi kita.

Pangqw pu' yaw puma nangk panma. Pu' yaw pam angqe songoopaviy tatkyaqöyvaqe haqami tuyqay'taqat aqw pitut pepeq yaw pam put nöömay nuutayti. Noq oovi yaw pam angk aqw kuyvaqw epeq yaw pam wunu. "Ta'ay," yaw aw kita, "um pewni. Pay hapi aw pitsiniy'yungwa. Pay hapi atkyaq löös kuynayaqw pu' itamniy," yaw pam kita.

painted a stripe of hematite from above the bridge of the nose down across each cheek, and then placed a garland of yucca around his head. Around his neck he hung a beautiful strand of turquoise beads. Maasaw's long hair fell loose over his shoulders. From his neck up he was a handsome youth while from the same place down there was nothing on him. Next he fitted his son with Maasaw's mask which is made from the pelts of jackrabbits. After dressing him completely, Maasaw's father secured the mask by placing a strip of yucca leaf about his neck. Then he poured blood on Maasaw smearing it all over his head and body. What a dreadful sight! He took on a ghastly appearance. Now the tattered woman's dress, which Maasaw had borrowed from the grave, was draped over his left shoulder and under his right armpit. Finally, his father attached a jackrabbit tail to be worn as an earring. Then he gave him the club of Maasaw.

Next he turned to his daughter-in-law, "All right," he said, "you take off your clothing now. Come to me naked just as your husband did and I'll prepare you."

The woman was concerned that he would see her vulva. So he urged her again, "Don't worry, no one will see you. Don't mind me, just strip. After all, this is what you wanted," he reminded her.

Thereupon she had to shed her belt and dress, whether she wanted to or not. Then she came to him and he, in turn, dressed her exactly like her husband. As he was about to place the mask over her head, however, she shrunk back from him. "Come on, you'll have to put this on. It was made specially for you so you have no choice. It'll only be for a little while." Saying these things to her calmed her anxiety, so he was able to fit the mask over her head.

Maasaw's wife, too, was thus transformed into a horrible looking creature. Evidently the father had finished now, for he said to them, "All right, be on your way!" To the wife, he said, "And you do exactly what my son does. Always keep the same distance behind him. I'm sure you'll get to Songoopavi the moment the kachinas reach the place where they usually dance for the first time. So hurry. Don't worry, no one will recognize you," he reassured his daughter-in-law. "No one will have any notion that you are doing this. And when you are finished there, come back here again. I'll wait for you and give you a bath when you get back. Now, go. Go willingly and do your very best," he instructed them.

Thereupon the Maasaw couple left, one following on the heels of the other. When Maasaw had rounded the southern end of Songoopavi and had come to a promontory, he waited for his wife. When she came in sight he stood there. "Now," he said, "come here. The ceremony has already begun. When the dancers begin to sing the second lower part, it'll be our turn."

Noq pu' yaw puma awniiqe pu' puma tuqayvasta. "Pay naat suus atkyaqyay," yaw pam kita. Pu' yaw antsa puma pangqw pantaqw pu' yaw antsa piw kuynaya. "Pu' hapi löösniy'wisay," yaw kita. "It angk hapi omiwa'atningwuniqw paasat pu' nu' hapi awni. Noq ason pam omiwa'at so'tiqw paasat hapi puma as pi pay nuysa pookoy'yungwniqe oovi sonqa nuysa nuutayyungwni. Noq ason piw it omiwayat kuynayaqw pep pu' hapi um tuwat awniy," yan yaw pam put aw tutapta. "Noq oovi um inumi paas tunatyawte' nuy hin yukuqw pay um piw pan yukuniy," yaw pam aw kita.

Noq pu' yaw oovi puma maswikkatsinam naat pu' omiwayat kuynayaqw pu' yaw pam pumuy amumi nakwsukyangw pay pavan hihin halayvit pumuy amuukwayngyavaqe warikkyangw pu' yaw amumi pitu. Pu' yaw pam pangso kukuynaqatnit pu' it kwukwsunaqat nan'ivo sukyaktsiyamuy aw matyawt pu' yaw paklawu. Pas pi yaw pavan pam kukuynaqaniqw pu' angkniiqa nangpukna. Pantit pu' yaw pam amuukwayngyavaqe aqwhaqami tuuwayama. Noq pam wuuti'at put yaw aw tunatyawtaqe pu' yaw pam haqam tuyqave wunuptut pu' yaw pam pangqw tuwat maqaptsiy'ta.

Noq yaw oovi pumuy taawiyamuy moti'omiwa'at so'tiqw pu' yaw puma piw kuynaya. "Hapi meh, hapi meh," kitotaqw pu' yaw pam wuuti tuwat amuukwayngyavaqe amumi nakwsuqe pu' yaw pan tuwat put kukuynaqatnit pu' put kwukwsunaqat sukyaktsiyamuy aw matyawt pu' yaw tuwat paklawu. Pam pu' yaw pavan lay'taqat paklawu. Pas pi yaw pam soosokmuy katsinmuy qe'tapna. Aw pay yaw puma tiitso'a. Pantit pu' pam pangqe pumuy amuukwayngyavaqe koongyay angk. Pu' yaw puma haqam maqaptsiy'kyangw yaw tuqayvaasiy'taqw pay yaw pas nawutstiqw pu' yaw puma piw ephaqam kuynayakyangw piw yaw naat oomiya. Paasat pu' yaw puma atkyaqyat pu' yaw yukuyaqe paasat pu' yaw piw angqw nankwusaqe pu' yaw haqamwat piwya. Pang yaw puma pumuy amungk pantsakma.

Noq pay yaw as puma suukw pookoy'yungqw piw yaw puma lööyöm pitu. Pu' puma piw pepwat tiitso'nayakyangw pu' yaw kiisonmiyaqw pay yaw puma pep piw pumuy an yukuna. Paasat pu' yaw puma yukuyaqe pu' yaw pay paasat ninma. Noq pu' paasat yaw ima taataqt, tootim pumuy amumi nankwusaqe pu' yaw pumuy amumi as kwekwetstiwyani. Pay yaw himuwa naap hin yuwsiy'kyangw yaw pumuy pep amumi pantsantongwu. Himuwa yaw lomayuwsiy'kyangwningwu. Pu' yaw piw himuwa himusinot, yootat, tasavut, payotsit, yotsi'et an yuwsiy'kyangw pep pumuy amumi as pantsantongwu. Niikyangw pay yaw puma pumuy amumi qa öki. Pumuy yaw amumi kwekwetstiwyaniqam yaw pumuy maqastoti. Pu' yaw puma as pep pumuy ngöylalwakyangw pay yaw pas qa suusa amumi öki. Pas yaw pamwa wuuti a'ni lay'ta. Putwat yaw puma pas mamqasya. Nuwu yaw pay nawutstiqw pu' yaw pam koo-

The two now advanced further and listened again. "They've just started the first lower part," Maasaw explained. They were still standing there when the performers commenced the second lower part. "This is twice that they've started it," he said. "After that follows the upper part and that's when I'll go. They will, of course, be expecting only me since I am supposed to be their only pet. But when they start singing the upper part a second time, you will approach them too," her husband instructed her. "Pay close attention to me and do exactly what I do."

The Maswik kachinas had just embarked on the upper portion of the song, when Maasaw rushed up to the dancers from the rear. When he reached the middle of the line, where the leader of the group was positioned, he placed one hand on his shoulder and one on that of the dancer immediately behind, at the same time howling the cry of Maasaw. The kachinas were terribly startled. Immediately, Maasaw disappeared again behind them. His wife, who was watching him closely, stood at a corner of a house waiting.

When the kachinas had ended the first upper part of their song, they started the same part anew. "Hapi meh, hapi meh," they were chanting when the female, too, now sneaked up to the kachinas from behind. She also placed the palms of her hands on the shoulders of the kachina leader and the one behind him, and let out her howl. She let loose such an overpowering cry that it caused all the dancers to halt in their tracks. They even stopped singing. And no sooner had Maasaw's wife carried out her task than she darted away behind the kachinas, following her husband. The two lingered in the background, listening. Considerable time passed until the kachinas continued their chanting, starting all over with the upper portion. Following this they sang the last segment of the song. Finishing their performance they moved on to a new location. The two Maasaws followed wherever the kachinas went and repeated their sudden attacks. All about the village they went performing.

Again two Maasaws approached the dancers, even though only one impersonator had been planned for. Once more the kachinas completed their dance, at which they moved to the plaza where the Maasaw couple subjected them to exactly the same treatment. After finishing this time the kachinas returned home. At this moment the men, both young and old, went up to the two Maasaws in order to make fun of them. For this part of the ritual everyone dresses however he pleases. One might be garbed very handsomely; another might don the costume of another tribe, such as a Plains Indian, Navajo, Paiute or Apache. But the men who were supposed to do the taunting did not venture near the two Maasaws. They were frightened. They kept pursuing the Maasaws but did not dare come too close. The woman in particular was very effective. She was the one they really feared. Meanwhile a long time had passed,

ngya'at put nöömay aw pangqawu, "Ta'ay," yaw kita, "pay pi itam su'an yuku. Pay oovi itam payniy," yaw pam put aw kita. Niiqe pu' yaw puma pay paasat oovi nanap'unangway pangqw nima. Noq puma tootim, taataqt hapi yaw as put maasawuy niinayat pu' put pay tuuvawisngwuniqw ep pay yaw puma oovi qa pantotiqw pay puma paasat pangqw nakwsu.

Yanhaqam yaw puma pep pumuy yukuna. Pangqw pu' yaw puma haqe' nakwsuqey pay yaw piw puma pang nangk ahoy put tiyot kiiyat aqwwat. Noq naat yaw antsa pam na'amniqa pumuy pep orayviy aatatkyaqoyveq nuutaytaqw puma ahoy epeq pitu. "Kwakwhay," yaw pam amumi kita, "kwakwhay, uma pitu. Ta'ay, huvam qatu'uy," yaw pam amumi kita.

Noq yaw puma ep yankyangw yaw naama hiikwislawu. Paas yaw oovi puma hikwsuqw paasat pu' yaw pam pumuy yuwsiyamuy oyanat pu' pumuy kwaatsiyamuy ahoy tavina. Pantit pu' yaw pam pumuy paahomnakyangw yaw put taaqat mootiniiqe pu' put yaw yukunat paasat pu' yaw pam it nöömayatwat piiwu. Paas yaw pam pumuy paahomnakyangw pu' pumuy piw mooti hin yuwsiy'taqw pan yaw pam piw pumuy yuwsinat pu' yaw amumi, "Kwakwhay," yaw kita, "kwakwhay, uma yuku. Itam su'an yukuya. Pay nu' navota. Pay yan pi puma naanawaknaqe oovi it taviyay," yaw kita. "Ta'ay, tuma ninmay," yaw pam pumuy amumi kita.

Pangqw pu' yaw puma pangso put pumuy koongyayat kiiyat awya. Pu' yaw puma yungqw pu' yaw puma ahoy haqaqw pumuy kwaatsi'am qatuqw pangsoq yaw puma ahoy pumuy tavi. Pu' piw pumuy yewasmokiyamuy, nasimokiyamuy yaw pam piw aqw tavit pu' yaw amumi pangqawu, "Ta'ay," yaw kita, "uma naasungwnani. Pay pi um pas suutaq'ewniiqe oovi it amum angqwniiqe pas it amum hin hiniwtapna. Noq pay i' hapi as qa umuumakiwa. Pay as itam yaniqw it qa nakwhanaya uumi pootaniqw'öy," yaw aw kita. "Noq pay i' naap qa tuuqayqe ung angwutaqw oovi uma naamatiy. Pu' i' uukongya oovi songyawnen piw naap uumi nukpantiy," yaw pam put aw kita. "Pu' um piw son as yan wuuwankyangw angqw amuma. Niikyangw pay son hak put uututkyay tuwa. Noq uma pu' mihikqw piw angnen uma it umuunasimokiy ahoy tavitoniy," yaw pam amumi kita.

"Owi, kur antsa'a. Pay itam sonqa ahoy amumi tavitoni," yaw pam mö'wi'am kita. "Niikyangw nu' ikiy mooti ahoy awnen nu' inay hiita ayatani. Pay nu' qa itsa aw yawmaniqey yan aw lavaytiqe oovi nu' sonqa ikiy awnen pu' put inay it nakwakwusit ayataqw pam inungem hiita tumaltaqw pu' nu' put enang aw engem kimani," yaw kita.

"Kur antsa'ay," yaw kita pam koongya'at. "Ta'ay, pay um awni. Ason ung hisatniqw pituqw pu' itam paasatni. Pay pi naat qa hin aqw pituy," yaw aw kita. "Pay um sonqa su'aw ahoy pituniy," yaw pam nöömay aw kitaqw pangqw pu' yaw pam yama.

so the husband said to his wife, "That's enough. We've done everything according to custom, so let's go back." Thereupon the two went home of their own free will. Normally, the boys and men would have ceremonially killed Maasaw and then taken his body somewhere and dumped it. But because on this occasion they failed to do that, the two Maasaws departed.

Thus did the two Maasaws deal with the participants in the Nevenwehekiw ritual. They returned along the route they had taken in coming, again one behind the other. Sure enough, the father was still waiting on the south side of Orayvi when they approached. "Thanks," he cried, "thanks you have come. Now, sit down."

Maasaw and his spouse just sat there together, panting. After they had caught their breath, the father disrobed them and removed their masks. Next he washed them, starting with his son. Finally he clothed them as they had been dressed before and said to them, "Thanks," he said, "I'm grateful you have completed your task. I know, we did everything just right. That's what those turds wanted and that's why they gave my son this role. Now, let's go home."

All three of them now returned to the husband's home. Entering, Maasaw and his wife stored their masks in the same niche they had been in before. Alongside them the father also placed the other paraphernalia as well as their bundles of borrowed clothes. Then he suggested to Maasaw and his wife that they both rest. Eventually he turned to his daughter-in-law and said, "You were so bent on following your husband and after coming here you went through the entire ordeal with him, even though this task was never assigned to you. For this reason we had expressly forbidden him to go and see you. But because he did not heed our words, he won you over and you two got married. In a way your husband wronged you, for you probably didn't have anything like this in mind when you came along. But no one in the village saw your vulva. Tonight I want both of you to go out and return what you borrowed."

"Yes, of course. We'll be sure to take the wraps back," his daughter-in-law replied. "But first I must return home to ask a favor of my father. I promised the girl I borrowed this from that I would return something in addition to her wrap. So I need to tell my father to make some prayer feathers that I can take along."

"All right," her husband acknowledged. "Go on ahead. We'll leave when you get back. It's too early yet, anyway. I'm sure you'll return by the time we have to go," he said to his wife, whereupon she departed.

Niiqe pu' yaw pam oovi ahoy songoopami. Pu' yaw pam ep pituuqe pu' yaw put nay aw pangqawu, "Ina'a!" yaw aw kita.

"Ya himu'uy?" yaw kita.

"Um inungem nakwakwustani," yaw aw kita.

"Ya hintiqw oovi'oy?" yaw aw kita.

"Owi," yaw aw kita, "ura ima maswikkatsinam yep öki. Noq puma ura pep kivapt it ivuwsungway poktota. Noq nu' ura kiiyat aqw amumniqey nu' aw pangqawu. Noq pay pi nu' naap amumniqe qa tuuqayqe oovi naami nukpanti. Noq nu' hapi kur put amum pantsakniqe oovi pas amumniqe sus'ö'qala. Noq paniqw oovi pam as pay pas nuy qa nakwhanaqw nu' antsa qa tuuqayi."

"Ya um'i?" yaw aw kita.

"Owi," yaw kita, "nuu'u."

"Pi oovi puma lööyömuy," yaw aw kita. "Pay pi as pam antsa as suukyaningwuniqw piw pas lööyöm antsa pi pituy. Noq pam angkniiqa pas pavan lay'tay," yaw kita. "Qa hisat pan himuwa lay'ta. Niiqe pam oovi pumuy katsinmuy okiw qöya. Atsviy puma katsinam taawiy suutokya. Noq kur kya pi antsa um'iy," yaw aw kita.

"Owi, nuu'u," yaw kita.

"Noq hinoq um put nakwakwusit naawaknay?" yaw aw kita.

Paasat pu' yaw pam hintiqw put naawaknaqey yaw put aw lalvaya. Pu' yaw pam na'atniqa oovi pöhötngay haqam oyiy'taqe pu' yaw put kwusu. Paasat pu' yaw pam put engem nakwakwuslawqe naaloqmuy yaw pam put engem yuku. Paasat pu' yaw pam it piikit, hoomat, hopivivat yaw enang mokyaatat pu' yaw aw pangqawu, "It um enang kimani. Pay um it enang aw oye' pay um son uuqatsiy qa tuyqawvani," yaw aw kita.

"Kur antsa'a. Pay nu' ason hin navote' pu' piw angqw ung aa'awnani," yaw kita.

"Kur antsa'ay," yaw kita.

Pangqw pu' yaw pam ahoyniikyangw pay yaw oovi su'aw taawat pakiwtaqw yaw pam epeq ahoy pitu. Pituqw pu' yaw puma haalaytoti. "Kwakwhay, um ahoy pituy," yaw kitota. Noq pu' yaw hisatniqw aasathaqamtiqw pu' yaw na'am amumi pangqawu, "Ta'ay, uma amuupa nakwsukyangw uma umuunasimokiy ahoy tavitoniy," yaw kita.

Pangqw pu' yaw pam koongya'at oovi piw mooti yama. Pu' yaw pay piw nawutstiqw pu' yaw aw pangqawu, "Ta'ay, um angk piwniy," yaw aw kita.

Pangqw pu' yaw pam piw angki. Pu' yaw puma piw ang yukiy'maqw pu' yaw put koongya'at haqam himuy makiwqey pep yaw put ahoy aw taviniqe pu' yaw pam put nasimokiy akw put hakiy paas mokyaatat pu' yaw, "Kwakwhay," aw kita, "kwakwhay itam kuukuyvay. Oovi itam yaapiy piw nahongvitotaniy," yaw pam put aw kita.

So Maasaw's wife returned to Songoopavi. When she arrived there, she said to her father, "Father!"

"What is it?" he replied.

"I want you to make some prayer feathers for me."

"Why?" he inquired.

She explained: "You recall that the Maswik kachinas were here. And you remember that the kiva members chose the role of Maasaw for my husband. Also, you remember that I told you I wished to accompany him home. But because I was so insistent on going with him, I actually did harm to myself. As a result of my desire to be with him I was forced to play the role of Maasaw. For this reason he at first objected to my going along, but I didn't listen."

"Was that you who howled at the kachinas?" her father exclaimed.

"Yes," she admitted, "it was me."

"That's why there were two impersonators. Normally, of course, only one Maasaw comes. This time to everyone's surprise there were two. The second one was very powerful. No Maasaw has ever been that impressive. He really stunned the kachinas. Because of him they actually forgot their song. Could it be that you were the second Maasaw?"

"Yes, it was me," his daughter confessed.

"But what do you need those prayer feathers for?"

So his daughter told him why and related everything that had happened to her, whereupon, her father took out his box of eagle-down feathers and fashioned four prayer feathers. In addition, he tied up some piiki, cornmeal, and native tobacco in a bundle. As he handed it over to her, he said, "Take what's in the bundle along with you. If you give these things to the dead girl, you will not die now."

"Fine. I'll let you know what my fate is to be."

"Very well," her father answered.

Maasaw's wife now departed and arrived at Maasaw's house just as the sun had disappeared below the horizon. Everyone was happy to see her back. "Thanks, you have come back," they all cried. Later, when the proper time had come for the couple to leave, the father said to them, "All right, go out among the dead and take back what you borrowed."

Again her husband left first. After a while she was told, "Now, follow him."

So once more she set out after him. When the two were about to complete their journey, the girl's husband returned the borrowed wrap to the site where he had received it. He carefully slung it about the body of its dead owner and said, "Thank you so much. Thank you, for allowing us to complete our ceremony. Let's give it our best again in whatever we do!"

Pangqw pu' yaw pam ahoy kiy aqwwat nakwsu. Noq pu' pam nöö-ma'at put angkniiqe pam pu' yaw put haqam put manawyat angqw nasimokiy makiwqey pep pu' yaw pam put aw tavit pu' yaw aw pang-qawu, "Askwali," yaw aw kita, "askwali itam kuyva. Noq ura nu' uumi hin lavaytit it uungaqw nasimokyaata. Noq oovi nu' put aw antsanniqe oovi it ungem enang yanva. It um tuwat akw mongvasni. Askwal pi um nuy ookwatuwqe oovi um nuy uu'usimniy maqaqw oovi nu' akw natup-kiy'ma," yaw kita.

Pu' yaw pam put oovi paas piw ahoy putakw mokyaatat pangqw pu' yaw pam nakwsuqe pu' yaw pam oovi pep mö'öngkiy ep koongyay angk ahoy pituqw pu' yaw puma pumuy amumi pangqaqwa, "Kwakwhay, uma yukuy," yaw amumi kitota. "Ta'ay, huvam piw naasungwna'ay. Niikyangw pay naat ason hiisavoltiqw pu' nu' umumi piw hinwat lavay-tini. Uma oovi haak pay pep qatuniy," yaw pam pumuy amumi kita.

Pu' yaw oovi pas lomawuyavotiqw pu' yaw pam put mö'wiy awi'. "Ta'ay," yaw kita, "yaapiy hapi pu' um yep imuy itaatimuy, uusinomuy tuwat maqsonlawni. Pay as um it qa amum angqwnen pay su'antini. I hapi pay put aw taviwta. Ason i' tokilay aqw pitsinaqw paasat pu' piw naat hak suukyawa as it akwpetaniy," yaw aw kita. "Noq um naap

From there, Maasaw headed back home. Now his wife, who was following him, came to the spot where she had borrowed her wrap from the little girl. "Thank you," she said, handing back the wrap. "I'm so grateful we are finished. Remember, I made you a promise when I borrowed this from you. To make good that promise I have brought something for you. Make use of these items. I am indebted to you for having pity on me and letting me have your wrap. I was able to cover up my nakedness with it."

She, too, now carefully swathed the body of the little girl, and then departed from the grave. Returning to the home of her in-laws sometime after her husband, everybody welcomed her and said, "Thank you for completing your task." And her husband's father added, "Now, you may relax again. In a little while I'll be giving you more instructions. Just sit there for the time being."

After a good length of time had passed, the man approached his daughter-in-law. "All right," he said to her, "from now on you will also have to bear the burden of taking care of our children, your people. Had you not followed your husband, it would have been better for you. This task was assigned to him and at the end of his designated time someone

uu'unangwayniqw it amum angqwniqe suutaq'ewniiqe it amum yan yuwsiqe oovi um son nawus hapi it uukongyay qeniyat qa aqw wunuptuniy," yaw aw kita. "Pay oovi um nawus qa uukiy hapi aw ahoyniqey wuuwantani. Niikyangw pay um son piw yep itamum qatuniqw oovi itam pay ungem kiituway'yungwa. Yep hopqöyve atkya owatsmoniqw pangso hapi itam ungem kiitutwaqw pay ima ep kiitota. Noq oovi itam pay ung aw wikyaniy," yaw aw kita.

Paasat pu' yaw pam pas qa haalayti. Kur yaw pam pas son aw kiy, yumuy amumi ahoy pituni. Paasat pu' yaw pam okiw pakmumuya. Naapi yaw kur antsa pam koongyay amumniqe pas sus'öqala. Pay pi yaw as put koongya'at naalanen hisat kuyve' son yaw as qa ahoy pituni. Pu'sa yaw pam yan wuuwankyangw pakmumuya. "Ta'ay, tuma'iy," yaw aw kita.

Pangqw pu' yaw pam pumuy wikkyangw pu' piw pumuy kwatsmuyatuy kopitsokiyamuy enang yawmaqw pu' yaw pam wuuti pangqw amungk pan hingqawma, pakma. Pangso pu' yaw puma atkyami ökiqw pu' yaw pam put mö'wiy aw pangqawu, "Yep hapi it ungem kiitotay. Yep um qatukyangw yan um aqwhaqami uusinmuy maqsonlawni, yan tookilnawit. Pay niikyangw i' uukongya son suushaqam qa pew uumi pootamantaniy," yaw pam mö'wiy aw kita. "Ta'ay, um oovi aqw pakiniy," yaw aw kitaqw pu' yaw pam oovi it tukwngöyaknit tuusömiq tukwtotaqw pangsoq pu' yaw pam put kwaatsiy, kopitsokiy enang yankyangw pu' paki.

Pep pu' yaw pam okiw naaqavo pakkyangw qatu. Noq pu' yaw aasakis mihikqw pu' yaw put tuwaniyat aqw pituqw paasat pu' yaw pam pangqw nakwsungwu. Niikyangw yaw ep pam naat pas susmootininiqw pay yaw pam koongya'at put amumniiqe pu' yaw put aw pangqawu, "Pay nu' ung ang tuwitoynani. Haqe' nu' nakwsungwuniiqey pang nu' hapi ung maataknaqw pang hapi um nakwsumantaniy," yaw kita.

Yanhaqam yaw pam put aw lavaytiqe pu' yaw pam oovi ep susmooti pay put naap angqe' wiikiy'ma. Noq pas yaw kur qa suup sinom yeesiwa. Pay yaw pam oovi suus ep put amum ang pannumqw paapiy pu' pay yaw pam okiw naala angqe' tookyep pannumngwu. Naat kya oovi pam yangqe' itamuy pan tuuwala. Pay yuk pölö.

else would have carried on with it. You must blame your own willingness to accompany your husband that you had to don the costume of Maasaw. Now you have no choice but to take over your husband's assignment. You must not think of returning to your parents' home again. However, you cannot live here among us. We have found a place for you to reside. Below us, to the east, is a rock mound where a home has been built for you. We'll take you there now."

The woman felt horribly sad. She knew she would never see her home or parents again. Tears poured down her cheeks. Why had she been so insistent on following her husband? Had her husband gone alone, he would certainly have returned after completing his part in the ceremony. These thoughts were going through her mind as she wept. "All right, let's go," her father-in-law urged.

The father led the young couple away, taking along their masks and torches. The woman, wailing, followed the two men. When they arrived at the designated site, the father said to his daughter-in-law, "Here we built a home for you. Here you will live and tend to your people at night. Of course, your husband will look in on you once in a while. Now, go on in. She did as bidden and entered the cave, which was surrounded by a wall of stones, taking along her mask and torch.

There the wretched thing stayed now, crying every day. Each night she set out on her nightly round. On the first night her husband accompanied her. "I'm going to familiarize you with the area and show you the route I travel," he said.

With these words Maasaw led his wife along the path he usually took. Apparently, there were many places where the dead lived. Only once did Maasaw accompany his wife. From that time on the poor girl had to roam about on her own, through the night. Perhaps she is still looking after us. And here the story ends.

Maasawniqw Kolitsiyaw

Aliksa'i. Yaw yepeq orayveq yeesiwa. Pu' yaw pay piw aqwhaqami kitsokinawit ima hopisinom yeese. Noq pu' pay yaw ima himusinom piw haqe' naap tutskway ang yeskyaakyangw pay yaw puma naat qa hisat peqw hopiikimiq öki. Noq oovi i' pay yaw hisat yaniwti.

Noq pu' yaw yep orayviy kwiningya yep mastupatsay ep yaw i' himu maasaw kiy'ta. Niiqe pam yaw tuwat pay himu pas a'ni himu. Niikyangw pay yaw pam qa nukpananiiqe pam yaw oovi imuy hopiituy amumi tuwat tunatyawtangwu. Niiqe pam yaw pay pas mihikqwsa waynumngwu. Niikyangw pam yaw pas soosovik hopiikivaqe nakwsungwu. Niiqe pam yaw oovi tuwat suutokihaq pang pan tuwalannakwsungwu. Pu' yaw

16

Maasaw and Skunk

Aliksa'i. They say people were living in Orayvi, and all across the land the Hopi people were settled in other villages. Other people also lived within their own territories, but had never yet set foot on Hopi land. Thus the following happened long, long ago.

Northwest of Orayvi, at a place known as Mastupatsa, lived the god Maasaw. He was endowed with great powers and, being kindly disposed toward the Hopi, constantly watched over them. It was only at night, though, that he was out and about, and each time on his trek he covered the entire Hopi country. As a rule, he started out on this vigilant mission at midnight. Upon arriving at one of the villages, he made four circuits

pam haqamiwat kitsokimi pite' pu' pam pep kiqlavaqe naalös qöniltit paasat pu' yaw pam aapiy piw sutsvowatnen pay yaw pam piw antingwu. Pu' yaw pam pan mihikqw ang waynume' pam pi yaw hiita tuvikvakiwkyangwningwuniqw put pam hiita ang pakiwte' pam yaw nuutsel'ewayningwu. Noq pay yaw pam oovi it yantaqat navotiy'taqe pam yaw oovi qa hisat pan kwatsvakiwkyangw it hakiy hopit aw naamataqta. Niikyangw pay yaw as himu tuwqa kur pangso haqamiwat hopiikimi kiipokniniqw pay yaw pam sonqa aapiy navote' pay yaw pam put eepewte' pu' put aw put nuutsel'ewakoy maataknaqw pay yaw pam tuwqa tsawne' pay yaw pam sonqa nimani. Niikyangw pu' yaw pam qa pan put ang pakiwte' pam yaw suhimutiyoningwu. Niiqe pay yaw pam oovi as qa suus hakiy aw pituqw pay yaw pam hak qa navotngwu pam pas maasaw put aw pituqw. Pay yaw as puma hopiit navotiy'yungwa pam himu qatuqw.

Noq pu' pay yaw piw ima hiihiitu popkot angqe' tuwat yeese. Pay yaw himuwa haqam hiita akw naataviy'te' pay yaw pam pephaqam tuwat piw qatungwu. Noq pay yaw hisat piw angqe' hoqlöy'tangwuniikyangw pu' piw löqöqlöy'tangwu. Noq yaw haqam hoqlöy'taqat ep yaw i' himu kolitsiyaw tuwat kiy'taqe pay yaw pam sutsep angqe' waynumngwu.

Noq suus yaw i' maasaw piw angqe' tuwalannakwsukyangw pu' yaw pam mongvastiqe pu' yaw pam ahoy nimakyangw piw yaw pam haqam kolitsiyawuy su'aw pitu. Noq pay pi yaw paasat qa pas suyan taalaniqw oovi yaw pam put qa tuwa pam maasaw hin pas soniwqw. Niikyangw pay yaw pam navota yaw hak put aqle' haqami hoytaqw. Noq pay yaw pam maasaw piw as oovi put tuwakyangw pay yaw pam qa aw hingqawu. Noq pay yaw pam mooti put aw yu'a'ayku. Niiqe pam yaw put aw pangqawu, "Ya um hak tuwat yangqe' waynumay?" yaw pam kolitsiyaw put aw kita.

"Owiy," yaw maasaw kita. "Tis pi piw oovi um'iy. Pas hapi as qa talqw piw um yang hintsaknumay," yaw pam put aw kita.

"Owi asaa'. Pay nu' tuwat qavomi neengem hiita tunösmaskyataniqe oovi nu' paniqw yang yaasatniqwhaqam makwaynumay," yaw pam aw kita.

"Haw owi? Noq pi qa taalay. Son pi um suupan yan qa talqw pi as hiita tuway'numniy," yaw pam put aw kita.

"Owii, pay pi as suupan pantaniqw pay pi nu' tuwat yaasatniqw pas maksohop'iwtangwuy. Niiqe pay nu' oovi tuwat pas yaasatniqwhaqamsa pi antsa nakwse' pu' nu' yang makwaynumngwuy. Pu' nu' pay piw tuwat yaasatniqwsa pas hiita sakinangwuy," yaw pam put aw yan naalalvaya.

"Kur antsa'ay," yaw pam maasaw put aw kita. "Pay pi kur um tuwat yangqe' waynumqe pay pi um oovi tuwat yangqe' maqnumniy. Noq pay kur itam sunanhaqam hinta. Pay nu' piw tuwat yan qa talpuvasa pas hiita tuway'numngwuy. Noq nu' pi pay yang tuwat pootiy'-

around its outskirts before he continued on to the next settlement. There he performed the same act. Whenever Maasaw traveled about in this manner at night, he wore a mask which made him look quite hideous. Being conscious of this, he never revealed himself to Hopis while wearing it. But should an enemy of the Hopi intend to make a raid on them, he would usually know ahead of time, and would go to meet them. By revealing his ghastly appearance to them he would frighten them so badly that they would flee. When the god did not wear his mask, his appearance was that of a handsome young man. More than once he had approached Hopis in this guise and, of course, they were never aware of their encounter with Maasaw. The Hopi knew full well, though, that the god existed.

In addition to people, all kinds of animals dwelled on Hopi land. Wherever one was able to sustain itself, that was where it made its home. Long ago the land was thickly forested with stands of juniper and pine. Within the juniper forest there lived a creature called Skunk, and this animal was constantly roaming about.

One time Maasaw was out on his rounds and, having accomplished his task, was homeward bound when he came across Skunk. Since at this hour of the night only a little light was present, Skunk failed to see the god's true features. He did sense, however, that someone was passing near him. Maasaw, on the other hand, had sighted Skunk, but did not say anything to him. Consequently it was Skunk who spoke up first. "Are you also about, stranger?" he asked of the man in the dark.

"Yes," replied Maasaw, "and so are you. I'm surprised to find you roaming about here in the middle of the night."

"Yes, that's true. I'm hunting food for tomorrow's meal; that's why I'm out at this uncommon hour," Skunk explained.

"Is that so? But there's no light. It strikes me that you can't possibly spot anything in the dark," Maasaw said.

"Yes, it would appear that way, but this is the time when I hunt the best. Therefore it's at this time of the night that I go out to stalk my prey. And it's at this hour when I have the best luck," Skunk explained.

"I understand," Maasaw acknowledged. "Well, I guess since you're about here, you should go on with your hunt. Obviously, we're both the same in this respect. I, too, see things clearly only during the darkness of the night. I've been out checking to see if everything is safe, and at the

numqe nu' oovi naat pu' tuwat nimiwmay. Pay nu' son su'aw qa talhahayingqw pu' ikiy aw pite' pu' pay nu' pep qatuniy," yaw pam put aw kita.

Noq pay yaw puma wuuyavo naami yu'a'alawt pu' yaw pay puma paasat naahoyni. Son pi yaw pam maasaw suyan talpuva pangso kiy awni. Ispi pam yaw pan suyan talpuva hiita tuwat qa tuway'numngwuniiqe oovi. Piw pi yaw pam naap suhaqami warikye' qa ahoy kiy aw pituni. Niiqe pu' as pay yaw puma naat naakwangwa'iwta. Pu' yaw pam kolitsiyawuy paasat aw pangqawu, "Han kur pay'uy. Taq pi nu' ahoy pite' naat nu' piw hiita hapi hintsakniy," yaw pam put aw kitat pu' yaw pam pay aapiy.

Noq pu' yaw pam kolitsiyaw naat pay pep qatuqw pay yaw pam maasaw pas oovi hihin yaaptiqw pu' yaw pam put angk pangqawu," Soh, haakiy," yaw pam angk kita.

Pu' yaw pam maasaw huruutit pu' yaw pam tuuvingta, "Ya himu'uy?"

"Owiy, pay hapi nu' nalqatqe pay nu' yan ahoy makvite' pay nu' as okiw hakiy haqniy'tangwuniqw pay pas qa hak hisat nuy pootay. Noq pay as pi peetu nuy tuway'yungwa nu' haqam kiy'taqw'öy. Niikyangw hintiqw pi pas qa hak inumi suushaqam kiikinumtongwuy. Pay sampi nu' oovi qa hakiy kwaatsiy'tay. Noq pay sen as itam naakwatste' pay itam naami suushaqam pootamantaniy. Pay itam tuwat naama hiita hintsakmantaniy," yaw pam put aw kita.

Noq pu' pay yaw maasaw nakwhaqe pu' yaw pam oovi put kolitsiyawuy aa'awna haqam pam kiy'taqey. "Pay antsa um hisat inumi kiikinumtoniy. Noq pu' um haqam kiy'taqey nuy put aa'awnaqw pay nu' son suushaqam ung tuwat qa pootaniy," yaw pam put aw yan lomalavaytiqw pu' yaw pam oovi tuwat put aa'awna haqam pam kiy'taqey. Noq paapiy pay yaw puma antsa pas sonqa naami kiikinumtongwuniiqe pay yaw puma kur naakwatsta.

Noq suus yaw puma piw naamaniqw yaw pam kolitsiyaw put sungway aw pangqawu, "Himu as um piw qaavo mihikqw angqwniqw pu' itam hiita naama hintsakniy. Hiita akw itam naatayawniy'taniy," yaw pam put aw kita.

Ta'ay, ason pi nu' antsa qaavo piw angqwniqw pu' um ason paasat nuy aa'awnani hiita itam hintsakniqat'a. Ason um itamungem hiita yewatuwqw pu' pay itam son pi qa pantsakniy," yaw put kwaatsiy aw yan lavaytit pu' yaw pam pay nimaniqey pangqawu.

Noq pam maasaw pi yaw pay masiphikiwtaqw pu' pangso put kwaatsiy kiiyat awnen pu' yaw pay tookilnasamiq haykyaltiqw pu' yaw pam paasat kwaatsiy angqw yamakngwu. Paasat pu' yaw pam piw angqe' kitsokinawit nakwsungwu. Pay yaw pam oovi imuy hopiituy qa hisat tatamta.

moment I'm on my way home. Generally, I get there just at the crack of dawn and, upon arriving, I just settle down and while my time away."

Maasaw and Skunk chatted on for a good while. Finally the two decided to part. After all, it would be impossible for Maasaw to return home in bright daylight. The god simply was incapable of seeing anything during the day. He might head in the wrong direction and never reach his abode. The two were still enjoying one another's company, when Maasaw said to Skunk, "I've got to be on my way, for when I get home, I've got to tend to some things." With that the god departed.

Skunk was still lingering, and Maasaw was already a good distance away, when Skunk shouted after him, "Hey, wait a minute!"

Maasaw stopped and inquired, "What is it?"

"Well, yes, you see I live all alone and when I return from my hunt, I usually crave companionship. No one has ever called on me, and yet, quite a few know where my home is. I don't know why nobody ever pays me a visit. Anyway, there's not a soul I can call my friend. Perhaps if we became friends, we could drop in on each other every so often. We could do things together," Skunk suggested.

Maasaw agreed and gave Skunk the directions to his home. "Yes, indeed, come visit me some time. And if you tell me where I can find your home, I'll be sure to drop in on you, too, once in a while." Hearing this encouraging reply, Skunk, in turn, described to the god the location of his home. From that time forward they regularly visited each other and, in doing so, they became friends.

Once when the two were together, Skunk said to his friend, "Why don't you come over tomorrow evening and then we'll do something together to entertain ourselves?"

"All right, when I get here tomorrow, you tell me what we can do. If you hit upon an idea, we'll do it," Maasaw replied to his friend, whereupon he let him know that he would be heading home.

As a rule, Maasaw would set out for his friend's home right after dusk had fallen, and he normally left when the time neared midnight. He would then start on his nightly patrol around the villages, for he never forsook the Hopi people.

Noq pu' yaw ep qavongvaqw pu' yaw pam maasaw piw put kolitsiyawuy kiiyat awniiqe pu' yaw pam ep pituqw pu' yaw puma mooti naama nösqw pu' yaw pam put tuuvingta sen yaw pam qa hiita amungem yewatuwa hiita puma akw naatiitaptaniqat.

"As'ay," yaw pam kita, "as'a. Pay as itam naahepnumniqat nu' yan wuuwankyangw nu' tapkiniy'may," yaw pam kolitsiyaw kita.

"Kur antsa'ay, pay pi itam antsa pantsakniy," yaw pam kitaaqe pay yaw pam sunakwha.

Noq pu' yaw pam kolitsiyaw mooti na'uytatoniqey yaw pangqawqw pu' pay yaw put kwaatsi'at maasaw nakwhaqw paasat pu' yaw pam oovi haqami warikmaqe pu' yaw pam oovi paasat haqam huur na'uytaqey wuuwankyangw pu' yaw pam, "Taw'," kitaqw pu' yaw pam maasaw put hepto. Noq pu' yaw pam oovi put heptoqe pay yaw pam put suutuwa. Noq pu' yaw pam maasaw tuwatniqw pay yaw pam put pas qa tuwangwu. Noq pu' yaw puma oovi pay pep pantsaklawqw pay yaw puma pas pansa yuyku. Pam yaw put kolitsiyawuy suutuwaqw pu' yaw pam maasawuywat okiw qa tuwangwu. Noq yaw pam maasaw put aw naamataqte' pu' yaw pam aw pangqawngwu." Pay as nu' paysoq yep wunuwtaqw um nuy qa tuwangwuy," yaw pam put aw kitangwu.

Noq pam pi yaw pay tuhisaniiqe oovi pan huur naatupkyangwu. Pay yaw as kur pam put paysoq aqle' hintsaknumkyangw pam yaw put qa tuwa. "Pay nu' paysoq yangqw na'uyiy'taqw um nuy qa tuway," yaw pam put aw kitaaqe yaw put aw tayati.

"Pas um himu tuhisanniiqe oovi huur naatupkyaqw hak ung oovi okiw qa tuwangwuy. Noq um naala hakiy suutuwangwuy," yaw pam kolitsiyaw kitalawu.

"Hep owiy," yaw maasaw kita.

"Pay itam haak qe'tiniy," yaw kolitsiyaw kita. "Ason itam qaavo piwniy," yaw pam put maasawuy aw kitaqw pay yaw pam piw nakwha.

Noq pu' yaw puma oovi naahoyniqw pu' yaw pam kolitsiyaw pay aapiy hin wuuwanta hin hintiniqey. Pay yaw pam paapu huur naatupkyaqw pu' yaw pam paapu put qa iits tuwamantani. "Himu pam naala nuy suutuwangwu," yaw pam yan wuuwaqe yaw itsivu'iwta.

Noq pu' yaw pam maasaw kiy ep qatukyangw pu' yaw pam put kwaatsiy amum hin hiniwtapnaqey put ang ahoy wuuwanta. Niiqe pay yaw pam put aw pan maamatsi. Pay yaw pam sumataq put itsivutoyna pam put pan pas suutuwangwuniiqe. Niiqe pay yaw pam oovi put aqw taya'iwta put ang wuuwaqe. "Pas pi himu kolitsiyaw piw put ep itsivutingwu hak put pan suutuwaqw. Pay pi pam inumi ituhisay qa navotiy'taqe oovi naapas piw pantsakniqey naawakna. Pay pi pam songyawnen naap naa'itsivutotoynaqe pantsakniqey naawakna. Niikyangw pay pi pam son piw pay qe'tiniqey it naawaknani. Pi pay pam himu sumataq hiita ep pas qa naaningwu. Niiqe pay pi oovi pam son qaavo qa angqw pewni.

And so the following evening Maasaw once again proceeded to Skunk's abode. Upon his arrival the two first had supper. Then Maasaw inquired if skunk had come up with an activity for them to participate in. Something with which they could amuse themselves.

"Oh yes," Skunk replied, "yes, indeed, I have. It was almost evening when it occurred to me that we could play hide and seek."

"Very well, let's do that," the god said, agreeing readily.

Skunk suggested that he be the first to go and hide, to which his friend consented. Right away Skunk scurried off, and believing that he had concealed himself quite well, he shouted, "Now!" whereupon Maasaw went out in search of his friend. He found him in no time. Whenever it was Maasaw's turn to hide, though, Skunk failed to find him. In this fashion the two played their game, always with the same results. Maasaw would uncover Skunk instantly while the latter, poor creature, never succeeded in finding the god. When he revealed himself then, Maasaw would say, "I'm just standing here and yet you can't find me."

Maasaw, of course, was a skillful being, and this is how he managed to conceal himself so well. Maasaw might be hiding right nearby, yet Skunk always failed to find him. "I'm hiding right here and still you can't see me," Maasaw snickered.

"Gosh, you're clever! You can hide yourself so well that I'm unable to find you. You, on the other hand, discover me so easily," Skunk mumbled.

"That's right," Maasaw admitted.

"Let's quit for the time being," Skunk proposed. We can play again tomorrow," he said. Maasaw complied without resisting.

When the two had gone their separate ways, Skunk began scheming how he would go about the game the next time. He would hide so well that Maasaw would not uncover him so easily. "He keeps finding me so quickly," he thought and was angry at the same time.

Back at home Maasaw reminisced about what had happened while he was with his friend. He concluded that Skunk appeared to be riled that he had been able to find him so quickly. Thinking back about this occurrence the god laughed at his friend. "How silly for Skunk to be upset because I find him right away. He shouldn't have suggested playing that game if he doesn't know what I'm capable of. It's just like he's bringing this anger upon himself by wanting to do this. But he's not going to be willing to end this game soon. He strikes me as the sort of fellow who really doesn't like something such as this to be happening to him. So I'm sure he'll come around again tomorrow. I'll feed him some

Noq pay pi nu' ason mooti nopnat paasat pu' pay pi nu' ason put tayawniy'taniy," yan yaw pam ep wuuwankyangw pu' yaw pam oovi tuwat talöngniy'ma. Noq paasatniqw pi itamuyniqw mihikiwma.

Noq pay yaw pam kolitsiyaw put suumamatsiyat anti. Pay yaw naat pu' taawa pakiqw pay yaw pam angqaqw put kiiyat kur aw pituuqe pu' yaw aqw pangqawu, "Haw, ya kwaats qa qatu?"

"As'ay, pay nu' yepeq'ay. Peqw pakii'. Tsangaw kur um angqaqw nuy tuwat pootay," yaw pam aqw kitaqw pu' yaw pam oovi angqaqw papkiqe pu' yaw pakiqw pu' yaw pam put paas tavi. Paasat pu' yaw puma pay pepeq naami yu'a'alawqw pu' yaw puma mooti nöst pu' yaw piw ason hiita hintsakniqat yaw pam put aw kita. Niiqe pu' yaw pam maasaw oovi pumuy amungem aw tunösvongyaataqw pu' yaw puma oovi tuumoyta. Noq himuwa pi mokqw hakim put engem pay it öngavat aqw masnakwaywisngwu. Noq pam maasaw pi pay oovi put hiita tuwat nöösiwqay'taqe pay yaw pam put oovi put kwaatsiy nopna. Pas yaw puma oovi nösqw paasat pu' yaw pam kolitsiyaw piw put maasawuy aw pan ö'qala yaw puma piw naahepnumniqat. "Pas nu' piw put palkiwkyangw angqw uumi kiikinumtoy. Noq kwakwhat pi pay itam piw nöösay," yaw pam put aw kitaaqe yaw haalayti.

Noq pu' yaw pam maasaw pay kur antsa put aw maamatsqe pu' yaw pam oovi pay paasat nakwhaqe pu' yaw pam put aw pangqawu, "Ta'ay, pay pi itam antsa pantsakniy. Niikyangw pay um mootiy'maniy. Niikyangw um hapi paapu haqami yaavohaqaminiikyangw pu' piw huur na'uytaqw nu' ason paapu ung qa iits tuwaniy," yaw pam maasaw put aw kita.

Paasat pu' yaw pam kolitsiyaw oovi kwangwtoyqe pu' yaw pam oovi naanakwhaniy'ta. Niiqe pu' yaw pam yamakmaqe pu' yaw pam paasat oovi haqami na'uytato. Niiqe pu' yaw pam oovi pangqw put maasawuy kiiyat angqw yaavo haqaminit paasat pu' yaw pam pep it owat atpipoq pakiiqe pu' yaw pam pangqw huur na'uytaqey wuuwa. Noq pay yaw pam maasaw pi a'ni himuniiqe pay yaw pam oovi put tuway'ta naamahin pam naat pep kiy epniikyangw. Noq pu' yaw pam kolitsiyaw na'uytaqe pu' yaw pam, "Taw'," kitaqw pu' yaw pam maasaw oovi put hepto.

Niikyangw pam kolitsiyaw pi yaw pay qa navotiy'ta pam maasaw hin piw soniwqw. Pam pi yaw hiitawat aw naamataqte' pam yaw pay paasat pas suhimtiyoniikyangw pan hakiy aw namtaknangwu. Niiqe pam yaw oovi ep mooti put kolitsiyawuy aw pituuqe yaw pankyangw put aw naamataqtaqe oovi put qa tsaawina. Noq pam pi yaw mihikqw kwatsvakiwkyangw pang kiinawit nakwsungwu. Noq pam put hiita ang pakiwkyangw pan angqe' nakwsungwuniqw pam yaw himu nuutsel'eway. Niiqe hak yaw oovi haqam put pantaqat aw yorikye' hak yaw mokngwu. Noq pu' yaw pam oovi pangqw kiy angqw yamaknikyangw pu' yaw pam paasat pay pan wuuwa. Pam yaw pay paasat put ang pakiwkyangwnen

supper first and then I'll play along with him." With thoughts like these crossing his mind, Maasaw approached the following day. Darkness was descending at that time.

Skunk did exactly as Maasaw had predicted. The sun had barely dipped below the horizon when Skunk arrived at Maasaw's house. He shouted in from the roof above, "Haw! Is my friend at home?"

"Yes, I'm here. Come on in. I'm glad you've come over to check on me," Maasaw yelled back in reply. No sooner had Skunk made his entrance than the god welcomed him warmly and designated a place for him to sit down. The two now fell to conversing. Maasaw informed Skunk that they would first have supper and then go about doing whatever they were going to do. With that he set out some food for their repast and then they ate. It's well known, of course, that at the time of a person's death one of the surviving members of the family takes a dish of boiled beans to the deceased's gravesite for his last meal. For this reason Maasaw, being the god of death, had boiled beans for his food, and this was what he fed his friend. After supper Skunk prodded Maasaw into playing hide and seek once more. "I yearn so much to do this and that's why I came to see you. But, let's also be thankful that we had something to eat," he said, showing his appreciation for his friend.

Maasaw had accurately surmised what Skunk wanted, so he agreed and replied. "Sure, we can do that. You go and hide first. But this time go off further and hide yourself really well so that I don't find you so quickly."

Skunk was looking forward to doing just that and consented to everything his friend suggested. He clambered out from the god's abode and ran off to hide. After he had put a good distance between himself and the god's home, he crawled beneath a rock, believing that he was well concealed. Maasaw, however, who possesses extraordinary powers, was able to see Skunk from inside his house. And no sooner had Skunk concealed himself than he shouted, "Now!" whereupon Maasaw proceeded to seek him out.

Skunk, of course, was not aware that there was another appearance which Maasaw could assume. Whenever the god showed himself to anyone, he did so as an attractive youth. Thus on his first encounter with Skunk he had revealed himself in this manner and, consequently, had not frightened him at all. During the night, however, as he traveled about the Hopi villages, he usually wore his mask. And it was by wearing this mask that his looks became so terrifying. Anyone who caught sight of the god in his mask immediately passed out. Thus, as Maasaw emerged from his abode, he decided to look for Skunk and give him a scare.

pu' yaw pam put kolitsiyawuy tsaawinani. Pas piw yaw pam itsivutingwu put qa tuwe'. Yan yaw pam kur put aw wuuwaqe pu' yaw pam oovi paasat pas pan kwatsvakiwkyangw pangqw put hepto. Noq pam kolitsiyaw pi yaw qa navotiy'ta pam hiita kwatstaqey.

Niiqe paasat pu' yaw pam kolitsiyaw haqam na'uyiy'taqw pay yaw pam maasaw suupangso. Niiqe pay yaw pam as navotiy'ta pam pep haqaqw na'uyiy'taqw. Niikyangw pay yaw pam put nawip qa tuway'-numqe pam yaw oovi put pang heptinuma. Pay yaw pam as oovi put paysoq aqle' waynuma. Niikyangw pay yaw pam oovi as piw put tuway'-kyangw pay yaw pam naat put qa tuwa. Niiqe pam yaw oovi put aqle' hintsaknumkyangw pay yaw pam atsavewat itsivu'iwnuma. "Is itse' pam himuniiqe. Sen pam haqami pu' na'uytaqw oovi pas nu' put qa tuway'-numa? Pi as pay yang kuklaqvuy'ta. Niikyangw pas piw kur haqami'i. Is ohi, pay kya pi nu' pu' tuwat put qa tuwani," pay yaw pam yaayan hingqawkyangw pam yaw pang put atsahepnuma.

Noq pay pi yaw pam pan a'ni himuniiqe pay yaw pam oovi piw kur paas navotiy'ta pam kolitsiyaw hin wuuwantaqw. Noq yaw pam kolitsiyaw kur tuwat pan wuuwanta. Pay yaw pam haak hiisavo pangqw pantani. Ason yaw pam pay hihin piw hiisavo pangqw na'uyiy'tat paasat pu' yaw pam put aw naamataqtani. Niiqe pam yaw oovi pay naat pangqw haqaqw huur pakiwtaqey pay yaw pam huur pangqw panta.

After all, why should it matter, if Skunk could never find him? And so Maasaw strode forth in search of Skunk, wearing his false face. The Skunk had no idea, of course, who he had really made friends with.

Maasaw headed directly to the place where Skunk was hiding, for he already knew where he was. Maasaw pretended not to have any idea where Skunk was and went about searching for him here and there. He kept walking about in the immediate vicinity of Skunk, but did not let on that he had spotted him. Indeed, while rummaging around in the area next to Skunk, Maasaw acted as if he was growing furious. "Darn that critter! Where on earth did he hide this time? His tracks are visible all along here, but where he disappeared to is a mystery to me. Too bad, for once I may not be able to find him." Mumbling things of this nature, the god pretended to look all over for Skunk.

Since Maasaw is endowed with supernatural powers, he already knew what was on Skunk's mind. It was Skunk's plan to remain in his hiding place for a long time. Only after he had been hidden for a while, would he reveal himself. Thus he stayed tight in the hole under the rock where he was.

Noq pu' yaw pay oovi paasat pas hihin nawutstiqw pu' yaw pam kur pangqw yamakniqey yaw pan unangwti. Noq pam pi yaw haqe' pay hihin pas hiisaq qeniy'taqat angqe pakiwtaqe pam yaw oovi momiqwat pangsoq pakiiqe pam yaw oovi ahoywat pangqw yamakto. Noq pay yaw pam maasaw piw oovi paas navotiy'ta pam yaw hisatniqw pangqw yamakniniqw pu' yaw pam oovi pay pep put nuutaytaqw pam yaw pangqw yama. Niiqe pam yaw oovi naat pu' pangqw yamakt pu' yaw pam naat pu' ahoy namtökt pu' yaw pam naat pu' as pangqawni, "Pay nu' paysoq yangqw na'uyiy'taqw pas um nuy qa tuway," naat yaw pam pu' as kitanikyangw naat yaw pam qa so'tapnat yaw ahoy yorikqw piw yaw pep put aw himu nuutsel'eway wunuwta. Pu' yaw pam put aw yorikqe pas pi yaw pam tsawna. Pas pi yaw put ang suvumti. Pu' yaw pam pas kur qa atsat tsawnaqe pay yaw pam sisiwkukkyangw pay yaw pam put maasawuy suuposmiq sisiwku. Pu' yaw pam pantiqw pas pi yaw pam put poosiyat tuuhota. Noq pam maasaw pi yaw tuwat it töövut kur akw taytaqw pam kolitsiyaw yaw put posmiq sisiwkukqe pam yaw put kwaatsiy poosiyat qa taalawna. Niiqe pam maasaw yaw oovi okiw pangqe' mapyayatinumqw pu' yaw pam kolitsiyaw put apyeve a'ni waaya. Pam pi yaw qa navotiy'ta pam put kwaatsi'at put aw yeetaqw.

Noq pu' yaw pam maasaw oovi hiisavo pep pan angqe' may'numkyangw pu' yaw pam hisatniqw poosiy taalawnaqe pu' yaw pam put kwaatsiy pangqw angkniiqe pu' yaw pam put kolitsiyawuy angk a'ni töötöqtima, "Soh, kur haakiy, kwaats. Pay nuu'uy. Pay um nuy qa mamqasniy. Pay nu' pepeq uumi pituy," yaw pam as put angk kitimaqw pay yaw pam pas kur qa atsat tsawnaqe pay yaw pam oovi put qa aw tuqayvaasiy'kyangw pay yaw pam paasat pangqw pas a'ni waaya. Pas pi yaw pam qatsiysaniiqe pas pi yaw pam oovi wuko'o'wat atsvaqe a'ni tso'tima. Pas pi yaw pam qa hiita pangqw tusiy'ma.

Pay yaw pam kolitsiyaw oovi pas peep kiy aw pituqw pu' yaw pam maasaw put angk pituuqe pu' yaw pay paasat put tuvikuy qa ang pakiwkyangw piw ahoy put aw pitu. Niiqe pu' yaw pam put aw pangqawu pay yaw as pam pep put aw pituqw pas piw yaw pam tsawna.

"Is pi um qa hisat pankyangw inumi naamataqtaqw'öy," yaw pam put aw pas qa atsat itsivu'iwkyangw yaw aw kita. "Um kur hak himu nukpanaa," pam yaw put aw kitakyangw pu' yaw pay pam put maasawuy aw paasat naanap hingqawtiva.

Niiqe paasat pu' pay yaw pam paasat tuwat put maasawuy itsivutoyna. Niikyangw pay yaw pam put qa aw pan naamaatakna. Nit pay yaw pam panis put aw pangqawu, "Is ohi, pas kya nu' antsa ung okiw tsaawinay. Noq pay nu' paapu qa pantini. Noq oovi itam pay qa naami hintat pay itam piw aapiytaniy," pay yaw pam maasaw naat piw kur tuwat hin wuuwankyangw yaw pam put aw yan atsata.

When a good amount of time had lapsed, Skunk decided to come out. Since his hiding place had a narrow opening, he had entered head first; as a result he now began to exit backwards. Again, Maasaw knew exactly when Skunk would be emerging from his hole and was already waiting at its entrance. Now Skunk appeared. He had just turned his head and was about to say, "I was hiding right in here and you could not find me," when he looked over his shoulder and spotted a grotesque figure standing there. The instant his eyes fell on the creature a terrible fright struck his soul. Chills ran up and down his spine. Indeed, he became so frightened that he urinated right into Maasaw's eyes. Maasaw's eyes, of course, consist of glowing coals by which he is able to see. Therefore, when Skunk urinated into his eyes, he was blinded. Poor Maasaw staggered around, frantically waving his arms, while Skunk ran away from him as fast as he could go. Little did he realize that his friend Maasaw had played a trick on him.

After Maasaw had groped around in this fashion for a while, his eyesight finally became clear again. He followed his friend Skunk, shouting after him, "Hey, wait a minute, my friend! It's only me! Don't be afraid! It was I who approached you at that place!" Skunk, however, was too scared to pay attention to what Maasaw was saying and ran as fast as his legs would carry him. So concerned was he for his life, that he went hurdling over the biggest boulders. He dashed along recklessly and without care.

Skunk was close to his home when Maasaw finally caught up with him. He no longer wore his mask. Approaching his friend, Maasaw explained that it was only he who had stood there by his hiding place and that there was no need for him to be frightened.

"But you never showed yourself in that thing before," Skunk cried angrily. He was very serious. "You strike me as an evil person," he added and began to harangue the god.

Now it was Skunk who caused Maasaw to become enraged. But the god did not let on. He only said, "I'm sorry. Perhaps I did scare you. I won't do it again. Let's not hold any grudges, and continue with our game." In reality Maasaw was already plotting his next move, so the words he had spoken to Skunk were lies.

Niiqe pay yaw kolitsiyaw piw sunakwha. Niikyangw pay yaw pam piw tuwat hin wuuwanta. Pay yaw pam mooti piw na'uytate' pay yaw pam ason put aw pituqw pu' yaw pam paasat pay piw put suuposmiq sisiwkukniqey pay yaw pam piw yan kur naami yukuqw pay yaw pam maasaw piw paas aapiy navotiy'ta. Niiqe pay yaw maasaw oovi tuwat hintiniqey put paas pasiwniy'ta.

Noq pu' yaw pam kolitsiyaw pay qa hin put aw unangway'taqey yaw yan atsay'kyangw pu' yaw pam oovi piw na'uytato. Niiqe paasat pu' yaw kolitsiyaw himutskit atpipoq pakiiqe pu' yaw pam pangqe pay susmataq patangwa'ökiwta. Pay yaw pam maasaw put suutuwaniqat oovi pam pay yaw panti. Paasat pu' yaw pam piw, "Taw'," kitaqw paasat pu' yaw maasaw piw put heptoqe pay yaw oovi pam put pas su'aw pituto.

Noq pay yaw pam kolitsiyaw hin nawiniy'taqw pay yaw pam maasaw piw paas navotiy'kyangw yaw pam put aw pitu. Niiqe oovi naat yaw pam pu' put aw pituqw pu' yaw i' kolitsiyaw put suuposmiq sisiwkuknique pam yaw oovi su'omiq put as aw sisiwkukqey antiqw pay yaw pam maasaw put aw it hiita tunipiy maatavi. Noq paasat pu' yaw pam kolitsiyaw pas qa atsat su'omiq sisiwkukkyangw pay yaw pam tuwat qa put maasawuy awnit pay yaw pam naamiwatsa sisiwku. Noq suupaasat pi yaw pam maasaw kur put sisikuyiyat hintsanqw put yaw sisikuyi'at put maasawuy an a'ni hovaqtu. Pu' pam yaw tuwat poosiywatsa aqw sisiwkuqw pas pi yaw put poosi'at a'ni tuyva. Paasat pu' yaw pam pangqe put himutskit atpikyaqe wa'ökiwkyangw yaw okiw huur uvikyangw pangqe' horasveveta. Pas pi yaw is ana. Pu' hapi yaw put sisikuyi'at piw a'ni hovaqtu.

Niiqe pu' yaw pam maasaw pay paasat panis pantit pu' yaw pam pay pangqw ahoy nima. Pu' yaw pam pangqw ahoy nimakyangw pay yaw pam haqe'niikyangw pu' yaw pam ahoywat yorikt pu' pay yaw pangqaqw put kolitsiyawuy aqw tayati. "Pas pi himu qa naaniqe oovi kur panhaqam as pasiwnaqw pay pi nu' aw maamatsqe oovi tuwat put pantsana. Noq pay pi pam oovi yaapiy pan hovaqtuqat sisiwkukmantani. Son pi pam naap himu'at qa aw ahoywattiniqö," pay yaw pam panis yan wuuwat pay yaw pam oovi piw aapiytaqe pu' yaw pam oovi kiy ep pituuqe pay yaw pam piw hiisavo pep qatu. Pu' yaw paasat pay piw suutokilnasap'iwmaqw paasat pu' yaw pam piw pangqw kiy angqw yamakqe pu' yaw piw ang kiinawit imuy timuy ang tuwalanvootiy'numa. Yan yaw pam maasaw put kolitsiyawuy okiw ep yukuna.

Noq paapiy pay yaw pam oovi pas pan a'ni hovaqtuqat sisiwkukngwu. Niiqe pay yaw aapiy oovi pas wuuyavotiqw pay yaw pam pas qa powalti. Pay yaw pam naat pas pan a'ni hovaqtuqat sisiwkukngwuniiqe pay yaw pam oovi piw naatuutuyoyti. Pu' yaw pam kolitsiyaw pay paapu as yaw oovi qa pan hovaqtuqat sisiwkukmantaniqe pu' yaw pam oovi hakiy tuhikhepto. Niiqe pam yaw it honanit kur yaw tuwa. Noq pu'

Skunk readily consented, but he, too, had something up his sleeve. He would be first to go and hide and when Maasaw approached him, he intended to spray him a second time right into the eyes. As before, however, Maasaw was already aware of his friend's scheme and carefully planned what to do in return.

Pretending not to hold any animosity toward Maasaw, Skunk set out to hide himself. This time he crawled under a bush where he stretched out on his back, very much visible to anyone passing by. He did this because he wanted Maasaw to discover him promptly. Again he shouted, "Ready!" whereupon Maasaw went looking for him. Maasaw headed straight for the spot where Skunk had stationed himself.

Maasaw came upon Skunk, knowing full well what his intentions were. The moment he arrived Skunk intended to spray into his eyes. For this reason he attempted to urinate straight into the air. That very instant Maasaw put a curse on him. Skunk now did urinate straight into the air, but instead of hitting Maasaw his urine fell back on himself. And as a result of Maasaw's hex his urine took on the horrible stench of the god. As the urine entered Skunk's eyes, he experienced great pain. With his eyes shut tight, it was now he who lay there kicking on his back. His eyes hurt badly, and much to his wonderment his urine had taken on an extremely foul odor.

Immediately after accomplishing this task, Maasaw headed home. At one point on his way he looked back over his shoulder and laughed derisively at Skunk. "That guy just couldn't take losing and therefore came up with such a scheme, while all the time I outguessed him and played my trick on him. So from now on he can emit this foul-smelling spray. This scheme of his was bound to backfire on him." With that, Maasaw dismissed Skunk from his mind and continued on. Back home he loafed around for a while. When the time neared midnight, he came out of his abode again and, going from village to village, checked on the safety of his wards. And this is what Maasaw did to poor Skunk.

From that day on Skunk kept discharging this excessively putrid stench. A good length of time had already passed, and still this undesirable condition had not been remedied. Because of his offensive scent Skunk finally became disgusted with himself. He no longer wanted his urine to smell that foul, so he sought out a medicine man. It occurred to him to consult Badger. But, although Badger is wonderful at bringing

yaw pam honani pay pi as piw a'ni tuuhikyaniikyangw pay yaw pam kur pas son put powatani. Pas as yaw pam put aw hiihiita ngahulawqw pay yaw pas qa himu put aw lay'vaqw pu' yaw pam honani pay haqaapiy piw tuwat put hovalangwuyat akw qa himutiqe pu' yaw pam pay paasat qe'tit put aw pangqawu, "Pi pay kur um naap uu'unangwayniqw oovi yanhaqam hintiy. Pay pi hak son pas qa a'ni himuniiqe oovi ung pas suus yantsanqw pay pi um oovi nawus pu' yaapiy pankyangw qatuni," yaw pam put aw kitaqw pu' yaw kolitsiyaw pay paasat nawusta. Pu' yaw pam oovi pay paasat pangqw put honanit kiiyat angqw nima. Paapiy pu' yaw pam oovi put maasawuy atsviyniikyangw pu' pay piw naap unangwayniqw oovi pan a'ni hovaqtuqat sisiwkukngwuy.

Niikyangw haqaapiy pay yaw pam qa naatuutuyoyngwu. Pu' yaw pam paasat paapiy piw put tunipiy'va. Noq oovi yaw himu put yuuyuynaqw pu' yaw pam put aw pan a'ni hovaqtuqat sisiwkukqw pay yaw pam paasat put maatapngwu. Noq pay yaw oovi putniqw pay yaw pam maasaw kur qa paysoq put pantsana. Yan pay yaw pam oovi tuwat put tsuya.

Niiqe naat pam oovi pan a'ni hovalangwuy'taqat sisikuyiy'ta. Pay yuk polo.

about cures, he apparently was not able to rectify Skunk's condition. He tried all sorts of herbal medicines, but nothing was potent enough to help. Eventually, Badger too could not stand the horrid stench anymore. So he gave up and said to Skunk, "It was your own fault that this happened to you. The one who did this to you must possess great powers. He's fixed you for good, so you'll just have to live like this from now on." Skunk therefore had to resign himself to his lot. Leaving Badger's home he knew full well that from that day on he would have to urinate that foul smelling odor. He knew that this was so, thanks to Maasaw, but also because of his own doing.

As time passed Skunk ceased to be repulsed by his stench. What's more, he turned it into a weapon. Consequently, whenever some being bothered him, he would spray this awful odor on the offender who would immediately let him be. Thus, in his opinion, Maasaw had not done this without a purpose. For this reason Skunk welcomed it.

As a result, to this day Skunk still expels this repulsive scent. And here the story ends.

GLOSSARY

HOOHU

Hak it hoohut yukunik hak mooti haqami hoongaptongwu. Niikyangw hak it hiita angqw put yukuniqey put susutskwivut pu' piw hongvit oovininingwu. Noq i' mongpuwvi yaw lomahootingwuniqw oovi peetu put ooviye' puma haqami yaavo put ooviyangwu. Pu' pay peetu piw put it teevetnit pu' hunvit angqw put enang yuykuya. Paasat pu' hak put hoongaviy sutskwiptangwu. Pu' hak piw put hoohuy sutsvoqwat tsukutoynat pu' ayoqwat sus'ovaqe hak angqe hövalangwu. Hak put pang hövawtaqat put awtat awatvosiyat aw tsokyat pu' put langaknat pu' put pookyangwuniiqe oovi pang put hövalangwu. Pu' pang hövawtaqat atpik pu' hak put paykomuy homastsiitsikvut kwaptat pu' tahut akw tootonaqw pam aw huurtingwu. Pu' piw hak put homastsiitsikvut haqami so'taqw pang hak piw put tahut akw tootonangwu. Pu' hak hovenaninik hak mooti pantit pu' paasat put pan aw homaskwaptangwu.

Noq pu' it tsaakw awtayat hoo'at paalangput akw atkyamiq lewiwkyangw pu' ang homaskwap'iwtaqw pang pas naap hoovey'tangwu. Pu' it tiposhoyat awtayat hoo'at tsukumiq sakwawsat akw enang pey'kyangw pam susmootiniiqa it songohut angqw yukiwtangwu. Pu' put susmooti makiwqat angqw hakim ayo' sukw taviye' pu' hakim put tiyooyat siihuyat aw somye' pu' put haqam pam tiitiwqw hakim pep put kyeevelmoq tsuruknayangwu. Pu' hopiit it hiita tsuu'a'ewakw kyalmokiyat akw put hoy hisat lelwiyangwu. Pu' himuwa put tuwqat akw mu'aqw pam put aasonmi pakye' pu' pam put aatsavalqw pu' pam putakw pay sumokngwu. Pu' puma hisat naat putsa pas tunipiy'yungngwuniiqe puma put hoohuy engem pan piw tsikwanpit himuy'yungngwuniiqe oovi hoo'am kur ngölöwtaqw puma putakw hoohuy sutskwiplalwangwu. Noq pam hiita hurut angqw yukiwkyangw pam ang paayom sen naalöyömhaqam porom'iwyungngwu. Niikyangw hin puma put sutskwiptotangwuniqw pam pu' pay suutokiwa.

QA NAANI

Himuwa hiita ep pay sen kyaahintini sen hiita neengem nukngwat sen lolmat himuy'vaniqw hak put aw qa kwangwatayte' hak pan qa naaningwu, qa pam hapi pantiqe oovi. Noq pu' himuwa panhaqam hintiqw mi'wa ayangqw aw qa kwangwataytaqa pay pas put son hinwat qa sasvingwu. Ephaqam pam put powaqsasvingwu. Pu' ephaqam himuwa pangqawngwu pam mashuyiy'taqe oovi put hiita nukngwat aw pituuqat. Pay yanhaqam pam put naap hin sasvingwu.

ARROW

To manufacture an arrow one first needs to collect the necessary wood. Desirable are branches which are both very straight and very strong. Apache plume is said to make beautiful arrows, but men going after this plant generally have to travel far. Others use greasewood or cliff-rose to construct their arrows. As a first step, the wooden shafts are straightened out as much as possible. Next, one end of the arrow receives a point, while on the opposite end a groove is cut across the top. Into this groove the bowstring is inserted which, when drawn, projects the arrow. Directly below this grooved end, three split feathers are attached which are held tightly in place by means of sinew wrappings. The other ends of the feathers are also bound to the shaft with sinew. Should a person intend to decorate his arrow, he does so, of course, prior to mounting the feathers.

The arrow that comes with a child's bow is painted red at the lower end. The portion where the feathers are mounted has its own distinct decoration, and the bottom tip is painted blue-green. The very first arrows a baby boy ever receives are fashioned from a small reed. One arrow from this first bundle is set aside for his umbilical cord which is tied to it and then stuck into the ceiling at the home of his birth.

In former days the Hopi used to coat their arrows with poison from creatures such as the rattlesnake. When such an arrow was shot at a foe and penetrated his body, the poison would spread within his system and bring on a quick death. In former times when the arrow was one of the few Hopi weapons, they also used shaft straighteners to align their crooked shafts when necessary. This implement was made from some hard material and had three or four perforations. How exactly it was employed has been forgotten, however.

BEGRUDGE/ENVY the possession or enjoyment of something

Whenever a Hopi does something spectacular or acquires something valuable or good, another person is bound to be envious. The person will begrudge the former his good fortune because he is not the one who has been blessed with it. In such a case, the person who is jealous will almost always put the other down in some way. He may label him a sorcerer, or even claim that he sold a corpse to gain his things of value. In these ways Hopis typically slander one another.

EYOKINPI

I' eyokinpi it siivat angqw yukiwtangwuniiqe oovi kwangwatönay'tangwu. Noq naat hisat qa himu haqam siivaningwuniqw i' eyokinpi pay tsöqat angqw it tsaqaptat an yuykiwa. Noq i' kwaaniy'taqa put tuwat pi'alhaytangwu. Niiqe pam putakw pay pas susmataqningwuniqw oovi hakim wuwtsimuy angqe' haqaqw eyoyotimaqw nanapte' hakim watqangwu. Noq pu' pay hikiyom katsinam piw put yawyungngwu. Pu' ephaqam pay piw pi'alhaytangwu. I' talavaykatsina pay pas suyan put yawtangwu.

ÖNGAVA

I' hopi pay tuwat it hiita aa'an'ewakw nöösiwqat akw naataviy'ta. Noq i' öngava pay pas hopit hisat nöösiwqa'at, niikyangw pam pay panis morivosi kwalakpuningwuniikyangw aqw wiisokpuningwu. Noq oovi hisat himuwa hiita ayay'te' pam pay öngavay akw piw pumuy ayay'tangwu. Noq pu' himuwa sulawtiqw put nalöstalayat ep pu' put engem hakim pangsoq tu'amqölmiq put öngapkwivit engem oyiy'wisngwu. Pu' astotokpe yaw ima mamsam ökingwuniqw oovi hakim ep piw pumuy amungem haaqe' kiiva it öngavat pay hin'ewakw tsaqaptat ang o'yat pu' pangqw kiy angqw haqami watqangwu.

MAS'ÖQA

Pu' hak piw tamaatuyve' hak yaw put tomaknanik hak haqami mas'öqat oovingwu. Pay pi sonqe tu'amqölmihaqami, sen pi pay hak haqaqw siisikngaqw put horoknangwu. Hisat pi pay pumuy so'qamuy paysoq tsurumintotangwu. Pu' hak oovi pangsoqnen pu' hak pangqw put mas'öqatnen pu' yaw hak put kuukiy'tangwu. Noq pam yaw hakiy tamaatuyayat tomaknangwuqat yan piw it lavaytangwu.

AWTA

It awtat hak yukunik hak mooti haqami it hiita hongvit, hurut awtangaptongwu. Noq i' kwingvisa pas put aw awiwa. Pu' put awtangaptamaqa put ahoy kwusive' pam put mooti ang hin hintaniqat pan paas tsatsvit pu' paasat hin ngölöwtaniqat pan pam put hiita aw somiy'taqw pu' pam pan laakiwmangwu. Pu' pam paasat lakqw paast pu' pam put engem awatvostiwngwut yukungwu. Pam it tahut naat mowa'iwtaqat, murukiwtaqat put awatvostoynangwu. Pu' himuwa piw aakwayngyavaqe it tahut enang tsokyaqw pam put enang hongviy'ta-

BELL

Bells are manufactured from metal and produce a pleasant sound. In the past, when metal was not yet available, bells were fashioned from clay just like pottery. Members of the Kwan society have a bell dangling from their hip, which makes them easily recognizable. Thus, when a bell is heard ringing during Wuwtsim, people run away for cover. Only a few kachinas carry one in their hand also, or once in a while attached to their hips. The Talavay kachina is one who carries a bell in his hand.

BOILED BEANS

Some dishes which provide sustenance for the Hopi do not look very appetizing. *Öngava* is one such old dish, consisting only of boiled beans to which fat is added. Long ago when a person invited a group of people to work for him, he might compensate them for their labors with nothing else but this dish. A bowlful of *öngava* is also taken to the graveyard on the fourth day after the burial of the deceased. On the sacred night of Astotokya, during which the dead are said to return to the village, the same food is put into shabby containers and set out for the dead in certain houses that the people plan to abandon.

BONE OF THE DEAD

When one suffers from a toothache and wishes to soothe the pain, one goes in search of a bone from the dead. Most likely this object is available from a grave at a burial site. However, it may also be extracted from a crevice, for at one time it was customary to simply insert the dead into cracks between the rocks. Once such a bone is obtained one bites down on it. This is supposed to cure the toothache.

BOW

To make a bow one first sets out to get the necessary wood, which needs to be strong and rigid. Oak is most suited for this purpose. Upon returning from one's collecting trip, one first prepares the wood by hewing it properly. Then it is lashed to something so that it will attain the desired shape in the drying process. Once the wood is thoroughly dried, one fashions the bowstring. Generally, the string attached to the bow is of animal sinew which one twists while it is still moist. Some bowmakers also place sinew along the back of the bow in order to give it more strength. Such a bow is referred to as "one which carries sinew on

ngwu. Noq it yantaqat awtat ta'ikwiwtaqa yan tuwiy'yungngwu. Pam pantaqa hakiy naamahin put a'ni langaknaqw pam naamahin a'ni ngölöltikyangw qa qöhikngwu. Pu' hak put pan a'ni langaknaqw pam hoohu a'ni öqalat yamakngwu.

Pu' i' yantaqa awta piw pay qa it tsako'awtat an putsqaningwu. Pam pay hihin sumringpuningwu. Noq pu' i' tsako'awta piw nana'löngöt kuwanat akw pey'tangwu. Put ngunguy'pi'at qöötsaningwuniikyangw pu' put nan'ivaq sakwawsat akw pey'tangwu. Pu' paasat put atsve paalangpuniikyangw pu' paasat sikyangpuningwu. Pu' qalaveq pam pay it kavihintööqökput akw so'tangwu. Noq pu' it sakwawsatnit pu' it sikyangpuyat ang paayom sen naalöyömhaqam qömvit akw tsokom'iwtangwu. Pu' pam aakwayngyavaqe paalangpuningwu. Pu' put awatvosi'at piw soosoy paalangpuningwu. Pu' himuwa piw aakwayngyavaqe sakwawsat akw lölöqangwvey'tangwu, hotsitsvey'tangwu. Niikyangw pamwa paasat it qömvit atsva pan pey'tangwu. Pu' pam mongaqw ngunguy'piyat nan'ivoqniikyangw pu' awatvosi'at piw sikyangpuningwu. Noq ima totimhooyam pantaqat awtat powamuyvenit pu' nimantikive makiwyangwu.

POLI'INI

I' maana wuuyoqte' kongtanisaytiqw pu' put yu'at aw poli'innangwu. Niiqe pam mooti put paas naawusnat pu' pam put angayat sunasavaqe tsiikyat pu' paasat it ngölat akw pu' sutsvaqw aw yukunat pu' paasat ayangqwwat piwningwu. Pu' himuwa maana wupa'angay'kyangw pu' piw a'ni höömiy'te' pam wokovoli'intangwu. Noq hopi pan wukovoli'intaqat aw sutsep kwangway'tuswangwu. Noq it maanat poli'ini'at it povolhoyat masayat aw pay hihin hayawtaqw oovi paniqw pam poli'ini yan maatsiwa.

ATÖ'Ö

I' atö'ö pay it tsaaqatwat oovat aasaqahaqamningwu. Niikyangw pam nan'ikyaqe sus'atkyaqenit pu' sus'ovaqe qalavaqe pay qa pas a'ni puutsi qömvit akw pey'tangwuniikyangw pu' atsva paalangput it qömvit ep hihin wuuyaqat puutsit akw pey'tangwu. Niikyangw pu' ang sunasava pam pay soosoy qöötsat tutskway'tangwu. Put pay pas hiitasa ep himuwa yuwsingwu. Niikyangw pay ima mamant, momoyamsa pas put yuuyuwsiya. Pu' ima peetu katsinam piw put usyungkyaakyangw pu' piw put pitkunay'yungngwu.

LAAPU

I' laapu pay it hohut puukya'atningwuniqw hopi pay put qa suup hin akw mongvasi. Hak qööninik hak put mooti paas sisngit pu' paasat

its back." A sinew-backed bow does not break even when drawn with great force and curved in a sharp arc. When the bowstring is drawn hard, the arrow is released with great velocity. The bow described above is not flat like the child's bow. Rather, its wood is slightly rounded.

Unlike the adult bow, a child's bow is decorated with an array of colors. The place where it is held is painted white; this area is flanked on both sides with blue-green. Next comes a red section followed by yellow. The outer ends are painted purple. The blue-green and yellow color zones are spotted with either three or four black dots. The back of the bow is colored red as is also the entire length of the string. Some bows have blue-green zig-zag designs painted on their backs. While the designs are applied on a black background, the rest of the inside from the handle outward is yellow, which is also true for the bowstring. Children's bows are given to the young, uninitiated boys during the Powamuy and Niman ceremonies.

BUTTERFLY HAIRDO

When a girl reaches a marriageable age, her mother styles her hair in a way termed *poli'ini*. First she brushes her hair thoroughly before parting it in the center. Then, using a wooden hoop for support, she fashions a whorl on each side of her daughter's head. When the girl's hair is long and luxuriant she will inevitably have large whorls. A girl wearing her hair in this fashion is most attractive in the eyes of the Hopi. The similarity of the whorls in the girl's hair style to the wings of a butterfly accounts for its appellation *poli'ini* or "butterfly hairdo."

CAPE

The *atö'ö* or "cape" is about the size of the smaller of the two wedding robes woven for a Hopi bride. The bottom and the top portions of the cape are bordered by two stripes; a narrow outer black one and somewhat narrower inner red one. The field in the middle is pure white. This garment is worn only on special occasions, mostly by young girls and women. However, some kachinas also use it, either in the form of a wrap around the shoulders, or in the form of a kilt around the waist.

CEDAR BARK

Laapu is the bark from the juniper tree, and the Hopi have many uses for it. For example, when making a fire, the bark is shredded into

put akw it komatsit enang taqtsokngwu. Pu' paasat hisat naat imuy tsaatsakwmuy taaput ang muupantotangwuniqw ima momoyam piw put laaput suphingput ang mooti aapatoynayangwu. Pu' piw himuwa tomo' tootsiy aasonmiq put tangataqw pu' pam putakw qa pas kuksungwmokngwu. Pam put enang kukuy akw mukiniy'tangwu.

WU'YA

Imuy hopiituy angqw ima ngyam tuwat nanap hiita wu'yay'yungwa. Noq ima pas hisatsinom naat qa yukiq hopiikimiq ökikyangw puma haqam hiita wu'yay'yungqey put tuwat wu'yatota. Pu' hintaqat akw put wu'yatotaqw put pay puma ngyam nanalt naanan'ik navotiy'yungwa. Put pay qa soosoyam navotiy'yungwa. Noq ima honngyam it ewtotot hintaqat akw pi oovi tuwat wu'yay'yungwa. Pu' ima piikyasngyam itwat, ahoolitwat, wu'yay'yungwa. Noq pu' ima aawatngyam yaw tuwat it sa'lakot amum pew oraymi ökiqw oovi pepeq orayviy hopqöyveq piw pam pan maatsiwa, sa'lakwhahaypi. Pepeq puma yaw put sa'lakot it kookuynat angqw haayat pu' pangso oraymi yungya. Noq pu' ima kookopngyam tuwat it maasawuy wu'yay'yungwa. Noq oovi imuy kookopngyamuy pay piw pan tuwiy'yungwa, masngyam.

VOTONTORIKI

I' votontoriki pay kolaasat angqw yukiwtaqw pu' i' votoona put tukpuyatnit pu' torikiyat ang pitatatangwu. Niiqe pam pay oovi put torikiyat aw maatsiwa.

HOOMA

It hoomat akw i' hopi as hisat pas naaqavo hintsakngwu. Aasakis talavay pam kuyvate' pam naat piw putakw talpumiq naawaknangwu.

Pu' i' katsinmuy na'am pumuy tumalay'te' pay naat pam piw putakw pumuy tumalay'tangwu. Naalakyaniqw pu' amungem pöötapngwu. Put pumuy nopnaqw pu' puma tiivantivayangwu. Pu' tapkiqw yukuyaqw pay naat pam piw put enang pumuy yuwsinaqw pu' puma ninmangwu.

Pu' mö'öngna'yat yukiltiqw pu' pam mö'wi nimaniniqw paasat pu' piw put engem homvöötotangwu. Pu' hiitu yungiwte', pavasiwye' puma

fine tinder, to which kindling wood is added before it is lit. Also, in the old days when infants were still bundled up on cradle boards, the women first placed a supple layer of juniper bark on the bottom of the cradle board. In winter time people also stuffed their shoes with the bark in order to prevent their feet from freezing. Bark helped to keep their feet warm.

CLAN ANCESTOR

Hopi clans each have their own clan ancestor. Before the ancient Hopi arrived at their present locations, they adopted certain animate or inanimate object as their clan symbol. Why the individual clans came to select a particular totem is only known to the clan members. Not everyone possesses this lore. Thus, for some unknown reason, the Bear clan relates to the Ewtoto kachina as his clan ancestor. The Piikyas clan, on the other hand, claims Ahooli as its progenitor. The Bow clan group arrived at Orayvi with their ancestor Sa'lako. Hence, a place on the east side of the village is named Sa'lakwhahaypi or "Sa'lako-hanging-up-place." Here the clan members are supposed to have suspended the Sa'lako from a peg before entering the village. The Kookop people, on the other hand, have Maasaw for a clan ancestor. The Kookop clan members are, therefore, also known as "Maasaw people."

COIN BANDOLIER

The coin bandolier is made from leather, studded with coins on both its pouch and strap. The name alludes to the fact that the strap is worn bandolier fashion, that is, over one shoulder and under the other, and is adorned with coins.

CORNMEAL

Cornmeal was once used by the Hopi on an everyday basis. Each morning as he went out to pray toward the rising sun he made it a habit to pray with *hooma*.

The kachina father, that is, the man who tends the kachinas, also uses it as he takes care of them during their dances. When the kachinas are to change dance positions the father makes a cornmeal path for them. He ceremonially feeds them with the cornmeal, whereupon they commence dancing. In the evening, at the conclusion of their performance, sacred cornmeal is again an ingredient in ritually preparing the kachinas for their journey home.

On the occasion of a wedding, after the ceremony is completed and the bride is to return home, a cornmeal path is once more marked on the

hoomat piw naat enang akw hintsatskyangwu. Pu' i' piw kwaaniy'taqa astotokpe putakw hoomat akw haqe' pöhut utatangwu. Pu' himuwa paahoy oyate' pam piw sutsep it hoomat enang kimangwu. Nen pu' pam haqam put oye' pam piw naat hoomay akw put aw naawaknat pu' paasat put oyangwu. Paniqw oovi himuwa hom'oytoqat pangqaqwangwu.

IISAW

I' iisaw hopitniqw pay qa hiita aw awiwaniiqe oovi pam pay put qa pas hiitay'ta. Pay sen hisathaqam as ima hisatsinom put aapiy hin mongvasyaqw put pay qa hisat hak panhaqam yu'a'ata.

Noq pu' pam tuuwutsit epnen pam hiita suutuptsiwe' pam pay naap hiita qa lomahintaqat aqw naavitsinaqw hakim put aw tsutsuyngwu. Noq oovi himuwa piw hiita suutuptsiwngwuniqw hakim put ihu yan tuwiy'yungngwu. Pu' pam piw hiita pas sonqa naawinngwu. Pu' pam piw hiitawat tuuwutsit ep nuvöy akw piw hiita nukushiita aqw naavitsinangwu. Niikyangw pay pam suushaqam hiitawat ep it sinot engem hiita lolmat hintingwu.

Noq pu' ima pasvayaqam put pas qa atsat qa haalayya. Pam soq pumuy kawayvatngayamuynit pu' melooniyamuy pasva hovalantinumngwuniqw oovi. Niiqe hisat puma pumuy ii'istuy qöqyaninik puma hisat islalayyangwu. Niikyangw pay as puma pumuy puukyayamuy pu' piw sikwiyamuy as qa hintsatsnangwu. Pu' ima peetu hopiit put iisawuy naatoylay'yungqe oovi isngyamniiqey pangqaqwangwu.

TSA'AKMONGWI

I' tsa'akmongwi hisat imuy tepngyamuy tuwat amungaqwningwu. I' kikmongwi put hiita tsa'law'ayataqw pu' pam put tsa'lawngwu. Pu' hiita hintsakpit engem tokiltotaqw sen nimantotokyat sen maakiwniqat pay ii'it pam tsa'lawngwu. Noq pu' put aw hin tsa'lawniqat tutaptaqw pam put pas su'an tsa'lawngwu. Kur sen haqam natönvastani sen öhömtiniqw pam piw pas put su'antingwu.

MOKIWU

It hiita mokiwuy pay as i' hopi qa suus aw pitukyangw pam pay put mamqasi. Hak okiw put aw pituninik qa suutaq'ewningwu. Niikyangw pay itam soosoyam pangsoqsa hoytaqw oovi pay himuwa hakimuy amungaqw sulawtingwu. Noq pu' himuwa pan sulawtiqw pay hakim

ground for her. Again when there is a ritual in progress and prayers are being conducted, cornmeal is involved. On *astotokya*, the climactic night of the Wuwtsim initiation, a member of the Kwan society seals off the paths leading into the village with cornmeal. Finally, when one goes to deposit a *paaho* one always takes cornmeal along. Before the *paaho* is deposited, one first prays to it using the cornmeal. This accounts for the expression *hom'oyto,* "he is going to deposit cornmeal."

COYOTE

A Hopi has no use for the coyote whatsoever; therefore, he does not prize him. It may be that the ancient Hopi benefited from him somehow, but no one has ever mentioned anything along these lines.

In many stories Coyote believes everything he is told. As a result he gets into all sorts of predicaments and people laugh at him. Any person, therefore, who is equally easily duped is labeled *iihu* by the Hopi, a term denoting both "coyote" and "sucker." Coyote also has to imitate everything. In other tales he gets himself into sticky situations because of his lechery. Once in a while, however, he will do something beneficial for people.

Farmers, certainly, do not appreciate the coyote. After all, it roams their fields destroying their watermelons and muskmelons. Thus, long ago people used to organize coyote drives to get rid of these vermin. However, neither its pelt nor meat was ever used.

For some Hopis the coyote constitutes a clan totem. Consequently, they refer to themselves as belonging to the Coyote clan.

CRIER CHIEF

In the past the *tsa'akmongwi* or "crier chief" was in charge of public announcements. He usually came from the Greasewood clan. Whenever the *kikmongwi* commissioned him to make an announcement he would do his bidding. If a date had been set for a certain event, such as the Niman ceremony, or if there was to be a hunt, the *tsa'akmongwi* would announce it publicly. After he had been instructed as to the announcement he would cry it out verbatim. Thus, if the *kikmongwi* cleared his voice or coughed at a certain point, the crier would do likewise.

DEATH

Even though a Hopi has encountered death on many occasions in his life, he still dreads it. No one wishes to die, but since death is everybody's fate, one will pass away from one's family at some point. When that happens, a person must be buried. This is done at a burial ground.

nawus kur hin put haqami qa tupkyayangwu. Niiqe oovi hakim put haqam tu'amqölpe amyangwu. Noq pu' itam pan tuptsiwniy'yungqw pam naat pay pep naalös pan aamiwkyangw pakiwtani. Pu' ason pam nalöstalay aqw pitsine' pu' pam paasat pangqw yamakkyangw pu' pas haqam paapiy qatuniqey pangsoq nakwsungwu. Pu' hakim put hakiy ngastatotiqey amye' hakim pep put engem it sooyat tsööqöknayaqw pam put ang pangqw yamakngwu. Noq itamuy hopiituyniqw hak yaw öngtupqamiqningwu. Pepehaq kya pi hakiy engem hin aw wuuwayaqw paasat pu' hak yaw haqami maskimiqningwu.

NAAVOOTSIWA

Hak hiita pas pavanniiqat hintsakye' hak son nawus qa naavootsiwngwu. Ephaqam pay hak it qötsvit akwningwu, pu' pay hin pi peetu tuwat naavootsiwyangwu. Hak yaw pantiqw pam himu hakiy qa awniwtiniqat oovi. Ima hiita hopiwimit yungqam tiikivey aqw ökye', yukuye' pu' puma naavootsiwyangwu. Oovi ima tsuutsu't, popwamuyt, puma hiitu pan yukuye' sutsep naavootsiwyangwu.

SUVUYOYANGW

I' yooyangw qa suntangwuniqw oovi i' suukyawa suvuyoyangwningwu. Noq pantaqat i' hopi tuwat naawaknangwu, ispi pam suvuyoyangw paas tutskwava hoytakyangw pu' pam put paas mowaniy'mangwu. Pu' pam hakimuy amungem pan paasayamuy halasamtangwu.

KWAATUPATSA

I' kwaatupatsa pay as qa it hopit yuwsi'atniqw pay puma put haqam tuwiy'vayaqe paapiy pu' pay puma put enang yuuyuwsiya. Hisat hopi pay qa hiita mimuy himusinmuy amun kwasustsööqökniy'tangwu. Pam pay kwavöhötsa nakway'tangwu. Pay ima qaqleetaqtsa put enang yuwsiy'yungngwu. Niikyangw pay puma qa sutsep put kwaatupatsat yuuyaangwu. Pay pas hiitasa ep puma put ang tangawtangwu. Ephaqam puma imuy tsetsletuy hintsatskye' puma put yuuyaangwu. Pu' ima katsinam pay pu' hayphaqam piw put enang yuuyuwsiya.

The Hopi believe that the deceased spends four days in his grave. On the fourth day he emerges from it to journey to a place where he will spend the rest of his days. When the person lost is interred, a planting stick is thrust into the burial spot so that he can climb out of the grave. According to Hopi belief the deceased mortal travels to *Öngtupqa*, the "Salt Canyon" or Grand Canyon. There his fate is decided before he proceeds to *Maski*, the "Home of the dead."

DISCHARMING RITE

Any participant in an esoteric ritual must undergo a discharming rite upon its completion. Sometimes a person uses ashes in this process; what means others draw on is not known. The purpose of the rite is to shield the participant from becoming inflicted with the disease generally associated with the particular ceremony. As a rule, the discharming takes place on the final day of the ceremony and is practiced by all who have gone through it. Thus, the members of the Snake society, Powamuy society, and other such orders never fail to discharm themselves when they are done.

DRIZZLE RAIN

There are different types of rain, one of which is a very fine and steady shower. This is the sort of rain a Hopi wants, for it saturates the earth with water as it slowly moves across it, thereby making the Hopis' fields nice and moist.

EAGLE FEATHER BONNET

The Hopi never dressed in eagle feather bonnets until they became familiar with them, somewhere. From that time on they incorporated the headdress into their dance accoutrements. Long ago the Hopi had never adorned their hair with eagle tail feathers as did the people of other tribes. The only feathers they wore were eagle down plumes tied into their hair. An exception were the members of the warrior society, who enjoyed the privilege of wearing eagle tail feathers. However, the war bonnet was not worn constantly, but only on special occasions. Once in a while eagle feather bonnets are donned by social dancers who perform. Recently some kachinas, too, have come to use them as part of their costumes.

TUWQA

I' tuwqa pay haqawa hakiy hiita akw yuuyuynaqa, hakiy qa aw yan unangway'taqa, tuwqaningwu. It naaqöyiwuy ep hakiy aw kiipokqa pam mitwat tuwqa'atningwu. Pu' hikis himuwa hakiy naap sino'at hakiy tuwqay'tangwu. Noq hisat ima himusinom, tasavum, payotsim, yotsi'em, kumantsim, kaywam, tsimwaavam, kooninam, puuvuma himusinom hisat yukiq hopiikimiq kikiipokyangwuniiqe oovi puma paniqw hopiituy hisattuwqamat.

A'NI HIMU

Hak a'ni himunen pay naap hinwat pantangwu. Noq ephaqam himuwa pay soq nukpanvewat pantangwu. Pu' pay hak piw a'ni himunen hak hiita pavanniiqat tuwiy'tangwu. Noq oovi ima katsinam a'ni hiitu, puma it yooyangwuy tuwiy'yungqe oovi. Pu' ima qataymataq yesqam puma piw it hopit tuwiy akw pa'angwantotaqe oovi piw a'ni hiitu. Pay it tuuwutsit ep puma qa suukya pakiwta, i' kookyangwso'wuutiniqw pu' put mömatniqw pu' i' pavayoykyasiniqw pu' i' maasaw, pu' taawa, pay ii'ima puma hiitu. Noq i' hopi pumuy tuwiyamuy son naap hintiniqe oovi pam pumuy amumi put hiita tuwiyamuy tuuvingtimakyangw yep qatu.

TSÖNGÖSIW

I' tsöngösiw himu qa lolmaningwuniqw hakim put aw ökye' hakim kyaananaptangwu. Mooti hakimuy uuyi'am hintaqat akw qa aniwtingwu. Paapiy pu' pay i' tuu'oyi soosoy sulaw'iwmangwu. Paasat pu' hakim kur paapu hiita nöönösaniqw pam paasat pu' pep i' tsöngösiwningwu. Pas ason himu hakimuy ookwatuwe' pu' hakimuy hiita qa'antipuyamuy ep amungem aw antsanqw paasat pu' hakim piw angqw ahoytotingwu. Noq pay hopi put qa suus aw pitu.

MÖ'WI

I' hakimuy aangaqwvi'am nöömataqw put nööma'at pamningwu, mö'wi. Noq oovi hakim himungyamniqw pangqw pumuy taataqtuy nöömamat möömö'witningwu. Niiqe hakim soosoyam ngyam pu' piw hakimuy amumumyaqam pumuy mö'wiy'yungngwu. Pu' piw hakimuy ti'am nöömataqw pam piw mö'winingwu.

Noq pu' pam mö'wi pas himuningwuniqw oovi hakim put qa tungwayangwu. Hak put yaw tungwaqw i' taawa yaw hakiy enang pakingwu. Noq pay hintiqw pi pangqaqwangwu.

ENEMY

An enemy is someone who causes another person harm or grief or is not friendly toward him. In a war the enemy is the one who raids the other side. Of course, even one's own tribesman can be one's enemy. Long ago such tribal groups as the Navajos, Apaches, Comanches, Kiowas, Chemehuevis, and Yavapais came to raid the Hopi villages and, consequently, were the Hopis' enemies of old.

EXTREMELY POWERFUL BEING

A being may have greater than human powers for a variety of reasons. Sometimes these powers are rooted in evil. Other times, exceptional powers may be based on the ability to achieve great things. The kachinas are extremely powerful beings in this sense, because they know how to produce rain. All those who exist invisibly and aid the Hopi with their knowledge are considered beings of superhuman strength. Many of them, such as the Old Spider Woman and her grandsons, Pöqangwhoya and Palöngawhoya, Pavayoykyasi, Maasaw, and the Sun god appear in many myths and tales and perform many feats. Since the Hopi cannot perform these feats, they constantly plead to these beings to support them in their lives, each being using its own special methods.

FAMINE

A famine is a very tragic event, causing people terrible suffering whenever it occurs. Its initial phase is usually marked by crop failure. As time passes, all the stocked corn reserves are slowly depleted. At the point when nothing is left to consume anymore, the famine is on. And not until a god has compassion with the people, and rights the wrong committed by them, can recovery begin. The Hopi have experienced famines on many occasions.

FEMALE IN-LAW

Mö'wi is a kinship form reserved for the female who marries a man related to you through your clan. Thus, the wives of the men of a certain clan are *mö'wi* to all members of that clan and the phratry it belongs to. When a son marries, his wife is also a *mö'wi*.

Because a *mö'wi* is generally very revered she is not addressed by name. However, if someone mentions her by her given name, he is said to be carried off by the setting sun. Why this saying exists, no one knows.

PAAVASA

Hopi soosok hiita nöösiwqay naap a'aniwnaqe oovi pam yang tutskwava qa suukw paasay'tangwu. Noq pam paavasa qa sunyungqw oovi pam piw nanap maamatsiwya. Noq it pömavasat ang naat pay pu' kwaakwangqattiqw pang ima hopiit susmooti uu'uyayangwu. Noq pu' i' suukyawa nöngavasa yan maatsiwngwu. Pu' pam piw pisavasa yanwat maatsiwngwu. Noq pangso i' tuuwa huktsovaltingwunen pu' pang nööngatiqw pam pamningwu. Noq pu' i' munvasa pay haqam pöövat epningwu. Pang yokvaqw pu' pam pang munve' pu' pam put uuyit hiihikwnangwu. Niikyangw ephaqam pas a'ni yokve' pam pay hakiy uuyiyat soosok nukushintsanngwu. Noq pu' i' suukyawa piw yongivasaniiqa pam pay haqam yongive qa pas huuhukqat epningwuniiqe oovi pan maatsiwa. Noq pu' i' nayavasa pay haqam nayatutskwat epningwu. Noq pu' i' tsivokvasa pam haqe' munvaqw pangso tsivookyatiqw pam paasat pep tsivokvasaningwu. Pu' pay hak naap piw haqam muunangwuy uutaqw pam pangso tsivookyatingwu. Pu' it halasamvasat ang hak uyniqey naawaknangwu. Pam pas suslomavasaningwu. Pep i' tutskwa pas mowa'iwtaqw hakiy uuyi'at qa hin naawaknat suukuyvangwu.

QÖQÖHA

Hisat naat qa haqam himu kohotövuningwuniqw ima hopiit nawus naap hiita uwiknayangwu. Niiqe puma oovi piw paas put engem hiita awiway'yungngwu. Noq pam lööpwa. I' suukyawa pilakinpiniqw put akw himuwa hiita laaput'ewakw paas sisngyiwtaqat pu' pay hiita piw suu'uwikngwuqat put aw himuwa it pilakinpiy iitsiy'kyangw put pangso pilakintangwu. Put pantsakqa it pilakinpit hisatniqw su'an yukuqw pu' put angqw i' töövu tsalamte' pu' pam töövu put hiita uwikngwuqat aw posq pu' pam put aw pooyante' pas qa mataviy'mangwu. Pas pam ason put taqtsokye', pavan uwikne' paasat pu' pam put akw qööngwu.

Noq pu' piw hisat ayanwat qööyangwu. Pam i' himu pilakho himu huru kohoningwuniqw pu' put enangningwuqa paakoningwu. Put hak it hurut kohot paakot atsmi taviy'kyangw pu' hak put akw pavan öqalat may akw muriwantangwu. Noq pu' pam hisatniqw kya pi a'ni mukiite' pu' pam paasat pangqw piw töövutingwu. Paasat pu' hak pangsoq pay piw hiisakw laaput paas sisngyiwtaqat pu' pay sen pösövit taviy'kyangw pu' put muriwantaqw pu' ason pam pas taqtsokq paasat pu' hak put hiita uwiknaniqey aw tavingwu.

FIELDS

Because the Hopi grow all their food themselves, the land is dotted with many fields. Since there are a number of differences between them, all sorts of terms exist for the many types of Hopi fields. As soon as the weather turns warm, the Hopi plant their first crops in fields known as *pömavasa* or "early [corn] fields." The fields termed *nöngavasa*, "drift sand field," are also called *pisavasa*, "dune sand field," due to the fact that they are located in an area where wind-blown dune sand has collected in drifts. Another type of field is the *munvasa* or "flood field," which lies in the path of a dry wash. After a rainfall the run-off water floods through the wash, and in the process irrigates the plants. A real downpour, however, can ruin the entire crop of such a field. Another field is known by the name of *yongivasa* or "warm field," because it is found in a location which is relatively warm and safe against strong winds. The *nayavasa* or "clay field" is situated in a loamy or clayish area. The *tsivokvasa* or "silt field" originates wherever new sediments are deposited after a flood. By damming up a stream the same type of ground can be created. Highly desirable as a sowing area is the *halasamvasa* or "moisture-retaining field," considered the most attractive ground. It is so moist that the plants pierce the soil in no time and without any difficulties.

FIRE MAKING

Before the advent of matches the Hopis had to produce fire on their own. Consequently, they had special instruments devised for this purpose. Actually, there were two types. One method employed a flint. While holding the flint close to shredded cedar bark or some other material which ignites easily, one constantly strikes the flint. When struck just right, a spark flies off. The instant the spark falls on the tinder one blows on it without letting up. As soon as one gets the tinder to catch fire and to flame up, one can use it to start a fire.

A second fire-making method, long ago, employed a fire drill. The entire apparatus consisted of a hard stick and a piece of cottonwood root. The drill stick is placed atop the cottonwood and then rotated rapidly between the palms. Soon the spot on the board becomes very hot and finally turns into glowing embers. Then a small chunk of crushed cedar bark or a piece of cotton was inserted. Once more, the drill spindle was twisted back and forth steadily until the tinder caught fire. The fire, could then be placed on whatever one wished to burn.

QÖPQÖ

I' qöpqö pay sutsep kivaapeq it saaqat su'atpipningwu. Noq put akwniwi hakim hiita hintsatskyangwu. Pu' pam hisatqöpqö hisat pay nevewvutsqaningwuniikyangw pu' pam aqw atkyamiqwat pay hiisavo hötsiningwu. Pu' pam it tusyavut akw angqe ngöyakiwtangwu. Noq pu' puma hiita qööqööyaniqey put saaqat atpik maskyay'yungngwu. Noq pu' i' hak put aw tunatyawtaqa pam tsoylan'aya'amningwu.

PIQÖSA

I' piqösa pay hiita hurut angqw yukiwtangwuniqw oovi ima hisatsinom put it ho'apu'ewakw wikpangwtoynaye' pu' puma putakw put ho'aput i'ikwilyangwu. Puma put piqösat qalkyaqe tsokiy'wisngwu put ho'aput panwise'.

Pu' piw ima peetu hisatsinom naat peqw hopiikimiq hoytakyangw puma yaw haqam it hoonawuy mokput aw ökiiqe puma put puukyayat angqw piqosat neengem yukuyaqe paapiy pu' puma tuwat piqösngyam.

MÖÖYI

Hak kwamuy'te', somuy'te' hak pumuy mööyi'amningwu. Pam pay hakiy yuyatnit nayat angqw suntangwu. Noq oovi hakiy yumuyatuy, namuyatuy ima namatniqw pu' yumat hakiy mööyiy'yungngwu. Noq pu' paasat i' hakiy na'at piw tumsimuy'taqw pumuy hak piw mööyi'amningwu. Pu' paasat puma kongtotaqw paasat pu' puma hakiy kwa'amniwte' pu' puma piw hakiy mööyiy'yungngwu.

NGUMANTA

Wuuti, maana ngumantanik pam mooti hiisa'niqey paasa' huumit pu' paasat put wuwhingwu. Pu' pam put pantiqw pu' i' tsiipu'atniqw pu' i' aavu'iwyungqa ang ayo' löhökngwu. Paasat pu' pam put hakomtamiq oye' pu' pam put pangqe haakokintangwu. Ephaqam put hakomtat mataaki'at pööngalaningwu. Pu' hak putakw put tuqyaknangwu. Tuqyaknat pu' pam paasat piw ahoy oomiq kweete' paasat pu' pam put angqe piw pan ngumantangwu, angqe haanintakyangw pu' pam hihin tsaatsakwtangwu. Paasat pu' pam put hakwurkwakyangw pu' kur pay pangsayniniqw pu' pam ahoy put intangwu. Inte' pu' pam haqam tulakinsivut atpipoq qööhe' paasat pu' pam put aqw tulaknangwu. Pu' pam put laknat paasat pu' put angqw ahoy tsaame' pu' pam put pi-

FIREPIT

Within a kiva the firepit is always situated just beneath the entrance ladder. It is in the area north of this firepit that most activities take place. The ancient firepits were usually square and slightly dug into the floor. Its side walls consisted of flat rocks. The fuel was always kept in stock underneath the ladder. The person who looked after the fire was known as *tsoylan'aya* or "fire tender."

FOREHEAD STRAP

The forehead strap is made from a material that is strong and can withstand heavy usage. It served the ancient people as a tumpline to carry burden baskets. For this purpose the strap was placed around the forehead.

According to legend, one Hopi group was still migrating towards Hopi land, its final destination, when it happened upon the carcass of a dead bear. The members of the group fashioned forehead straps for themselves from the skin of the animal, and from that time on were known as the Forehead Strap clan.

GRANDCHILD

The person who has grandfathers and grandmothers is a *mööyi* or "grandchild." This is true from both the mother's and the father's side. Consequently, all those considered mothers and fathers of your parents also think of you as their grandchild. In addition, if your father has female clan relatives, you are also regarded as their "grandchild." Once these female clan relatives marry, their husbands become your grandfathers and you are also their grandchild.

GRINDING CORN

When a woman or girl is to grind corn she first shells the amount of dried corn she wants and then winnows it so that the chaff and worm-eaten kernels can be separated. Next, she puts the corn kernels into the coarse grinding stone and there begins to crush them, coarse-grinding everything. This done, she heaps the corn back up in the slanted metate and grinds it repeatedly to make it finer. Finally, the corn becomes cornmeal, and when the desired texture is reached, it is scooped from the grinding bin. Next, the woman builds a fire under a roasting pot, and

ngyamtamiqwat oyangwu. Pu' pam put pangqe möyikniy'kyangw put hukyaniy'kyangw pu' pam ason hukyaqw paasat pu' pam put angqe piingyantangwu. Pu' pam put paas piingye' pu' pam paasat put tsaatsayat pu' ang tsiipuyat ayo' maspat paasat pu' pam piw ephaqam angqe haananik pantingwu.

LEMOYOYANGW

Hopi uuyiy'te' sutsep okiw yokvaniqat tunatyawkyangw hiita hintsakngwu, tsootsongngwu, wunimangwu, wiimiy ep pongyay aw pavasiwngwu. Niikyangw pam suukw it lemoyoyangwuy pay qa naawakna, pam soq it uuyit nukushintsanngwuniqw oovi.

HAW!

I' taaqa hakiy hiita navotnanik mooti, "Haw!" kitat pu' paasat hiita pangqawniqey pangqawngwu. Meh, hisat oovi himuwa hakiy kiiyat aw pite' mooti aqw pangqawngwu, "Haw!" Pu' pay paasat angk sen ayangqawngwu, "Ya qa hak qatu?" Pu' paasat himuwa haqami kivami hakiy sen wikte' pam mooti kivats'omi wuuve' pu' piw aqw pangqawngwu, "Haw! Ya pam qa pepeq pakiwta?" Noq wuutinen pu' tuwat, "Hawaa!" kitangwu.

HEESOLI

I' heesoli pay tuwat it söhövit ang aniwtingwuniqw put heesolit aasonva i' pösövit antaqa tangawtangwu. Noq itam hisat put oovi mawye' pu' hakim put purumnayat pu' hakim put angqw put pösöviyat tsamyangwu. Pu' hakim put it wihut enang neengalaye' pu' pantaqat saanay'yungngwu.

YALAAKWILAWTA

Hak yalaakwilawte' hak it yalahat akw yaqay atsva atkyamiqwat nan'ivoq kwilawtangwu. Noq pay kya ima qaqleetaqt hisat panyungngwu. Pu' pay i' qa suukya katsina panta. Niiqe i' kwaakatsina pas suyan panta. Pu' i' suukyawa kwivikatsinaniqw pu' i' pöhöy'navantaqa piw panta. Noq pu' ima huuhuwtniqw pu' i' hoo'e piw as pay pan yaqay atsva kwilawyungkyangw puma pay paalangput akw pang kwilawyungngwu.

dry-roasts the cornmeal until no trace of moisture is left. Then she places the corn in a finer metate, spreading it out to cool off, at which time she fine-grinds it. This accomplished, she sifts the cornmeal to remove any remaining chaff and, if she wishes, grinds it once more.

HAIL

A Hopi who has crops on his fields constantly wishes for rain. He wishes this while engaged in such activities as smoking the pipe, dancing, or praying at his ritual altar. However, he has no desire for hail, because hailstones ruin his plants.

HAW!

When a man wants to let something be known to another person, he first announces his presence with *"Haw!"* and then tells him what he wants to say. Thus, long ago it used to be customary that when a man approached someone else's home he first shouted, *"Haw!"* Following that he might have added, "Is anyone at home?" Or on a different occasion today, if a man is to fetch another person at a kiva, he will first climb to the kiva's roof and call, *"Haw!"* Is he down there?" In the case of a woman, on the other hand, the appropriate exclamation is, *"Hawaa!"*

HEESOLI

Heesoli is a green pod which grows on the cottonwood tree. Inside the cottonwood pod is a substance that resembles cotton. Long ago the Hopi picked these pods, split them apart, and extracted the fluff. The fluff was mixed with tallow and chewed as gum.

HEMATITE CHEEK MARKS

A face decorated with hematite cheek marks is distinguished by black stripes which begin above the bridge of the nose and run down in an angle towards the cheeks. Warriors apparently had these markings, long ago. More then one kachina bears this symbol on his face. The Eagle kachina definitely has one. The Kwivi and Velvet shirt kachinas also have the cheek marks. The same is true for all Huuhuwa kachinas and the Hoo'e kachinas; their stripes are executed in red, however.

MASKI

I' maski haqamniqw put pay qa hak pas suyan navotiy'ta. Niikyangw pay yaw hak mookye' pangsoqningwu. Noq pepeq maskiveq yaw ima sinom qa hiita akw maqsonlalwakyangw pepeq kwangwayese. Noq pu' ima nuunukpant pay pangsoq qa ökingwu. Puma yaw pay qööhit aqw maspiltingwu. Noq pangsoq yaw löökye' oovi pöhu. Haqe'wat yaw hak pangsoqnen yaw hak qa hiita akw kyaanavot pangsoq pitungwu. Pu' sutskye'wat yaw i' pöhu pay imuy nuunukpantuysa amungem pöhu. Noq oovi himuwa pay pan nukpananen putwat pöhut angnen pay pas qa aqw pitungwu. Pu' himuwa piw pangnen yaw oovi piw qa hoytangwu. Pam yaw pas yaasangwuy pu' ang suukw kwilakit nakwsungwu.

HOPI

Itam hopiit pay pas kyaahisat yepeq yesvakyangw naat pay itam yepeqya. Noq i' pay qa itaatutskwa, itam pay naat yep haakyese. Niikyangw itam yaw pay soosok hiituy sinmuy amumum as öngtupqaveq nöngakkyangw pay itam pangqw naanan'i'voq nankwusa.

Noq i' hak mooti yep qatuuqa itamumi hin tutaptaqw pay itamsa naat pay put tutavoyat hihin anhaqam yeese. Noq itam yaw mooti angqe' haqe' wuukonankwusat pu' peqw hopiikimiq öki. Niiqe itam yaw angqe' a'ni kiiqötotaqw naat pam angqe' hongya. Niiqe itam oovi songyawnen angqe' hiisaq tutskway'yungqey put akw itam angqe' tuvoylatota. Noq pu' peetu piw pay as angqe' nankwusaqam pay as piw itamun hopiitnii-kyangw pay puma haqamiwat ökye' pay puma hiita akw pep pas huru-yesvangwu. Noq itam hapi as naat yuk yaw haqami tuuwanasami mooti ökit pu' paasat pep pas suus yesvaniqat yan as i' itamumi tutavoniqw pay pumawat qa pantoti.

Noq pu' i' hopi as hiita qa nukpanat himuyat suupan hintsakqe oovi pan natngwaniy'ta. Noq pay peetu itamungaqw nuunukpant.

HOVI'ITSTUYQA

Hovi'itstuyqa pay yep nuvatukya'oviy aatatkyahaqam tuukwi pan maatsiwqa. Noq put atpip pay qa suukya kiiqö. Noq pay ima hopiit piw put pangso tuway'yungqe pay piw pangqaqwangwuniqw yaw pay puma pep hisat yesqam piw hopiit. Noq itam sinom qa sun yukiwyungqw haqawat peetu wukohoviy'yungqw hiitawat hoovi'at pay pavan ayo' iitsiwtangwu. Noq hak put aw taytaqw pay suupan pam hakiy hoovi'at angqw ayo' iitsiwtangwuniqw oovi pan put hopi tuwiy'ta.

HOME OF THE DEAD

Nobody knows exactly where *maski*, the "home of the dead," is located. However, it is the destination of any deceased mortal. Residents in the underworld are not plagued by hard work but live in bliss. Evildoers never reach that place; they are cast into a firepit. Two paths are said to lead to the house of the dead. On one the traveler reaches his goal without any hardships; the other is reserved for those who have done wrong. The evil person, embarking on this road, never reaches his final destination because he hardly makes any headway. Tradition has it that he can advance only one pace within a year's time.

HOPI

We Hopi settled here ages ago and we are still here. But the land is not ours. We are here only as tenants. We emerged from the underworld at the Grand Canyon with many races of people and then migrated in all directions.

The being who first inhabited this upper world gave us explicit instructions, and we are the only people that still adhere in some ways to these instructions. Tradition has it that we first undertook a long migration before arriving here in Hopi country. Along the way we left many structures that still exist as ruins. It is as if in this way we marked out the land area that is ours. Some of those participating in the migration are Hopi just like us, but when they arrived at certain places they settled permanently for some reason. Yet our destination was a place called Tuuwanasavi or "Earth Center," and only after reaching this place were we to settle for good. These were our instructions, though they were not followed by other men.

It seems as though a Hopi does not do any evil, hence the name Hopi. But some of us are evil.

HOVI'ITSTUYQA (Mount Elden)

Hovi'itstuyqa is a promontory situated southeast of the San Francisco Mountains. Several ruins can be found at its foot. The Hopi are well familiar with this place and claim that the people who lived there in ancient times are some of their forebears. The Hopi remark that people are not all physically built the same, some having more prominent buttocks than others. As one looks at Hovi'itstuyqa it resembles a person's buttocks jutting out and for this reason the Hopi refer to the mountain feature as "Buttocks-sticking-out-promontory."

PUTSKOHO

It putskohot i' hopi pay hisat himuy'ta. Noq i' putskoho putsqaningwuniiqe oovi pan maatsiwngwuniikyangw pu' pam piw hisat pey'tangwu. Noq i' kiisa yaw put hopit maqa. Pam kiisa hiita maqnume' pam haqaqw oongaqw hiita niinaniqey aw poste' pam qa masasatimangwu. Noq pam pangqw pan postoq put masa'at pay it putskohot pas su'anhaqam soniwngwu. Pu' pam put masay akw songyawnen put hiita wungwve' pu' put sawitoknat pu' paasat aw ahoynen pu' put niinangwu. Noq hopi putakw imuy taataptuy, sowiituy maqnumngwuniiqe oovi pam it taavot pan'ewakw haqam warikne' pu' pam put angk putskohoy tuuvangwu. Noq pu' pam put su'an wungwvaqw pam taavo hokyaqhikye' pam qa waayangwu. Paasat pu' pam put awnen pu' pam put pay naap niinangwu.

Noq pu' i' piw himu putskoomoktaqa suruy oomiq ngölöwtaqat iitsiy'numkyangw waynumngwuniqw pam suupan it putskohot pannumngwu. Noq pu' i' wawarkatsina put aw maatsiwqa pam put putskohot yawtangwu. Noq pu' i' piw katsina putskookatsina yan maatsiwqa piw put putskohot motsovuy atsva peeniy'tangwu.

NATNGA

I' natnga pi pay hiita wiimit ep kur hakim kyelvokmuy'yungwe' ep pumuy tangatotaniniqw pam ep pamningwu. Ep hakim pumuy tangatote' pu' pumuy put hiitawat wiimit tuwitoynayangwu. I' natnga pay oovi qa wuwtsimuysa as epningwuniqw pu' pay itam putsa pangqaqwangwu. Pay i' powamuya, maraw, pay himu pakingwuqa pay pam piw natngay'tangwu.

TSIMONSI

I' tsimona pi haqam kuyve' pam haqam wuuko'ew qalawtangwu. Pam hotamtingwuniikyangw pu' pam it tsimonvatngahooyat ang himuy'tangwu. Noq it tsimonat si'at pam qöötsaningwu. Pu' put nga'at piw pay wuuyoqniikyangw piw qöötsaningwu. Noq pam himu pay qa lolmaningwuniqw oovi hak put qa aw hintsakngwuqat pay ima wuuwuyoqam kitotangwu. Pu' himuwa yaw oovi put aw hintsakye' pam mooti pas paas maavaqtat pu' paasat nösngwu.

Noq pay put kya pi haqawa aw pootaqe pay son pi akw qa hintiqw oovi pan put nanapta pam himu pay qa hiita aw ngahuniiqat. Put yaw hak akw hoonaqtingwu; pu' pay piw tuskyaptingwuniiqat kitotangwu-

HUNTING STICK

The Hopi have possessed the *putskoho* or "flat hunting stick" for ages. The label *putskoho* is derived from the fact that it is broad and flat. Long ago it also had a design. The prairie falcon is believed to have given this weapon to the Hopi. When this bird is out hunting and is about to make a kill, it will swoop down from the sky upon its prey without flapping its wings. As it dives from the sky in this manner, its wings very much resemble this flat hunting stick. One gets the impression that the bird hurls its wings at the prey to knock it into a daze before it returns to slay it. The Hopi makes use of this stick when hunting cottontails and jack rabbits. It is thrown at them after they are flushed out of their hiding places. If the animal is struck just right, the stick will break its leg, thereby preventing it from making a getaway. The hunter then walks up to his prey and kills it.

In the eyes of the Hopi a scorpion appears to be toting about a flat hunting stick by the manner in which it scuffles along with its stinger curved upwards. Named after the scorpion is Putskoomoktaqa, a runner kachina, who actually carries the flat hunting stick with him. In addition, there is one kachina called Putskookatsina who has this hunting stick depicted just above his snout.

INITIATION

The event of introducing novices to the ritual practices of a given society is referred to as *natnga* or "initiation." At this occasion the initiates are taught the specifics of a ritual. A *natnga* is not held only on Wuwtsim, even though this is the only event nowadays designated in this manner by the Hopi. Ceremonial societies, such as the Powamuy, the Maraw, and others which are distinguished by esoteric rituals, also practice the custom of taking in neophytes.

JIMSONWEED BLOSSOM

Wherever jimsonweed or datura grows, it generally covers a large area. The plant spreads out like a vine and bears small round fruit. Its blossom is white. So is its root which is also very large. According to the elders, jimsonweed is dangerous and should, therefore, be left alone. A person handling or touching it should wash his hands thoroughly before partaking of his meal.

Someone must have experimented with the plant and experienced its adverse effect. In this manner it was discovered that jimsonweed has no medicinal value. People are said to become insane or go crazy from

niqw oovi itam hopiit pay put mamqasya. Pu' himuwa tis yaw pas akw mokngwu. Paniqw oovi pam pay himu nukustusaqa. It tsimonsit ima maswikkatsinmanant yaw hisat nasmiy aqw tsurukniy'yungngwu.

KATSINA

I' katsina it hopit aw pas himu. Noq pam katsina pay as qataymataq qatuqw pay haqawa hopiikiveq pumuy wangwayqw pay puma pepeq pas naap ökingwu. Noq pay hakim paasat pumuy oovi tuway'yungngwu. Nen pu' puma piw hakimuy taawanawit songyawnen tiitaptotangwu. Niikyangw pay puma soosok hiita lolmatniqat enang tunatyawkyaakyangw hakimuy pootayangwu. Pu' hakimuy amungem na'mangwuy siwamuy noovayamuy oo'oyayangwu. Noq pu' puma tiitso'nayaqw pu' hakim piw pumuy yuwsinayat pu' pumuy amumi okiwlalwangwu. Puma hapi naanan'i'vo tuu'awwisqw pew yooyangw piptuniqat oovi. Niikyangw hopi pay qa neengemsa it yan naawaknangwu, pay pam sopkyawatuy sinmuy paanaqso'iwyungqamuy amungem enang naawaknangwu, pu' piw imuy popkotuy amungem, pu' uuyiy piw engem. Pay pam soosok hiita hiihikwqat engem pumuy amumi yoynawaknangwu.

Pu' puma pay haahaqe' piw kiy'yungwa. Haqam paahu yamakiwtaqw pay puma pang tuwat yeese. Niikyangw pay puma imuy oo'omawtuy akw yaktaqe oovi puma putakw hakimuy poptayangwu. Noq hopi hisat as it katsinawuy qa naap hintsakngwu. Hisat ima pas katsinam pas naap imuy hopiituy amumi ökiwtangwuniqw pay pi i' hopi nukpananiiqe oovi pay pumuy haqaapiy qa kyaptsiy'maqw pu' puma pay son pi put ep haalaytotiqe pu' pay puma pumuy pas suus maatatve. Niikyangw pay puma pumuy piw put tuwiy mooti amumi no'ayat pu' haqamiya. Paapiy pu' pay hopi nawus naap put katsinawuy hintsakma.

MÖTSAPNGÖNKWEWA

Mötsapngönkwewa pay piw suukyawa hopit yuwsi'atniikyangw pam pay qa naaqavo put yuuyuwsi. Pay pam pas hiita ep pu' put yuwsingwu. Noq oovi ima katsinam put yuwsiyangwu. Pu' pay it wiimit ang piw ima taataqt put yuwsiyangwu. Pu' i' maraw pitkunte' pam piw put enang yuwsingwu. Noq pam pi pay lööyöm namitskiwtangwuniiqe oovi wuupaningwu. Noq pu' put yuwsiqa pam put kwewtangwuniikyangw pu' pam hiisavat qa kwewtaqw pam putvoqwat haayiwtangwu.

Noq pu' put atsvaniikyangw pu' atpik it qömvit pay qa pas a'ni puutsit akw tuuwuhiwtangwuniqw pang pam piw qöötsat akw pöqangwkukvey'tangwu. Pu' put mötsapngönkwewat suusunasave pam it mokingput tutskway'taqe pam yaw it tuuwaqatsit tu'awiy'taqw pu' put piw

using it; consequently, it is feared by the Hopis. Some have even died from it. For this reason jimsonweed is considered an evil plant. And yet, the female Masaw kachinas wear its blossom as an ornament in their hair whorls.

KACHINA

A kachina is very special to a Hopi. Although the kachinas live unseen, they appear in person when someone calls them from Hopi country. At that time they materialize. On arrival they entertain us all day long. They visit us with the intention that all will be well and they bring us gifts consisting of food prepared by their sisters. At the conclusion of their dances we present them with *paaho* and pray that they take our messages in all directions so that we may be constantly visited by rain. But a Hopi does not pray solely for himself; he prays for everyone who is thirsty, including animals and plants. He prays to the kachinas for rain for all things.

The kachinas inhabit a variety of places. They usually reside where springs surface. They travel about by way of clouds and visit us in that guise. Way back in the past the Hopi did not carry out kachina ceremonies on their own. At that time it was the actual kachina gods who came to the Hopi. Because some Hopi were evil, however, and began to show disrespect for the kachinas, the kachinas abandoned them. Before departing they turned over their secrets to the Hopi. From that time forward the Hopi had to carry on the kachina cult by themselves.

KACHINA SASH

The *mötsapngönkwewa* or "kachina sash" is an article of Hopi clothing which is not worn every day. Put on only on special occasions, some kachinas include it as a part of their attire; however, it is also worn by the men in various ceremonies. The Maraw society, whose members are women, make use of it too. The sash consists of two identical pieces that are sewn together at the middle, which accounts for its overall length. The person wearing this sash girds it around his waist once and lets the remaining portion hang down to the right side of his body.

Both above and underneath are fairly narrow bands of black color decorated with paired markings of white generally referred to as *pöqangwkuku* or "Pööqangw tracks." Right in the center of the sash is a blue-green area said to represent the earth. Its middle portion has red

suusunasave i' paalangput akw pey'taqa pam yaw it sihut tu'awiy'ta, siitalniqat oovi. Noq pu' put nan'ivaqw i' lööyöm qöötsat akw pey'taqa pam yaw haruveni'atningwu. Pamwa it mori'uyit naat pu' kuyvaqat yaw tu'awiy'ta. Pu' pam sus'atkyavaqeniikyangw pu' piw sus'ovaqe pay pas puutsit qömvit akw kwilawtangwuniqw pang pam piw tamavey'tangwu.

KAKTSINTUYQA

Kaksintuyqa pay orayviy taavanghaqam pay naat payutmomi qa pituqw pam pang tuutukwi pan natngwaniy'ta. Hisat ima kastiilam susmooti pew hopitutskwat aw okiqw pumuy amumum ima tota'tsim ökiiqe puma yepeq huruutotikyangw pu' puma it hiita katsinawuy aw pumuy hopiituy meewantota. Pumuyniqw yaw pam himu pay nukpanat himu'at. Noq pu' puma hisatsinom tuwat imuy katsinmuy amutsviy yoknayangwuniiqe pay son kur put ayo' lewtotaniqe pu' puma oovi pangsoqhaqami kaksintuyqamiq songyawnen naa'u'uyiy'wiskyangw pu' pepeq tuwanlalwangwu.

Noq pu' pay naat hayphaqam pu' peetu naawinye' yaw pas qa awinit akw imuy katsinmuy hintsatskyanik pu' puma pangsoq piw tuwantawisqw antsa qa hak navotngwu puma pantsatskyaqw. Nen pu' puma hisat tokilayamuy aqw pituqw paasat pu' puma pangso kiimi pas qa awinit akw ökingwu. Noq pam puma pepeq kakatsinyangwuniqw oovi pam pan maatsiwa.

PITKUNA

It pitkunat i' hopi piw naap yuykukyangw pu' pam put yuuyuwsi. Pu' ima katsinam piw put enang yuuyuwsiyaqw pam pay pas sonqa pey'tangwu. Pay i'sa sootukwnangw qa pey'taqat pitkuntangwu. Pam qa pey'taqa pay paasat kwatskyavu yan maatsiwngwu. Pu' hak put pitkuntaqw pam pay piw putvoqwat hötsiniikyangw pu' pangsoqwat piw peeni'atningwu. Noq pu' put atsva hak ephaqam mötsapngönkwewtangwu.

Pu' i' pitkuna pey'taqa pam angqe sus'atkyaqe qömvit akw aqwhaqami pay hiisa' puutsit akw tuu'ihiwtangwu. Noq pu' hisat put atsva as pay hihin wuuyaqa piw sakwawsat akw lewiwtangwuniqw pu' pay qa himuwa haqam pantaqa. Pu' put qömviy'taqat atsva payp sen naalöphaqam piw naat pöqangwkukvey'tangwu. Noq pu' pam nan'ikyaqe piw tuu'ihiwtangwu. Noq sus'atkyaqeniiqa pam it qöötsatnit pu' it paalangput akw ang atkyamiq tuuwuhiwyungngwu. Noq pam pang tuuwuhiwyungqa it oomawuy yoylekiyat tu'awiy'tangwuniqw oovi put atsve i' oomawuy piw tu'awiy'taqa pey'tangwu. Pam aasonve soosoy qömviniikyangw tutuvengvey'tangwu. Pu' pam qöötsat akw angqe uutsiwkyangw pu' yoylekiyat aw paasavo paalangput tutskway'tangwu. Pu' put paalangput ang atkye' pam it hiisaq puutsit akw tukiwtangwu.

design elements that represent flowers, the idea behind being a desire for fields, covered with flowers. The designs, flanking each side of the flower elements, are known as *haruveni* or "bean markers" and symbolize a newly sprouted bean plant. The broad black sections at the very bottom and the very top of the sash, finally, incorporate so-called "tooth marks."

KAKTSINTUYQA

Kaktsintuyqa is the name for the buttes one encounters southwest of Orayvi before reaching the Little Colorado River. Long ago, when the Spaniards first arrived in Hopiland, they were accompanied by priests who remained here and forbade the Hopi to practice the kachina cult. In their eyes this cult was of the devil. But because the Hopi of long ago received rain owing to the kachinas, they evidently would not do away with them. For this reason the Hopi would steal out to Kaktsintuyqa and rehearse their performances there.

In more recent times, when people wanted to hold a kachina performance without anyone's prior knowledge, they would go there to practice and, indeed, no one was then aware of them. On the day when the public performance was to be staged, they walked to the village without prior announcement. Thus, the buttes got their name because of the way the kachina dances were secretly performed there.

KILT

The kilt, which is woven by the Hopi men themselves, forms part of the native apparel. Whenever it is worn by the kachinas it is nearly always embroidered. The only exception is Sootukwnangw who dresses in one that is unadorned. Such a plain kilt is called a *kwatskyavu*. Properly worn, the kilt is open on the right where the decorated side also shows. On certain occasions the embroidered sash known as a *mötsapngönkwewa* is worn over the kilt.

The embroidered kilt has a narrow black border all along the bottom edge. In the past, above the border there used to be a somewhat broader band of blue-green, but kilts like this are not made any more. Also located right above that black edge are about three or four pairs of vertical marks which are called *pöqangwkuku* or "Pööqangw tracks." Each end of the kilt is decorated with embroidery. In the very bottom field are alternating white and red stripes in vertical alignment which symbolize the rain falling from the clouds. Hence, above them is a design depicting a cloud. The design, which is entirely black inside and resembles the steps of a staircase, is enclosed by a white border while the background up to the rainfall symbols is red. Below the red is a narrow band which separates the red from the rainfall pattern.

KIVA

Yang kivanawit pay hiihiitu katsinam tiilalwangwu. Niikyangw pay qa pumasa it kivat akw mongvasya. Pay hiituywatuy wiimiyamuy aw pituqw puma piw pang yungiwta. Ima taataqt it wuwtsimuy ang puma pang hintsatskyangwu. Pu' ima popwamuyt, leelent, tsuutsu't, pay puuvuma haqamwat yungiwtangwu.

Pu' ima tsetslet tuwanlalwe' pay puma piw kivanawit pantsatskyangwu. Noq pu' hakim taataqt, tootimnen yangqe' tömölnawit piw hakim kivaapa yesngwu. Pu' hakim pay pang hiihiita pay taqahiita tumalay'yungngwu. Ephaqam himuwa tuulewniy pangso yawme' pam pep put langakniy'tangwu. Pu' hakim piw it hiita tihut, awtat, puuvut hiita powamuymi pang kivanawit yuykuyangwu. Noq ima momoyam piw naap wiimiy'yungqw oovi ima mamrawt, lalkont piw haqamwat put aw pituqw pep kivaape yungyiwtangwu. Niiqe oovi pay qa taataqtsa pang yesngwu. Pay ima tsaatsayomsa qa wiiwimkyam pangso qa yungtangwu. Pas ason paamuynawit pu' piw angktiwqat ep ima katsinam pang yungiwmaqw pu' pam tsay pangsoq yuy, soy amum tiimaytongwu. Pu' puma pangsoq ep tiimaywise' puma pay tuuwingaqwsa tiitimayyangwu imuy momoymuy amumum. Hikis ima mamant naamahin wiiwimkyamniikyangw hisat qa nanalt pangsoq tiimaywisngwu, pu' piw tsetsletuy tuwantawise'.

Noq ima hisatsinom as soosoyam kivat ang yesngwu. Niiqe oovi i' kiva hopitniqw pay piw kiihuningwu. Niikyangw pam pay itamuy pu' hinyungqat kiy'yungqw qa pantangwu. Pam hisat pay yaw tutskwat aqw hangwniwkyangw pu' kii'amiwtangwu. Niiqe oovi himuwa pangsoq pakininik pam pay it saaqatsa ang pangsoq pakingwu.

KIVASNGWAM

Hak haqam kivay'taqw pepeq ima taataqt, tootim hakiy amum yeyesqam, hakiy amum kivay'yungqam, pay puma hakiy kivasngwamatningwu.

SAAQA

Hisat naat qa haqam i' hötsiwaningwuniqw ima hisatsinom kiy aw saaqatsa ang yungta. Noq oovi himuwa pas mooti kits'omiq it saaqat sen tutuvengat ang wupt pu' paasat ang atkyamiq aapami naat pay piw saaqat ang pakingwu. Noq pu' pay it pahaanat angqw itam it hotsiwat

KIVA

Many different kachinas hold their dance performances in the kivas. But they are not the only ones who make use of the kiva. When the initiates of a secret society are to hold their ceremonies they also assemble within these underground structures. For example, the men stage their religious activities here during Wuwtsim. In addition, the Powamuy, the Flute and the Snake societies, to mention only a few, congregate here for their secret endeavors.

Social dancers, too, use the kivas to practice. In winter, men and boys occupy the kivas engaging in whatever activities are assigned to them. Thus, one may bring his weaving to the kiva and set up his loom there. For Powamuya, kachina dolls, bows and arrows, and other items of this nature are manufactured. Since the women, too, have rituals of their own, the Maraw and Lakon societies also carry out their ceremonies in a kiva. So these religious chambers are not occupied solely by men. A kiva is off limits only to uninitiated children. It is not until the month of Paamuya, and the night dances following the Powamuy rites, that these children, accompanied by their mothers or grandmothers, are allowed to witness the dances. On these occasions they watch, together with the women, from the raised area at the south end of the kiva's interior. At one time even young girl initiates were not permitted to witness dances unaccompanied. The same was true when they went there to practice for a social dance.

The ancestors of the Hopi all lived in kivas once. Thus, in the eyes of the Hopi, the kiva is also a home. However, it was not like the dwellings we inhabit today, but rather was simply a hole dug in the ground with a cover on top. Entering the kiva was, therefore, only possible by descending a ladder.

KIVA PARTNERS

Every male Hopi belongs to a certain kiva, and the men and young boys who are associated with the same kiva are called his "kiva partners" or "fellow kiva members."

LADDER

Long ago, when doors in the modern sense did not yet exist, the only way the ancient people entered their homes was by means of ladders. In those days, therefore, one had to ascend to the rooftop first either by way of steps or on a ladder and then climb indoors, again, by using another ladder. But now that the Hopi have acquired doors from the

himuy'vayaqe oovi pu' putsa ang kiimi yungta. Hikis kivamiq itam pu' pay pan yungta.

LANSA

It lansat pi pay hopi hisat enang tunipiy'tangwu. Noq pam pay qa sungsavaningwu. Suukyawa pi wuupaningwu pu' suukyawa pay tsaavaningwu. Noq pam it kwaanit ööqayat angqw yuykiwa. Niikyangw pu' pay piw pam it hiita suwipniiqatnit pu' hiita hongvit enang angqw yuykiwa. Oovi ephaqam put pay piw kwingvit angqw yukuyangwu. Pu' put haqamiwat tsukuy'taniqat pepeq pu' put it wuuyaqat yoysivat aw tsokyayat pu' paasat it tahut akw angqe tootonayaqw pam huurtingwu. Noq put tahut it tsayrisat hot'öqayat ang qaapuknayangwu. Pu' put piw himuwa it kwasrut aw enang somngwu. Pu' it wuupat lansat himuwa pay pumuy tuwqamuy amuusonmi tuuvangwu. Noq pu' it tsaavatniiqat akw pu' himuwa pas tuwqamuy amumi pite' paasat pu' himuwa putakw amuupa sökwinumngwu.

MONGWI

I' mongwi pi pay hakim hiita hintsatskyaqw pam moopeq'iwtangwu. Niikyangw pam it pahaanat mongwiyat qa panwat. Pam pay hakimuy hiita qa paysoq a'yalawngwu. Pam hakimuy qa amumi pan naawaknangwu hakim put unangwayat hintsatskyaniqat. Niikyangw pay hakim son naap hiita ep hakiy aw qa yankyaakyangw hiita hintsatskyangwuniqw pam oovi paniqw mong'iwtangwu.

MASWIWIMKYAM

Hisat nevenwehekiwuy ep ima maswikkatsinam it maasawuy wikvayangwu. Pu' it sopkyawmaqat ep piw pumuy höhöqyaqamuy amumi pam maasaw pitungwu. Noq pam put hiitawat ep mamasawniqa naat piw pas put pakingwu. Noq pay pi pam hisatngahaqaqw paniwmaqw pay oovi qa suukya put paki. Noq puma put tuwitotaqam, put aw aasiy'yungqam, puma hapi maswiwimkyam.

MARAWWIMI

It marawwimit pi pay ima momoyam tuwat hintsakwisa. Niikyangw pay hikiyom taataqt piw put wiiwimkyamniiqe pay oovi pumuy yungyiwtaqw puma as amumumyangwuniikyangw pay qa soosok hiita ang amumum hintsakwisa. Pu' puma paamuyve yungye' puma ep paahotota-

White man, they enter a house only through them. Even for kivas this entrance mode is the preferred one today.

LANCE

One of the Hopi weapons in the past was the lance. Lances come in various lengths. One type is very long; another is quite short. The lance is fashioned from agave stalks, but also from other material that is both straight and sturdy, frequently oak. Its head is tipped with a large piece of flint held tightly in place with sinew wrappings. This particular sinew is peeled off the spine of an elk. Some men also tie an eagle tail feather to the weapon. While the longer lance is simply hurled into the midst of the enemy, the shorter version is used to stab at a foe from close range.

LEADER

A *mongwi* is the person in charge when any activity is taking place. But he is not like the White man's leader. He does not tell others to do things just for the sake of it. Nor does he bid others do his wishes. But people must have someone overseeing them in any endeavor, and that is the reason he is in charge.

MAASAW INITIATES

In the past on the occasion of a Nevenwehekiw, the Maswik kachinas were responsible for bringing Maasaw to the ritual. In addition, a Sopkyaw was held on a regular basis during which Maasaw approached the workers. The men who impersonated the god were, of course, required to undergo certain esoteric preparations. As the above mentioned events had been practiced for many years, many men had gone through the preparatory ritual. By learning about this rite and becoming initiated into it, they came to be known as *maswiwimkyam* or "Maasaw initiates."

MARAW CEREMONY

The Maraw is basically a woman's ceremony, although a few male initiates also belong to it. When the *mamrawt* or "Maraw society members" are in session, these men participate in some but not in all phases of the ceremony. The *mamrawt* begin their rites in the month of Paamuya

ngwu. Noq pu' ep mihikqw ima katsinam tuwat ökye' pu' kivanawit yungyiwmangwu. Pu' it angukmuyawuy ep puma piw pas yungye' puma paasat suukop aqw tiikivey tokiltotakyangw pu' aapiy piw nanal taalat ang yungyiwtangwu. Noq pu' tuho'os puma mamrawt piw yungye' pu' puma paasat timuy, kyekyelhoymuy hoohoynayangwu.

Noq ep puma oovi naanangk pivitkunye' puma qaasiy maatakna-yangwu. Noq pu' pam pitkuntaqa pavan pas oova pitkuntangwuniqw oovi put qaasi'at susmataqningwu. Pu' put pitkunat sus'aatöqe pey'taqa put kuritskuyat su'angqe'ningwu. Noq pu' pam pitkuntaniqa yang tamöy atsva kwilawtangwu. Pu' piw hihin oova suukyaningwu. Noq pu' pam naalökye' qömvit akw atkyamiq tuuwuhiwtangwu. Paasat pu' pam putngaqwwat tamöy atkyamiq sakwaapikit akw lewiwtangwuniikyangw pu' ayangqwwat sikyaapikit akwa'. Noq ep puma mamrawt pan oova-haqe' pitkunyungngwuniqw oovi ima taataqt ep tuwat qastimaywisngwu. Noq peetuyniqw puma ep pan pivitkunyaqw put qastikive yan tuwiy'-yungwa.

KWAATSI

Pay hak hiita ang pakiwkyangw hiita akw naatupkiy'tangwuniqw pam itamuy hopiituyniqw tuvikuningwu. Pu' pay itam piw put kwaatsi yan tuwiy'yungwa. Niikyangw pay pam naamahin as pamsaniikyangw hak put yuwsinaqw pam taataynwu. Niiqe pu' pam oovi piw hakiy aw hin hiita nukusnavote' pam hakiy put ep songyawnen ahoy aw naa'oy-ngwu. Noq oovi ephaqam himuwa naat pay tiikive qa tapkinat pay maanguy'ngwu. Pu' himuwa oovi piw pangqawngwu put kwaatsi'at tuuholawqat. Naat as pu' talavaynenhaqam qa aw hin nanvotq pu' pay naat yankyangw pam put pantsanngwu. Pu' kur pam hak put ang pakiw-taqa naa'alöngtaqw pay pam paasat piw put qa tuuholawngwu. Yaniqw oovi hak put qa hinwat yuuyuynangwu. Pu' piw hak oovi as sonqa suyanis'unangway'kyangw put katsinawuy hintsakngwu.

Pu' yaw hak it hiihiita nöösiwqat tunglay'kyangw put kwaatsiy aw hiita kwaplawngwu. Niiqe oovi hak unangwngaqw pangqawngwu, "Nam i' naqvu'at sipalaniikyangw yep it aw yantani. Nam i' posvölö'at oova-niikyangw yep it aw somiltini. Nam i' motsovu'at patnganiikyangw aw piw yantini." Yaayan hak wuuwankyangw hak hin hakiy kwaatsi'at nuumiy'taniqat pan aw hiita kwaplawngwu.

Noq ima pay hakiy kiiyat ep haqaqw qa susmataqpungaqw tangaw-tangwu. Pu' pay ephaqam piw kivaapeningwu. Noq pu' totokpe hakim pumuy yuwsinaye' pu' hakim piw pumuy it momospalat nopnayangwu.

(approximately January), at which time they make prayer feathers. In the course of that night, kachinas arrive and perform their dances within the various kivas. Then, during the month of Angukmuyaw (approximately September) they conduct a second, much longer ceremony. While setting their public dance performance date sixteen days in advance, they spend the last eight days confined within their kiva. During this fall ritual, the Maraw participants make their novices, or ceremonial children, fully initiated members.

It is at this occasion that Maraw members take turns showing their thighs publicly as they don their kilts. The initiated member wears her kilt much higher than is the norm, which accounts for her thighs being exposed. A design which runs along the bottom border of the kilt girds the woman exactly around the high points of her buttocks. Right above her knee is a horizontal stripe, and another circles the thigh a little further up. These two stripes, in turn, are connected by four vertical lines. The leg, right below the knee, is decorated with blue or green body paint, while the one below the left leg is painted yellow. And since at this occasion the Maraw initiates sport their kilts so high, the men all go to ogle their thighs. This public display is also known as *qastikive* or "thigh dance."

MASK

Whatever someone wears over his head to hide his face constitutes a *tuviku* or "mask" for the Hopi. Another term for such a device is *kwaatsi*, which literally translates as "friend." Although merely a mask, it becomes alive the minute it is put on. And when the living mask detects something negative about its wearer, it will take revenge on him. Thus, during a particular ceremony, a dancer may become weary before the day is over. Another may complain that the mask is hurting him. He may feel fine in the morning but then all of a sudden the mask may turn on him. If the wearer of the mask then changes his attitude, the mask quickly ceases to cause him pain. Consequently, a mask must not be upset or toyed with under any circumstances, and it is imperative to have a pure heart when engaging in a kachina ceremony.

Traditionally, the kachina impersonator wishes for various foods while adding the various attachments to the bare mask. Typically, he will say, "Let this ear be a peach as it goes on here. Let this eyeball be grapes as it gets tied on here. Let this snout become a squash as it is attached here." Thoughts of this kind cross the impersonator's mind while he is mounting all the pieces which form part of the mask.

Generally, masks are kept at home and out of sight. Sometimes they are also stored at a kiva. On *totokya*, the day before a dance ceremony, the masks are first assembled properly and then fed with honey. A drop

Pu' haqam pam mo'ahötsiniqw pangsoq put hiisakw tsakwangwu. Pu' ephaqam hakim pay amuupa pavoyayangwu.

Pu' ima katsinam naat pay pas hisat qa kwatstangawtangwuniiqe puma it salavit akw naatupkiy'yungngwuniqw oovi ima tsaatsayom yaw hisat qa tiimaywisngwu. Noq pu' pay ima tuutukwnangwt piw qa kwatstangawkyaakyangw puma it koyongvöhöt qek'iwtaqat akw naatupkiy'yungngwu. Pu' ima hiituwat sen pi paavangwt piw ephaqam panyungngwu. Pu' hopaqkivaqe puma peetu pay naat salavit akw naatupkiy'yungngwu. Noq ima hiitu yanyungqam yaw hiitu piniitomningwu. Pu' i' tsito piw pay naat pan salavitsa akw naatupkiy'tangwu.

TUUHIKYA

Ima hopitutuhikt pay piw tuwat qa suupwatya. I' suukyawa oqatuhikyaniiqa pay pas hakiy ooqayatsa haqam hintaqat put aw mamkyangwu, put aw yukungwu. Pu' i' suukyawa piw ngatwiy'taqa, pam it soosok hinyungqat ngahut tuwiy'tangwuniiqe pam putakw tuwat hakiy tuuyayat qalaptsinangwu. Noq pu' i' piw suukya povosqa, pam piw pay tuwat pas naap hinwat tuwiy'ta. Pam hakiy hiita aw tuwe' pu' pam hakiy hintaqat put aa'awnat pu' paasat hak hin put qalaptsinaniqat pam hakiy put piw aa'awnangwu. Pu' pam piw ephaqam hakiy ep it hiita tuukyaynit horoknangwu. Pay ephaqam it hiita kuuta'ewakw sen sotsava'ewakw hakiy aw himuwa panaqw pam put hakiy ep horoknangwu. Pu' sen hak pay hiita ep qa nanap'unangway qa an hintiqw pu' pam piw put hakiy aw tuwe' pu' pay put hakiy aa'awnat pu' hak hin put aw ahoy antsanniqat hakiy aw tutaptangwu. Noq ima povosyaqam pu' pay sulawtiqw oovi qa hak pu' put tuwiy'ta.

Pu' hopi piw navotiy'taqw i' honani piw a'ni tuuhikyaningwu. Noq ima tuutuhikt tuwat piw pay hiita aw yankyaakyangw putakw sinmuy tumalay'yungwa. Ephaqam himuwa it hoonawuy pan'ewakw hiita pay pavanniiqat namaqangwunen pam put nay'kyangw pu' put pantsakngwu.

MONGKO

I' mongko it putsqat kohot angqw yukiwtangwuniikyangw pam pay qa sun yukiwtangwuniikyangw piw qa sun pey'ta. Niikyangw put pay aw i' himu homasa pas son aw qa somiwtangwu. Noq pay qa soosoyam put himuy'yungwa. Pu' piw pay qa mongwisa put himuy'tangwu. Pam qa paniqw pan natngwaniy'ta.

Noq ima hiita wiimit angyaqam qa sunyungqat mongkoy'yungwa. Noq oovi ima aa'alt, kwaakwant, taatawkyam qa sunyungqat mongkoy'-

of honey is placed right into the mouth hole. At times people may put the honey in their mouth, mix it with saliva and then spray the mixture over the mask.

Long ago, when the kachinas did not wear masks yet, they used to hide their faces with Douglas fir. As a result, children never attended a dance performance in those days. Today, *tuutukwnangwt* or "cumulus cloud" kachinas still do not don masks but conceal themselves behind an array of turkey feathers held together with twine. Others, such as the *paavangwt* or "mountain sheep" kachinas may do the same at times. In the eastern pueblos along the Rio Grande, kachinas still disguise their faces with Douglas fir. Such kachinas are termed *piniitom* by the Hopi. To this day, the Hopi kachina known as Tsito covers his features in this manner with fir branches.

MEDICINE MAN

There is more than one type of Hopi medicine man. One is the bone doctor who treats or cures only maladies of a person's bones. Another one is the herb doctor, knowledgeable in the use of all medicinal plants, who performs his remedies by means of them. The last is the seer or crystal gazer who has his own method of treatment. Looking through his crystal he will diagnose the ailment of a person and then instruct him in the appropriate treatment. At other times he will remove the object causing the sickness. For instance, he may draw out a thorn or a shell implanted in the patient by another person. Moreover, if the seer detects that someone has unknowingly violated a taboo or committed some other wrong act, he will enlighten the person and instruct him in the remedy he should apply. These seers no longer exist, and with them has died the knowledge of their practice.

The Hopi also perceive the badger as a great healer. Medicine men in general rely on some animal as they serve their patients. Sometimes a medicine man may choose a powerful being such as a bear to be his symbolic father to help him practice his skills.

MONGKO

The so-called *mongko* or "chief stick" is made of wood. The shape and design may vary. As a rule, feathers must be tied to the stick. Of course, not every person owns a *mongko*, but it is not only a *mongwi*, a "leader" or "chief," who has one. This is not the reason for its name.

Religious society initiates own *mongko* emblems of various styles. For example, the members of the Al, Kwan and Taw societies possess dif-

yungwa. Niikyangw puma put soosoyam himuy'yungwa naamahin puma qa soosoyam momngwitniikyangw. Noq pu' piw it orayvitwat mongkoyat pay i' qaa'ö, tsotsmingwu qa aw somiwtangwu. Pam put yuy'tangwuniiqe oovi paniqw put pangso qa somiy'tangwu. Pam tsotsmingwu yaw hakiy yu'atningwuniiqe pam pay yaw kiive qate' hakiy nuutaytangwu. Noq i' mongko yaw piw hakiy na'atningwu. Pu' pam put mongkoy'taqa put aw taqa'nangway'kyangw taaqaniqey put yaw yawnumkyangw put wiimiy hintsakngwu.

Pu' imuy katsinmuy amungaqw piw i' ewtotoniqw pu' i' ahooli put himuy'tangwu. Noq pu' himuwa qatsiy kuyvaqw paasat pu' put sinomat pay put mongkoyat enang taviyangwu.

MUSANGNUVI

Pam musangnuvi pi pay susmooti peqw pituuqe pam yep kwangwup'oviy taavangqöyveq mooti kitsokta. Kitsoktat pu' pam as songoopaviniwtiniqe pu' pam oovi pangso kikmongwit aw maqaptsita. Pu' yaw pam piw a'ni lavayiy'ta, a'ni yaw nukpantuqayta kya pi pam musangnuvi. Noq yaw kikmongwi hingqawqw pay yaw pam piw naap hin put aw sulvaytingwu. Noq pay yaw pam put aw pangqawu, "Pay kur uma hin yep songoopave itamum yesniy," yaw kita. "Pay itam wuuhaqti yep'e. Pu' uma pas antsa yep itamum hopiituy amumum yep yesninik uma pep hoop tuukwive naap kitsoktotani. Pep hapi nu' ivoshumiy hiihiita tangay'ta. Kur uma pas antsa yep itamumyaninik uma pangsoye' uma pep kiitote' pu' uma pep ivoshumtangay tuuwalayaniy," yaw amumi kita. Pu' yaw pay musangnuvi nakwhaqe pu' panti.

TASAVU

I' himu tasavu imuy wuuwuyoqamuy lavaytangwuniqw puma yaw naat pay pu' hayphaqam peqw pas öki. Pay yaw as puma hisat pas haqe' hopkyaqehaqe' yesngwuniikyangw pu' pay puma angqw peqwwat hoyoyoyku. Noq pu' hopi piw pangqawngwuniqw tasavu pas uyingwuningwuniiqe oovi pam hiitawat paasayat angqw pas son hiita qa kimangwu ahoy nime'. Pu' hisat hakimuy tsaatsakwmuyniqw hakimuy yumat, namat, amumi pangqaqwangwu, yaw hak qahop'iwtaqw pay yaw puma hakiy tasapmuy amumi huyayamantani. Pu' piw yaw puma hakiy wikyangwuqat puma pangqaqwangwu. Noq oovi himuwa kiimi pituqw hakim put mamqasyangwu. Pu' hopi pay pumuy naat pu' peqw ökiqw pay puma angqaqw pumuy amumum naatuwqay'yungngwu. Niiqe oovi pay qa suukya put aw qatsiy kwahi. Noq pay naat pu' hayphaqam ima hopiit pumuy amumum pas naakwatstota.

ferent types. They all have a *mongko* even though they are not all ceremonial leaders. The Orayvi *mongko*, for instance, does not have a *tsotsmingwu* or "perfect ear of corn" tied to it. An Orayvi regards such a perfect ear as his mother, which explains why he does not bind it to the *mongko*. This perfect ear of corn which is said to be one's mother resides at the village to wait for a person's return. The *mongko*, on the other hand, symbolizes a person's father. The owner of this emblem stick relies on it for assistance and draws courage from it as he carries it about when he practices his ritual.

Among the kachinas, both Ewtoto and Ahooli possess a *mongko*. The deceased owner of a *mongko* is buried by his relatives along with his emblem.

MUSANGNUVI (Second Mesa village)

When the Musangnuvi people arrived here they first settled on the west side of Kwangwup'ovi. In due course, when they expressed a desire to become integrated members of the village of Songoopavi they approached the *kikmongwi* to ask his permission. Tradition has it that they were very loquacious and that they spoke quite aggressively. Whenever the *kikmongwi* said something they were quick to give a negative reply. But the *kikmongwi* of Songoopavi spoke to them as follows: "There is no way that you can live with us here in Songoopavi. We have become quite numerous here. If your heart is indeed set on living here with the Hopi, build your own settlement at that butte off to the east. There I have my seeds stored. If you really want to settle here among us, go to that place, establish a village, and guard my seeds." The Musangnuvis consented and did exactly that.

NAVAJO

The elders tell of the Navajo as having arrived only relatively recently in the Hopi area. They say that long ago Navajos used to live farther east but they started migrating in this direction. Moreover, the Hopi claim that Navajos are such thieves that they are certain to pilfer something from one's field on their way home. When we were children our mothers and fathers warned us that if we behaved badly they would trade us to the Navajo. They also said that Navajos would kidnap people. So it is small wonder a Navajo is feared when he comes into the village. Ever since the Navajos arrived in this area the Hopi and Navajo have been enemies. As a result more than one Hopi has lost his life to them. It has only been in more recent times that the Hopi and Navajo have become friendly toward each other.

NEVENWEHEKIW

Hisat orayve naat ima maswikkatsinam ökingwuniqw ep ima taataqt, tootim imuy mamantuy amumum nevenwehekngwu. Pu' puma pantote' puma orayveqwat yangqw leenangwvangaqw yaynayakyangw pu' kiimi nankwusangwu. Pu' ima tootim pi it nepnit wukokinumyangwuniiqe puma oovi putakw imuy mamantuy noovayamuy oovi put nahoyngwantuutuy'yangwu.

NIMANTIKIVE

Ima katsinam nimantikive ökye' puma yukuye' puma ep pay pas suus ninmangwuniqw oovi pam paniqw pami'. Paapiy pu' pay pas qa himu katsina pitungwu. Pas ason soyalangwuy ep it soyalkatsinat pituqw paapiy pu' puma piw ökiwtangwu. Pay i'sa masawkatsina pay nimaniwuy yukiltiqw pu' ephaqam pitungwu. Pam pi pay songyawnen maasawningwuniiqe oovi tuwat ahoywat hiita hintsakngwu.

Pu' ep nimantikive puma nimankatsinam su'its talavay imuy tsaatsakwmuy amungem uuyiy kivayangwu. Pu' paasat taawanasapviipiy pu' puma mamanhoymuy amungem tithutnit pu' totimhoymuy amungem it awtat, hoohut it wiphot aw somiwtaqat oo'oyayangwu. Noq pu' tapkiqw puma suusyanik puma pep kiisonve pay panis lööstotat pu' paasat tipkyamiqyangwu. Pepeq pu' puma piw suus tiivaqw pu' paasat ima popwamuytniqw pu' ima nana'amlawqam pumuy yuwsinayaqw pu' puma paasat pas ahoy kiy aqw ninmangwu, qa katsinkimiqwat.

Noq pu' kur ima hemiskatsinam sen qötsahemiskatsinam ninmaninik puma pay panis nanalsikistotat pay paasat yukuyangwu. Pu' pay mimawat hiitu tasapkatsinam sen maama'lom, koo'aakatsinam, pumawat hiitu ninme' puma pay naap hiisakistotat pu' pangsoq tipkyamiqyangwu. Pu' hisat as ima hiitu katsinam qa pusukintotaqamsa as piw ninmangwu. Pu' piw hisat pumuy as amumi tsukulalwangwuniikyangw puma pas ima tsukuwiwimkyamningwu. Noq qavongvaqw pu' piw as hisat puma yep

NEVENWEHEKIW

In the past, when the *maswikkatsinam* or "Maasaw-bringer kachinas" still made their appearance in the old village of Orayvi, the men and boys together with the girls staged a ritual called Nevenwehekiw. The participants all started out from Leenangw Spring and proceeded towards the village. In the course of this event the young men, who carried around with them great quantities of wild greens, traded these with the girls in exchange for certain foods which they had prepared beforehand.

NIMAN OR HOME DANCE CEREMONY

When the kachinas arrive on the last day of the Niman ceremony and have performed their final dance, they return to their home for good. Hence the name given to this ceremony. From that day on no kachina visits the Hopi villages until the time of Soyalangw when, with the coming of the Soyal kachina, the gods resume their visits to the Hopi villages. The only exception is the Masaw kachina who may make a sporadic appearance after the completion of the Niman. This kachina embodies the essence of the deity of Maasaw. Maasaw, of course, does things in reverse to the established norm.

On the actual day of the public dance the Niman kachinas arrive early in the morning with green corn stalks for the children. From noontime on they keep bringing dolls for the little girls, and bows with arrows for the little boys, all of which are tied to cattail stalks. In the evening when the kachinas are about to put in their final appearance, they dance only twice in the plaza. Then they proceed to a place called *tipkya* or "the womb." There, after dancing one last time, the Powamuy society initiates and the two kachina fathers bestow prayer feathers and sacred cornmeal on them. At this point the kachinas really return to their permanent home, not just to the *katsinki* or "kachina home," which is only their temporary resting place.

If the kachinas engaged in the Niman are of the Hemis type, no matter whether the black or the white variety, only a total of eight dance sets are performed during the day. But if other types of kachinas, such as the Tasap, Ma'lo, or Koo'aa are featured in the Home dance, they may stage as many dance sets as they like before they advance to the *tipkya* or "womb." Long ago only kachinas whose chants were unaccompanied by a drummer appeared in the Niman. It was then also customary for clowns to be present. They had to be initiates of a clown society, which is now extinct. On the morning succeeding the dance day, a short rite, referred to as *kyepwiisoknawisa*, also used to be performed at Orayvi

orayve kyepwiisoknawisngwu. Noq yep songoopaveniikyangw pu' piw musangnuve pay naat puma pan yuykuya.

Pu' angqe' piw kwaavokmuy'yungngwuniqw ep tiikive ima katsinam piw pumuy amungem putsqat hahay'itihuwyatnit pu' piw yungyaphooyatnit pu' piw awtahooyat kivayangwu. Pu' tiitso'qat ep qavongvaqw pu' pumuy pokmuy'yungqam pumuy ahoy kiiyamuy aqw hoonayangwu. Pay pi hakim as pangqaqwangwuniikyangw pay hakim pi pumuy qöqyangwu. Hak pookoy'taqa put hikwisninangwu. Paasat pu' hakim put pöhöyat, masayat soosok ang soskyayat paasat pu' hakim put haqami amwisngwu, put hiita makiwqat enang.

NAALÖS

Hopi pay pas sutsep naalössa aqw hiita hintingwu. Pu' pam pay piw nanalsikisniikyangw pu' piw suukop enang akw hintsakma. Noq oovi hiituwat sen hiita yungiwte' kur puma pas aqwhaqami pan yungiwtaninik puma suukop taalat ang aqw yungiwtangwu. Pu' puma ephaqam pay panis nanalsikis sen naalös yungiwtangwu. Pu' oovi piw himuwa hiita sen aw maqaptsitaninik pam piw naat naalös pantit pu' pay paasavoningwu. Ason pepeq pu' pam hinwat put aw lavaytingwu, kur pay qa aapiy hu'wananinik. Pay oovi qa himu hopit hiita himu'at qa naalöq aqw tuwaniy'ta. Pu' pay i' hak itamuy it hikwsit maqaaqa pu' pay paayista itamuy powataqw oovi pu' yaw pam kur piw naat itamuy hiitawat akw powataniniqw paapiy pu' yaw itam pas hin yesniqey pas pan yesni.

NUVATUKYA'OVI

Nuvatukya'ovi pay it hopiikit aatavang tuukwi pan maatsiwa. Pangso itam tuwat it itaahintsakpiy nimaniwuy ep pu' piw ephaqam powamuyve uymokwisngwu. Pu' pang piw tuutuskyaniqw pang piw puma uymokwisqam it paahoy oo'oytiwisngwu. Pu' pam pep piw itamuyniqw imuy katsinmuy kii'amniqw oovi yaw pepeq ooveq piw pas kiva. Pu' i' hopi hiisaq tutskwamakiway'taqw pam piw put qalalni'at.

PAATUWAQATSI

I' hopi pay pas hisatngahaqaqw it paatuwaqatsit tuwiy'ta. Pam pay it hakiy maasawuy angqw tutavot makiwkyangw angqe' mooti nakwsuqe pam qa suus pangsoq paasot aqw pitut pu' pangqw ahoy tuuwanasamiqwat nakwsu. Noq pu' himuwa pangsoq pite' pam pangqw it kuuyit piw pas son ahoy qa kuuyiy'mangwu.

in those days. It is still practiced in the villages of Songoopavi and Musangnuvi today.

It is also a custom that people own captured eagle or hawk pets around the time of Niman. On *tüükive*, the day of the public dance performance, these birds actually receive small flat Hahay'i dolls, miniature wicker plaques, as well as bows and arrows from the kachinas. The next day the keepers of these birds "ask their pets to return to their homes." This euphemistic expression implies the killing of the birds; they are always smothered by their owner. Ensuing this all their feathers are plucked, whereupon the birds are buried along with the gifts presented to them by the kachinas.

NUMBER "FOUR"

A Hopi always does things four times, or in multiples of four: for example, eight and sixteen times. Thus, when a group of people engage in a ceremony which is planned to run its entire length, they will be in session for the full sixteen days. At other times they may go on for only eight or even four days. By the same token, when a Hopi seeks a response to his inquiry he will ask up to four times only and then quit. At that point he will be given an answer if he did not receive one right away. Thus there is not a single aspect of Hopi culture that does not require the number four as a determiner. Likewise, the creator has now purified us thrice. If he cares to repeat this purification and cleanses us once more, we will live thereafter as we should.

NUVATUKYA'OVI (San Francisco Mountains)

The mountain range to the southwest of Hopiland is known by the name of Nuvatukya'ovi. The Hopi go there during the Home dance, and occasionally at Powamuya, to gather evergreens. Since shrines are located there, those who go to gather these evergreens deposit *paaho* at these sites. It is Hopi belief that the mountains are one of the homes of the kachinas; therefore, there is a kiva at the summit of the peaks. Nuvatukya'ovi also constitutes one of the traditional boundary markers of the Hopiland.

OCEAN

The Hopi have known about the ocean since time immemorial. When first embarking on certain migratory routes after receiving their primary instructions from Maasaw, they reached ocean shores several times before heading on towards Tuuwanasavi, the "Center of the Earth." For a Hopi who comes to the sea it is customary to bring back some sea water.

ORAYVI

Peetuyniqw hopi yaw songoopave susmooti kitsokta. Noq pu' yaw puma hakim pep naatupkom i' kikmongwiniqw pu' tupko'at kya pi hiita ep neepewtiqw pu' i' tupko'atwa yaw pangqw naakopanqe pu' pam kwiniwiqniiqe pu' orayve tuwat naap kitsokta. Noq pay pi qa soosoyam it sun navotiy'yungqw peetuyniqw hopi pay öngtupqaveq yamakkyangw pu' angqe' mooti nakwsukyangw pu' paasat orayve mooti kitsokta.

Noq pu' hayphaqam puma pep it pahanqatsit, tutuqayiwuy ep piw neepewtotiqw pu' paasat puma pep naahonayaqw pu' ima qa pahannanawaknaqam pu' pangqw nöngakqe pu' oovi hotvelpeq tuwat kitsoktota. Pu' pay puma piw tuwat hiita ep neepewtotiqw pu' puma peetu paaqavitwat ep yesva. Noq pu' ima peetu pay pahannanawaknaqam orayve huruutotiqam atkyami hanqe pu' piw pepwat tuwat yesva. Pay puma pep tumalyesva. Noq pam pepeq pu' kiqötsmovi yan natngwaniy'ta. Paasat pu' piw peetu munqamiqwat hintiqw pi oovi tuwat nönga. Niikyangw pangsoq pay ima orayvit hisat sasqaya. Puma pepeq paasay'yungngwuniiqe oovi pangsoq naap hisat sasqayangwu. It naatsikiwuy akw pu' oovi orayviy kwiniwiqwat pu' qa suukya kitsoki.

PAYOTSIM

Ima payotsim pay piw tuwat himusinom, niikyangw puma pay hisat hopiikimiq ökiwtakyangw puma pangsoq kiipokye' pu' pangsoq ökingwu. Puma pay tuwat kwiningyahaqaqw pangsoq ökiwtangwu. Noq pu' hakim tseletikive piw imuy himusinmuy enang yuuyaangwuniiqe oovi hakim imuy payotsimuy akw tsetselyangwu.

PALÖNGAWHOYA

Palöngawhoya it kookyangwso'wuutit mööyi'atniikyangw pam it pöqangwhoyat tupko'at.

MASHURUUTI

Pay hak hiita ep pas tsawne' hak mashuruutingwu. Sen hak hiita haqe' qööhi'ewakw hoytaqat tuwe' qa taaqanen tsawne' hak pantingwu, mashuruutingwu. Pu' pay ephaqam piw hak naat puwqw hakiy himu aw pituqw hak paasat piw mashuruutingwu. Pay hak ephaqam kur as tuumoklawngwu. Pu' hak pan tuumoklawkyangw mashuruute' hak okiw as a'ni rohomnumngwu. Pu' piw hak as suupan a'ni töötöqw himuwa

ORAYVI (Third Mesa village)

According to some, the Hopi first settled at Songoopavi. There the *kikmongwi* and his younger brother are said to have differed over some matter. As a result, some believe the younger brother left, headed north and started his own community at Orayvi, while others claim that the Hopi, after their emergence at the Grand Canyon, first embarked on a migration before establishing their first settlement at Orayvi.

More recently, the people of Orayvi clashed due to differing views regarding the White man's way of life, in particular, schooling. This led to the banishment of the faction that rejected the Anglo way of life. It, in turn, founded the village of Hotvela. After renewed conflicts there, some people settled at Paaqavi. Next, several of those who wanted to adopt the way of the whites, and who had remained at Orayvi, moved below the mesa and established another village where they worked for the government. Today that place is known as Kiqötsmovi. Yet others, for some reason, migrated to Munqapi, a place the Orayvians had already been going to on foot for ages because of the farming land they owned there. Thus, as a result of the banishment, several villages now exist north of Orayvi.

PAIUTES

The Paiutes are a native people with a culture quite different from that of the Hopi. For ages they sought out the Hopi country on their raids. Generally, they arrived from a northerly direction. Today, during the event of a social dance, the Hopi also disguise themselves to resemble other tribes; consequently they do renditions of Paiute dances as well.

PALÖNGAWHOYA

Palöngawhoya is the grandchild of Spider Woman and the younger brother of Pöqangwhoya.

PETRIFICATION FROM FRIGHT

When a person really becomes frightened about something, he gets petrified as a result. A Hopi may, for instance, see something like a moving fire and, due to lack of courage, become so scared that he freezes. The same reaction may sometimes be experienced when encountering a monster while asleep. Although it is just a dream, the poor person having such a nightmare is attempting to fight the apparition. He seems to yell at the top of his voice, yet nobody bothers to help.

hakiy aw qa unangwtapngwu. Pu' hopitniqw hak pan mashuruute' hak panis taatayt pu' pay hak yaw naanan'i'voq töhahaykye' qa piw pantingwu.

PIIKI

I' piiki pas it hopit hisatnösiwqa'at. Wuuti piktanik pam mooti tumay aqw qööngwu. Qööt pu' pam tuupatangwu. Tuupate' pu' kwalakqw pu' pam put sakwapngumniy aw wuutangwu. Ngumniy aw wuutat paasat pu' pam qötsvit aqw piw kuyqw pu' put paqwri'at put qöötsapkuyit akw kuwantingwu. Pu' put tuma'at mukiitiqw pu' pam put sivostosit sumitsovalat paasat pu' pam put ang taqtsokt pu' paasat put akw tumay ang maamapringwu. Pam pantiqw pu' put tuma'at ahoy taviltingwu. Pu' pam paasat pik'oyqw pu' pam paasat kwasingwu. Put pam sukw ang ayo' hölöknat pu' pam piw ep lelwingwu. Pu' pam put mootiniiqat put naat pu' ang lelwiqey atsmi taviqw pu' pam pay söviwangwuy akw mowatingwu. Paasat pu' pam put muupat pu' ayo' tavingwu. Nit paasat pu' pam pay piw antikyangw pu' pay pansa put aapiy yuykungwu, put muupankyangw pu' put naanatsva oo'oyngwu.

Pay it kookyangwso'wuutit pangqaqwangwuniqw pam yaw tuhisaniikyangw pu' piw nawiso'aniqw oovi himuwa piktuwiy'vanik pam yaw put aw naawaknangwu. Noq ayam orayviy taavangqöyve pep atkyahaqam pam kur piw kiy'ta. Noq oovi hak pan piktuwiy'vanik hak pangso put kiiyat aw kohot kimangwu. Pu' hak hoomat enang put aw oyangwu.

SOOYA

Hopi uylawe' pam it sooyat akw uylawngwu. Noq hisat pam it teevet angqw yukiwtangwu, pam a'ni huruningwuniqw oovi. Pu' hak uylawe' hak haqam uyninik hak pep mooti it tuuwat ayo' kweetat pu' paasat hak sooyay akw aqw qölötangwu. Paasat pu' hak hiita uylawqey put wuuwankyangw hak hiisavat hötsit qölötangwu. Paasat pu' hak hiisaq qölötaqey pu' hak pangsoq poshumiy oyangwu. Hak mori'uylawe' hak pay put qa pas it humi'uyit engem an aqw hötangwu. Mori'uylawqa pay tsange'haqam aqw oyaqw pu' i' himu'uylawqa pangsoq pakwt lööqmuy poshumiy oyangwuniikyangw pam hihin hötsit aqw put uyngwu. Paasat pu' pam mooti it mowa'iwput akw aqw ootsoknat pu' paasat hak it lakput angk aqw ootsoknangwu. Pantit pu' hak aapiy hiisa' piw kwilakit nakwsut pu' pepwat uyngwu. Hak mori'uylawe' hak pay lööshaqam kwilakit ep pu' piw uyngwu, pu' it humi'uyit uylawqa pay paayishaqam kwilakt pu' pep piw uyngwu.

According to Hopi belief, the person freezing from such a nightmare should spit in each direction, immediately upon awakening, in order to prevent a reoccurrence.

PIIKI (Hopi dish)

Piiki is an ancient food of the Hopi. When a woman plans to make it she begins by heating up her stone griddle. She then boils some water and pours it on the blue flour. That accomplished, she adds wood ashes mixed with water, giving the batter its hue. As soon as her stone griddle is hot enough, she gathers ground melon seeds, burns them and then rubs the remains into the surface of the griddle to make it smooth again. Next she spreads the liquid batter on the griddle. When the batter is done she removes the *piiki* sheet and spreads a new layer of batter over the griddle. The previously made *piiki* is now placed on top and becomes moist from the steam of the new batter. The completed *piiki* can then be rolled up and put aside. From that point on she continues rolling and stacking one *piiki* on top of another.

It is said that Old Spider Woman is skillful and talented in many things, so someone eager to learn how to make *piiki* prays to her. Old Spider Woman also resides somewhere west of Orayvi. Thus, whenever a girl wishes to learn the art of *piiki* making she takes some wood to her abode and leaves it there for Old Spider Woman along with some sacred cornmeal.

PLANTING STICK

To plant, the Hopi use a planting stick. In the old days it was normally fashioned from greasewood, due to its hardness. At the spot where one intends to plant, one first pushes the sand away, whereupon a hole is dug with the planting stick. Depth and width of this hole are determined by the type of seed to be inserted in the ground. When sowing beans, the hole need not reach down as far as for corn. Approximately seven beans are used per hole in comparison to corn, which requires about a dozen kernels and a somewhat deeper hole. The pit is then filled again and the seeds are covered first with moist sand followed by dry sand. A few paces are then stepped off before another hole is dug. When sowing beans, seeds are planted about every two strides. Holes for planting corn, on the other hand, should be at least three paces apart.

KIISONVI

I' kiisonvi pam pay haqamwat kitsokit ep pay sunasavehaqamningwuniqw oovi pam pan natngwaniy'ta. Noq himu hintsakye' sen katsina pite' pam pep wunimangwu. Pu' pay piw aapiy hiihiimu tiitikive pep hintsakiwa. Meh, pay ima tsuutsu't, lalkont, kwaakwant, pay ii'ima pep tiikivey'yungngwu.

Pu' pay pangqw naanan'i'vaqw kiikihu aqwwat hongyangwu. Pu' pay angqw piw aw kiskyay'yungngwu. Pu' hisat himuwa hiita huuyaniniqw haqawa put engem pan tsa'lawqw pu' pam paasat piw ephaqam pep huuyangwu.

MAS'O'OKIW

Pay hak ephaqam pas qa hiita himuy'taqw antsa hakiy pangqaqwangwu, "Pam pas okiw mas'o'okiw," kitotangwu. Noq i' pi maasaw pay qa hisat hiita nukngwat himuy'taqw pay paniqw oovi hakiy pangqaqwangwu. Pam pay pas naap natwaniysa akw qatu. Qa hiita pam hakiy angqw hiita hintsakkyangw pam qatu. Pu' pam oovi pay pan piw hiita saskwitsa yuwsiy'tangwu, pay piw tuuviwput. Paniqw i' mamasawlawqa piw oovi qa naap himuy hiita yuwsingwu. Pam pay oovi piw put nasimokyaatangwu, ispi pam ngasta hiita himuy'tangwuniiqe oovi.

PÖQANGWHOYA

I' pöqangwhoya pay it kookyangwso'wuutit mööyi'at.

PÖQANGWHOYAT

Ima naatupkom pöqangwhoyat lööyömniikyangw puma qa sun maatsiwa. I' wuuyoqwa pöqangwhoya yan maatsiwqw pu' tupko'atwa palöngawhoya yan maatsiwa. Puma pay panis soy'kyangw puma put amum qatu. Noq pam so'wuuti i' kookyangwso'wuuti.

Noq pay tuuwutsit ep puma sutsep hiita qahophintsakngwu. Niikyangw pay puma piw a'ni nu'okwatniiqe oovi sinmuy pay pas son hiita akw qa pa'angwangwu. Noq puma piw tuwat tatatsiwuy pas hiitay'taqe puma sutsep pantsakngwu. Pu' puma piw haqe' waynume' puma piw pay pas sonqa pankyangw angqe' waynumngwu. Pu' piw puma sutsep naayawngwu. Pu' yaw puma piw pay okiw hin'ewayhoyat, yaqaspirukhoyat, saskwitsa yuwsiy'tangwu. Pu' puma hiita hintsakye' piw qa unangwtalawvangwu. Noq oovi pumuy so'am hiita meewantaqw puma pas qa nanvotngwu. Pu' pam hinwat pumuy hiita qe'tapnaqw puma put soy aw a'ni itsivutingwu. Pu' puma pay soosovik yesqe oovi puma pay hiitawat tuuwutsit ep pay kiihayphaqam kiy'yungngwu.

PLAZA

The plaza is usually situated somewhere near the middle of a village, hence it is used as the dance court if a ceremonial activity is taking place, for example, and kachinas have come. Various other non-kachina dances are also performed in the plaza. The Snake, Lakon, and Kwan societies, for instance, carry out their dance performances there.

Houses are erected on all four sides of the plaza and alleys lead into it. In the past, when certain items were to be traded, someone would make a public announcement on behalf of the vendor, who would then sell his things at the plaza.

POOR AS MAASAW

When a person is really impoverished, people say of him, "He's as poor as Maasaw." This saying exists because the god never possesses anything which is desirable to own. He sustains himself solely by his own crops and ekes out his existence, not receiving anything from anyone. Along the same lines, he only wears tattered clothing which was discarded. For this reason the man ritually impersonating the role of Maasaw does not dress in his own clothing. He must go and borrow it because he is supposed to be destitute.

PÖQANGWHOYA

Pöqangwhoya is the grandson of Spider Woman.

PÖÖQANGW BROTHERS

The Pööqangw brothers are two in number but they do not share the same name. The elder is known as Pöqangwhoya while his younger brother is named Palöngawhoya. They have a grandmother with whom they live. That old woman is the famous Spider Woman.

In stories the two boys are usually mischievous. However, they can also be very benevolent and are sure to aid people in certain ways. Since they are ardent shinny players they are constantly engaged in this game. Whenever and wherever they roam they play shinny. They are also forever fighting with each other. The brothers are said to be very homely, runny-nosed and dressed in rags. Each time they do something they are completely engrossed in their activity. Thus, when their grandmother pleads with them to stop, they simply won't listen to her. And when she finally manages to stop them somehow, they become quite annoyed with her. Since in stories the two can live all over the land, they normally reside in the vicinity of a Hopi village.

Noq i' hikwsit himuy'taqa, i' qataymataq qatuuqa, pumuynit pu' peetuy a'ni hiituy enang mooti yuku. Noq pumuy so'am pas put hakiy soosok hiita yukuuqat amumniqw yang i' hiihiimu yukilti. Noq pu' puma naatupkom it tuuwaqatsit nan'ivaqw huur nguy'taqw oovi i' tutskwa sun yep yanta. Pumuy hapi put maatapqw pu' i' tutskwa pay paasat soosoy riyayaykuni.

Noq haqamwat pangqaqwaqw pam hak pumuy yukuuqa yaw pumuy siihuyamuy, kyelevosnayamuy, nuumayamuy, unangwayamuy, puuvut hiita it sotsavat angqw yukuqw paniqw yaw oovi pumuy qa himu hintsan-ngwu. Noq pu' peetu piw pangqaqwaqw yaw ima hisatsinom tuwvöötote' puma pumuy amumi naanawaknat pu' nankwusangwu.

TUKYA

Ima tukyaat hopiikivaqe kyaastaqw ima hisatsinom pay piw pumuy enang noonova. Pay himuwa hiita tsaakw maqnume' pay pam pumuy enang wuuwankyangw angqe' maqnumngwu.

NAKWAKWUSI

Nakwakusit hak pay piw aw okiwlawkyangw put yukungwu. Pu' hak piw naat put aw tsootsongngwu. I' nakwakwusi pay qa suupwat engem. I' suukya pöötaviningwu, pu' paasat pay hak piw put nakway'tangwu. Pu' ephaqam hak hiita put hikwsitoynangwu. I' nakwakwusi pay it kwavöhötnit pu' pösöptonit angqw yukiwta.

PAAHO

I' himu paahoniqa pam pay hiihiita angqw yuykiwkyangw pu' piw qa sun yuykiwa. Niikyangw pam pay qa hisat kwavöhöt angqw yukilti. Pu' pay piw it koyongvöhöt angqw enang paaholalwa. Meh, pay kivaapa panyungwa, haqaqw kyeevelngaqw haayiwyungngwu. Pu' pay imuy katsinmuy ninmaniniqw pu' pumuy put huytotangwu. Pu' pay piw ima hiihiitu kwaakwant, aa'alt, wuwtsimt puma piw qa sunyungqat paaho-lalwa. Pu' piw soyalangwuy ep qa suukya paaho yukiltingwu. Pay imuy hiituy amungem put yuykuyaqw puma tuwat put ömaatote' yaw tuwat haalaytotingwu. Pu' pay piw pam hakiy unangwvaasiyat, okiwayat enang yawmangwu. Pu' pay himuwa tuuhikya hakiy aw mamkyaqa piw paahot enang hakiy hiita tuuyayat enang hom'oytongwu. Pu' pay hopi qa hiita qa engem paahotangwu. It taawat, muuyawuy, pu' imuy qataymataq yesqamuy, pu' pay aapiy soosok hiituy amumi enang tatqa'nangwqey pumuy amungem pam piw paaholawngwu.

They and other powerful beings were the first to be made by the supreme creator. Their grandmother was with him when he created everything on Earth. And because the two brothers hold the Earth tightly on each side, it is stationary and calm. Should they let go of it, it would immediately begin to spin wildly.

According to one Hopi tradition, the creator made their intestines, kidneys, livers, hearts, and the various other organs from sea shells. For this reason nothing can harm the two brothers. Some people maintain that when the ancient Hopi went on a warpath, they prayed to the Pööqangw brothers before setting out on such an undertaking.

PRAIRIE DOG

Prairie dogs exist in great numbers on Hopiland and form part of the Hopi diet. Whenever a man is out hunting for small game, he also considers this rodent as a possible prey.

PRAYER FEATHER

A *nakwakwusi* is fashioned to the accompaniment of a prayer. Then smoke is exhaled on it. This type of prayer feather has more than one function. It can be the symbol of a path laid out, but it can equally well be worn on the head. It also serves to represent symbolically the breath of life. A *nakwakwusi* is produced from the downy breast feather of an eagle, together with hand-spun cotton twine.

PRAYER STICK

A *paaho* is not only made from a variety of items, but it is also fashioned in many different ways. While it is never made from the breast feather of the eagle, it can be made from turkey feathers. For example, *paaho* can be found hanging from the ceilings of kivas. When kachinas are to return to their homes they are given *paaho*. The members of the Kwan, Al, and Wuwtsim societies each fashion their own unique *paaho*. A great diversity of *paaho* are made at the time of Soyalangw. It is said that those for whom the *paaho* is intended are elated upon receiving it. A *paaho* carries with it a person's most intense wishes and prayers. A medicine man who has treated you takes what ails you along with a *paaho* and goes to deposit it. In fact, there is nothing that the Hopi does not make a *paaho* for. He makes it for the sun, the moon, deities who exist unseen, and all the other beings that he relies upon for his existence.

NAAWAKNA

Hopi naaqavo soosok hiituy pavanyaqamuy amumi hiita oovi naawakinma. Hak su'its talavay kuyvate' hak talpumiq neengem qa hintaniqey oovi naawaknangwu, wuyomiq qatuniqey pu' piw maakyaniqey oovi. Pu' paasat hak hiita akw pas pavan hinte' pu' hak haqami hakiy aw naatave' hak naat piw hiita aw naawaknangwu. Pu' pam hakiy aw maamayaqw pam hakiy aw lay'vaqw hak hiita qalaptuniqat oovi. Noq oovi hopi qa hiita yep qa aw naawakinma. Hikis i' nukpana it hiita nukushiita enang it taawat aw naawaknangwu. Noq pu' pam pay tuuwikiniiqe oovi pay kur hin hakiy okiwyat qa ömaatangwu. Ason pas pam it hakiy hikwsit himuy'taqat aw oyaqw paasat pu' pam put aw hin pas naap wuuwangwu.

QÖTSAHEMISKATSINA

I' qötsahemiskatsina as pay mitwat hemiskatsinat su'antangwuniikyangw pam qöötsat qa qömvit tsöqa'asiy'tangwu. Pu' piw put taywa'at suyngaqwwat qöötsaningwu. Pu' put kopatsoki'at pay piw pangqewat qöötsat tutskway'tangwu. Noq pam pu' pay qa hisat pas wunima. Noq i' hemiskatsinaniqw pu' i' qötsahemiskatsina pay qa nimantikivesa pitungwu. Pay hiituwat kivapt pumuy mihikqwtikiveyaniqey naawinye' pay puma pumuy akw paamuyve sen angktiwqw piw yungyiwmangwu.

WIIMI

Hak hiita wimkyaniikyangw pu' put aw aasiy'taqw pam hakiy wiimi'atningwu. Niikyangw hopi as qa suukw wiimiy'kyangw pam pay qa soosok put tuwitangwu. Peehu wiimi pay taataqtuysa amungemniqw pu' peehu pay momoymuysa piw amungem. Niikyangw hak tsaynen it katsinawuy pay pas son nawus mooti qa tuwitangwu. Ason pas hak pan wimkyate' paasat pu' hak hiitawat katsinnay sen katsinyuy pam haqawa hiita wimkyaniqw paasat pu' hak put wiimiyat tuwitangwu.

Noq ayangqaqw pay naat as hiihiita yungtiwisngwuniqw peqwhaqami pu' pay pam peehu wiimi so'ti. I' himu nakyawiminiqw pu' i' tsukuwimi pay pu' qa haqam. Pu' ima momtsit puma pay pu' qa hisat yungya. Pay imasa naat haaqe' kitsokiva pay naat hiita yungngwu, ima popwamuyt, wuwtsimt, sosyalt, aa'alt, kwaakwant, taatawkyam, tsuutsu't, tsöötsöpt, leelent, lalkont, o'waqölt pu' mamrawt.

PRAYING

A Hopi lives his daily life, praying to beings of great power for a variety of things. For example, as he goes to speak the morning prayer at daybreak, he turns to the rising Sun to ask for good health, long life, and good hunting. When he is seriously ill, he will place himself in the care of a medicine man, but he will still pray to some deity that, when the medicine man treats him, the cure will be effective and he will recover. There is nothing, therefore, which a Hopi does not pray about. Even an evil person turns to the Sun god with his ill-wishes for others, and since the god is only a servant, he accepts anybody's prayers. After delivering the prayers to the giver of life, the latter decides what action to take in regard to the supplicant.

QÖTSAHEMIS KACHINA

The Qötsahemis kachina looks exactly like the regular Hemis kachina except for his body which is painted white instead of black. In addition, the left side of Qötsahemis' face is white as is also his tableta headdress which is distinguished by a white background on that side. The Qötsahemis kachina is hardly seen performing any more. Both he and the regular Hemis are not restricted, however, to appearing only on the dance day of the Niman ceremony. A particular kiva group may also impersonate them when planning night dances during the month of Paamuya (approximately January) and also at Angktiwa, in the weeks following the Powamuy ritual.

RITUAL REQUIRING INITIATION

Whatever religious practice a Hopi is initiated into, by means of a hairwashing rite, constitutes his *wiimi*. The Hopis engage in many rituals, and no one Hopi is familiar with the esoteric practices of all of them. Some rites are exclusively for men; others are only for women. The first exposure to a *wiimi* takes place when a child is initiated into the kachina cult. Thereafter, the Hopi can learn about the ritual of another society. Usually, it is the society which is affiliated with one's kachina god father or god mother.

Long ago people were involved in a great variety of rituals conducted by special societies, some of which have become extinct. For example, the Nakya rites and the clown ritual no longer exist. Also the Momtsit do not carry on their ritual anymore. Only the initiates of the Powamuy, Wuwtsim, Soyal, Al, Kwan, Taw, Snake, Antelope, Flute, Lakon, Owaqöl, and Maraw societies still conduct their esoteric practices in some villages.

(No Equivalent Hopi Terms)

Hopi pay it hiita natkolawniqey puuvut hiita pay qa pas aw hin wuuwantangwuniiqe oovi pay naap timuy amuqlap puuvut hiita yu'a'atangwu. Pu' piw hiita pay as pi tuyoy'ewakw hintingwu, niikyangw pam pay itamumi qa himu. Noq oovi ephaqam tuuwutsit ep himuwa pay pas sonqa sisiwkuktongwu pu' piw siisitongwu. Pu' piw hiituwat naatsoptangwu. Noq i' himu tuuwutsi pantaqa yaw mumuspiy'taqa tuuwutsiningwu. Pu' pay himuwa aw pay pas hoyoknanik pam ephaqam pay kunatwiy'te' aw hin yukuqw hakim ephaqam put aw tsutsuyngwu.

Pu' piw yep kiisonve ima tsutskut qa haamanyat put pan'ewakw hiita hintsatskyaqw antsa hakim amumi tsutsuyngwu. Ephaqam puma piptuqwuutit tsopyangwu. Pu' ephaqam pay hiita tuyoy'ewakw noonovangwu sen sisikuyit'ewakw hikwyangwu.

SOTSAVA

Hopi it sotsavat enang yuuyuwsiqe oovi pam piw put pas hiitay'ta. I' katsina ephaqam put maasomkyangw pu' pam piw put torikiwtangwu. Pu' piw i' tuukwavi pay piw put angqw enang yuykiwa. Pam i' hingsayhooya pas pingpu it tsorposit amuutsatsava hotom'iwtangwu. Noq pay ima himusinom put peqw hopiikimiq huuyamantaqw pan ima hopiit put himuy'yungwa. Noq i' yaw hak himu huru'ingwuuti put soosok hiita sotsavat himuy'ta.

NAHOYTATATSIW

Hisat hakim tsaatsayomningwuniiqe hakim hinwat naataplalwaninik hakim ephaqam nahoytatatsyangwu. Niikyangw hakim pay wuuhaqniiqamyangwu, niikyangw hakim piw lööpwat toonavityangwu. Noq pu' hakim lööqmuy hakimuy mongwiy'yungqw puma pu' paasat hakimuy pumuy amungaqwyaniqamuy mooti namortaqw pu' paasat hakim nan'ivaq tatsit engem kiitotangwu. Hakim haqamiwat kiy'yungwe' hakim pangsoq tatsit panayaniqey mamavisyangwu. Pu' hakim yaynayaninik hakim mooti suusunasave qölötotat pu' paasat put tatsiy pangsoq amyangwu. Paasat pu' hakim lööyöm namortiwqam pep put tatsimrikhoy akw pangsoq wuvaatikyangw pu' put aqw hangwantangwu. Hisatniqw pu' puma put aqw pite' pu' put tatsit horoknaqw paasat pu' hakim pas soosoyam pan nahoytatatsyangwu. Pu' hakim pay mooti oovi piw pangqaqwangwu, haqawat hiisakis kiy mooti aqw put tatsit panaye' puma hakimuy pö'ayamantani.

SCATOLOGICAL AND EROTIC REFERENCES

The Hopi does not give a second thought when referring to sex and related subjects, and he will openly talk of these things in the presence of his children. He will also do many things that may be considered repulsive in the eyes of a cultural outsider, but these things are not so to him. Thus, characters in a story will urinate or defecate and engage in sexual activities. Tales with erotic references are *mumuspiy'taqa*, i.e., "stories containing arousing material." If a narrator is somewhat of a comic he will embellish his tale along these lines to amuse his audience.

In the plaza, too, the clowns do things of the above-mentioned nature without embarrassment, and people laugh at them. Sometimes the clowns will engage in mock sexual activities with a Piptuq Woman and at other times they will eat filth or drink urine.

SHELL

Shells are part of a Hopi's dance costume and are highly prized. A kachina sometimes wears shells in the form of an armband or bandolier. Necklaces, too, are manufactured from shells. Tiny shell pieces, placed between turquoise beads, are strung up in strands. People from other tribes brought shells to Hopi country as trade items, and that is how the Hopi came by them. According to Hopi mythology, a goddess by the name of Huru'ingwuuti owns all shells.

SHINNY

When we were children and wanted to entertain ourselves we would do so by playing shinny. There were many of us and we always had two sides. We had two leaders who would choose whomever they wanted on their team. A goal was made at each end of the playing field. The object of the game was to get the ball into the opponent's goal. To start the game a hole was dug in the middle of the field and the ball buried in it. Then two players were selected to strike the dirt with their shinny sticks in order to uncover the ball. As soon as the ball was extracted from the hole we all joined in to play shinny. Before the game it was also decided how many times a team would have to put the ball into the other side's goal to be declared the winner.

TUUTUSKYA

Hopi pay qa suukw hiita aw naawakinmaqe pam oovi put hiita engem it paahot yukye' pam put angqe' tuutuskyava oyaatangwu. Noq i' tuutuskya it qa suukw hiita hopi aw naawakinmaqw pam pumuy amungem angqe' hongya. Noq i' tuutuskya pay panis owatsovalnisaningwu, niikyangw pam piw ang qa sun maamatsiwya. Noq oovi pam suukyawa pokki yan maatsiwqw pu' suukyawa piw taawaki. Pu' i' suukyawa piw aaloosakaniqw pu' suukyawa piw kwanivi.

OVAWYA

It mö'öngna'yat ep hakim mö'wiy engem lööq oovat yukuyangwuniqw i' suukya wuuyaqaningwu. Noq pu' suukyawa pay qa aasaqaniiqa pamwa ovawyaningwu. Pu' hisat put pay angqw tukput yuykuya. Pu' piw pay put atsvewlalwa.

TSOOTSONGO

Hisat hopi yaw pas naaqavo hiita aw okiwlawngwuniikyangw pam it tsoongot pas sonqa akw enangningwu. Pu' i' kikmongwi hisat hakiy kya pi pitsine' pam put piw pas sonqa tsootsongnangwu. Noq pu' haqaqwwat katsinamyaniqw hak nuutumninik hak aqw pakiqw paasat pu' i' pepeq mong'iwtaqa piw hakiy pas mooti tsootsongnaqw pu' hak pumuy amumumningwu. Pu' paasat hakim hiita yungyiwte' hakim mooti pu' piw yukuye' pu' hakim piw tsotsongqöniwmangwu. Pu' hakiy tsootsongnaqa aw tsoongoy taviqw pu' paasat hak angqw hiisakishaqam tsootsongnat pu' paasat hak put aw hin yantaqey pangqawngwu. Sen hak nay'te' hak pangqawngwu, "Ina'a." Noq pu' pam hakiy tuwat hu'wane' pu' pangqawngwu, "Iti'i." Pay hak hisat hakiy aw hinwat yantaqey pay hak put tuwiy'tangwu. Niikyangw pay ephaqam hak hakiy qa tuwiy'te' pay pam kur hakiy epniiqe wuuyoqniqw pay hak sen, "Ina'a," aw kitangwu. Pu' pay sen hakiy epniiqe qa pas wuuyoqniqw pay hak son kya qa, "Ipava," kitangwu. Noq pu' paasat pay hak qa pangqawninik pay hak piw ayangqawngwu, "I'unangwsungwa," pay hak piw kitangwu.

Noq hak tsootsongye' hak mooti unangwngaqw hiita nukngwat, hiita lolmat as okiw aw aniwtiniqat yan hak hutunvastat pu' put kwiitsingwuy mo'angaqw nongaknangwu. Noq pu' i' kwiitsingw yaw hakiy hiita okiwlawqw put yaw pam haqami imuy pas pavanyaqamuy amumi kimangwu. Yan it hopi navotiy'taqe oovi pam aasakis hiita hintsakqw i' piivaniqw pu' i' tsoongo pas son pep sulawningwu.

SHRINES

The Hopi pray to many beings; whenever they do, they produce prayer feathers for them, which they deposit at many shrines that have been erected for all these beings in a multitude of places. These shrines, generally, consist of nothing more than a pile of rocks. However, each shrine bears a different name. For example, there is a Dog shrine and a Sun shrine. Another is known as Aaloosaka, while still another is called Kwanivi.

SMALL WEDDING ROBE

During the wedding ceremony two bridal robes are woven for the female in-law. One is large, the other, which is smaller in size, is called *ovawya* or "little wedding robe." Previously, sacks were manufactured from these garments; they also served people as seats.

SMOKING

Long ago a Hopi prayed every day, and while he did this he always smoked a pipe. Also, whenever the *kikmongwi* had a caller he had to offer him his pipe. Likewise, when one plans to participate in a kachina dance and goes to the kiva from which the kachina impersonators will come, the person in charge of the ceremony must first offer you a smoke before you can join in. While a ceremony is in progress, there is a round of smoking at the beginning and end of the ritual. As soon as your neighbor has finished he hands you the pipe. You now take a few puffs and address him in the manner according to which you are related to him. If he is your father you would say, "My father." When his turn comes to reply he would say, "My child." In the past all people knew how they were related to one another. If one is not familiar with one's neighbor and that person happens to be older than you, you may address him as, "My father." And if he is not much older than you the proper form of address would be, "My elder brother." If one does not wish to use this expression an alternative form of address is, "Companion of my heart."

Before exhaling the smoke, the person smoking prays fervently from his heart that things will turn out beneficially for him and prosper. The smoke then carries one's prayers to those who are more powerful. This is what ritual smoking means to a Hopi, and so it is little wonder that whenever he is engaged in a certain endeavor, tobacco and pipe are ever present.

SOMIVIKI

Somiviki pay it sakwapngumnit paqwri'iwtaqat angqw yuykiwa. Pam it angvut ang mookiwkyangw pu' löökye' it moohot akw somiwtangwu. Put pan mokyaatotat pu' paasat put kwalaknayangwu.

SONGOOPAVI

Songoopavi pay orayviy aatatkyahaqam. Noq peetuy navoti'amniqw pep yaw i' hopi susmooti kitsokta. Niikyangw pay qa pep oove, pay puma aapiy wuuyavotiqw pu' pangso yayva. Noq pu' piw peetu navotiy'yungqw yaw puma hakim pep naatupkom, i' kikmongwiniqw pu' put tupko'at matsito yan maatsiwqa, hiita ep pay neepewtiqw pu' pam tupko'atwat oraymiqniiqe pu' pepeq tuwat peetuy sinmuy tsamkyangw pu' qatuptu. Noq pay hintaqat akw pi puma songoopavitniqw pu' orayvit qa sun tuuqayyungwa naamahin as puma sun hopiitniikyaakyangw.

TAATAWI

Hopi hiita hintsakninik pam hisat taawit akw enang hiita hintsakngwu. Meh, taaqa hisat pasminen tawkyangwningwu. Pam yaw uuyiy navotnaniqe oovi tawkyangw pangso pitutongwu, aasavo yaw puma havivokyalniqat oovi. Pu' pam pang waynumkyangw piw tawkyangwningwu. Noq pu' wuuti, maana piw ngumante' pam taawit akw enang ngumantangwu. Pam ngumantawiningwu. Taawit akw yaw put tumala'at pay qa pas maqsoniningwuniqw oovi pam tuwat tawkyangw ngumantangwu. Noq pu' wuuti piw tiy puupuwvitsne' pam piw put aw puwvitstawit tawlawngwu. Noq pu' hakim tsaatsayomnen hakim hohonaqye' hakim piw naat pay taawit akw enang hohonaqyangwu. Pu' piw hakim momoryaqw pep pu' piw naat suukya taawiningwu. Pu' hikis piw nukpana it hiita tuskyaptawit piw maskyay'ta. Putakw pam yaw hakiy wariknangwu hakiy aw tunglay'te'.

Pu' soosoy himu wiimi taawitsa akw pasiwta. Noq pu' ima wuwtsimt, mamrawt, katsinam, tsetslet, tsutskut, ii'ima soosoyam nanap taawiy'yungwa. Pu' i' piw tsu'tawiniqw pu' lentawiniqw pu' kwantawi. Noq pu' sosotukyaqam piw pas naap taatawiy'yungwa. Puma pantsatsyaqam put tawkyaakyangw nanavö'yangwu. Pu' momoyam piw yungyaplalwe' puma ephaqam pay it owaqöltatawit tawkyaakyangw pantsatskyangwu.

Noq pu' paasat i' tuutuwutsi as hisat pay sumataq pas sonqa taawiy'tangwu. Niikyangw peehu pay pu' suutokiwa. Pu' hopi yaw pay yaapaniiqe oovi qa suukw hiituy lavayiyamuy ang enang yeewatima. Niiqe oovi

SOMIVIKI (a Hopi dish)

Somiviki is made from the batter of blue corn flour. It is wrapped in a corn husk and then tied in two places with yucca strips. After being packaged this way it is boiled.

SONGOOPAVI (Second Mesa village)

Songoopavi lies approximately southeast of Orayvi. According to the traditions of some, the Hopi established their first settlement there. However, they did not settle on top of the mesa then, but migrated there much later. Tradition also has it that two brothers, the *kikmongwi* and his younger brother Matsito, had differences of opinion which resulted in the latter's moving to Orayvi. He took some people along and founded Orayvi. For some unknown reason the people of Songoopavi and the people of Orayvi do not speak the same dialect, even though they are all Hopi.

SONGS

In the past, when a Hopi engaged in some activity, he usually did so to the accompaniment of a song. For example, long ago a man would go to the fields singing. The reason for the singing was to alert the crops of his approach. He wanted them fully awake before his arrival. And as he walked about his plants he also sang. Likewise, when a woman or a young girl ground corn, she did it to a song—a grinding song. With the accompaniment of a song her work was not so tedious. Whenever a woman put her child to sleep she sang it a lullaby. When we were playing as children, we did so while chanting various songs. And when we swam, there was still another song. Even an evil person had a song at hand, a song that made you go crazy. With it he caused a person to go wild when he desired that person sexually.

All rituals are complete only with song. Thus, the members of the Wuwtsim and Maraw societies, the kachinas, the social dancers, and even the clowns, all have their individual songs. There are also Snake dance songs, Flute ceremonial songs, and the Kwan songs. People who played the guessing game *sosotukpi* also had songs of their own. Players sang as they competed against one another. At times when women are weaving wicker plaques, they weave while singing the Owaqöl or Basket dance songs.

Finally, it seems that folktales generally include songs, but some of them have been forgotten. The Hopi is said to be a mockingbird. That is why he composes songs using the languages of many other people. Thus,

ephaqam himuwa taawi si'olalvayngwu pu' piw tasaplalvayngwu. Pu' pay aapiy piw himusinmuy lavayi'am hiita taawit pay pas son ep qa pakiwtangwu. Pu' pay peehu taatawi pay pas hisattatawiniqw oovi pay peehu kur hiita lalvayya.

Noq iisaw hiita tuuwutsit ep tawme' pam pas sonqa wukotawmangwu. Qa hisat pay pam tsaakw ang tawma, pavan pam umukniy'tangwu.

SOYALANGW

Soyalangw pay tömölnawit it wuwtsimuy panis yukiltiqwningwu. Niikyangw pam suukop taalat ang pan soyalangwningwu. Noq ep ima sosyalt yung'iwtangwunen pu' puma ep soosokmuy pu' piw soosok hiita akw mongvasyaqey soosok hiituy amungem paaholalwangwu. Ep pu' i' taawa piw tuwat tömö'kiy aqw pite' pu' pam paasat paapiy tala'kiywat aqw hoytangwuniqw pu' paapiy i' taawa wup'iwmangwu. Noq ep i' soyalkatsina susmooti pitungwu. Noq pu' paasat aapiy pantaqw pu' ima qööqöqlöm ökye' pu' puma paasat it kivat pas soosok ang hötaatotaqw pu' mimawat katsinam ökimantani.

SO'YOKO

So'yoko pi pay as katsinaningwuniikyangw pam pay qa mimuywatuy amun su'pa. Pu' pam piw nuutsel'ewayningwu. Pam wukomotsovuy'kyangw pu' piw wupamotsovuy'tangwu. Pu' piw a'ni tamay'tangwu. Pu' pam piw posvölöy'kyangw pu' nan'ivaqw aalay'tangwu. Pu' pam qötöy aakwayngyangaqw piw kwaawukit pootakniy'kyangw pu' kwaatsakway'tangwu.

Noq oovi himuwa tsay qahop'iwtaqw hakim put akw tsaawinayangwu. Noq pam qöpqöngaqw kiy'tangwuqat hakim put aw pangqaqwangwu, pu' piw pam hakiy sowangwuqat. Pu' pay tuuwutsit ep pam pas son sinmuy qa u'uyingngwu. Pu' puma powamuyat yukiltiqw puma pas ep antsawat ökingwu. Nen pu' puma ang imuy tsaatsakwmuy amuupa nankwuse' pu' puma pumuy hin amumi navotiy'yungwe' puma pumuy amumi pangqaqwangwu. Noq pu' himuwa paapu qa pantaniqey as amumi pangqawqw pay puma put aw qa tuuqayyungwt pay pas put wikyaniqey pangqaqwangwu. Noq pu' oovi himuwa nawus hiita nöösiwqat akw naatuy'niqey amumi as pangqawqw pay puma ephaqam put qa naanakwhangwu. Puma yaw put pay qa kwangway'yungqey pangqaqwangwu. Tsay yaw qa huruningwuniqw oovi puma put tsaakw oovi pas qa tuutuqayyangwu. Pu' i' tiyooya sikwiy akw naatuy'ngwuniqw pu' manawya toosiy akwningwu. Pu' puma suyan ökininiqw pu' ephaqam

a particular song might be in the Zuni language, another in Navajo. As a matter of fact, Hopi songs generally include the words of other cultures. Some are so ancient that the meaning of the words is completely obscure.

When Coyote sings within a story he always does so in a very deep voice. He never sings in a high-pitched tone. If anything, he bellows the song.

SOYALANGW

Soyalangw is a ceremony which takes place during the winter, not long after the Wuwtsim ritual. The entire event lasts sixteen days. During this time the *sosyalt* or "members of the Soyal society" carry out esoteric rites in their kiva, and they fashion prayer feathers of various kinds for everything from which the Hopi benefit. It is also at this time that the sun reaches its winter home. From that point on it journeys towards its summer home, and the days grow increasingly longer. In addition, Soyalangw marks the beginning of the new kachina season with the appearance of the Soyal kachina. Somewhat later, the Qööqöqlö kachinas arrive to ceremonially open all the kivas so that the other kachinas, too, are now able to make their visits.

SO'YOKO

So'yoko is a kachina, but he is not kind like the others. He is a monstrous creature with a large and long snout studded with a multitude of teeth. In addition, he has goggle eyes and horns on each side of his head. This is the way he appears and he acts very ferocious. On the back of his head he carries a fan of eagle wing tips and a bunch of eagle feathers.

When a child is ill-behaved we threaten him with So'yoko. We tell the child that the monster lives in the stove and that he devours people. In stories he always kidnaps people. The entire group of So'yoko kachinas actually appears at the conclusion of the Powamuy ceremony. At that time the monsters go among the children telling them all the bad things they know about them. And even when a child promises them not to behave that way any more, they do not heed his words but instead insist on abducting him. In such a case the child offers the So'yoko foodstuff in place of himself, but they decline the offer. They claim not to enjoy the taste of a human's food. Since a child's meat is supposed to be tender they insist on taking the child. In the end, however, a little boy buys himself back with meat, while a little girl achieves the same result with her *toosi* or "ground sweet corn." When it is certain that the monster kachina will

pam tiyooya aapiy pay hiituy maqnumngwu. Nen pam oovi ephaqam pay imuy pöövöstuy qöye' pu' put amumi kuwaatingwu. Noq pu' manawya pay toosit pu' tuwat aapiy ngumantangwu.

TUPATSA

I' tupatsa pay kiihut atsveq piw suukyawa kii'iwtangwu. Ephaqam pay i' hisathopiki pay suukw pu' ephaqam hoyokput tupatsay'tangwu. Noq put sus'atkyaq kii'iwtaqat epeq pi yeyespi'amningwuniikyangw pam hisat qa atkyaq aw hötsiway'tangwuniqw oovi puma pangso yungninik puma pas aqw kits'omiq saaqat sen tutuvengat ang yayvat pu' ahoy saaqat ang aqw yungtangwu. Noq pepeq tupatsveq i' pay tuu'oyi, mata, pu' pay piw qöpqöningwu. Pu' hisat maana tupatsveqsa ngumantangwu.

TUUTUWUTSI

I' hopi tuutuwutsninik pam it kyaamuyatsa ang tuutuwutsngwu. Hak yaw naanap hisat tuutuwutsqw yaw i' tsuu'a hakiy kuukingwuqat pangqaqwangwu. Noq pay naap haqaqwa hakimuy amumi tuutuwutsngwu. Pay hakimuy kwa'am sen so'am sen pay yumat hakimuy amumi tuutuwutsyangwu. Pu' pay ephaqam hakim pay haqawat alöngöt wayaknayaqw pu' pam hakimuy kiiyamuy awnen pu' pep hakimuy amumi tuutuwutsngwu. Pu' ephaqam himuwa piw pas tuwutsmokingwu, niikyangw pu' piw pas tuwiy'tangwuniqw pantaqat hakim naanawaknangwu. Noq pu' panhaqamniqw hakim put hakiy wayaknayaqey put hakim hiita piw nopniy'yungngwu. Ephaqam hakimuy yu'at sen so'at put engem aw qömngwu. Pu' ephaqam pay hakim put it tuvat sen kutukit nopniy'yungngwu.

Pu' piw hakim yang kivaapa yesqw pang pu' piw ima taataqt ephaqam tuwutsqöniwmangwu. Pu' pay i' tuuwutsi piw qa suukyaniqw oovi hakim hiitawat aw pangqaqwangwu hiitawat tuutuwutsniqat. Ephaqam hakim it tsatsawinpiy'taqat naanawaknangwu, pu' ephaqam piw it iisawuy'taqat tuutuwutsniqat pu' sen maasawuy'taqat pu' piw powaqay'taqat sen tu'alangwuy'taqat.

MASHIMU

Pay pi put mashiita kitotangwuniqw pam pi pay i' hiihiimu aa'an'e'way kwayngyavaqe aasaqawtangwuqa. Ephaqam pi pay put himuwa tsaqaptat'ewakw ep naakwitante' pay put pantaqat tuuvangwu. Pu' piw ngömapkwiplakvu pay haqam piw naat hiita ep iniwkyangw qatsngwu.

arrive, a little boy goes hunting for animals ahead of time. Sometimes he will kill mice and offer them to the monster. A little girl, on the other hand, will grind sweet cornmeal beforehand.

STORY ABOVE GROUND FLOOR

The *tupatsa* is a building structure erected on the ground floor of a house. Older Hopi residences occasionally had one or more additional stories. The bottommost structure housed the living quarters, but featured no entranceway of its own. In order to enter, therefore, it was necessary to climb to the rooftop first by means of a ladder or stairs; only then could one descend to the ground floor. The upper story, as a rule, held the corn stacks, the grinding bins, and also a fireplace. In the olden days it was customary for girls to grind corn on this upper story.

STORY TELLING

Traditionally, Hopi story telling is only permitted during the month of Kyaamuya (approximately December). According to general belief, if it is done at any other time, the narrator will be bitten by a rattlesnake. Any person can be a story teller; one's grandfather, grandmother or parents. At times a total stranger may be invited to come to the residence of the petitioners to do the story telling. Some people are literally filled with tales and have a great talent for relating them. Such gifted narrators are typically sought out. When such a person is requested to perform, it is customary to keep him fed while he is giving his account. Sometimes the mother or grandmother of the family will make a sweet cornmeal cake for him. At other times he may be served pinyon nuts or parched corn to munch on.

When men spend a great deal of time in the kivas, they occasionally will tell stories in a circle, each having his turn. Since there exists a great variety of stories, the listeners frequently request the type of story they would like to hear. Sometimes a frightening story is requested. Then again someone may ask for a tale featuring Coyote, Maasaw, sorcerers and witches, or maybe a masked person scaring others.

THINGS BELONGING TO THE DEAD

Things referred to as *mashimu*, "objects associated with Maasaw or death," are generally repulsive and are found strewn along the dumps. For example, whenever (after contagion with death) a person discharms himself with smoke and employs a bowl for this purpose, he usually discards it when through. Then there may be lying around dry juniper branches, boiled for a discharming rite, which are still in the container

Pay put hiita piw mashimu kitotangwu. Pu' hak put hiitawat mashiita tuwe' pu' hak put ep kwusuqw mimawat hakiy aw pangqaqwangwu, "Utiy, pam mashimu! Um qa put aw hintsakni!" Pu' hakiy aw kitotaqw pu' hak mooti put aw tohakt pu' put ayo' tuuvangwu.

KOPITSOKI

I' kopitsoki pam pay i' laapu paas sisngyiwtaqa pu' pay sen koho kop'iwtangwu. Niiqe oovi pam paniqw pan maatsiwngwu, kopitsoki. Noq pu' put hak uwiknanik hak put it pilakinpit akw hiita pösövi'ewakw taqtsoknat paasat pu' hak put angqw paalatangwu. Noq pu' hisat naat qa kohotovuy'yungngwuniqw hiitawat qööhi'at tokq pu' pam it kopitsokit akw pangso hakiy kiiyat aw kookoste' pu' paasat put kopitsokit pangso yawme' pu' pam paasat pep neengem put qööhiyat angqw kookostangwu.

TOTOKYA

I' totokya pay suukw taalat akw it tiikivet angk qa pitsiwtangwu. Noq ephaqam himu hintsakninik pam pay ephaqam totokpeningwu. Meh, it angklalwaqat ep totokpe mihikqw ima katsinam yungyiwmangwu. Pu' kur himu taala' pas tiikive hintsakniniqw paasat pu' hakim totokpe mihikqw put hiita engem toktay'yungngwu. Noq pu' hak piw hiita haqami tokilte' pu' hak put angk pituqw pam ep mihikqw piw hakiy songyawnen totokya'atningwu.

TSUKUVIKI

Tsukuviki pay sakwapngumnit angqw yukiltingwu. Niikyangw put yukuniqa mooti paavaqwrit pu' put it sami'uyit naapiyat mangwnit ang mokyaatangwu. Pu' pam put löövoq nan'ivoq tsukuy'tangwuniqw oovi pam paniqw tsukuviki yan maatsiwngwu. Pam pay qa haqe' somiwtangwu. Noq put mangwnit so'ngwa'at pay ahoy put tsukuvikit aqw paysoq tsurukiwtangwu. Paasat pu' pam put yan yukye' pu' pam put kwalaknangwu. Noq tsukuviki tuwat mö'wit noova'atningwu.

KWITAVIT

Ima hopiit pay imuy hiituy kwitavituy ayangqaqw yu'a'atotangwu. Puma pay it hiita tuuwutsit pay pas son ep qa nuutumyangwu. Noq himuwa haqam hiita nukngwat hintiqw puma pay put qa hisat ep tsuytiqe oovi puma tuwat pay put lolmat hintsakqat pas sonqa hinwat haqami hintsatsnaniqey pansa engem pasiwnayangwu. Pu' piw himuwa ephaqam pumuy kitsokiyamuy ep pas hakiy lolmat nukngwat nöömataqw

in which they were used. Things of this nature are labeled *mashimu*. When a person comes across such an item and picks it up, others will warn him, "How disgusting! That thing belongs to Maasaw or the dead. Leave it alone." When given this warning, one spits upon the *mashimu* and then casts it away.

TORCH

A torch either consists of finely shredded cedar bark, or of other sticks which are bound together. Hence its Hopi name *kopitsoki*, literally "dry sticks bundled together." To light a torch one uses a flint on a material such as cotton. Once the cotton is ignited, one can take the light from it. In the days when matches were not yet available to the Hopi, and when someone's fire went out, one simply took a torch to somebody else's house and used it to borrow fire there.

TOTOKYA (ceremonial day designation)

The ceremonial day termed *totokya* occurs on the day before *tüükive*, the day of the public dance performance. Occasionally, a particular ceremonial event actually takes place on *totokya*. For example, during the post-Powamuy season of kiva night dances, the kachinas stage their dances on *totokya*, that is, the eve of *tüükive*. In the event of a day dance in summer, those involved keep an all night vigil on *totokya*. Also, when a person elects to undertake a certain activity at a particular time, the preceeding day is spoken of as if it were his *totokya*.

TSUKUVIKI (a Hopi dish)

Tsukuviki consists of blue corn flour. To make it one first produces a batter which is subsequently wrapped in the green leaf of the corn stalk. The leaf is given a pointed shape at each end. Hence the name *tsukuviki* or "bread with a point." It is not bound anywhere. The ends of the corn leaf are merely tucked back into the *tsukuviki*. When the dough is properly enclosed it is boiled. This dish is only prepared by a *mö'wi*.

TURDS (derogatory label for sorcerers)

Since the beginning of time the Hopi have been speaking of certain people as "turds" or "feces." They represent sorcerers and witches and are almost a necessary force in a narrative. Sorcerers frown upon benevolent people and, for this reason, conjure up schemes to harm or destroy them. They particularly dislike a man who marries an exceptionally beautiful girl in their village. They then plot how to take his wife away from him.

puma qa naaniye' pay puma piw paasat put hin nömanawkiyaniqey engem yukuyangwu. Niikyangw pay himuwa hin hinmakyangw ephaqam pas pavanniiqat pa'angwniyat akw pay pumuy sonqa pö'angwu. Noq pay yaw puma piw hiitu a'niya. Puma yaw a'ni hiita tuwiy'yungwa.

ATKYA

Sinot i' hikwsit himuy'taqa susmooti yukuqw puma as pay angqaqw atkyahaqam yesngwu. Noq puma oovi mooti yesvaqe puma qa hiita akw maqsonlalwakyangw yeese. Pumuy amungem himu nöösiwqa songyawnen naap pumuy amungem a'aniwa. Pu' hikis puma imuy soosok hiituy popkotuy amumum yesngwu. Puma hiita qa tutumqamningwu. Pu' puma it hiita naakyaptsit, nami'nangwat, yantaqat soosok tuway'wiskyangw yesqe puma pephaqam haalayya.

Nit pu' pay puma it hiita suutokyaqe koyaanisqatsit aw ökiqw pay pam pumuy amumi qa kwangwatayte' pu' pam imuy nuunukpantuy haqami hintsanngwu. Pu' ima poshumtiwqam ayo' nöngakqam qa hinyungqam oomiwat haqamiwat piw sukw tuuwaqatsit aw naakwiipayangwu. Pay angqaqw it hiita nukushintaqat nukpanat himuyat akw pan pumuy qa suukw tuuwaqatsit aw i' pas itananiqa pumuy hisatsinmuy aw waa'oya. Noq pu' it tuuwaqasit ep itam pu' yesqw itakw yaw itam pu' paayis oomi pangqaqw atkyangaqw nöngakkyangw pay itam piw nukpanat enang pew horoknaya.

POKSÖ

I' hisatki pay pas sutsep haqaqw poksöy'tangwu. Noq hisat pi pay hopiki qa panaptsay'tangwuniqw oovi pam kiiki panyungngwu. Pu' taala' utuhu'niqw pangqw i' kosngwaw papkiqw pep kiihut aasonve qa pas utuhu'tingwu. Noq pu' haqam himuwa ngumantaqw pep piw pay pas hisat sonqa poksöy'tangwuniqw pangqw i' tiyo mantuway aw yu'a'ataqw pam pep ngumantangwu.

KITSOKI

I' hopi haqam kitsokte' pam pay pas pepsa qatungwu. Ason pay pam pas hiita qa antaqat aw pite' pu' pam pangqw kitsokiy angqw haqamiwat qatsiheve' pu' pam piw supwat kitsoktangwu. Niiqe oovi pam qa imuy peetuy himusinmuy amun angqe' nanaalaktinumngwu. Pu' pam piw it owatnit pu' tsöqatsa angqw kiitangwuniqw pay i'sa kii'ami'atsa pay lestavitnit himutskitnit pu' tsöqat akw kii'amiwtangwu. Noq pu' pam haqam kitsokte' pam piw it kiisonvit pas sonqa enangningwu. Noq put kiisonviy

Eventually, however, the man harmed by them overcomes his evil opponents with the help of a more powerful being. Nevertheless, these turds are said to be very potent themselves, for they have at their disposal a multitude of ways and means of doing things.

UNDERWORLD

From the time the great creator made man, people lived somewhere below in the underworld. When they first inhabited that place they endured no hardships. It was as if food grew on its own for their consumption. Moreover, people shared their life with all the various species of animals. Those animals were not skittish. People practiced respect and love for one another and lived together harmoniously.

Then some people forgot these things and wound up in a life of turmoil. The creator looked disfavorably upon them and did away with the evil ones. Those without blemish, who were spared as seedlings for the next world, would populate the next world up. From time immemorial, because of these evil ways, our creator took the ancient people to safety into more than one world. Counting the world that we inhabit now, this is the third emergence we have made from down below. Once again, however, we have brought evil up with us.

VENT HOLE

The ancient dwellings were never without vent holes. Because the Hopi did not have windows in those days, vent holes were there for the same purpose. In summer, when the weather was hot, it was through this opening that a cool breeze entered the house. Then it was not so hot in the interior. The room where a person ground corn was always equipped with this opening. Through it a suitor talked to his girlfriend while courting her.

VILLAGE

Whenever the Hopi established a village, they settled there with the intention of staying permanently. As soon as some sort of disaster struck the community, however, they usually moved on in search of a place with better living conditions where they could found another village. Unlike some other Indian groups, the Hopi, therefore, were not nomads. Homes were built using only stone and mortar, except for the roof, which was constructed from log beams covered with brush and mud. Wherever a village was erected, a village center or plaza had to be part of it. In

akwningyaqw ima honngyam, kiikyam pas sonqa kiy'yungngwu. Pu' aapiy pay naap himuwa haqam kiitaniqey pan wuuwe' pu' pep kiitangwu. Niikyangw pep kitsokive piw qa suukya kiletsiningwu. Pu' hopi piw qa suup natsve kiy'tangwu. Haqamwat pam hiita qaa'öy pu' hiita natwaniy oyiy'taniqey put engem piw paas kiitangwu. Pu' hopiki piw oovi tumtsokkiy'kyangw pu' piw yeyespiy'tangwu.

KIKMONGWI

I' hisatkikmongwi imuy honngyamuy angqwningwu. Pam yaw pay haqam kitsokive soosokmuy na'amningwu. Pu' pam oovi hisat piw susmooti taytangwu, pu' pam piw nuutungk tuwat puwtongwu. Pu' pam pay qa hisat pas hakiy hiita pas nu'an ayalawu. Pam qa naamisa wuuwankyangw hiita hintsakngwu. Pam imuy timuy amungem nukngwatiniqat put wuuwankyangw hiita hintingwu. Pu' pam oovi piw qa naala hiita aw yukungwu. Pam naat piw imuy mongsungwmuy amumi maqaptsitikyangw hiita aw antsaniy'mangwu. Noq oovi it pahaanat mongwi'atniqw pu' hopit mongwi'at puma qa sunta.

WALPI

Walpi pay pas hisatkitsoki. Pay puma walpit son oovi qa imuy orayvituy pu' piw imuy songoopavituy amuusaqhaqam pepeq tuwat yesvakyangw haqaqw pi puma tuwat pangsoq öki. Noq pay puma piw imuy songoopavituy amun as atkya yesngwuniqw pu' pay i' himu tuwqa pas peqw hopiikimiq kikiipoklawqw pu' pay puma haqam kitsoktotaqey put aa'omi yayvaqe pu' pepwat pay ngas'ewya. Noq pu' walpiy angqw hoopowat puma peetu naakwiipayat pu' pep piw it sukwat kitsoktotaqw pamwa pep sitsom'ovi yan natngwaniy'ta. Pu' pepeq sushopaq it waalay'taqat aatavang piw ima hopaqkingaqwyaqam piw hisat peqw ökiiqe pu' pepeq yesva. Pay pam navoti qa sunta. Noq pepeq put kitsokit i' hopi hanoki yan tuwiy'ta.

MAS'A'ASI

Pay pi hakim pi haqam suup kitsokiy'yungqw pay himuwa haqam hinte' mokq pay hakim nanaptangwu. Noq pu' sen hak as piw su'ep asniqey wuuwankyangw pu' pay hak put navote' pu' hak pay haak qa asngwu. Ason pay aapiy paayis, naalöshaqam talqw pu' hak pay paasat asngwu. Hak yaw put su'aasaq aa'ase' hak yaw mas'a'asngwuqat kito-

general, the northern end of the plaza was occupied by members of the Bear clan who constituted the Hopi elite. The three remaining sides of the plaza were open for anyone who wished to build there. Within the village were several rows of houses which were often multi-storied. They consisted of rooms especially built to store corn and other crops, a chamber where *piiki* was made, and, of course an area which served as living quarters.

VILLAGE LEADER

The *kikmongwi* or "village leader" of old came from the Bear clan. In a given village he is supposed to be the father of all. Therefore, in the olden days, he was the first to rise in the morning and the last to retire at night. The *kikmongwi* never gives orders. Nor is he selfish when he does things. On the contrary, his only concern is, that as an end result, his children the villagers will benefit. Therefore he is not alone when he takes on a task. He seeks advice from his fellow leaders as he works on it. Obviously, a White man's "leader" and the *mongwi* of the Hopi are not synonymous.

WALPI (First Mesa village)

Walpi is an old village. The people of Walpi may have settled at this location at about the same time as the people of Orayvi and Songoopavi. However, it is uncertain where they came from. Just like the Songoopavi residents, they used to live below the mesa, but due to continual raids by enemy groups they moved to a site above the original settlement, where they were better off. In time, some relocated at a place east of Walpi and founded a new village known as Sitsom'ovi. Finally, people from a Rio Grande pueblo arrived and settled at the easternmost end of the mesa, just west of the place called Waala. That village is termed Hanoki by the Hopi.

WASHING ONE'S HAIR WITH THE DEAD

People of a given settlement usually hear of the demise of a fellow villager. If a person learns of the death on the very day he intended to wash his hair, he should postpone this activity. Generally, it is put off until three or four days later, because washing one's hair on the same day supposedly implies washing it with the dead. The reason for this belief is based on the custom of washing the head of the deceased prior to his burial. Afterwards everybody connected with the death cleanses his body.

tangwu. Ispi puma piw ep put mokqat taviyaninik puma piw put mokqat asnayangwu, pu' hakim piw masnavahomtotangwu. Naapa put hiita itsehe't paahomyangwu, pu' piw naakwitantotangwu. Noq paniqw oovi hak pan wuuwante' hak pay naat qa ep asngwu.

MÖ'ÖNGTOTSI

Hopi mö'wiy engem mö'öngyuyuwse' pam put engem piw it mö'öngtotsit yukungwu. Noq pam it sowiy'ngwatnit pu' it wakasvukyat angqw yukiwtangwu. Put aatöqavi'at it wakasvukyat angqw yukiwtaqw pu' put oongaqwvi'at it paas pöhiwniwtaqat qöötsat sowiy'ngwat angqw yuykiwa. Pu' himuwa put totsvakqa pay pas wuuyavotat pu' put ang pakingwu. Put oongaqwvi'at pas wuupaningwuniqw oovi put ang pakiiqa put hokyay akw angqe qa suus nömngwu. Noq pam pas wuupanen hiitawat peep tamömi pitukyangw pu' piw pam oovi qa suus hiitawat hokyayat angqe noomiltingwu. Niikyangw it pay himuwa qa sutsep ang pakiwtangwu.

Pu' pam as naamahin mö'öngtotsi yan maatsiwkyangw pay i' qa pas mö'wisa put ang pakiwtangwu. Ephaqam pay ima mamant, mamanhooyam hiita pantaqat tootsiy'taqat tiive' puma piw put ang tangawkyaakyangw nuutumyangwu.

OOVA

I' oova lööpwatningwuniqw i' suukyawa pay qa mitwat aasaqaningwu. Noq i' oova it mö'wit engem yuykiwa. Noq pam tuwat yaw putakw haqami maskimiqningwu. Niiqe pam oovi it wuutit hahawpi'atningwu. Noq pam oovi as put qa huyangwu. Pu' himuwa hisat put qa huye' pam pay ephaqam put angqw it tukput yukungwu. Pu' pay puma piw put atsvewlalwangwu. Pu' yaw piw hak put as qa peenangwu. Hak yaw put pantiqw pam yaw a'ni putuute' hakiy öngtupqamiq qa hawnangwu hak maskimiq hoytaqw.

Pu' pam yaw piw i' paatsayanpiningwu. Putakw yaw ima oo'omawt paalay tsaayantotangwu. Noq hak yaw mookye' hak yaw oomawniikyangw pan sinmuy ahoy popte' putakw yaw hak put yooyangwuy tsaayantangwu. Pam it yooyangwuy tsaatsayaqw pam qa lemowa yokvangwu, pam i' suvuyoyangw paasat yokvangwu. It lemowat pay hopi qa naawakna, ispi pam hakiy uuyiyat aw yokve' pam put nukushintsanngwu. Pu' pam it meloonit, kawayvatngat piw soq poromnangwu.

Noq pu' pam oova haqamwat pösöveq nanalsikip paalangput tonit akw angqe tuu'ihiwtangwu. Pam yaw put maanat ungwayat tu'awiy'tangwu. Noq pu' pepeq i' qaa'ö put aw wiwtangwu. I' pay qaa'ö qa pas it tuu'oyit angningwuqa. Pam pay it hiita nana'löngöt tonit angqw yukiwtangwu. Niikyangw pay pi antsa qaa'öt an soniwngwu.

People rid themselves of contamination by the corpse, and purify themselves by subjecting their bodies to the smoke of juniper sprigs and sap. Taking this custom into consideration, one avoids washing one's hair on that day even if one had previously planned to do so.

WEDDING BOOTS

When a Hopi prepares wedding garments for his female in-law, he also makes wedding boots for her. They are fashioned from tanned buckskin and cowhide. Cowhide is used for the soles and the uppers are produced from a piece of supple white buckskin. It takes a while to put these boots on. The uppers are usually quite long, so that the woman putting them on must wrap them around her legs several times. Extremely long uppers almost reach up to the knee and wind around the leg in several coils. But these boots are not for everyday wear.

Although termed wedding boots, they are worn by other than brides. On some occasions teenage girls, and even little girls will also wear them when they participate in a ceremony.

WEDDING ROBE

The *oova* or "wedding robe" comes in two sizes, one being quite a bit larger than the other. The large one is woven for the bride so that she can journey to Maski, the "home of the dead." As the robe constituted a married woman's vehicle to make her descent to the underworld, she was not supposed to sell it. In previous times when the *oova* was never sold, the woman would sometimes fashion a sack from it. People also used the garment as a sitting mat. It was also not supposed to be decorated. Embroidery would have added weight to it, and not permitted the dead woman to ride it down the Grand Canyon on her way to the underworld.

The bridal robe is further said to function as a water sieve. With its help the clouds sift their moisture to produce the very fine rain. In Hopi belief, upon one's demise a mortal is transformed into a cloud personage, and whenever a woman checks on the people she left behind, she employs the *oova* as a sieve. By using the *oova* to sift the rains a fine drizzle is produced instead of hail. Hail is dreaded by the Hopi because it ruins the corn crops and smashes holes into musk melons and watermelons.

One of the corners of the wedding robe is embroidered with sixteen stiches of red yarn. They symbolize a young woman's menstruation. Also attached at this corner is a corncob. This corncob is not a real cob but is made from varicolored yarn. However, it closely resembles a corn.

QÖTSAQAASI

Hopitaqatniqw i' wuutiniqw pu' piw maana tuwat qötsaqaasiy'te' nukngwaningwu. Noq oovi taataqt, tootim sen hiitawat aw pan navotiy'yungwe' put pan yu'a'atotangwu. Niikyangw pu' pay piw it qötsatotkoy'taqat, sikyavut, i' hopitaaqa tuwat pas naayongniy'tangwu.

USIMNI

I' himu usimni pay naap himuningwu. Pay hak hiita ustaqw pay pam pamningwu. Noq i' hopiwuuti hisat it pay kanelmötsaput ustangwu. Niikyangw pam pay putakw qa suupwat mongvasi. Pam hisat pay put aw mukiwtakyangw pu' piw pay putakw tiy iikwiwnumngwu. Pu' piw pam kuyte' pam pay piw put kuymomokpiy'mangwu. Pu' pam ason pas sakwitiqw pu' pam put tuuvangwu.

YAP PAHAHA!

Hak hakiy naa'unay'taqat tsaawinanik hak hakiy aw töqtingwu, "Yap pahaha!" Pu' pay hak hiita ep piw tsawne' hak pangqawngwu. Meh, hak hiita tsuu'a'ewakw aw peep wuukukye' pangqawngwu.

MOOQÖTÖSOMI

Hisat yaw piw puma pas taataqt yungyiwte' puma yaw it moohot akw qötösomiwyungngwu, it maasawuy ani'. Noq pam pi pay put kwaatsiy aatöqe putakw qötösomiwtangwu. Noq pu' antsa himu kya pi pas pavan taaqanen pan moohot akw qötösomiwtangwu. Noq oovi hisat yaw hak as pas tuwqat niine' paasat pu' yaw hak putakw qötösomiwtangwu. Hikis yaw it wiikya itam kitotangwu, put sonwakw tsatsakwmötsaput pu' taataqt putakw qötösomiwyungqw put hapi piw oovi pangqaqwangwu. Hak yaw ason pas tuwqat niine' paasat pu' yaw hak put piw akw pan qötösomiwtangwu. Noq pu' pi pay itam puuvut hiita qa kyaptsiy'yungqe oovi itam pay soosoyam pu' panyungngwu. Naamahin itam qa hiita wiiwimkyamniikyangw hiita aw pituqw pay antsa hakim piw pan qötösomiwyungngwu, tis oovi it tselewuy epe'.

WHITE THIGH

A woman or girl possessing light complexioned thighs is sexually most desirable to the Hopi male. When men or boys know of a female with this asset they spread the word. By the same token, men are attracted to a female who is overall lighter-skinned than average. The term for a woman like that is *sikyavu* which, literally translated, means "yellow person."

WRAP

A wrap can be almost anything. Whatever is wrapped about the shoulder can be termed an *usimni*. In the earlier days the Hopi woman wore a woven piece of cloth slung about her shoulders which she used in a variety of ways. Not only did it provide warmth but she also used it to carry her infant around on her back. Whenever she went to fetch water, the canteen was wrapped in it and hauled on her back. Such a wrap was not discarded until it was completely worn out.

YAP PAHAHA!

To scare someone who is distracted one simply yells, "*Yap pahaha!*" The same exclamation is uttered by a person who is frightened. "*Yap pahaha!*" will be screamed, for example, when one narrowly misses stepping on a rattlesnake.

YUCCA HEADBAND

Long ago, when men still participated in the war ritual, they used to tie a yucca headband around their forehead just like Maasaw. Maasaw wears this type of a headband under his mask. Supposedly it was customary only for a man of formidable strength to bind yucca around his head. Actually, it was only after he had slain an enemy that he was privileged to wear this kind of headgear. The same was true for what is termed *wiikya* in Hopi, which is a colorful cloth headband worn by the men today. It was only after killing an enemy that a man was able to do so. Nowadays the Hopi do not respect this custom anymore, and all the men wear such a headband. Even though they may not be initiates of any ritual, as soon as a special event rolls around, Hopi men sport a *wiikya*, especially during social dances.

SI'OOKI

I' si'ooki pay hopiikit pas aatatkyahaqam piw suukya wukokitsoki. Noq ima hopiit pay hisatngahaqaqw pangso pay qa suukw hiita oovi sasqaya. Pay ephaqam puma pangso huuyawisngwu, pu' piw ima kiyavaqvit pangsowat öngmokwisngwu. Pu' pay oovi piw qa suukya hopi si'okwatsiy'ta. Pu' ephaqam haqawat pay pep tiikiveniiqat nanapte' puma pay pas putsa oovi piw pangsoyangwu. Noq pu' himuwa pangso pan tiimayte' pay ephaqam pam haqawa pangqw put katsinat nasimokyaatangwu. Noq pu' ima si'oot pay piw pantotingwu. Pu' puma si'oot pay itamuy hopiituy su'amunhaqam yeskyangw pu' piw itamun it katsinawuy himuy'yungqw itam it itaalavayiy akwsa qa sun sinom.

ZUNI PUEBLO

The pueblo of Zuni is a large settlement, southeast of the Hopi villages. Since ancient times the Hopi have frequented this pueblo for a variety of reasons. Every now and then they would go there on bartering trips. First and Second Mesa villagers also used to trek there on their salt gathering expeditions. On account of this, many Hopi have friends among the Zuni. Traveling there once in a while, to watch a dance when the Hopi learned of one, turned out to be another incentive. On such an occasion the spectator might borrow a kachina dance that he had witnessed there. The Zuni do the same when they visit the Hopi villages. The Zuni live in ways quite similar to the Hopi. Like the Hopi they practice the kachina cult, but in terms of the languages spoken, the Hopi and the Zuni have nothing in common.

THE HOPI ALPHABET

Ekkehart Malotki

Hopi, an American Indian language spoken in northeastern Arizona, is a branch of the large Uto-Aztecan family of languages, which covers vast portions of the western United States and Mexico. It is related to such languages as Papago, Paiute, Shoshone, Tarahumara, Yaqui, and Nahuatl, the language of the Aztecs, to mention only a few. Navajo, Apache, Havasupai, Zuni, Tewa, and many other languages in the American Southwest are completely unrelated to it, however. At least three regional Hopi dialects, whose differences in terms of pronunciation, grammar, and vocabulary are relatively minimal, can be distinguished. No prestige dialect exists.

While traditionally the Hopi, like most Amerindian groups, never developed a writing system of their own, there today exists a standardized —yet unofficial—orthography for the Hopi language. Langacker has presented a "simple and linguistically sound writing system" (Milo Kalectaca, *Lessons in Hopi,* edited by Ronald W. Langacker, Tucson,

1978) for the Second Mesa dialect of Shungopavi (Songoopavi). My own generalized Hopi orthography is equally phonemic in nature and is based on the dialect habits of speakers from the Third Mesa communities of Hotevilla (Hotvela), Bakabi (Paaqavi), Oraibi (Orayvi), Kykotsmovi (Kiqötsmovi), and Moenkopi (Munqapi), who comprise the majority of Hopis. Speakers from the First Mesa villages of Walpi and Sichomovi (Sitsom'ovi) as well as from the communities of Shungopavi (Songoopavi), Mishongnovi (Musangnuvi), and Shipaulovi (Supawlavi) simply need to impose their idiosyncratic pronunciation on the written "image" of the preponderant dialect, much as a member of the Brooklyn speech community applies his brand of pronunciation to such words as "bird" or "work."

Hopi standardized orthography is thus truly pan-Hopi; it is characterized by a close fit between phonemically functional sound and corresponding symbol. Unusual graphemes are avoided. For example, the digraph *ng* stands for the same phoneme that *ng* represents in English si*ng*. Symbols like *ṅ*, as the translator of the New Testament into Hopi elected to do, or *ŋ*, which is suggested in the symbol inventory of the International Phonetic Alphabet, are not employed. In all, twenty-one letters are sufficient to write Hopi, of which only the umlauted *ö* is not part of the English alphabet. For the glottal stop, one of the Hopi consonants, the apostrophe is used.

Hopi distinguishes the six vowels *a, e, i, o, ö,* and *u,* the last of which represents the international phonetic symbol *ɨ*. Their long counterparts are written by doubling the letter for the corresponding short vowel: *aa, ee, ii, oo, öö,* and *uu*. The short vowels are found in combination with both the *y*- and *w*-glide to form the following diphthongs: *ay, ey, iy, oy, öy, uy* and *aw, ew, iw, öw, uw*. Only the diphthong *ow* does not occur. The inventory of consonants contains a number of sounds which have to be represented as digraphs of trigraphs (two or three letter combinations): *p, t, ky, k, kw, q, qw, ', m, n, ngy, ng, ngw, ts, v, r, s, l.* The two semi-vowels are the glides *w* and *y*. Notably absent are the sounds b, d, and g, to mention only one prominent difference between the Hopi and English sound inventories. Because Hopi *p, t,* and *k* are pronounced without aspiration, speakers of English tend to hear them as *b, d,* and *g*. This accounts for many wrong spellings of Hopi words in the past.

The following table lists all the functional Hopi sounds, with the exception of those characterized by a falling tone—a phonetic feature not shared by First and Second Mesa speakers. Each phoneme is illustrated by a Hopi example and accompanied by phonetic approximations drawn from various Indo-European languages.

PHONEME	SAMPLE WORD		SOUND APPROXIMATIONS English (E), French (F) German (G), Russian (R)
1. Vowels:			
(a) short vowels			
a	p*a*s	very	E c*u*t F p*a*tte
e	p*e*p	there	E m*e*t F h*e*rbe
i	s*i*hu	flower	E h*i*t G m*i*t
o	m*o*mi	forward	F c*o*l G s*o*ll
ö	q*ö*t*ö*	head	F n*eu*f G L*ö*ffel
u	t*u*wa	he found it/saw it	R B*bi*Tb E j*u*st (when unstressed)
(b) long vowels			
aa	p*aa*s	carefully/completely	F p*â*te G St*aa*t
ee	p*ee*p	almost	F *ê*tre G M*ä*hne
ii	s*ii*hu	intestines	F r*i*re G w*ie*
oo	m*oo*mi	he is pigeon-toed	F r*o*se G B*oo*t
öö	q*öö*tö	suds	F f*eu* G T*ö*ne
uu	t*uu*wa	sand	G B*ü*hne (but lips spread without producing an [i] sound)
2. Diphthongs:			
(a) with y-glide			
ay	ts*ay*	small/young	E fl*y* G Kl*ei*der
ey	*ey*kita	he groans	E m*ay*
iy	yaap*iy*	from here on	E fl*ea*
oy	ah*oy*	back to	E t*oy* G h*eu*te
öy	h*öy*kita	he growls	F *oe*il
uy	*uy*to	he goes planting	G pf*ui* (but with lips spread instead of rounded)
(b) with w-glide			
aw	*aw*ta	bow	E f*ow*l G M*au*s
ew	p*ew*	here (to me)	E m*e*t + E *w*et
iw	p*iw*	again	E h*i*t + E *w*et
ow	nonexisting		
öw	ngöl*öw*ta	it is crooked	G L*ö*ffel + E *w*et
uw	p*uw*moki	he got sleepy	R B*bi*Tb + E *w*et

3. Consonants:

(a) stops

p	*p*aahu	water/spring	F *p*ain
t	*t*upko	younger brother	F *t*able
ky	*ky*aaro	parrot	E *c*ure
k	*k*oho	wood/stick	F *c*ar
kw	*kw*ala	it boiled	E *qu*it
q	*q*ööha	he built a fire	G *K*raut (but *k* articulated further back in mouth)
qw	yang*qw*	from here	E *w*et, added to pronunciation of *q*
	pu'	now/today	G Ver'ein

(b) nasals

m	*m*alatsi	finger	E *m*e
n	*n*aama	both/together	E *n*ut
ngy	yu*ngy*a	they entered	E ki*ng* + E *y*es E si*ng*ular (casually pronounced)
ng	*ng*öla	wheel	E ki*ng* G fa*ng*en
ngw	kookya*ngw*	spider	E ki*ng* + E *w*et E pe*ng*uin (casually pronounced)

(c) affricate

ts	*ts*uku	point/clown	E hi*ts* G *Z*unge

(d) fricatives

v	*v*otoona	coin/button	E *v*eal G *W*inter
r	*r*oya	it turned	syllable initial position: E lei*s*ure (with tongue tip curled toward palate)
r	hin'u*r*	very (female speaking)	syllable final position: E *sh*ip F *ch*arme
s	*s*akuna	squirrel	E *s*ong
h	*h*o'apu	carrying basket	E *h*elp

(e) lateral

l	*l*aho	bucket	E *l*ot

4. Glides:

(a) preceding a vowel

w	*w*aala	gap/notch	E *w*et, ho*w*
y	*y*uutu	they ran	E *y*es, ha*y*

(b) succeeding a vowel

see diphthongs